AF178600

Konrad Adenauer

Der Katholik und sein Europa

Dorothea und Wolfgang Koch

Konrad Adenauer

Der Katholik und sein Europa

Dorothea und Wolfgang Koch

Das Buch erschien erstmals 2013 als
gebundene Ausgabe im MM Verlag, Aachen

5. Auflage 2025
© Fe-Medienverlags GmbH
Hauptstraße 22, 88353 Kißlegg
www.fe-medien.de

Umschlaggestaltung: Manuel Kimmerle
Titelfoto: Picture Alliance
Satz: Rebecca Winter
Gesetzt aus der Garamond

ISBN 978-3-86357-129-0

Druck: arkadruk, Polen
Printed in EU

Inhalt

Anhang

Einleitung

Was heißt eigentlich „Christliches Abendland"? Wir versuchen, uns dieser fast schon vergessenen Vorstellung zu nähern, in der jedoch auch das moderne Europa wurzelt, die Friedensnobelpreisträgerin des Jahres 2012. Die großen Gründer der Europäischen Union, Adenauer, De Gasperi und Schuman, wuchsen in dieser Tradition auf. Aus ihr lebten sie bis zum Tode und schöpften die Kraft ihres politischen Wirkens. Die Vorstellung vom „Christlichen Abendland", aber auch ihre „Säkularisierung", soll nicht nur möglichst klar umrissen werden. Vor allem möchten wir anschaulich nachvollziehen, wie sich Konrad Adenauer selbst über das „Christliche Abendland" äußerte, seinem europäischen Denken nachspüren, auch seinen politischen Freundschaften und Freundschaften mit Künstlern, und uns nicht zuletzt seine Identität als katholischer Christ vergegenwärtigen, den vielleicht mächtigsten Antrieb seines Wirkens. „Christliches Abendland" war offenbar einmal eine politisch, gesellschaftlich, kulturell und für das Leben der Einzelnen hochwirksame Vorstellung. Nach totaler Zerstörung materieller, geistiger und moralischer Art half sie, etwas durchaus wieder „Lebbares" neu aufzubauen. Ist Adenauers Abendland auch in unserer Zeit ein Orientierungspunkt für verantwortungsbewusstes staatsbürgerliches Handeln und waches geistiges Leben in allen Dimensionen?

Dorothea und Wolfgang Koch, Herbst 2013

„... über Europa, sein Europa, das gefährdete"[1]

„So viel Europa war nie!" Mit dieser Beobachtung beginnt Bundespräsident Joachim Gauck seine langerwartete „große Rede" zu den „Perspektiven der europäischen Idee" am 22. Februar 2013 in Schloss Bellevue.[2] Europa begegne uns jedoch derzeit meist verkürzt auf vier Buchstaben – Euro – oder als Krisenfall. Den täglichen Nachrichtenstrom zur europäischen Finanzkrise nimmt der politisch interessierte Bürger jedenfalls immer ratloser zu Kenntnis. Ihm ergeht es kaum anders als dem Bundespräsidenten selbst, der sich – vielkommentiert – von der Bundeskanzlerin Angela Merkel Erklärungen ihrer Europapolitik wünscht.

Und schon lange geht es nicht mehr nur um den Euro. Was Europa eigentlich ausmache, ob es ohne gemeinsame Währung gar ein Ende habe, wird zunehmend gefragt: „Ich weiß es, ich höre es, ich lese es fast täglich: Es gibt Klärungsbedarf in Europa. [...] Wir ringen nicht nur um unsere Währung. Wir ringen auch mit uns selbst", spricht der Bundespräsident den Bürgern aus der Seele. Bereits in ihrer ersten Reaktion auf die Ankündigung, die EU werde Friedensnobelpreisträgerin 2012, verknüpft auch die Kanzlerin den Euro mit dem Gründungsgedanken Europas: „Denn der Euro ist deshalb mehr als eine Währung, weil es am Ende immer und zuerst um die ursprüngliche Idee geht, die Idee Europas als einer Friedens- und Wertegemeinschaft."[3] Der Bundespräsident spricht sogar von einem „im Wesen zeitlosen Wertekanon" als einer „identitätsstiftenden Quelle" Europas, die uns auf doppelte Weise verbinde, „als Bekenntnis" und „als Programm".

In diesem Meinungsklima fragen auch Oppositionspolitiker nach den gedanklichen Grundlagen Europas. So besucht Sigmar Gabriel, der Vorsitzende der SPD, den bedeutenden Philosophen Jürgen Habermas,[4] einen der

---

[1] *Konrad Adenauer.* Fotografiert von K. R. Müller mit einem Essay von Golo Mann, S. 8.
[2] J. Gauck (2013). *Europa: Vertrauen erneuern – Verbindlichkeit stärken.* Rede von Bundespräsident Joachim Gauck zu Perspektiven der europäischen Idee am 22.2.2013 in Schloss Bellevue.
[3] A. Merkel (2012). *Stellungnahme zur der Bekanntgabe der Verleihung des Friedensnobelpreises an die EU am 12.10.2012.*
[4] Jürgen Habermas (*1929) beginnt seine akademische Laufbahn im Umfeld der „Frankfurter Schule". Sein Hauptwerk *Theorie des kommunikativen Handelns* (1981) entwickelt ein Konzept des *herrschaftsfreien Diskurses.* Viel beachtet war sein Gespräch mit Joseph Kardinal Ratzinger, dem späteren Papst Benedikt XVI. im Jahre 2004.

weltweit meistrezipierten Philosophen und Soziologen der Gegenwart, und erbittet von ihm einen Beitrag für das Regierungsprogramm seiner Partei. Aus dieser Initiative ersteht ein Aufsatz, „Einspruch gegen die Fassadendemokratie“[5], verfasst von Habermas, Julian Nida-Rümelin, Kulturstaatsminister im ersten Kabinett Schröder, und Peter Bofinger, einem der „Fünf Wirtschaftsweisen“. Dies sei ein neues Verfahren, kommentiert die *Frankfurter Allgemeine Zeitung*. Das Regierungsprogramm solle nicht mehr im *closed shop* geschrieben werden, sondern im Austausch mit Wissenschaftlern und Intellektuellen, deren Vorstellungen demnach Grundlagen für künftiges Regierungshandeln werden könnten.

Die Euro-Krise spiegle das fundamentale Versagen einer perspektivlosen Politik, lautet die Ausgangsthese. Prägnant formulieren Habermas und seine Mitautoren, was für sie Europa ausmacht: das sozialstaatliche Gesellschaftsmodell und die „nationalstaatliche Vielfalt der europäischen Kulturen“, die durch eine „marktkonforme Fassadendemokratie“ bedroht seien. Es sei notwendig, das Unwesen des gespenstischen Paralleluniversums der Investmentbanken und Hedgefonds durch „eine Selbstermächtigung der Politik wieder einzufangen“. Um die bereits begonnene Entwicklung umzukehren, fordern sie einen europäischen Verfassungskonvent und diskutieren, was ihn kennzeichnen, worauf er zielen solle. Eine Diskussion über die „finalité des Einigungsprozesses“ müsse den auf wirtschaftliche Fragen eingeengten Fokus der öffentlichen Diskussion erweitern. Zum Handeln zwängen „statistisch gestützte Zukunftsprojektionen“, die Europa das Schicksal eines Kontinents von schrumpfender Bevölkerung, abnehmendem ökonomischem Gewicht und schwindender politischer Bedeutung voraussagten. „Die europäischen Bevölkerungen müssen lernen“, lautet ihr Appell, „dass sie ihr sozialstaatliches Gesellschaftsmodell und die nationalstaatliche Vielfalt ihrer Kulturen nur noch gemeinsam behaupten können. Sie müssen ihre Kräfte bündeln, wenn sie überhaupt noch auf die Agenda der Weltpolitik und die Lösung globaler Probleme Einfluss nehmen wollen. Der Verzicht auf die europäische Einigung wäre auch ein Abschied aus der Weltgeschichte.“ Die europäische Einigung hätte demnach primär defensiven Charakter. Der sonst drohende

---

[5] P. Bofinger et al. (2012). *Einspruch gegen die Fassadendemokratie*. FAZ, 4.8.2012. Der Beitrag ist Teil einer umfassenderen Artikelserie über Europas Zukunft, http://www.faz.net/europaserie/.

„Abschied aus der Weltgeschichte" weckt jedenfalls Assoziationen eines „survival of the fittest", eines „Kontinentaldarwinismus" gewissermaßen. Die christlichen Wurzeln Europas oder die Herausforderung der europäischen Lebensform durch den politischen Islam bleiben ungenannt.

Zweifellos formulieren Habermas und seine Mitautoren Aspekte, die jede Politik im Blick halten muss, die nicht „perspektivlos" erscheinen möchte. Acht Wochen vor seinem Tod appelliert auch der 91-jährige Konrad Adenauer (1876–1967), Gründungskanzler der Bundesrepublik und einer der Gründungsväter der Europäischen Union, im Ateneo de Madrid eindringlich und leidenschaftlich an den europäischen Einigungswillen: „In unserer Epoche dreht sich das Rad der Geschichte mit ungeheurer Schnelligkeit. Wenn der politische Einfluss der europäischen Länder weiter bestehen soll, muss gehandelt werden. Wenn nicht gleich die bestmögliche Lösung erreicht werden kann, so muss man eben die zweit- oder drittbeste nehmen. Wenn nicht alle mittun, dann sollen die handeln, die dazu bereit sind. [...] Ob nun eine Föderation oder eine Konföderation entsteht, oder welche Rechtsform es immer sein mag: Handeln, Anfangen ist die Hauptsache. Ich bin nicht ohne Hoffnung."[6]

Golo Mann (1909–1994), der bedeutende Historiker, Sohn Thomas Manns, nennt diese Rede „einen Vortrag über Europa, sein Europa, das gefährdete, das verlorene, wenn es nicht zur handlungsfähigen Einheit würde; diese Rede, ich weiß es von einem der zuhörte, war hinreißend und sehr ergreifend.[7] Adenauers Schwanengesang, schreibt er über diese Rede an anderer Stelle,[8] [...] ein sehr drängender, rührender, aus traurigem Herzen kommender Appell. Adenauer war es ernst mit seinem Europäertum. Fast könnte man sagen, er sei der erste europäische Politiker gewesen, den es je gegeben hat. War er der letzte?" Auch Adenauer nutzt in seinem europapolitischen Vermächtnis statistische Analysen der welt- und wirtschaftspolitischen Situation, „statistisch gestützte Zukunftsprojektionen" also, die er sorgfältig recherchiert. Die Entstehung dieser Rede und Adenauers Spanienreise im

---

[6] K. Adenauer (1967). *Europa und die Entwicklung der Welt.* Rede im Ateneo in Madrid am 16. Februar 1967. In: *Reden 1917–1967*, S. 488.
[7] *Konrad Adenauer.* Fotografiert von K. R. Müller mit einem Essay von Golo Mann, S. 8.
[8] G. Mann (1969). *Zwei alte Herren. „Erinnerungen",* Band IV. In: *Zwölf Versuche über Geschichtsschreibung.* S. 161.

Februar 1967 schildert Anneliese Poppinga (*1928), „seine intelligente und angenehme Assistentin", wie Golo Mann Adenauers Sekretärin ab 1958 und Mitarbeiterin bis zu seinem Tod nennt, in ihren Erinnerungen,[9] „einem Buch, das uns über den Menschen Adenauer mehr sagt, als ganze wissenschaftliche Bibliotheken sagen können."[10]

Der Gründungsgedanke des *Ateneo Científico, Literario y Artístico de Madrid*, in dem Adenauer 1967 spricht, entstand im Madrider Café del Príncipe, in dem sich Schriftsteller, Philosophen und Politiker wie Juan Donoso Cortés (1809–1853) trafen, um dort „ruhig und freundschaftlich über Fragen der Legislation, Politik, Wirtschaft und generell über alles, was sich für die Öffentlichkeit als nützlich erweist"[11], zu diskutieren. Im europäischen Revolutionsjahr 1848 amtierte Donoso als Präsident des Ateneo.

Adenauers Ateneo-Rede weckt Assoziationen zu Donosos bedeutender Rede über die allgemeine Lage Europas im Madrider Parlament aus dem Jahre 1850,[12] die von Größen wie dem Historiker Leopold von Ranke (1795–1886) und dem Philosophen Friedrich Wilhelm von Schelling (1775–1854) bewundert wird.[13] Darin sagt Donoso eine Revolution in Russland voraus – er spricht erstaunlich konkret von St. Petersburg als ihrem wahrscheinlichen Ausgangspunkt –, sieht in der angelsächsischen Welt den einzig möglichen Gegenpol, der ihre weltweite Ausbreitung einschränken könne, und empfiehlt „als Heilmittel zur Gesundung Europas" die Besinnung auf den Katholizismus und den Gedanken einer politischen Einigung Gleichgesinnter.

Zugleich betrachtet Donoso als einen „Hauptirrtum" seiner Zeit die Auffassung, wirtschaftliche Fragen seien an sich wichtiger als alle anderen. Dieser Gedanke lässt an den „Einspruch gegen die Fassadendemokratie" denken und den „auf wirtschaftliche Fragen eingeengten Fokus" der gegenwärtigen

---

[9] A. Poppinga (1970). *Meine Erinnerungen an Konrad Adenauer*, S. 393.
[10] *Konrad Adenauer*. Fotografiert von K. R. Müller mit einem Essay von Golo Mann, S. 9.
[11] http://www.ateneodemadrid.com/.
[12] Rede vom 30. Januar 1850 über die soziale Frage Spaniens in ihrer Beziehung zur allgemeinen Lage Europas. In: *Donoso Cortés. Briefe, Parlamentarische Reden und diplomatische Berichte*, S. 210ff.
[13] C. Schmitt (1950). *Donoso Cortés in gesamteuropäischer Interpretation*, S. 61.

Diskussion über Europa. Auch Adenauer versucht in seiner Ateneo-Rede, wirtschaftliche Fragen angemessen der Politik unterzuordnen.[14] In diesem Sinne schreibt er gegen Ende seiner Kanzlerschaft: „In unserem Programm spielte die Wirtschaft zuerst nicht die entscheidende Rolle, sie darf sie auch nicht erhalten. Wir sind keine Wirtschaftspartei."[15] Tatsächlich steht der Grundsatz, „die Wirtschaft soll dem Menschen dienen, nicht der Mensch der Wirtschaft"[16], bereits am Anfang der bundespolitischen Karriere Adenauers. Die innere Verwandtschaft der Madrider Reden Adenauers und Donosos und ihre Aktualität im Hinblick auf die von Habermas und seinen Mitautoren angesprochenen Fragen sind jedenfalls bemerkenswert.

Ob und inwieweit sich Adenauer mit Donoso unmittelbar befasst hat, lässt sich im Gegensatz zu seiner Beschäftigung mit dem spanischen Philosophen José Ortega y Gasset (1883–1955) nicht belegen.[17] Auf dem ersten Parteitag der Christlich Demokratischen Union Deutschlands bezieht sich allerdings Kurt Georg Kiesinger (1904–1988), damals Tübinger Landtagsabgeordneter, von 1966 bis 1969 dritter Bundeskanzler der Bundesrepublik Deutschland und von 1967 bis 1971 Bundesvorsitzender der CDU, explizit auf Donoso Cortés, worin man einen Hinweis auf die untergründige Präsenz dieses Denkers in der politischen Diskussion der Nachkriegszeit sehen mag.[18]

Als Kölner Oberbürgermeister und Präsident des Preußischen Staatsrates begegnet Adenauer verschiedentlich dem bedeutenden Staatsrechtler und politischen Philosophen Carl Schmitt (1888–1985), dessen Denken wie das

---

[14] Z. B.: *Eintritt in die EWG [Europäische Wirtschaftsgemeinschaft] ist aber nicht dasselbe wie die Schaffung einer europäischen politischen Union.* S. 487. In: *Reden 1917–1967*, S. 487.

[15] Handschriftliche Randnotiz in Adenauers Handexemplar der *Untersuchungen über das geistige und gesellschaftliche Bild der Gegenwart und die künftigen Aufgaben der CDU*, vorgelegt von Dr. Rainer Barzel, MdB, vom 11.12.1962. Vergl. dazu die Diskussion in: W. Weidenfeld (1976). *Konrad Adenauer und Europa. Die geistigen Grundlagen der westeuropäischen Integrationspolitik des ersten Bonner Bundeskanzlers*, S. 90f., 245f.

[16] Grundsatzrede des 1. Vorsitzenden der Christlich-Demokratischen Union für die Britische Zone in der Aula der Kölner Universität am 24. März 1946. In: *Reden 1917–1967*, S. 89.

[17] A. Poppinga (1975). *Konrad Adenauer. Geschichtsverständnis, Weltanschauung und politische Praxis*, S. 273. In Adenauers Rhöndorfer Privatbibliothek ist noch nachweisbar: *Aufstand der Massen* (1929).

[18] *Bericht des ersten Parteitags der Christlich-Demokratischen Union Deutschlands*, Goslar, 20.–22. Oktober 1950, S. 47.

Ortegas von Donoso geprägt ist.[19] Adenauers ältester Sohn Konrad (1906–1993) berichtet von dessen Begegnung mit Schmitt und spricht von übereinstimmenden Einschätzungen über den Ernst der politischen Lage des Jahres 1932.[20] Vor dem „Preußenschlag“ am 20. Juli 1932, als Reichskanzler Franz von Papen (1879–1969) putschartig die preußische Regierung auflöst, beschwört Adenauer den damaligen Innenminister, „die ganze preußische Polizei“ aufzubieten, „denn es liegt doch in der Luft, dass hier etwas passiert.“ Gleichzeitig stimmt er einem Plan zu, notfalls den Sitz der Preußischen Staatsregierung nach Köln zu verlegen.[21] Wenig später, im Februar 1933, weigert sich Adenauer, der Auflösung des preußischen Landtags zuzustimmen. „Dies war eine mutige, wenn auch letztlich wirkungslose Handlung“, kommentiert Rudolf Augstein (1923–2002), Journalist und Gründer des Nachrichtenmagazins *Der Spiegel*, und fragt sich: „Ob Adenauer wohl [...] die preußische Polizei gegen die Reichsregierung aufgeboten hätte, wäre die Entscheidung in seiner Hand gelegen?“[22] Augstein scheint dies für möglich zu halten. „Wenn es um die Erhaltung des Staates geht“, sagt Adenauer selbst im Rückblick, „wenn man es mit einer Opposition zu tun hat, die diesen Staat, das Fundament, auf dem er beruht, beseitigen will, da darf man nicht lange fackeln. Dann hat derjenige, der die Macht auf rechtliche Weise übertragen bekommen hat, auch die Verpflichtung zum Einsatz dieser Macht, die Verpflichtung, die Rechtsinstitutionen zu schützen. Und diese Machtmittel hätten damals rechtzeitig von denen, die über sie verfügten angewendet werden müssen, dann wäre dem deutschen Volk viel Unheil erspart worden und nicht nur dem deutschen Volk. [...] Aber man hat damals versagt und sich damit schuldig gemacht. In der Politik ist Versagen eine Schuld!“[23] Das ihm

---

[19] Siehe z. B.: C. Schmitt (1950). *Donoso Cortés in gesamteuropäischer Interpretation.* So kommentiert Adenauer 1925 einen Vortrag Schmitts, an dem er teilgenommen hat. Vergl. *Konrad Adenauer 1917–1933. Dokumente aus den Kölner Jahren,* S. 111.

[20] K. Adenauer jr. (1976). *Konrad Adenauer als Präsident des Preußischen Staatsrats.* In: *Konrad Adenauer. Oberbürgermeister von Köln,* S. 389. Der im Katholizismus verwurzelte Carl Schmitt ist einer der bedeutendsten und zugleich umstrittensten Staatsrechtler und politischen Philosophen des 20. Jahrhunderts. Aus seinen literarischen Arbeiten und künstlerischen Interessen erwuchsen Freundschaften mit Theodor Däubler, Hugo Ball, Franz Blei, Konrad Weiß, zeitweilig Hermann Hesse, Ernst Jünger und Richard Seewald.

[21] U. Frank-Planitz (1990). *Konrad Adenauer. Eine Biographie in Bild und Wort,* S. 52.

[22] R. Augstein (1975). *Jener Mongole mit den schlauen Augen. Hundert Jahre Adenauer.* Der Spiegel, 29.12.1975, S. 26.

[23] A. Poppinga (1970). *Meine Erinnerungen an Konrad Adenauer,* S. 189

angetragene Amt des Reichkanzlers hatte Adenauer zweimal ausgeschlagen. „Ich habe mich später oftmals gefragt, ob ich nicht doch damals das Amt hätte übernehmen sollen", fragt er sich im Alter, „ob es mir vielleicht gelungen wäre, die Nazis nicht hochkommen zu lassen. Aber ich glaube, meine damalige Entscheidung war richtig, ich hatte keine Chance, ich hätte nicht viel ausrichten können, denn ich hätte mich nicht auf eine mögliche Mehrheit im Reichstag stützen können."[24]

Carl Schmitt, im Verfassungsstreit nach dem „Preußenschlag" von Papens Prozessvertreter, nimmt im August 1932 einen Lehrstuhl an der Universität zu Köln an.[25] Adenauer hat jedoch Zweifel an Schmitts Eignung.[26] Es ist daher nicht vorstellbar, dass Adenauers politisches Denken von dem durchaus schillernden und sich in der NS-Zeit kompromittierenden Intellektuellen Schmitt umfassend beeinflusst wurde, der z. B. die „Selbstermächtigung" Hitlers im Zusammenhang mit den Röhm-Morden rechtfertigte,[27] in deren Zusammenhang Adenauer am 30. Juni 1934 zum ersten Mal verhaftet wurde.

Sind heute Negativbestimmungen wie die Abwehr eines sonst drohenden Bedeutungsverlustes, eines „Abschieds aus der Weltgeschichte", tragfähige Grundlagen für ein geeintes Europa? Geben sie die Stärke, möglicherweise existentiellen Gefährdungen unserer europäischen Lebensform entgegenzutreten, einer „marktkonformen Fassadendemokratie" zum Beispiel, einer „Diktatur der Ökonomie" also? Man könnte heute auch von anderen Gefährdungen sprechen wie der geistig und politisch kaum bewältigten Nutzung der Bio- und Informationstechnologie, von den ökologischen Problemen oder den Herausforderungen durch den politischen Islam.

---

[24] Ebd., S. 326.

[25] In seinem Schreiben vom 10.8.1932 dankt Schmitt Adenauer für das Angebot des Lehrstuhls des verstorbenen Professors Stier-Somlo. In: *Konrad Adenauer – seine Zeit – sein Werk*, S. 101.

[26] Am 30.6.1932 äußert sich Adenauer über den „schwierigen Charakter" Schmitts, der „in der Fakultät eine Zerstörung des harmonischen Verhältnisses zwischen den Kollegen hervorrufen könnte; auch müsse das Verhältnis zu Kelsen beachtet werden." Zitiert in: A. Koenen (1994). *Der Fall Carl Schmitt*, S. 321.

[27] „Der Führer schützt das Recht vor dem schlimmsten Missbrauch, wenn er im Augenblick der Gefahr kraft seines Führertums als oberster Gerichtsherr unmittelbar Recht schafft." In: *Deutsche Juristen-Zeitung*, 39 (1934), Sp. 945–950. Vergl. R. Augstein (1993). *Machiavelli im Sauerland. Rudolf Augstein über die Carl-Schmitt-Biographie von Paul Noack*. Der Spiegel, 8.11.1993, S. 75ff.

„Heute ist nichts moderner als der Kampf gegen das Politische", beob-achtet Carl Schmitt die Situation im Jahre 1922 und formuliert die offenbar zeitlose Bedrohung durch eine marktkonforme Fassadendemokratie auf sei-ne Weise: „Amerikanische Finanzleute, industrielle Techniker, marxistische Sozialisten und anarcho-syndikalistische Revolutionäre vereinigen sich in der Forderung, dass die unsachliche Herrschaft der Politik über die Sach-lichkeit des wirtschaftlichen Lebens beseitigt werden müsse. Es soll nur noch organisatorisch-technische und ökonomisch-soziologische Aufgaben, aber keine politischen Probleme mehr geben. Die heute herrschende Art ökono-misch-technischen Denkens vermag eine politische Idee gar nicht mehr zu perzipieren. Der moderne Staat scheint wirklich das geworden zu sein, was Max Weber in ihm sieht: ein großer Betrieb."[28] Für Schmitt liegt darin „ein wesentlicher Gegensatz der heutigen Zeit gegen die politische Idee des Ka-tholizismus. Denn dieser Idee widerspricht alles, was das ökonomische Den-ken als seine Sachlichkeit und Ehrlichkeit und seine Rationalität empfindet. Der Rationalismus der römischen Kirche erfasst moralisch die psychologi-sche und soziologische Natur des Menschen und betrifft nicht, wie Industrie und Technik, die Beherrschung und Nutzbarmachung der Materie."[29]

Nicht nur Politiker müssen sich dieser offenbar grundsätzlichen Prob-lematik der Moderne und ihren Herausforderungen stellen, die Habermas und seine Mitautoren nach einer neuen „Selbstermächtigung der Politik" rufen lassen. Sie geht alle Staatsbürger an, die im öffentlichen Dienst, in der Wirtschaft, der Lehre und Erziehung oder in Forschungsinstituten verant-wortlich handeln und die Zukunft mitprägen.

Nach einem ungeheuren Zusammenbruch, dessen materielle, geistige und moralische Dimensionen sich Nachgeborene trotz aller Dokumenta-tionen und überlieferten Zeugnisse kaum realistisch vorstellen können, hat Konrad Adenauer eine nicht vorauszusehende und kaum weniger vorstell-bare Wiederaufbauleistung vollbracht. Gerade das Urteil nicht-deutscher Beobachter, z. B. des tschechisch-französischen Schriftstellers Milan Kun-dera (*1929), bezeugt Adenauers Ausgangssituation: „Zum ersten Mal in

---

[28] C. Schmitt (1922). *Zur Staatsphilosophie der Gegenreformation (de Maistre, Bonald, Donoso Cortés).* In: C. Schmitt (1950). *Donoso Cortés in gesamteuropäischer Interpretation,* S. 38f.
[29] C. Schmitt (1923). *Römischer Katholizismus und politische Form,* S. 23.

der Geschichte blieb dem Verlierer kein, auch nicht der kleinste Ruhm: nicht einmal der schmerzliche Ruhm des Scheiterns. Der Sieger begnügte sich nicht mit dem Sieg und beschloss, den Besiegten zu verurteilen, und er verurteilte ein ganzes Volk, und es war damals nicht gerade leicht, ein Deutscher zu sein oder Deutsch zu sprechen."[30]

Ein Blick auf Konrad Adenauer und seine Vorstellungen von der *finalité* des europäischen Einigungsprozesses könnte daher unser Urteilsvermögen schärfen und auch heute Orientierung bieten. Wer wie die Verfasser dieser Überlegungen die Anfangsjahre der europäischen Einigung und der Bundesrepublik Deutschland nach dem Zweiten Weltkrieg nicht selbst miterlebt hat, nimmt die Fundamente vielleicht zum ersten Mal bewusst wahr, auf denen Konrad Adenauer, Robert Schuman (1886–1963) und Alcide De Gasperi (1881–1954) das geeinte Europa errichten wollten. Von einer „Selbst-Ermächtigung" der Politik kann in diesem Falle jedoch gerade *nicht* die Rede sein. In den Blick kommen vielmehr der katholische Glaube Konrad Adenauers, der sein politisches Handeln prägte, seine politischen Freundschaften und Freundschaften mit Künstlern, die sein eigenes Wesen und Wollen widerspiegeln, und die katholische Tradition, in der er aufwuchs und aus der er lebte.

Obwohl die Adenauer-Literatur Bibliotheken füllt und Adenauer allgemein als praktizierender Katholik bekannt ist, sind seine religiösen Bindungen kaum untersucht. Diese Lücke ist überraschend und erklärt sich wohl einerseits aus dem methodisch vielleicht durchaus gerechtfertigten Desinteresse der Zeithistoriker an spezifisch religiösen Fragestellungen. Andererseits scheint das Fehlen systematischer Selbstreflexionen, autobiographischer *confessiones* gewissermaßen, die Beschäftigung der Theologen mit Adenauers Religiosität zu hemmen, obwohl in den bereits publizierten Quellen viele Spuren seines Bekenntnisses als katholischer Christ und seines persönlichen Glaubenslebens zu entdecken sind, die man nur zusammentragen muss.

Vielleicht kommt in dieser eigentümlichen Scheu vor näheren Untersuchungen zu Adenauers Religiosität aber auch zum Ausdruck, dass seine katholische Identität wie Urgestein eines anderen Erdzeitalters in die Gegen-

---

[30] M. Kundera (1990). *Die Unsterblichkeit*, S. 37.

wart hineinragt, etwa im Sinne Willy Brandts (1913–1992), einem seiner Nachfolger im Amt des Bundeskanzlers, der Adenauers Leistung zu seinem hundertsten Geburtstag nobel würdigt: „Wenn manche Zeitgenossen spottend meinten, der Alte habe wie ein Relikt lang vergangener Zeiten bis ins Europa der Nachkriegsepoche überdauert, dann gaben sie damit zugleich unfreiwillig Aufschluss über seine Wirkung: Der Uralte hatte Werte bewahrt, die sich als unverbraucht erwiesen."[31] Heute erweisen sie sich möglicherweise als unverbrauchter denn je.

---

[31] W. Brandt (1976). *Konrad Adenauer. Ein schwieriges Erbe für die deutsche Politik.* In: *Konrad Adenauer und seine Zeit*, Bd. 1, S. 107.

1 Konrad Adenauers „Christliches Abendland"

Der Gedanke der europäischen Einigung prägt Adenauers politisches Wirken von Anfang an. Bereits als Kölner Oberbürgermeister durchdenkt er die Themen, die auch die gegenwärtige Diskussion prägen: Europas politisches und kulturelles Gewicht in der Welt sowie die Bedeutung der Wirtschaft und des sozialen Ausgleichs für die europäische Einigung. Wie sich zeigt, ist „sein Europa, das gefährdete, das verlorene, wenn es nicht zur handlungsfähigen Einheit würde", von dem Golo Mann spricht, für Adenauer eins mit dem „Christlichen Abendland", mit einer Vorstellung, die sogar sein kommunalpolitisches Handeln, zum Beispiel in Fragen der höheren Bildung und der Förderung der Wirtschaft, ja auch die Deutschlandpolitik des späteren Bundeskanzlers prägt.

Wer Adenauers Europa recht verstehen wolle, schreibt Golo Mann, müsse die Reden lesen, welche er als Oberbürgermeister im Jahre 1919 hielt, vor allem jene anlässlich der Neueröffnung der Kölner Universität.[32] Die hohe Aufgabe der Universität Köln sei zunächst, „an dem Werke der Genesung unseres Volkes mitzuarbeiten", sagt er kurz nach dem Ende des Ersten Weltkriegs. „Das Werk der inneren Läuterung soll sie fördern, in Gemeinschaft mit ihren Schwestern, durch Pflege der wahren Wissenschaft und Weisheit, der wahren Freiheit und Gesinnung." Darüber hinaus falle der Universität Köln aber noch eine ganz besondere Aufgabe zu. „Wie auch der Friedensvertrag aussehen mag, hier am Rhein, an der alten Völkerstraße, werden während der nächsten Jahrzehnte die deutsche Kultur und die westlichen Demokratien zusammenstoßen. Wenn ihre Versöhnung nicht gelingt, wenn die europäischen Völker nicht lernen, über der berechtigten Wahrung ihrer Eigenart das aller europäischen Kultur Gemeinsame zu erkennen und zu pflegen, wenn es nicht gelingt, durch kulturelle Annäherung die Völker wieder zu einigen, wenn auf diesem Wege nicht einem neuen Kriege unter den europäischen Völkern vorgebeugt wird, dann ist Europas Vormacht in der Welt dauerhaft verloren. Das hohe Werk dauernder Völkerversöhnung und Völkergemeinschaft zum Heile Europas zu fördern", fährt Adenauer fort, „sei die besondere Aufgabe der Universität Köln, der Universität in der westlichsten deutschen Großstadt,

---

[32] *Konrad Adenauer.* Fotografiert von K. R. Müller mit einem Essay von Golo Mann, S. 12.

die mitten in den Aufeinanderprall der verschiedenen Kulturen hineingestellt ist. [...] Vor allem aber soll sie das Wesensverwandte aller europäischen Kultur zeigen; sie soll zeigen, dass zwischen allen europäischen Völkern schließlich doch mehr des Gemeinsamen als des Trennenden ist."[33] Dass Adenauer 45 Jahre später feierlich in die Académie Française aufgenommen wird, mag man als Frucht der auch dadurch angestoßenen Entwicklung sehen.

Die Universität zu Köln entwickelte sich aus christlichen Wurzeln, dem *Studium Generale* der Bettelorden, an denen Albertus Magnus (um 1200–1280), Thomas von Aquin (um 1225–1274) und Duns Scotus (1266–1308) wirkten. Albertus und Scotus sind in Kölner Kirchen bestattet. Aus diesen Anfängen mit gesamteuropäischer Ausstrahlung war sie durch den Rat der Freien Reichsstadt Köln 1388 als vierte Universität im Heiligen Römischen Reich gegründet worden. Nach ihrer Schließung durch französische Revolutionstruppen am Ende des 18. Jahrhunderts betreibt Adenauer ihre Neugründung. Vor 1933 erlebt die Kölner Universität „eine beträchtliche geistige Blüte", konstatiert Adenauers Biograph, [...] „als so unterschiedliche Gestalten wie Carl Schmitt und Hans Kelsen, Eugen Schmalenbach und Max Scheler Studenten anlockten."[34] Die junge Philosophische Fakultät sei eine der besten in Deutschland gewesen. Wie im Mittelalter ist Adenauers Neugründung auch heute eine der größten Universitäten Deutschlands und besitzt seit 2012 Exzellenzstatus. Die Voraussetzungen für den Erfolg der Kölner Universität in der Nachkriegszeit schuf Max Adenauer (1910–2004), zweites Kind Konrad Adenauers und seiner ersten Frau Emma (1880–1916), durch den neuen Universitätsvertrag im Jahre 1954.[35]

Den Gedanken, dass wirtschaftliche Zusammenarbeit eine Wegbereiterin der europäischen Einigung ist, formuliert der Oberbürgermeister bei der Eröffnung der neuen Kölner Messe: „Möge denn die Wirtschaft den Völkern wieder klarmachen, dass kein Volk ohne das andere bestehen kann, dass es ganz falsch ist, anzunehmen, die Wohlfahrt des einen sei das Unglück des anderen, dass gerade umgekehrt die Wohlfahrt des anderen die

---

[33] Ansprache zur Neueröffnung der Universität Köln am 12.6.1919. In: *Reden 1917–1967*, S. 39.
[34] H.-P. Schwarz (1986). *Adenauer. Der Aufstieg: 1876–1952*, S. 292.
[35] 1953–1965 Kölner Oberstadtdirektor, 1969–1975 Mitglied des Rates der Stadt Köln.

eigene Wohlfahrt fördert und hebt. Gemeinsam sind die wirtschaftlichen Interessen der Völker Europas, gemeinsam ihre kulturellen, gemeinsam ihre ethischen. Ist diese Erkenntnis durchgedrungen, dann wird auch auf politischem Gebiete eine dauerhafte Einigung sich leicht und fast von selbst ergeben."[36] Die Gründung der Kölner Messegesellschaft, die heutige KölnMesse GmbH, geht auf Adenauers Initiative zurück. „Wenn die Kölner Messe zu einer Verständigung zwischen Deutschland und den übrigen westeuropäischen Ländern zunächst auf wirtschaftlichem Gebiet mitbeitrüge", führt Adenauer weiter aus, „wenn sie dadurch mitschüfe an der größten Aufgabe, die es heute für jeden Menschen nur geben darf, der Herbeiführung eines wahrhaften Friedens in Europa, dann würde das der größte Erfolg der Kölner Messe sein." Heute ziehen die über 80 Fachmessen jährlich mehr als 2,5 Millionen Besucher aus aller Welt nach Köln.

Eine vergleichbar völkerverbindende Aufgabe besitzt für Adenauer der Sport. „Wir haben heute im Stadion und heute Abend hier den Sport von einer anderen Seite kennengelernt, nämlich von der völkerverbindenden", stellt er anlässlich eines Länderspiels im Köln-Müngersdorfer Stadion fest, das er als damals modernste Sportanlage des Reiches gebaut hatte. „Die Herren aus Holland sind uns hier in Köln schon seit Jahrhunderten liebe Freunde, und diese Nachbarn sind uns immer herzlich willkommen. Dass heute die beiden Mannschaften so fair gekämpft haben, war für alle Zuschauer ein ausgezeichnetes Bild und machte einen hervorragenden Eindruck. Freuen wir uns, dass durch solche Spiele die Völker in unserem armen Europa nähergebracht werden."[37] Das Spiel endete unentschieden mit 2:2 Toren. In der gleichen Gesinnung bewirbt sich Adenauer 1930 um die Übertragung der 11. Olympischen Spiele 1936 nach Köln und verweist auf die hervorragende Eignung der Stadt wegen ihrer modernen Sportanlagen und ihrer Lage als einer der Verkehrsknotenpunkte Europas.[38] Seine Bewerbung bleibt erfolglos. Hitler wird die Olympischen Spiele des Jahres 1936 für seine Zwecke nutzen.

---

[36] Eröffnung der neuen Kölner Messe am 11. Mai 1924. In: *Europa muss geschaffen werden*, S. 12.

[37] Rede auf dem Bankett des Deutschen Fußball-Bundes anlässlich des Länderspiels Deutschland – Niederlande am 20.11.1927. In: *Konrad Adenauer 1917–1933. Dokumente aus den Kölner Jahren*, S. 297.

[38] Brief an das Sekretariat des Olympischen Komitees am 27.03./8.4.1930. Ebd., S. 70.

Folgerichtig stellt Adenauer auch als Bundeskanzler Europa ins Zentrum seines politischen Handelns, auch und gerade bei der Frage nach der deutschen Einheit: „In Deutschland waren Auffassungen vertreten, nach denen es für uns entweder nur eine Politik für Europa oder aber eine Politik für die deutsche Einheit gäbe. Ich hielt dieses „Entweder-Oder" für einen sehr verhängnisvollen Irrtum", erinnert sich Adenauer im Alter. Seine Einschätzung nimmt die lange nach seiner Zeit tatsächlich eingetretene Entwicklung vorweg: „Es konnte niemand erklären, wie ohne ein starkes und einiges Europa die deutsche Einheit in Freiheit zu verwirklichen wäre. […] Erst wenn der Westen stark war, konnte sich ein wirklicher Ausgangspunkt für Friedensverhandlungen ergeben mit dem Ziel, nicht nur die Sowjetzone, sondern das ganze versklavte Europa östlich des Eisernen Vorhanges zu befreien, und zwar in Frieden zu befreien. Der Weg in die europäische Gemeinschaft erschien mir der beste Dienst, den wir den Deutschen in der Sowjetzone erweisen konnten."[39]

Willy Brandt, Adenauers dritter Nachfolger als Bundeskanzler, teilte anscheinend Adenauers Einschätzung: „Es entsprach der weltpolitischen Lage, wie sie nach dem Ende des Zweiten Weltkriegs entstanden war, dass uns eine Verständigung zuerst mit den westlichen Völkern gelang", erklärt er 1970 im Bundestag. „Diese Politik wurde von Bundeskanzler Adenauer, unter unserem ersten Bundespräsidenten Theodor Heuss, wesentlich geformt. Dies war eine historische Leistung, die das Fundament unseres politischen Wirkens und die Garantie unserer Sicherheit bleibt."[40] Bereits zehn Jahre zuvor stellte Herbert Wehner (1906–1990), einer der Architekten des Godesberger Programms der SPD in diesem Sinne fest: „Die Sozialdemokratische Partei Deutschlands geht davon aus, dass das europäische und das atlantische Vertragssystem, dem die Bundesrepublik angehört, Grundlage und Rahmen für alle Bemühungen der deutschen Außen- und Wiedervereinigungspolitik ist."[41]

---

[39] *Erinnerungen 1945–1953*, S. 535ff.
[40] W. Brandt (1970). *Erklärung zum 25. Jahrestag des Endes des Zweiten Weltkriegs am 8. Mai 1970 im Bundestag.* In: *Bundeskanzler Brandt. Reden und Interviews.* Hamburg 1971, S. 129.
[41] H. Wehner (1960). *Die Verträge sind Grundlage der Deutschland- und Außenpolitik und die Sozialdemokratie steht loyal dazu.* Rede vor dem Deutschen Bundestag in Bonn vom 30.06.1960. Deutscher Bundestag, / 3. WP I 122. / 30.6.1960 / 1052A-1061 C. Bonn 1960. S. 1–21 http://www.mediaculture-online.de/fileadmin/bibliothek/wehner_rede/wehner_rede.html.

1.1. „Abendland" in Adenauers Äußerungen

Wahrung des Friedens in Europa, politisches Gewicht in der Welt, wirtschaftlicher Erfolg und Wohlstand sowie Pflege der Kultur und kultureller Austausch zwischen den europäischen Nationen waren also auch für Adenauers Politik wichtige Ziele. Für ihn erwuchsen sie jedoch aus einem tieferen Gedanken, den er selbst mit Begriffen wie „christliches Abendland" oder „christlich-humanistische Weltanschauung" und „Würde der menschlichen Person" zu umschreiben versuchte. Diese Gedanken legt Adenauer seinem Regierungshandeln zugrunde, zu ihnen bekennt er sich bereits in seiner ersten Regierungserklärung am 20. September 1949 im Deutschen Bundestag, die er mit den Worten schließt: „Aber im Namen der gesamten Bundesregierung kann ich folgendes sagen: unsere ganze Arbeit wird getragen sein von dem Geist christlich-abendländischer Kultur und von der Achtung vor dem Recht und vor der Würde des Menschen. (Bravo!) Wir hoffen – das ist unser Ziel –, dass es uns mit Gottes Hilfe gelingen wird, das deutsche Volk aufwärtszuführen und beizutragen zum Frieden in Europa und in der Welt. (Anhaltender lebhafter Beifall)."[42]

Wie ernst Adenauer dieses öffentliche Bekenntnis nimmt, zeigt sein persönlicher Brief an eine Ordensfrau aus dem Kloster Neusatzeck bei Bühl in Baden, dem Mutterhaus der Schwestern vom III. Orden des Hl. Dominikus, die er und seine erste Frau Emma (1880–1916) bereits 1908 bei einem Ferienaufenthalt im Schwarzwald mit ihrem zweijährigen ältesten Sohn Konrad kennenlernen: „Ihr Brief vom 26. Oktober hat mich gefreut, wie mich lange ein Brief nicht mehr gefreut hat. […] Ich danke auch Ihnen und Ihren Schwestern herzlichst dafür, dass Sie für mich beten. Es liegt eine sehr schwere Aufgabe vor mir, und ohne göttliche Hilfe kann sie nicht gelingen."[43] Sr. M. Raymunda hatte ihm zuvor geschrieben: „Es wird nun jede Stunde, bei Tag und bei Nacht, für Sie gebetet, so lang das Kloster besteht."[44] Die immerwährende eucharistische Anbetung „bei Tag und bei Nacht" in diesem Kloster geht auf den Freiburger Erzbischof Hermann von Vicari (1773–1868) zurück, der als „badischer Athanasius" zu den einflussreichsten Per-

---

[42] Erste Regierungserklärung am 20.9.1949. In: *Reden 1917–1967*, S. 169.
[43] Brief an Schwester M. Raymunda OP vom 07.11.1949. In: *Briefe 1949–1951*, S. 135.
[44] *Briefe 1949–1951*, S. 460.

sönlichkeiten der katholischen Erneuerungsbewegung im 19. Jahrhundert zählt. Die bedeutendste Dominikanerterziarin, die heilige Caterina von Siena (1347–1380), wird 1970 von Papst Paul VI. (1897–1978) zur Kirchenlehrerin und von Papst Johannes Paul II. (1920–2005) zusammen mit der heiligen Edith Stein (1891–1942) und der heiligen Birgitta von Schweden (1303–1373) zur Patronin Europas erhoben. Die Dominikanerinnen von Neusatzeck sind offenbar nicht die einzigen Ordensleute, die Adenauer als Politiker im Gebet unterstützen. „In der jetzigen Situation beten wir bewusster und intensiver als je für Sie, Herr Bundeskanzler", schreibt ihm die Äbtissin Theresia Jackisch OSB der Benedikinerinnenabtei vom Heiligen Kreuz in Herstelle an der Weser,[45] „und wir tun es inmitten aller Spannungen mit der Zuversicht, dass Gebet und Opfer einer gottgeweihten Gemeinschaft eine Macht sind, die Gottes Segen herabruft, und böse Mächte zurückdrängt."[46] Die Ordensfrauen hielten Adenauer Anfang 1935 während der Verfolgung in der NS-Zeit in der Klosterpforte für einige Wochen verborgen.[47] Aber

---

[45] Die Abtei zum Heiligen Kreuz in Herstelle wurde 1899 als Kloster der Benediktinerinnen von der ewigen Anbetung in den Gebäuden eines verlassenen Minoritenklosters gegründet. 1924 erfolgte die Erhebung zur Abtei und die Eingliederung in die Beuroner Kongregation. 1962 gründeten die Benediktinerinnen von Herstelle das Tochterkloster Kloster Engelthal in Altenstadt zwischen Frankfurt und Gießen.

[46] Brief der Äbtissin Theresia Jackisch OSB vom 29.8.1954. In: *Briefe 1953–1955*, S. 476. Aus dem sich ergebenden Briefwechsel: „Ich denke manchmal zurück an die Wochen, die ich bei Ihnen in der Verborgenheit geweilt habe." (5.9.1954 an die Äbtissin). In: *Adenauer und das Dritte Reich*.

[47] „Damals hatten wir nur wenige Gäste. Dr. Adenauer wohnte und aß getrennt von ihnen an der Pforte. Frau Äbtissin Theresia und unser Pater Spiritual Odo Casel (Mönch der Abtei Maria Laach) standen mit dem ‚Gast an der Pforte' im Gespräch und versuchten, ihm in seiner bedrängten und gefahrvollen Lage beizustehen. […] Die Schwestern wussten aber nicht, wen sie in diesem Herrn vor sich hatten. Die Pforten- und Sakristeischwester wurde angewiesen, sich seiner besonders anzunehmen. Sie begleitete ihn um die Klausurmauer auf seinen Wegen zur Kirche; hielt auch schon einmal mit weit ausgespanntem großem Klosterschirm neugierige Blicke ab. In der Kirche hatte Dr. Adenauer seinen Platz auf dem Presbyterium hinter dem dicken Pfeiler, wo die Kniebank für die Priester stand. Von hier aus konnte er in der Gästekapelle nicht gesehen werden. Das Versteck an unserer Klosterpforte war für Dr. Adenauer absolut nicht sicher. Als er einmal Besuch erhielt von Freunden oder Bekannten, waren sie entsetzt über die gefahrvolle Situation im Falle einer Hausdurchsuchung. Die baulich engen Verhältnisse an der Pforte, die damals noch üblichen Klausurgitter und das Fehlen einer zweiten Haustüre ermöglichten keinen Fluchtweg. Das war der Grund, warum Dr. Adenauer uns verlassen musste." Aus einer brieflichen Mitteilung von Sr. Eunike Wilkens OSB an Hans-Peter Mensing vom 12.1.1991. In: *Adenauer und das Dritte Reich*, S. 245f.

auch aus der Bevölkerung erfährt Adenauer Unterstützung durch Gebet, für die er stets dankt: „Dass Sie meiner täglich im Gebet gedenken, hat mich besonders gerührt. Eine solche Hilfe ist immer willkommen."[48]

Auch als Parteivorsitzender der Christlich Demokratischen Union weiß sich Adenauer dem Abendland-Gedanken verpflichtet. „Wir nennen uns christliche Demokraten", erläutert er bereits 1946 den Namen seiner Partei in einer Grundsatzrede, „weil wir der tiefen Überzeugung sind, dass nur eine Demokratie, die in der christlich-abendländischen Weltanschauung, in dem christlichen Naturrecht, in den Grundsätzen der christlichen Ethik wurzelt, die große erzieherische Aufgabe am deutschen Volk erfüllen und seinen Wiederaufstieg herbeiführen kann. Wir nennen uns Union, weil wir alle diejenigen, die auf diesem Boden stehen, zu politischer Arbeit zusammenführen wollen, gleichgültig, welchem Bekenntnis sie angehören."[49] Zwei Jahre später schließt dieses Bekenntnis auch seine europapolitischen Gedanken ein: „Wir wollen von den geistigen Grundlagen aus, die das abendländische Christentum im Laufe vieler Jahrhunderte geschaffen hat, in Deutschland das politische Leben neu gestalten – und nicht nur in Deutschland, sondern auch in Europa und in der Welt. Deswegen nennen wir uns Christlich-Demokratische Union."[50]

Adenauers politische Tatkraft wird durch die Erkenntnis geformt, dass die Fundamente, von denen er in seiner ersten Regierungserklärung und auf den ersten CDU-Parteitagen spricht, bedroht seien. „Jeder von uns und namentlich jeder von uns katholischen Christen ist verpflichtet, mitzutun und mitzuhandeln, denn, glauben Sie", formuliert er pointiert, „es geht darum, ob Europa christlich bleibt, oder ob Europa heidnisch wird."[51] In einer Ansprache vor Vertretern europäischer christlich-demokratischer Parteien appelliert er beschwörend: „Meine Damen und Herren! Ich hielt es für nötig, Ihnen

---

[48] Brief an Rudolf Wellner am 25.6.1957. In: *Konrad Adenauer im Briefwechsel mit Flüchtlingen und Vertriebenen*, S. 136.
[49] Grundsatzrede des 1. Vorsitzenden der Christlich-Demokratischen Union für die Britische Zone in der Aula der Kölner Universität am 24. März 1946. In: *Reden 1917–1967*, S. 87f.
[50] *Eine Hoffnung für Europa*. Eröffnungsrede zum 2. Parteitag der CDU der Britischen Zone in Recklinghausen am 28. August 1948. In: *Reden 1917–1967*, S. 124f.
[51] *Europa steht auf dem Spiel*. Ansprache auf der Schlusskundgebung der „Gemeinschaft Katholischer Männer Deutschlands" in Bamberg am 20. Juli 1952. In: *Reden 1917–1967*, S. 162.

die Größe der Gefahren, die dem Christentum, der christlichen Kultur, die Gesamt-Westeuropa drohen, in aller Ausführlichkeit darzulegen. Denn nur dann, wenn man die Größe einer Gefahr wirklich erkennt, überlegt man sich, wie man dieser begegnen kann und fasst man mit der nötigen Tatkraft die dazu nötigen Entschlüsse. [...] Die Rettung des Abendlandes, die Rettung der christlichen Kultur, wird entscheidend mitbeeinflusst werden durch einen Zusammenschluss der politischen, auf dem Boden des Christentums stehenden Kräfte. Und diese christlichen Kräfte sind viel stärker, als wir selbst es wissen. [...] Die Integration Europas ist die einzige mögliche Rettung des christlichen Abendlandes."[52]

Der Grundtenor der Gefährdung und der Notwendigkeit, sich der geistigen Fundamente neu zu vergewissern, durchzieht zahlreiche Reden Adenauers. „Wir sind viel zu sehr von dem Gedanken beherrscht", sagt er 1952 an der Frankfurter Universität, „dass das menschliche Sein sich im Wesentlichen auf seiner jetzigen Stufe halten werde, dass vielleicht gelegentliche Schwankungen eintreten können, dass aber trotzdem die aufsteigende Linie in der menschlichen Kultur und auch in den materiellen Gebieten menschlichen Seins gesichert sei. Ich glaube, dass eine solche Überzeugung durch nichts gerechtfertigt und bewiesen, ja dass sie effektiv falsch und trügerisch ist."[53] Die wenig später an dieser Universität begründete Schule wird die gedanklichen Grundlagen der gesellschaftlichen Revolution von 1968 legen und sich programmatisch gegen die Vorstellungswelt des „Christlichen Abendlands" wenden. Den Frankfurter Studenten des Jahres 1952 sucht Adenauer jedenfalls die Fundamente seines eigenen Denkens nahezubringen: „Jede Beschäftigung mit geistigen Dingen trägt bei zur Ausbildung der Persönlichkeit, aber vor allem gilt das von der Beschäftigung mit metaphysischen Dingen, mit metaphysischen Fragen. Unter gar keinen Umständen darf die Beschäftigung mit der metaphysischen Seite des menschlichen Seins vernachlässigt werden. Hier liegt die Wurzel der Persönlichkeitsbildung, und hier liegen in Wahrheit die unerschütterlichen

---

[52] *Deutschland und der Friede in Europa.* Ansprache vor den Nouvelles Équipes Internationales in Bad Ems am 14. September 1951. In: *Reden 1917–1967*, S. 229f. Die Nouvelles Équipes Internationales (NEI), 1947 als Zusammenschluss europäischer christlich-demokratischer Parteien gegründet, sind der Vorläufer der heutigen Europäischen Volkspartei (EVP).
[53] Rede in Frankfurt a. M. am 30.6.1952. In: A. Poppinga (1994). *„Das Wichtigste ist der Mut"*, S. 238.

Fundamente der Persönlichkeit. Es liegt mir so sehr am Herzen, gerade zu Ihnen über diese Fragen zu sprechen. Wir müssen in Deutschland wieder eine Schicht von Gebildeten schaffen. [...] Ich spreche absichtlich von Bildung und nicht von Wissen. Sie sind nicht identisch. Spezialisierung und Zersplittern des Wissens ist eine sehr ernste Gefahr", fährt er fort, „und es darf nicht dazu kommen, dass sich die Universitas umgestaltet in ein Bündel gehobener Fachschulen, die gelegentlich bei Universitätsfesten zusammenkommen."[54]

„Christliches Abendland", „christlich-abendländische Kultur" – was wird durch diese immer wiederkehrenden Begriffe in Adenauers Äußerungen benannt? Eine prägnante und vielzitierte Antwort gibt Theodor Heuss (1884–1963), der erste Bundespräsident der jungen Bundesrepublik: „Es gibt drei Hügel, von denen das Abendland seinen Ausgang genommen hat: Golgatha, die Akropolis in Athen, das Capitol in Rom. Aus allen ist das Abendland geistig gewirkt, und man darf alle drei, man muss sie als Einheit sehen."[55] Auf seine Weise scheint Bundespräsident Joachim Gauck den gleichen Gedanken zu formulieren, wenn er in seiner Europa-Rede von einem ganzen Ensemble identitätsstiftender Bezüge spricht, „angefangen von der griechischen Antike über die römische Reichsidee und das römische Recht bis hin zu den prägenden christlich-jüdischen Glaubenstraditionen."[56]

Die zeithistorische Literatur zum Begriff des Abendlandes und seiner Wirkung in der Nachkriegszeit ist umfangreich und kontrovers. Einen umfassenden Überblick zum ideengeschichtlichen Hintergrund der Abendlandidee sowie seiner Entfaltung und Rezeption in Wechselwirkung mit bedeutenden realhistorischen Entwicklungen bietet in jüngster Zeit der Passauer Zeithistoriker Winfried Becker (*1941). Dieser Begriff sei keine bloß mythische und religiös-politische Konzeption, sondern wolle die geschichtliche und philosophische Kultur eines Identitätsraums einfangen: „Novalis und Friedrich Schlegel wagten sich an die Neubewertung des Mittelalters als einer langen und

---

[54] Ansprache an der Frankfurter Universität 30.6.1952. In: *Reden 1917–1967*, S. 258.
[55] Rede am 16. September 1950 zur Einweihung eines wiedererrichteten Schulgebäudes. In: *Theodor Heuss. Reden an die Jugend*, S. 32.
[56] J. Gauck (2013). *Europa: Vertrauen erneuern – Verbindlichkeit stärken*. Rede von Bundespräsident Joachim Gauck zu Perspektiven der europäischen Idee am 22.2.2013 in Schloss Bellevue, S. 4f.

bedeutsamen Periode der europäischen Geschichte, in welcher der Kontinent auf Grundlage des Christentums seine kulturelle Einheit gewonnen hatte."[57] Für den Hamburger Zeithistoriker Axel Schildt (*1951) sei nach 1945 etwa ein Jahrzehnt lang „die geistige Unabhängigkeit und Superiorität des europäischen ‚Abendlands' sowohl gegenüber dem ‚Bolschewismus' als auch gegenüber dem materialistischen ‚Amerika'" eines der meist gebrauchten Elemente politisch-kultureller Diskurse gewesen – bei weitem nicht nur konservativer Provenienz. Der Begriff habe eine wichtige gesellschaftliche, wirtschaftliche und außenpolitische Integrationsfunktion erfüllt, „bevor die gesamte Vorstellungswelt des ‚christlichen Abendlandes' im Zuge der politischen und gesellschaftlichen Veränderungen in der zweiten Hälfte der fünfziger Jahre erodierte" und durch den säkularisierten Begriff „Europa" abgelöst worden sei.[58] Die historischen Phänomene vielleicht scharfsinniger durchdringend spricht der bedeutende Münsteraner Philosoph Hans Blumenberg (1920–1996) von „Verweltlichung" als „einem langfristigen Prozess, durch den ein Schwund religiöser Bindungen, transzendenter Einstellungen, lebensjenseitiger Erwartungen, kultischer Verrichtungen und festgeprägter Wendungen im privaten wie im täglich-öffentlichen Leben vorangetrieben wird."[59]

In welchem Sinne Adenauer selbst vom „christlichen Abendland" spricht und welches Licht diese Vorstellung auf sein politisches Handeln wirft, analysiert Anneliese Poppinga in ihrer geschichts- und politikwissenschaftlichen Dissertation: „Die enge Verbindung von Christentum und Antike aus seiner Sicht spiegelt sich wider in der undifferenzierten Art, in der er die Adjektive ‚christlich', ‚christlich-humanistisch' und ‚christlich-abendländisch' verwandte. [...] Das in das Christentum eingeschmolzene und weiter entwickelte Gedankengut der ‚philosophischen Schriften der Antike', ist zweifellos mit umgriffen, wenn er zum Beispiel das ‚Christentum' als ‚die stärkste gesellschaftsbildende und gesellschaftstragende Kraft' apostrophierte."[60]

---

[57] W. Becker (2013). *Die Abendlandidee.* In: *Festschrift für Karsten Rupert,* S. 501.

[58] A. Schildt (2006). *Das „christliche Abendland" als Zentrum politischer Integration in der Frühzeit der Ära Adenauer.* In: *Medienmacht und Öffentlichkeit in der Ära Adenauer,* S. 39ff. Siehe auch: A. Schildt (1999). *Zwischen Abendland und Amerika. Studien zur westdeutschen Ideenlandschaft der 50er Jahre.*

[59] H. Blumenberg (1974). *Säkularisierung und Selbstbehauptung,* S. 9.

[60] A. Poppinga (1975). *Konrad Adenauer. Geschichtsverständnis, Weltanschauung und politische Praxis.* Poppingas Dissertation an der Ludwig-Maximilians-Universität zu München

Wie sehr Adenauers Denken in diesem Sinne vor allem auch im griechischen Geistesleben verwurzelt ist, macht er immer wieder deutlich: „Keime des Schöpferischen liegen in allen Völkern, aber nie und nirgends haben sie so stark die Gesamtheit allen menschlichen Daseins bestimmt, wie es durch die Griechen geschehen ist. Das Geniale an ihnen war, dass sie mit unbeirrbarer Sicherheit das Wesentliche, den Kernpunkt, die reine Idee gefunden haben. Alle unsere geistigen Betrachtungen, die Philosophie, die Wissenschaft, die Kunst, die Dichtung, der Begriff des Rechtes und Gesetzes, die Formen der Staatsverbände, die Gestaltung der Gemeinde, die Regelung der Erziehung, ja auch die Mathematik und die Naturwissenschaften leiten sich von den Griechen her. [...] Wenn sich heute so vieles ins Chaotische entwickelt und der Sinn für das Harmonische schwindet, dürfte eine Ursache unter anderem darin liegen, dass jene in den Geburtszeiten des Abendlandes konzipierten Gedanken im Bewusstsein der Menschen im Vergehen zu sein scheinen."[61]

Sein Vorwort zu einem in den späten fünfziger und frühen sechziger Jahren weitverbreiteten Bildband über Griechenland verknüpft diesen Gedanken mit seinem persönlichen Erleben: „Auch mich hat der Anblick der Akropolis tief bewegt und mich erneut bewusst werden lassen, wie stark unsere gemeinsame abendländische Kultur auf den Fundamenten ruht, die das griechische Volk in seiner großen Vergangenheit geschaffen hat."[62] Den Leser unserer Zeit berührt vielleicht eine Beobachtung Adenauers in besonderem Maße, die er anscheinend während seiner Griechenlandreise im Jahre 1954 gewinnt: „Viele Zeugnisse eines kraftvollen Aufbauwillens des modernen Griechenland haben mir die Gewissheit gegeben, dass sich die Menschen dieses Landes ihrer großen Tradition voll verpflichtet fühlen." Der Literaturnobelpreisträger Hermann Hesse (1877–1962) schreibt in einem zweiten Vorwort zu diesem Band: „Mit den Worten Griechenland und Griechentum rufen wir Europäer die ehrwürdigste unserer Herkünfte wach. [...] Die griechische

---

betreute Nikolaus Lobkowicz (*1931), Philosoph und langjähriger Präsident dieser und später der Universität Eichstätt. Das Nachwort dankt Golo Mann „für den Ansporn, mein Studium durchzuführen, und für kritisch-klärende Gespräche über Konrad Adenauer, aus denen ich wertvolle Anregungen gewann."

[61] *Wort und Wahrheit.* Monatsschrift für Religion und Kultur, 19. Jg. (1964), S. 11f. Abgedruckt in: *Die letzten Lebensjahre 1963–1967*, Bd. I, S. 103f.
[62] D. M. Noack (1957). *Griechenland.* Mit Vorworten von Konrad Adenauer und Hermann Hesse. S. 5f.

Menschengestalt aber, die ich am meisten liebe und am höchsten achte, ist die des Sokrates." Zu Hesses 85. Geburtstag gratuliert ihm der gleichaltrige Adenauer: „Mit Dankbarkeit gedenke ich Ihres bedeutenden Lebenswerkes, das zum bleibenden Bestand der deutschen Dichtung gehören wird. Ich bin sicher, dass Ihre Dichtungen im Herzen unseres Volkes leben und nicht vergessen werden. Ich persönlich gehöre zu Ihren Verehrern."[63]

Wie sehr Adenauers Denken auch im römischen Staatsdenken verwurzelt war, zeigt sein Geleitwort zur ersten Ausgabe der CDU-nahen Vierteljahresschrift CIVIS: „Mit dem Begriff *Civis* ist die beste Tradition der alten römischen Republik unlöslich verbunden. Denn *civis* war ja nicht jeder, nur weil er durch seine Geburt einem bestimmten Staatsverband angehörte; in der vollen Bedeutung des Wortes war *civis* nur der, der sich von der Jugend auf und Zeit seines Lebens für die *res publica* verantwortlich wusste."[64] John F. Kennedy (1917–1963), erster und bislang einziger katholischer US-Präsident, bewegt sich offenbar auf der gleichen gedanklichen Grundlage, wenn er am 26. Juni 1963 zum 15. Jahrestag der Berliner Luftbrücke am Schöneberger Rathaus bekennt: „Two thousand years ago the proudest boast was ‚Civis Romanus sum'. Today, in the world of freedom, the proudest boast is ‚Ich bin ein Berliner'."[65] Einen Gang über das Forum Romanum habe Adenauer bei keinem Rombesuch ausgelassen, überliefert Anneliese Poppinga. Vorbei am Ort der Dienstwohnung des *Pontifex Maximus*, in der Caesar die Nacht vor seiner Ermordung verbrachte, habe ihn sein Weg geführt. Auch Cicero sei hier gegangen, dessen Werk *Über den Staat* stets zu Adenauers Urlaubslektüre gehört habe, und Marc Aurel, dessen *Selbstbetrachtungen* ihm vertraut gewesen seien.[66]

---

[63] Telegramm an Hermann Hesse, Montagnola bei Lugano, 2.7.1962. In: *Briefe 1961–1963*, S. 124. Bald nach seinem 85. Geburtstag am 2. Juli stirbt Hesse (9.8.1962). Als man ihn am Morgen in seinem Bett findet, liegt seine Hand auf den aufgeschlagenen *Confessiones* Augustins. In Adenauers Bibliothek sind noch erhalten: *Trost der Nacht* (1929), *Stunden im Garten* (1936, mit eigenhändiger Eintragung *Adenauer 1943*), *Das Glasperlenspiel* (1943).

[64] 1954 von den Publizisten Rüdiger Altmann (1922-2000) und Johannes Gross (1932–1999) als Theorieorgan des Rings Christlich Demokratischer Studenten begründet.

[65] „Vor zweitausend Jahren war der stolzeste Satz ‚Ich bin ein Bürger Roms'. Heute, in der Welt der Freiheit, ist der stolzeste Satz ‚Ich bin ein Berliner'." Das Bonner Haus der Geschichte der Bundesrepublik Deutschland zeigt das Redemanuskript mit Kennedys eigenhändigen phonetischen Anmerkungen .

[66] A. Poppinga (1994). *„Das Wichtigste ist der Mut"*, S. 160f.

Für Adenauer schlägt vor allem das humanistische Gymnasium die Brücke in die antike Welt – eine Brücke, die er für bedroht hält, wie der Titel eines Aufsatzes zeigt, den er 1964 veröffentlicht: „Abschied von der Antike – … über die Rolle des griechisch-lateinischen Geisteserbes in der Bildungsgesellschaft von morgen."[67] „Das alte Gymnasium, jene Schulart, in der ich groß geworden bin, war noch in der Lage, etwas vom klassischen Erbe uns einzuprägen", schreibt Adenauer darin, der in seiner Heimatstadt Köln das humanistische Apostelgymnasium besuchte. Einer seiner Lehrer sei mit dem Archäologen Heinrich Schliemann persönlich befreundet und auch selbst in Troja gewesen, erzählt Adenauer im Alter. Sonntags habe er einige seiner Schüler zu sich eingeladen und sie mit der hellenischen Kunst- und Geisteswelt noch weiter vertraut gemacht.[68] „Die Akropolis in Athen und das Kapitol in Rom waren für uns geistige Sinnbilder für Freiheit und Ordnung. Das Recht des Individuums, die Würde des Menschen, die Idee der Gerechtigkeit, der Sinn für das Maß, das Verständnis für Kosmos im Sinne einer geistig erfüllten Ordnung, die angstvolle Scheu vor dem Chaos, die Vertrautheit mit dem Kairos (das Notwendige zur rechten Zeit zu tun, auf die richtige Stunde warten zu können, diese dann aber auch richtig zu ergreifen) sind Ideen, die mir so vermittelt wurden und denen ich sehr Wesentliches meiner Ausprägung verdanke. Wer diese Bildung und Erziehung aus klassischer Zeit Ballast nennt, lässt nur erkennen, dass er von der Klassik nichts weiß." Adenauer hält das humanistische Bildungsideal gerade auch in der naturwissenschaftlich-technischen Welt für zeitgemäß: „Doch meinem Wissen nach werten gerade die bedeutendsten modernen Naturwissenschaftler die durch den antiken Geist geformte Disziplin des Denkens heute höher denn je. […] Ich jedenfalls stehe zu meinem oft bekundeten Bekenntnis, dass gerade die Ausbildung und Erziehung, wie wir sie auf dem humanistischen Gymnasium genossen haben, auch im Zeitalter der fortgeschrittenen Technik eine absolute Notwendigkeit ist und bleiben wird."[69]

Johannes Helmrath, von 1961–1983 Direktor des traditionsreichen Kaiser-Karls-Gymnasiums zu Aachen, sieht das humanistische Gymnasium

---

[67] *Wort und Wahrheit*. Monatsschrift für Religion und Kultur, 19. Jg. (1964), S. 11f. Abgedruckt in: *Die letzten Lebensjahre 1963–1967*, Bd. I, S. 103f.
[68] A. Poppinga (1970). *Meine Erinnerungen an Konrad Adenauer*, S. 234.
[69] *Wort und Wahrheit*. Ebd.

in einer großen Line: „Die von Augustinus vollendete Synthese von platonischem Idealismus und christlicher Theologie, bekräftigt von der karolingischen Renaissance, blieb im christlichen Mittelalter unangefochten; die Archegeten des Rinascimento, wie Petrarca und Dante, sind ihre Zeugen gewesen, und erst in dem Streit zwischen Martin Luther und Erasmus ist sie problematisch geworden. Die Ratio studiorum der Jesuiten, die auch am Aachener Gymnasium Marianum galt, ist ihr ganz verpflichtet gewesen; und auch die Gymnasien des 19. Jahrhunderts, wenigstens im katholischen Rheinland, standen in der Nachfolge der Humanitas Christiana."[70] Bereits zwölf Jahre nach Adenauers Aufsatz wird das humanistische Bildungsideal weitgehend erloschen sein: „Jener Konsens, der nach dem gemeinsam erlittenen Schock während der ersten Nachkriegsjahre unabhängig von politischer und sozialer Parteiung die Menschen verband, ist längst geschwunden", resümiert Helmrath im Jahr des hundertsten Geburtstags Adenauers. „Wir sind Zeugen der Wiederkehr eines sozialdarwinistischen Determinationsglaubens", beschreibt er die Folgen von „1968" aus seiner Sicht, „der die Würde der Person leugnet und gesetzhafte Entwicklungen behauptet, die zu fördern oder wenigstens zu dulden dem Individuum als einzige ‚Freiheit' zugestanden wird. […] Unter dem Einfluss emanzipatorischer Katheder-Pädagogik und der schier allmächtig gewordenen ‚Kritischen Theorie' haben staatliche Exekutiven […] die Lehrpläne von Grund auf geändert."[71]

Die Verbindung zwischen der Antike und der „Blütezeit des christlichen Abendlandes" kennzeichnet sogar die Landschaft, in der Adenauer aufwuchs und die sein Wesen prägte. „Sie wissen, dass ich hier geboren bin, dass ich hier meine Jugend verbracht habe, dass dieser Stadt die Kraft meiner Mannesjahre gegolten hat. Aber was ich dieser Stadt gegeben habe, das hat mir dieser Boden und diese Stadt hundertfach wiedergegeben", bekennt er 1951 bei der Verleihung der Kölner Ehrenbürgerwürde. „Denn was ich bin – im Guten wie im Schlechten – das ist gewachsen auf diesem Boden und geformt worden von dieser Umgebung und in dieser Atmosphäre."[72] Dem Besucher seines Rhön-

---

[70] J. Helmrath (1976). *Ende der Paideia?* In: *Festschrift des Kaiser-Karls-Gymnasiums zu Aachen. Zum 375-jährigen Jubiläum 1976*, S. 17f.
[71] Ebd., S. 18.
[72] Dankesrede auf die Verleihung des Ehrenbürgerrechts am 4.1.1951. In: *Konrad Adenauer – seine Zeit – sein Werk*, S. 307.

dorfer Wohnhauses fällt jedenfalls im Bücherregal des Wohnzimmers der drei-bändige *Neue Kölnische Sprachschatz* von Adam Wrede (1875–1960) auf, der dort griffbereit steht.[73] Adenauer ernannte Wrede 1921 zum Honorarprofessor an der Universität zu Köln. Im Rheinland fänden sich die Grundlagen, sagt er 1948 in einem Interview, „die wir für die eine Erneuerung des naturrecht-lichen Denkens, für eine Erneuerung des Sittengesetzes und der Politik, für die Gesamtschau eines christlich-universalen Weltbildes benötigen."[74] Rudolf Augstein kommentiert: „Wohl mag stimmen, dass man übertrieben hat, als man Konrad Adenauer zu einem Kölner Lokal- und Überpatrioten gestempelt wissen wollte. Aber richtig bleibt doch, dass sein Dreh- und Angelpunkt und sein Kräftereservoir in der katholischen Heimatstadt Köln lag."[75]

„Das Christentum war es", heißt es in einer Rede des Jahres 1960, „das die philosophischen Erkenntnisse der Alten im Mittelalter durch Männer wie Thomas von Aquin und Albertus Magnus weiterentwickelt hat. Zu Beginn der Neuzeit hat der Humanismus diese philosophischen Grundwahrheiten seiner Zeit entsprechend ausgebaut. Auf diesen Fundamenten steht die gan-ze Geisteshaltung des Abendlandes auch heute."[76] Ein halbes Jahrhundert später formuliert Papst Benedikt XVI. (*1927) diesen Gedanken auf seine Weise, als er im Deutschen Bundestag der Frage nachgeht „Wie erkennt

---

[73] A. Wrede (1956). *Neuer Kölnischer Sprachschatz.* 3 Bände, Greven Verlag, Köln 1956–58. Auf 1103 Seiten sind dort kölsche Vokabeln, Ausdrücke, Redewendungen und Redensarten aufgezeichnet. Wredes dazu gestellte Erläuterungen zu historischen Gebäuden, Straßen und Vorkommnissen in der Geschichte Kölns beschränken sich in diesen Punkten nicht nur auf den sprachlichen Wandel eines Begriffes, sondern erwähnen zum Beispiel auch eventuelle bauliche Veränderungen oder führen Namen ehemaliger Kölner Stadtviertel an, die heute in Vergessenheit geraten sind. So ist sein Werk durchaus nicht nur als Lexikon der „Köl-schen Sprache" zu sehen, sondern kann auch als Quelle historischer Begebenheiten dienen. Adam Wrede reiht in seinem Werk *Neuer kölnischer Sprachschatz* nicht nur Wörter und deren Übersetzung aneinander, er verbindet Geschichte und Sprache. Die Herkunft der einzelnen Begriffe ist Wrede wichtig. Von der mittelalterlichen oftmals lateinischen Form eines Wortes über die Altniederdeutsche Sprache, natürlich auch altkölnische Ausdrucksweisen, und fran-zösische Benennungen in der napoleonischen Zeit Kölns bis hin zur Namensform unserer Tage wird die „Vita" eines Begriffes durch Adam Wrede aufgezeigt. In: http://de.wikipedia.org/wiki/Adam_Wrede (aufgerufen am 1. April 2013).
[74] A. Poppinga (1975). *Konrad Adenauer.* Geschichtsverständnis etc., S. 167.
[75] R. Augstein (1975). *Jener Mongole mit den schlauen Augen. Hundert Jahre Adenauer.* In: *Der Spiegel,* 29.12.1975, S. 27.
[76] Ebd., S. 168.

man, was recht ist?: Die christlichen Theologen haben sich damit einer philosophischen und juristischen Bewegung angeschlossen, die sich seit dem 2. Jahrhundert v. Chr. gebildet hatte. In der ersten Hälfte des 2. vorchristlichen Jahrhunderts kam es zu einer Begegnung zwischen dem von stoischen Philosophen entwickelten sozialen Naturrecht und verantwortlichen Lehrern des römischen Rechts. In dieser Berührung ist die abendländische Rechtskultur geboren worden, die für die Rechtskultur der Menschheit von entscheidender Bedeutung war und ist."[77] In Gegenwart der Bundeskanzlerin Angela Merkel erinnert der Papst an die abendländische Rechtskultur und was sie ausmacht. Ihre heutige Bedrohung bilde eine dramatische Situation, die alle angehe, über die eine öffentliche Diskussion notwendig sei, zu der dringend einzuladen eine wesentliche Absicht seiner Rede sei.

Im „Geist der christlich-abendländischen Kultur" bekennt sich Adenauer in seiner ersten Regierungserklärung auch zur „Achtung vor dem Recht und vor der Würde des Menschen", die er in einer Rede aus dem Jahr 1946 christlich begründet: „Die Lehre vom Wert und der Würde der menschlichen Person ist zuerst vom Christentum aufgestellt worden und rund 2.000 Jahre hindurch von ihm bewahrt und gegen alle Angriffe siegreich verteidigt worden."[78]

Papst Benedikt XVI. gibt diesen Gedanken im Deutschen Bundestag folgenden Ausdruck: „Von dieser vorchristlichen Verbindung von Recht und Philosophie geht der Weg über das christliche Mittelalter in die Rechtsentfaltung der Aufklärungszeit bis hin zur Erklärung der Menschenrechte und bis zu unserem deutschen Grundgesetz, mit dem sich unser Volk 1949 zu den ‚unverletzlichen und unveräußerlichen Menschenrechten als Grundlage jeder menschlichen Gemeinschaft, des Friedens und der Gerechtigkeit in der Welt' bekannt hat."[79]

Als Präsident des Parlamentarischen Rates unterzeichnet Konrad Adenauer das Grundgesetz am 23. Mai 1949. Seine Grundlage war der Entwurf

---

[77] Benedikt XVI. (2011). Ansprache beim Besuch des Deutschen Bundestags am 22. September 2011.

[78] A. Poppinga (1975). *Konrad Adenauer. Geschichtsverständnis etc.*, S. 169ff.

[79] Benedikt XVI. (2011). Ansprache beim Besuch des Deutschen Bundestags am 22. September 2011.

des Verfassungskonvents auf Herrenchiemsee, der vom 10. bis 23. August 1948 im Auftrag der Ministerpräsidenten der westdeutschen Länder tagte. „Das Werk, das von hier seinen Ausgang nehmen soll, wird so vielen großen Aufgaben gerecht werden müssen", eröffnet Anton Pfeiffer (1888–1957), Mitbegründer der CSU, Staatssekretär und Leiter der Bayerischen Staatskanzlei, den Konvent. „Es soll den Grundstein legen nicht nur für die künftige materielle, sondern auch für die geistige Wohlfahrt des deutschen Volkes. Daher muss es nach meiner Auffassung von der Führung des Heiligen Geistes überschattet sein. Dabei mag sich jeder vom heiligen Geist das Bild machen, das seiner Weltanschauung entspricht. Einig aber sind wir alle in dem Gedanken, dass die edelste Form des Geistes Sie erfüllen muss, damit einstens in der Geschichte des Aufbaus des neuen Deutschlands dem Verfassungskonvent von Herrenchiemsee ein Ehrenplatz gebührt."[80]

Wie sehr in das Grundgesetz tatsächlich wesentliches christliches Gedankengut eingeflossen ist, lässt sich indirekt aus dem Vorwurf sozialdemokratischer Abgeordneter ableiten, man habe eine Verfassung „im Schatten des Kölner Doms" gemacht, und direkt aus Äußerungen der bei den Besatzungsmächten akkreditierten Apostolischen Delegatur, dass das bestmögliche erreicht worden sei und sich die katholischen Bischöfe bei einem eventuellen „Kampf" nicht auf Rom berufen könnten.[81] Die Bischöfe sehen zwar eine Reihe ihrer Forderungen als erfüllt an, kritisieren jedoch Einschränkungen für den religiösen Charakter der Pflichtschule und kündigen bei einer künftigen gesamtdeutschen Verfassung einen hartnäckigeren Einsatz für christliche Belange an.[82] Nicht durchsetzen konnte sich Adenauer damit, den christlichen Gedanken auch in der Symbolik der Bundesflagge sichtbar werden zu lassen. Die CDU hatte einen der „Kreuzflagge" des 20. Juli 1944 nachempfunden Entwurf vorgeschlagen, die nach einem erfolgreichen Attentat auf Adolf Hitler als vorläufige Nationalflagge verwendet worden wäre. Adenauer setzte alles daran, das Grundgesetz bis zum Jahrestag der Kapitulation zu verabschieden, eine Symbolik die Theodor Heuss verdeutlicht: „Im Grunde genommen bleibt dieser 8. Mai 1945 die tragischste und fragwürdigste Paradoxie der Geschichte für jeden von uns. Warum denn? Weil wir erlöst und

---

[80] *Der Parlamentarische Rat 1948–1949: Der Verfassungskonvent auf Herrenchiemsee*, S. 59.
[81] M. F. Feldkamp (2008). *Der Parlamentarische Rat 1948–1949*, S. 128.
[82] Ebd., S. 197f.

vernichtet in einem gewesen sind."[83] Um 23:55 Uhr wurde das Grundgesetz am 8. Mai 1949 mit 53:12 Stimmen angenommen.

In einem handschriftlichen Redeentwurf präzisiert Adenauer 1951, worin für ihn die Würde der menschlichen Person letztlich wurzelt: „Lassen Sie mich hier an erster Stelle nennen den Satz von der Würde der Person, die in Wahrheit fundamentale Wahrheit, dass alles, was Menschenantlitz trägt, nach Gottes Ebenbild geschaffen ist, dass jeder Mensch ein unverzichtbares Anrecht darauf hat, als ein Bruder Christi, als ein Erbe Gottes und als Miterbe Christi geachtet und behandelt zu werden."[84] Für das Postulat der persönlichen Freiheit habe diese Auffassung eine wichtige Konsequenz. Es lasse sich nur von dem Glauben her aufstellen, dass jedem Menschen eine unsterbliche Seele gegeben sei: „Denn nur vom Christentum – vom Glauben her, dass jedem Menschen eine unsterbliche Seele gegeben ist – kann man sich im Glauben und in der Tat dazu bekennen, dass wir vor Gott alle gleich sind und alle ein Recht haben auf Entwicklung und Freiheit der Person."[85] Dieser Glaube durchzieht sein Leben. Der Neunzigjährige bekennt seiner Mitarbeiterin Anneliese Poppinga: „Wozu das alles! Wenn es keine unsterbliche Seele gäbe, dann wäre doch alles Leben sinnlos. Sehen Sie, ich bin jetzt 90 Jahre alt, ich habe Kinder. Ich habe viel Leid, aber auch viel Freude gehabt – aber wozu?"[86]

Wer wie die Verfasser dieser Untersuchung das gesellschaftliche Klima der Adenauerzeit nicht selbst miterlebt hat, sondern Adenauers christliche Grundhaltung nur aus zahlreichen seiner Äußerungen kennt, in denen er immer wieder und kohärent auf das christliche Abendland und die Achtung vor der Würde des Menschen zurückkommt, wundert sich über die heftigen Gegenreaktionen, die er dadurch bei einem Teil der Bevölkerung offenbar hervorgerufen hat.

So spricht der Literaturnobelpreisträger Heinrich Böll (1917–1985), selbst Katholik, in seiner Besprechung des ersten Erinnerungsbandes Adenauers[87]

---

[83] Ebd., S. 190.
[84] A. Poppinga (1975). *Konrad Adenauer. Geschichtsverständnis etc.*, S. 169f.
[85] Ansprache auf der Schlusskundgebung der Tagung der Gemeinschaft katholischer Männer Deutschlands in Bamberg, 2.6.1957. Ebd., S. 170.
[86] A. Poppinga (1970). *Meine Erinnerungen an Konrad Adenauer*, S. 372.
[87] H. Böll (1965). *Keine so schlechte Quelle*. Heinrich Böll über Konrad Adenauer: *„Erinnerun-*

von „Vokabeln wie ,christlich-abendländisch' und ,christliche Ideale'", die im trägen Fluss einer ganz und gar vertrockneten, armseligen Prosa rollten. „Versuchte aber ein jugendlicher Leser herauszubekommen, worin denn dieses ,christliche Abendland', woraus diese ,christlichen Ideale' bestehen, er würde nicht viel mehr finden als: Privatbesitz, eine starke Armee, jenen zu verteidigen, und: nicht nur nicht Kommunist, sondern auch kein Sozialist zu sein." Nachdenklich macht Bölls abschießende Bemerkung, die für die späte Adenauerzeit und im Vorfeld der „68er-Revolution" wohl typisch ist: „Mag sein, das Christentum hat eine bürgerliche Variante, die ich nie begriffen habe, obwohl ich ringsum keine andere als diese Variante erblicke." Es ist aufschlussreich, Golo Manns Besprechung des gleichen Erinnerungsbandes mit Bölls heftiger und offenbar sehr spontaner Reaktion zu vergleichen: „Der achtzigjährige Konrad Adenauer hat sich um das Vaterland verdient gemacht, man mag gegen sein Werk einwenden, was man wolle. Der Neunzigjährige sollte sich nun um die historische Literatur verdient machen und darauf sich konzentrieren. Genug Vitalität, um auch dies spät begonnene Handwerk noch ganz meistern zu lernen, darf man ihm zutrauen."[88]

Nachdenklich wurde aber auch Adenauer, der am Ende seiner Kanzlerschaft bekennt: „Ich frage mich manchmal, ob wir wirklich unsere Pflicht erfüllt haben, ob nicht die Not, in der wir uns nach dem Zusammenbruch befunden haben, uns alle miteinander dazu gebracht hat, zu materiell zu denken, so dass der geistige Aufbau, wie ich fürchte, noch in seinen ersten Anfängen steckt."[89] Adenauer sieht im materialistischen Denken, in grenzenloser Oberflächlichkeit, eine große Gefahr. Aber nach den Verwüstungen des Krieges, angesichts der zerbombten Städte und der zerstörten Industrien habe man zunächst alles versuchen müssen, das deutsche Volk aus diesem Elend herauszuführen.[90] „Und ich frage mich", bekennt der Neunzigjährige seiner Mitarbeiterin, „wie steht es mit dem geistigen Fortschritt? Hat der Geist des Menschen mit diesen ungeheuren Veränderungen Schritt gehalten?

---

gen 1945–1953". Der Spiegel, 01.12.1965, S. 148ff.
[88] G. Mann (1965). *Selbstportrait eines Patriarchen. Keine „Bekenntnisse", aber ein Buch der Einsichten.* DIE ZEIT, 5.11.1965, S. 49.
[89] Vor dem Parteivorstand der CDU, 10.5.1962. In: *Konrad Adenauer. „Seid wach für die kommenden Jahre",* S. 39.
[90] A. Poppinga (1994). „Das Wichtigste ist der Mut", S. 140.

Oder wird der Mensch nicht zum Sklaven der Technik, zum Sklaven dessen, was er selbst hervorgebracht hat? [...] Und dabei weiß die arme, geplagte Menschheit offenbar gar nicht mehr, welch ein Besitz Kultur ist, wie gefährdet sie ist, und vor allem, wie schwer es ist, Kultur, wirkliche Kultur hervorzubringen."[91] Geistiger Fortschritt sei schwierig ohne materielle Sicherheit. Aber materielle Sicherheit ohne geistigen Fortschritt sei doch nichts. Eine Lebenshaltung, die die materiellen Güter höher schätze als die geistigen, seelischen Werte, bringe geistige und seelische Ermüdung und dies führe letzten Endes zur Unproduktivität auf allen Gebieten, auch des wirtschaftlichen Lebens, der Technik.[92] Rudolf Augstein wird seine Sorgen mit einer Bemerkung von Franz Josef Strauß (1915–1988) kommentieren: „Strauß schreibt über ihn: ‚Er hat alles und das Gegenteil von allem erlebt.' War er sich dessen bewusst? Er sagte zu Frau Poppinga: ‚Zuviel Hin und Her in zu kurzer Zeit, zwei verlorene Kriege, alles zerstört, dann auf einmal dick voll Geld. Was für Sprünge!' Wie der alte Bismarck den Hamburger Hafen bestaunte („Das ist eine neue Welt!"), so kommentierte Adenauer die Veränderungen in der außereuropäischen Welt mit der gelungenen Bemerkung: ‚Ja, nicht wahr, da war ja der Karl Marx ein joldener Junge gegen das, was jetzt ist.'"[93] Adenauer hielt die Deutschen für ein krankes Volk, das in seinen letzten Generationen zu viel Böses erlitten und Böses getan hatte. Seine letzte öffentliche Rede am 28. Februar 1967 erinnert daran, „weil ich möchte, aus ganzer Seele möchte, dass das deutsche Volk von der Jugend an bis zum Alter wieder gesundet [...], damit das deutsche Volk wieder in die Höhe kommt – nicht in die materielle Höhe, daran denke ich nicht, sondern in die geistige Höhe."[94]

Gedanken dieser Art beschäftigen Adenauer auch auf seiner Japan-Reise im März 1960, als er seine Gastgeber nach dem Verhältnis ihrer Nation zu dem Bruch in ihrer eigenen Geschichte befragt und die geistigen Auswirkungen der Industrialisierung auf Japan verstehen möchte, die dieses Land Mitte des 19. Jahrhunderts nach nahezu dreihundertjähriger Abgeschlossenheit für

---

[91] A. Poppinga (1970). *Meine Erinnerungen an Konrad Adenauer*, S. 336.
[92] Ebd., S. 336.
[93] R. Augstein (1975). *Jener Mongole mit den schlauen Augen. Hundert Jahre Adenauer.* Der Spiegel, 29.12.1975, S. 30.
[94] Ansprache in München bei einem Festakt der Deutschlandstiftung am 28.2.1967. In: *Reden 1917–1967*, S. 492.

die westliche Welt geöffnet habe. „Konrad Adenauer wollte wissen, wie man dort des Neuen Herr wurde, ohne das Alte mehr als notwendig zu verlieren,"[95] kommentiert Anneliese Poppinga, die vor ihrer Begegnung mit Adenauer als Chefsekretärin für den deutschen Botschafter in Tokyo tätig war. Er sei besorgt gewesen über die „Verfallserscheinungen der europäischen und damit auch der deutschen Kultur", zu denen die „Technisierung und Mechanisierung des modernen Lebens erheblich" beigetragen habe, über den „Verlust an den geistigen Wurzeln unserer Kultur", über den „Verlust an Tradition". Sein Besuch der alten Kaiserstädte Nara und Kyoto habe Adenauer gezeigt, wie sehr Tradition und Geschichte in Japan lebendig seien. „Durch die geistige Verankerung im Alten konnte Kraft gewonnen werden, so sah er es, das Neue, das in Gestalt einer stürmischen industriellen Entwicklung über Japan hereingebrochen war, zu meistern."[96] Allerdings hörte Anneliese Poppinga auch die skeptische Frage Adenauers, ob die geistigen Quellen aus dem Shintoismus und dem Buddhismus bei der Konfrontation mit der westlichen Lebensweise lebendig bleiben würden. Was Adenauer während seines Aufenthaltes in Japan erfuhr, habe ihm jedenfalls hohen Respekt abgenötigt.

In all dem deutet sich an, dass die konfessionsübergreifende Vorstellungswelt des „christlichen Abendlandes", die traditionelle und kirchlich gebundene religiöse Basis überhaupt, bereits zu Beginn der 1960er Jahre erodiert war, so sehr erodiert, dass der liberale Katholik Böll den konservativen Katholiken Adenauer als „Musterchristen of the western world" verspotten konnte, der „nicht den geringsten Sinn für Ethos" habe und mitschuldig an der „moralischen Fäulnis" sei, die man im Nachkriegsdeutschland „Bewältigung der Vergangenheit" nenne, und sogar schreiben kann: „Was ich am allerwenigsten begreife: dass je irgendeiner irgendetwas an Adenauers Gedanken ‚christlich' finden und als solches empfehlen konnte: Ich begreife es nicht, und das mag an mir liegen."[97]

Im einem Interview des Jahres 1991 lässt Jürgen Habermas eine sich wandelnde Einschätzung dieser Generation erkennen: „Aus der Retrospektive erkenne ich, dass ich seinerzeit, als Student, Adenauers große Leistung – die

---

[95] A. Poppinga (1994). *„Das Wichtigste ist der Mut"*, S. 214ff.
[96] Ebd., S. 225.
[97] H. Böll (1965). *Keine so schlechte Quelle*, Der Spiegel, 1.12.1965, S. 155.

energische Einbindung der Bundesrepublik in die westliche Allianz und das westliche Gesellschaftssystem – in seiner historischen Tragweite nicht richtig eingeschätzt habe. Alle meine Haare sträubten sich damals gegen Adenauer, gegen die Politik der Normalisierung eines alten Mannes mit beschränktem Wortschatz."[98] Möglicherweise hat die fatale Mischung „aus neokonservativem Mief plus Gelsenkirchener Barock", die Habermas offenbar nicht völlig zu Unrecht mit der „Adenauer-Zeit" assoziiert, den Blick auf Adenauer und seine Werte versperrt, von denen Willy Brandt schreibt, sie hätten „sich als unverbraucht erwiesen."[99] Habermas könnte also in gewisser Hinsicht recht behalten, wenn er fortfährt: „Unsere radikale Opposition gegen jenen Geist der Adenauer-Zeit erscheint mir auch heute noch gerechtfertigt. Ohne die Opposition der linksliberalen und manchmal sogar linken Intelligenz […] – ohne diese Arbeitsteilung zwischen den Regierenden und ihren ‚Pinschern' hätte sich ein zivilisierter Bürgersinn in der Bundesrepublik, überhaupt eine zivile Mentalität wohl kaum ausgeprägt."

Die Generation der Nachgeborenen kann sich jedenfalls heute mit unbefangener Neugier und neuem Interesse dem zuwenden, was Adenauer beispielhaft repräsentiert, dem „Christlichen Abendland".

1.2 Was heißt „Christliches Abendland"?

Josef Pieper (1904–1997), einer der meistgelesenen Philosophen in der zweiten Hälfte des 20. Jahrhunderts, Professor für Philosophische Anthropologie an der Universität Münster, füllte noch lange nach seiner Emeritierung Vortragssäle der deutschen Städte. „Seine zahlreichen Bücher erzielten Auflagenhöhen, von denen die meisten seiner Fachkollegen nur träumen können", heißt es in der Rezension seiner 2008 abgeschlossenen Werkausgabe, „und zwar nicht nur, wie oft behauptet wird, in den Jahren kurz nach dem zweiten Weltkrieg, sondern auch noch in den siebziger und achtziger Jahren des letzten Jahrhunderts. Pieper gehört zweifellos zu den erfolgreichsten Philosophen in der zweiten Hälfte des zwanzigsten Jahrhunderts. […] Es wird aller-

---

[98] J. Habermas (1991). *Die andere Zerstörung der Vernunft. Über die Defizite der deutschen Vereinigung und über die Rolle der intellektuellen Kritik.* DIE ZEIT, 10.5.1991, S. 63.
[99] W. Brandt (1976). *Konrad Adenauer. Ein schwieriges Erbe für die deutsche Politik.* In: *Konrad Adenauer und seine Zeit*, Bd. 1, S. 107.

höchste Zeit, sich mit dem Denken Piepers ernsthaft auseinanderzusetzen."[100] Adenauers jüngste Tochter Libet begegnet 1947 ihrem späteren Ehemann Hermann-Josef Werhahn bei einer Vortragsreihe Josef Piepers an der Pädagogischen Akademie in Bonn. „Die PH hatte eine kolossale Anziehungskraft, weil dort wirklich Hochkarätiges geboten wurde", erinnert sie sich im Alter.[101]

Pieper widmet der Frage „Was heißt ‚Christliches Abendland'?" eine kleine Schrift[102] und rechnet mit Zweifeln, ob auf die Frage nach dem christlichen Abendland eine verbindliche, über bloß rhetorische Kulturprogrammatik hinausgreifende Antwort überhaupt zu erwarten sei. Wie ein genauerer Blick in die zeitgeschichtliche Literatur zeigt, wurde „das Abendland" tatsächlich zunehmend zum ideologisch aufgeladenen „Kampfbegriff", der – im Hinblick auf nationalistische Ressentiments „unverdächtig" – in unterschiedlichsten Zusammenhängen nutzbar war. Unter dem „christlich-abendländischen Banner" wurden offenbar auch höchst fragwürdige Inhalte transportiert, so dass in diesem Zusammenhang von den „Konjunkturen einer modernen Ideologie" gesprochen wird.[103] Diese Begriffserosion macht möglicherweise nachvollziehbar, warum in Adenauers Äußerungen seit dem Ende der fünfziger Jahre die Formulierung „christliches Abendland" seltener wird und er stattdessen eher von der „christlich-humanistischen Weltanschauung" spricht, ohne jedoch die gemeinten Inhalte abzuschwächen.

Piepers Antwort auf die Frage nach dem christlichen Abendland ist zunächst überraschend: „Abendländische Kultur" oder „Western Civilization"[104] sei „auf christliche Theologie gegründete Weltlichkeit". Diese Fügung

---

[100] M. Gerwing (2008). *Der Ghostwriter des Papstes.* FAZ, 19.9.2008, S. 37.

[101] L. Werhahn (2007). *Erinnerungen an meinen Vater Konrad Adenauer,* S. 75.

[102] J. Pieper (1957). *Was heißt „Christliches Abendland"?* Werke in acht Bänden, Bd. 8.1,2, S. 444ff.

[103] A. Schildt (1999). *Zwischen Abendland und Amerika.* S. 24ff.

[104] Pieper spricht von der „Nötigung, das auf Deutsch Gedachte der Echtheits- und Schlichtheitsprobe einer Übertragung in die rücksichtslose Nüchternheit des Englischen auszusetzen." So sei es zweifellos recht gesund, darauf verwiesen zu werden, dass „Abend" hier in der Tat schlichtweg die Himmelsrichtung des Sonnenuntergangs bedeute, also Westen. Der Westen, die westliche Geistesart sei es, wodurch der vielfältige Ausgangsbestand zu dem geworden sei, was heute, „abendländische Kultur" genannt werde. Der Westen: das sei freilich nicht das Lateinische, das West-Römische allein; mit gemeint seien auch die jungen Völker, die von Norden her in das Weströmische Reich eingedrungen seien und das Lateinische gelernt hätten.

sei von Natur und von Anfang an gespannt. „Weltlichkeit" habe natürlicher-
weise die Tendenz, sich von Theologie und Religion zu lösen, Religion sei
immer in der Versuchung, „un-weltlich" zu werden. Beide Elemente zusam-
menzudenken und zusammenzuleben sei „christliches Abendland". Mit diesem Richtbild werde ein Ziel formuliert, von dem nicht zu erwarten sei, dass
es in endgültiger Ausgewogenheit realisiert sein könnte. Das Abendländische
sei daher nicht ein fester Bestand von Institutionen oder Errungenschaften,
der unverändert weitervererbt werden könne, sondern ein geschichtlicher
Entwurf, der unter stets sich verändernden Bedingungen immer neu in geschichtliche Wirklichkeit umgesetzt werden müsse. Un-abendländisch wäre
sowohl eine von keiner Weltverpflichtung beunruhigte Religiosität als auch
eine von keinem überweltlichen Anruf beunruhigte Weltlichkeit. Der Begriff
der „theologisch gegründeten Weltlichkeit" umfasst nach Pieper „bejahende
Zuwendung zur Welt". Erstens seien alle Dinge, auch die sichtbaren, auch die
natürliche Vernunft gut, weil sie von Gott geschaffen seien. Der zweite Grund
entstamme der Theologie der Sakramente: Wenn die sichtbaren Dinge zum
Werkzeug und Vehikel des Heiles werden könnten, müssten sie Bejahung
fordern. Theologisch sich begründende Bejahung der natürlichen Wirklichkeit bedeute, dass Eros, Technik, politische Macht, Wissenschaft, der ganze
Bereich des Weltlichen ausdrücklich als „zugehörig" deklariert seien.

In diesem Sinne kann Benedikt von Nursia (um 480–547) als abendländischer „Gründungsheiliger" gelten, der aus römischem Geist das orientalische
Mönchstum der Wüstenheiligen und Anachoreten zu einer Gemeinschaft
formte, die aus den Trümmern der Antike das Geistesleben neu erwachsen ließ. Das Gleichgewicht zwischen „ora et labora", zwischen Dienst an
Gott und Arbeit in und an der Schöpfung, die vernünftige Unterscheidung
des Zuträglichen und des Übertriebenen, das Bild des Menschen als eines
gleicherweise in Fleisch und Geist erschaffenen Wesens, kennzeichnet die
benediktinische Lebensform. Für Josef Pieper markiert Benedikt jedenfalls
den Anfang des „Mittelalters": „Dennoch lässt sich ein Jahr nennen, das
eine besondere, sozusagen symbolische Bedeutung besitzt. [...] Im Jahre 529
schließt ein Erlass des christlichen Kaisers Justinian die platonische Akademie in Athen, die dort, unter dem gleichen Namen, durch neunhundert
Jahre bestanden hat. In demselben Jahre aber geschieht noch etwas anderes:
der heilige Benedikt gründet Monte Cassino; das heißt, es entsteht, zwischen

Rom und Neapel, hoch über einer der Heerstraßen der Völkerwanderung, das erste Benediktinerkloster. – Hier also wird in der Tat so etwas wie eine Grenze sichtbar, an welcher zwei Zeitalter, ein abgelebtes und ein beginnendes, einander berühren."[105] Wenige Tage nach seiner Amtseinführung erinnert Papst Benedikt XVI. in diesem Sinne „an die herausragende Gestalt des großen ‚Patriarchen des abendländischen Mönchtums', an den hl. Benedikt von Nursia, der zusammen mit dem heiligen Cyrill und Methodius Patron von Europa ist."[106] Dieser Heilige sei ein grundlegender Bezugspunkt für die Einheit Europas und nachdrücklicher Hinweis auf die unverzichtbaren christlichen Wurzeln der europäischen Kultur und Zivilisation.

Wie noch deutlich wird, prägt die Begegnung mit dem benediktinischen Mönchstum Adenauer entscheidend, als er sich in der Abtei Maria Laach in den nationalsozialistischen Verfolgungsjahren verbirgt. „Ich nahm auch häufig teil an den Gottesdiensten der Benediktiner. In einem solchen Kloster ist ja eine ganz besondere Atmosphäre, und namentlich bei diesen Benediktinern waren zum Teil hochgebildete Leute, und das Jahr hat mir sehr gut getan", erinnert er sich 1962 in einem Interview.[107] „Ein Gebetsstuhl trägt die Aufschrift ‚Maria Laach 1933–34'", beobachtet Rudolf Augstein bei seinem ersten Besuch Adenauers in dessen Rhöndorfer Wohnhaus[108] – ein Einrichtungsdetail, das auf seine besondere und sehr persönliche Verbindung zu dieser Benediktinerabtei hinweist. Der Gebetsstuhl wird noch heute im Adenauer-Haus aufbewahrt. Eine Statue im Eingangsbereich seines Wohnhauses, linker Hand, liefert ein weiteres Indiz. Dargestellt ist der hl. Sturmius (nach 700–779), Gründer und erster Abt des Benediktinerklosters Fulda, Schüler des hl. Bonifatius (um 672–754), des „Apostels der Deutschen". Eine weitere Spur, die von Adenauer zu Benedikt von Nursia führt, lässt sich auf dem Monte Cassino entdecken. Beim Wiederaufbau der am 15. Februar 1944 bei einem alliierten Bombenangriff völlig zerstörten Abtei, dem Mutterkloster

---

[105] J. Pieper (1960). *Scholastik. Gestalten und Probleme der mittelalterlichen Philosophie*. Werke in acht Bänden, Bd. 2, S. 304.
[106] Benedikt XVI. Generalaudienz am 27. April 2005.
[107] Interview mit Daniel Schorr von CBS am 22./23.8.1962. In: A. Poppinga (1987). *Konrad Adenauer. Eine Chronik in Daten, Zitaten und Bildern*, S. 29.
[108] R. Augstein (1948). *Es gibt nur einen Adenauer. Warum dann nicht ich?* Der Spiegel, 16.10.1948, S. 5.

aller Benediktiner, stößt man auf die Fundamente der Kapelle, die Benedikt dort an der Stelle eines Apollon-Tempels errichtet und dem hl. Martin von Tours (316/317–397) weiht. Die *Legenda aurea* beschreibt, wie Benedikt in dieser Kapelle stirbt: „Am sechsten Tage ließ er sich in die Kirche tragen und empfing zur Stärkung den Leib und das Blut des Herrn. Danach stund er in den Armen seiner Jünger, den schwachen Leib aufgerichtet, breitete seine Arme gen Himmel, und gab seinen Geist auf unter Gebeten."[109] Konrad Adenauer stiftet eine Gruppe von Bronzefiguren im heutigen „Kreuzgang am Eingang", die an der Stelle der alten Martinskapelle diese Sterbeszene vergegenwärtigt. Die Darstellung wurde 1953 von dem bedeutenden italienischen Bildhauer Attilio Selva (1888–1970) geschaffen.[110] Adenauers geistige Nähe zum benediktinischen Mönchstum und dessen Wurzeln auf dem Monte Cassino kann kaum einen symbolkräftigeren Ausdruck finden.

Auf das politische Handeln Adenauers angewendet, besagt der Gedanke einer „auf christliche Theologie gegründeten Weltlichkeit" insbesondere, dass Adenauers Ziele als Bundeskanzler und europäischer Politiker für ihn nicht nur pragmatisch zu erreichende, sondern letztlich im Sinne des „Christlichen Abendlandes" religiös verankerte Ziele sind. Zu diesen Zielen gehörten der Wiederaufbau Deutschlands nach dem Krieg, die Wahrung des Friedens in Europa, die Aussöhnung mit dem jüdischen und französischen Volk, die Wiedergewinnung und der Erhalt des politischen Gewichts Deutschlands und Europas in der Welt, wirtschaftlicher Erfolg und Wohlstand sowie kultureller Austausch zwischen den europäischen Nationen. Adenauer hat kaum kritische Reflexionen über seine Geisteshaltung hinterlassen. Insofern lässt sich nicht in einem wissenschaftlich-methodischen Sinne belegen, dass Konrad Adenauers Begriff vom „christlichen Abendland", von der „christlich-humanistischen Weltanschauung" mit Piepers Antwort deckungsgleich ist. Jedoch sind beide, Pieper und Adenauer, in einer noch ungebrochenen kirchlichen Tradition verwurzelt, in der gleichen, Denken und Handeln umfassenden „katholischen Lebenswelt". Der gemeinsame Wurzelgrund lässt es plausibel erscheinen, dass der Philosoph differenziert

---

[109] *Die Legenda aurea des Jacobus de Voragine. Von Sanct Benedictus,* S. 245. Die *Legenda aurea* zitiert wörtlich aus der Primärquelle zum Leben Benedikts: Gregor der Große: *Der hl. Benedikt – Buch II der Dialoge* (lateinisch-deutsch). Hrsg. i. A. der Salzburger Äbtekonferenz, St. Ottilien, 1995, S. 199.
[110] Ch. Henning (2005). *Latium. Dumont Kunstreiseführer,* S. 221.

formuliert, was den Staatsmann in seiner politischen Praxis leitet und der Papst Jahrzehnte später im Deutschen Bundestag bekräftigt.

Dieses Argument mag durch seinen Erklärungswert zusätzliches Gewicht gewinnen. Die in viele seiner Äußerungen eingestreuten Bemerkungen Adenauers, die seine innere Haltung sichtbar werden lassen, fügen sich im Lichte von Piepers Antwort auf die Frage „Was heißt ‚Christliches Abendland'?" zu einem kohärenten Bild. „Theologisch sich begründende Bejahung der natürlichen Wirklichkeit" ermöglicht dem Katholiken Konrad Adenauer sich weltzugewandt den unterschiedlichsten Aspekten der Wirklichkeit in unmittelbarer Anteilnahme zu widmen.

So setzt er sich engagiert mit allen Erscheinungen der Wirtschaft auseinander, mit denen ihn seine Ämter konfrontieren, zum Beispiel mit dem Versicherungswesen, indem er etwa betont, wie sehr die Tätigkeit der Versicherungsgesellschaften beigetragen habe, „Tausenden von Menschen ein Gefühl der Beruhigung und der Sicherheit zu geben, weil sie in ihren Händen die Zukunft gesichert wissen". Die gesamte deutsche Versicherungsarbeit sei ein schönes Bild des Wiederaufbaus.[111]

Im Gegensatz zu den meisten der sich in Abendlandrhetorik ergehenden „Kulturkatholiken" seiner Zeit verfolgt er in diesem Sinne lebenslang die Entwicklung der Naturwissenschaften mit großer Anteilnahme: „Ihn interessierten naturwissenschaftliche Berichte", überliefert Anneliese Poppinga. „Sehr groß war sein Interesse für den Kosmos im weitesten Sinne. Die Gesetze der Sternenbahnen, die Erforschungen der einzelnen Sonnensysteme, damit beschäftigte er sich oft, und in dem Urlaubsgepäck war stets ein Buch über das Weltall mit dabei. Auch geologische Bücher nahm er oft in die Hand. Ihn interessierten die Formationen der Gebirge, die einzelnen Erdschichten, der Ursprung der Ozeane und Kontinente, die Struktur des Erdinneren. Welche Kräfte waren am

---

[111] Rede anlässlich der Einweihung des neuen Geschäftsgebäudes der Allianz Versicherungs-AG in München am 25. November 1954. In: P. Koch (2012). *Geschichte der Versicherungswirtschaft in Deutschland*, S. 365ff. Möglicherweise kamen Adenauer bei dieser Gelegenheit persönliche Erinnerungen an das Versicherungswesen: „Als er bei seiner Eheschließung eine Lebensversicherung habe abschließen wollen", überliefert Anneliese Poppinga, „da habe die Versicherung es abgelehnt, ihn aufzunehmen, wegen seiner schlechten gesundheitlichen Verfassung." In: A. Poppinga (1970). *Meine Erinnerungen an Konrad Adenauer*, S. 322.

Wirken, wie war die Geschichte unserer Erde seit ihren frühesten Anfängen, wie mochte ihre Zukunft sein, das waren Fragen, denen er nachspürte."[112]

Zur „theologisch sich begründenden Bejahung der natürlichen Wirklichkeit" gehört aber auch sein besonderes Interesse an technischen Fragestellungen: „Dazu kam seine Liebe für technische Apparaturen. Der Bundeskanzler hatte vor vielen Jahren sogar Erfindungen gemacht und sie patentieren lassen.[113] Seine größte Erfindung, eine Maschine, die durch Nutzbarmachung des Raketenprinzips angetrieben werden sollte, hatte ihm jedoch das Reichspatentamt nicht abgenommen, wie ich von ihm hörte. Oft sprach der Bundeskanzler von den zähen Auseinandersetzungen in den dreißiger Jahren, die er wegen dieser Erfindung gehabt hatte. Er habe darüber noch einen dicken Schriftwechsel."[114] An anderer Stelle erinnert sich Anneliese Poppinga: „,Wollen Sie wissen, worauf ich sehr stolz bin?' Er stand auf und kam nach einiger Zeit mit einem dicken Stapel von Akten. ,Hier, sehen Sie sich das einmal an. Das sind Patentanmeldungen. Von mir.' [...] Bei der Durchsicht der vergilbten Papiere, die bis in das Jahr 1904 zurückreichten, überraschten mich seitenlange Passagen mit mathematischen Berechnungen in seiner unverwechselbaren Handschrift. Die Zahlen waren mir völlig unverständlich. Ich fragte, was sie zu bedeuten hätten. Bereitwillig erklärte er mir, dass es sich um die bessere Energieverwertung bei der Konstruktion einer ,Reaktionsdampfmaschine' ging. Er zeigte mir eine Skizze hierzu, die fast an Zeichnungen von Leonardo da Vinci erinnerte. Ich sagte dies auch. Und Konrad Adenauer empfand offenbar Freude über diesen Vergleich."[115] Seine naturwissenschaftlich-technischen Interessen machen verständlich, warum Adenauer 1926 in den Vorstandsrat des Deutschen Museums in München gewählt wird.[116]

Dass Adenauer implizit aus dem Geist des christlichen Abendlandes, wie ihn Pieper beispielhaft formuliert, gelebt, gedacht und gehandelt hat, deckt

---

[112] A. Poppinga (1970). *Meine Erinnerungen an Konrad Adenauer*, S. 108.
[113] Zur tatsächlichen Patenterteilung gelangten nur seine nichttechnischen Patentanträge (*Verfahren zur Herstellung eines dem rheinischen Schwarzbrot ähnelnden Schrotbrotes, Verfahren zur Geschmacksverbesserung eiweißreicher und fetthaltiger Pflanzenmehle und zur Herstellung von Wurst*). Zu seinen Patentideen siehe: P. Koch (1986). *Die Erfindungen des Dr. Konrad Adenauer*. Rheinbek bei Hamburg.
[114] Ebd., S. 109.
[115] A. Poppinga (1994). „*Das Wichtigste ist der Mut*", S. 276.
[116] *Konrad Adenauer 1917–1933. Dokumente aus den Kölner Jahren*, S. 357.

sich mit den Ergebnissen der Dissertation Anneliese Poppingas. Sie geht darin dem „Grundsätzlichen in der Politik Konrad Adenauers in seinem Selbstverständnis" nach und untersucht die Bedeutung von Geschichte und Weltanschauung für seine Politik.[117] Dieses Grundsätzliche in seiner Politik sei aus einer Auffassung vom Wert und der Würde des Menschen hervorgegangen, die letztlich in seinem katholischen Glauben verankert gewesen seien. Werte und an der Geschichte orientierte Grundsätze hätten seiner Politik den Orientierungsrahmen geboten, der die Richtung, nicht aber das konkrete „Wie" seines Handelns bestimmt hätte. Wenn Anneliese Poppinga von einer zugleich realitätsbezogenen und wertorientierten Politik spricht und als ihr Kennzeichen die Verbindung von abstrakt-allgemeingültigen Grundsätzen, die in seinem katholischen Glauben verankert gewesen seien, mit spezifisch historisch bedingten Gegebenheiten sieht,[118] formuliert sie damit auf ihre Weise den Gedanken, den Pieper „auf christliche Theologie gegründete Weltlichkeit" nennt.

Auch die Einschätzung des bedeutenden Adenauer-Biographen Hans-Peter Schwarz (*1934) liegt auf dieser Linie, wenn er im Hinblick auf Adenauer den Diplomaten und Historiker Carl Jakob Burckhardt (1891–1974) zitiert: „Seine Größe bestand darin, dass er in genialer Weise mit Tatsachen rechnete und nicht mit Rezepten"[119] und selbst schreibt, Adenauer sei „ein gottesfürchtiger Mann gewesen unbeschadet aller Gerissenheit und Streitsucht, derentwegen man sich vor ihm hütete."[120]

Nahum Goldmann (1895–1982), Gründer und langjähriger Präsident des Jüdischen Weltkongresses, spricht in diesem Sinne von Synthesen, die Adenauer charakterisierten: „eine Verbindung von großer politischer Gewandtheit und Begabung mit einer im tiefsten auf sittlichen und religiösen Prinzipien basierten Weltanschauung. Wie jeder erfolgreiche Politiker erscheint Adenauer manchmal nur Taktiker zu sein, nur auf Erfolg aus, zuweilen, wie seine Gegner ihm oft vorwerfen, zynisch und unzuverlässig. Doch in der Tiefe seines Wesens, scheint es mir, ist er von hohen moralischen Überzeugungen beherrscht, die die Ziele seiner Politik fundamental bestimmen."[121] Dies

---

[117] A. Poppinga (1975). *Konrad Adenauer. Geschichtsverständnis etc.*, S. 214.
[118] Ebd., S. 211.
[119] H.-P. Schwarz (2004). *Anmerkungen zu Adenauer*, S. 44.
[120] Ebd., S. 45.
[121] N. Goldmann (1963). *Abschied vom Kanzler. Er gehört zu den Auserwählten*. Der Spiegel, 9.10.1963.

habe ihm ermöglicht, in der entscheidenden formativen Periode des nach-hitlerischen Deutschland, das deutsche Volk, jedenfalls den in der Bundesrepublik staatlich organisierten Teil, ohne Reservationen und bedingungslos in eine bewusste Integration innerhalb der freien Welt zu führen.

In Adenauers eigenen Worten erscheint der Gedanke einer „theologisch gegründeten Weltlichkeit" in pragmatisch-nüchterner Gestalt: „Nun bin ich ja für Gottvertrauen, aber nur in beschränktem Umfang, weil Gott dem Menschen freien Willen gegeben hat und Gott nicht lediglich verlangt, Vertrauen zu ihm zu haben, sondern er will auch den freien Willen und die eigene Arbeit des Menschen."[122]

Ins Politische gewendet wird der Gedanke vom „Christlichen Abendland" zur Vorstellung des Sacrum Imperium, die das abendländische Staatsdenken kennzeichnet. Der Philosoph Alois Dempf (1891–1982), der sich 1926 in Bonn habilitiert, formuliert diese Leitidee noch 1929 als Privatdozent an der Universität Bonn in *Sacrum Imperium*, einem seiner Hauptwerke, das untergründig auch politisch einflussreich wird: „Christus ist König und Prophet, ihm untersteht das weltliche und das geistige Schwert, das er auf Erden durch die geistliche und weltliche Macht führen lässt – so zwar, dass sich die beiden Gewalten gegenseitig bedingen und begrenzen und auf Christus hin relativieren."[123] Wer die Formen des politischen Katholizismus – auch in seinem originären Verständnis von Demokratie – bis in die Mitte unseres Jahrhunderts verstehen wolle, ohne sich von den aufgeklärten revolutionär-liberalen Konzeptionen der Neuzeit von Freiheit und Staatsverfassung abhängig zu machen, sollte dieses Werk gemäß dem Philosophen und Schüler Dempfs Vincent Berning (*1933) in seiner exemplarischen Bedeutung durcharbeiten, so anspruchsvoll seine theoretische Grundlegung auch sei.[124] Auf einer Tagung des Katholischen Akademikerverbandes im Jahre 1928 gibt Dempf diesem Gedanken eine europäische Wendung: „Die Katholiken

---

[122] Vor dem Bundesparteivorstand der CDU am 13.1.1956. A. Poppinga (1994). *„Das Wichtigste ist der Mut"*, S. 36.

[123] A. Dempf (1929). *Sacrum Imperium. Geschichts- und Staatsphilosophie des Mittelalters und der politischen Renaissance.* Darmstadt 1962. Zitiert in: Th. Ruster (2012). *Auf der Suche nach der Form des Gottesreiches im 20. Jahrhundert.* In: *Christus. Zur Wiederentdeckung des Sakralen in der Moderne*, S. 71.

[124] V. Berning (1992). *Alois Dempf. Philosoph, Gelehrter, Kulturtheoretiker, Prophet gegen den Nationalsozialsozialismus.* In: *Alois Dempf (1891–1982)*, S. 101f.

Europas müssen sich einigen unter der Idee des Königtums Jesu Christi, einen anderen Ausweg aus der gegenwärtigen Lage gibt es nicht."[125]

Dempf wird 1937 auf den renommierten Lehrstuhl des bei Max Planck promovierten Physikers und Philosophen Moritz Schlick (1882–1936) in Wien berufen, den er nach seiner Vertreibung 1938 durch die Nationalsozialisten 1945 zurückerhält. Zuletzt lehrte er in München. Eine Initiative Adenauers, ihn 1945 an die Universität Köln oder sogar zum nordrhein-westfälischen Kultusminister zu berufen, lehnt Dempf ab, ebenso wie eine Berufung zum bayrischen Kultusminister durch den damaligen bayrischen Ministerpräsidenten Fritz Schäffer (1888–1967), der in Adenauers Kabinett von 1949–1961 als Finanz-, später als Justizminister tätig ist. Der bedeutende Philosoph Dietrich von Hildebrand (1889–1977) überliefert ein Charakterbild Dempfs: „Sein edles Gesicht, seine tiefe Frömmigkeit, seine gütige und schlichte Art und seine philosophische Geöffnetheit, seine aufrichtige Gegnerschaft gegen den Nationalsozialismus – alles das bildete einen Weltenunterschied zu den übrigen philosophischen Kollegen in Wien. Ich erinnere mich noch, wie er in Tränen der Rührung ausbrach über den Widerstand gewisser Kreise der katholischen Jugend in Deutschland gegen den Nationalsozialismus, über die Tatsache, dass er sie gewissermaßen durch sein Kommen nach Wien im Stich gelassen hatte. Diese seine Haltung gewann ihn sehr für mich."[126]

---

[125] Zitiert in: A. Koenen (1994). *Der Fall Carl Schmitt*, S. 63.
[126] D. von Hildebrand. *Memoiren 1921/23 und 1932–1937*. In: *Dietrich von Hildebrand. Memoiren und Aufsätze gegen den Nationalsozialismus (1933–1938)*, S. 152. Von Hildebrands Erinnerungen vergegenwärtigen die Atmosphäre an der Wiener Universität vor dem „Anschluss": „An diesem Abend machte ich auch die Bekanntschaft von Schlick. Er ging sehr freundlich auf mich zu, gab seiner Freude in ganz natürlicher Weise Ausdruck – dass ich jetzt Mitglied der Fakultät sei –, ich glaube, er sagte, ‚dass ein Mann der politisch gesinnt ist wie Sie, in unsere Fakultät kommt'. Philosophisch waren Schlick und ich die größten Antipoden. Jeder der anderen farblosen und unbedeutenden Philosophen stand mir in philosophischer Hinsicht näher. Und doch war es nur Schlick, der mich freundlich und herzlich begrüßte. So sehr stand in diesem Moment die politische Einstellung im Vordergrund. Die Scheidung der Geister vollzog sich in diesem Moment in der Stellung zum Nationalsozialismus. [...] Ich fühlte mich sogar mit Schlick solidarischer als mit ‚nagenazelten' Philosophen, obgleich er Atheist war und der grauenvollsten philosophischen Richtung angehörte und ich alles, was er lehrte, als gänzlich falsch und äußerst schädlich ansah."[Ebd., S. 127f.]. Schlick, Nachfolger Ernst Machs (1838–1916), Begründer des „Wiener Kreises", in dessen Umfeld so bedeutende Geister wie der Logiker Kurt Gödel (1906–1978) oder der Begründer der modernen Wissenschaftstheorie Karl Popper (1902–1994) ihre eigenen Wege fanden, wurde 1936 von einem Täter mit nationalsozialistischem Hintergrund ermordet. Von Hildebrand würdigt Schlick in einem Nachruf.

In den acht Jahren seiner Bonner Privatdozententätigkeit, für Dempfs Tochter „sicher für ihn die geistig fruchtbarsten und für unsere Familie die glücklichsten,"[127] steht Dempf in persönlichem Austausch mit Politikern wie Konrad Adenauer, Robert Schuman, der 1904 sein Jura-Studium in Bonn begonnen hatte und 1913 in Maria Laach zu den Mitbegründern der Liturgischen Bewegung zählt, oder mit Don Luigi Sturzo (1871–1959), dem Gründer der Italienischen Volkspartei und politischem Lehrer Alcide De Gasperis, mit dem ihn der geistige Kampf gegen den Faschismus verbindet. Dempf, der 1925 auf einer Tagung in Köln mit Don Sturzo Freundschaft schließt, hatte dessen Buch *Italien und der Fascismus*[128] übersetzt. Sein eigenes Werk *Sacrum Imperium* ist Don Sturzo gewidmet, der darin erwartungsvoll *venturi saeculi victor* und *amicus* genannt wird.[129] Ein Kristallisationskeim ist der Katholische Akademikerverband um Prälat Franz Xaver Münch (1883–1940), dem auch Dietrich von Hildebrand nahesteht. Diese im Rheinland wurzelnde Akademikerbewegung, die 1913 neben Franz Xaver Münch u. a. von Adenauers Schulfreund Ildefons Herwegen (1874–1946), Abt von Maria Laach, und dem Bonner Romanisten und Kulturphilosophen Hermann Platz (1880–1945) gegründet wurde, zählte 1925 bereits 16.000 Mitglieder in ganz Deutschland.

Nach einer ersten Begegnung 1933 in Maria Laach bis zu Dempfs Berufung nach Wien im Jahre 1937 kommt Dempf verschiedentlich mit Adenauer zusammen,[130] häufig in Gesellschaft von Paul Franken (1903–1984),[131] dem Verbindungsmann Adenauers zu oppositionellen Kreisen im Dritten Reich, etwa beim Sonntagsnachmittagskaffee in Haus Ernich, Unkel gegenüber hoch über dem Rhein gelegen, der späteren Residenz des französischen Botschafters, dessen Gast Adenauer als Bundeskanzler häufig sein wird.[132]

---

[127] F. Felizitas Hagen-Dempf (1992). *Alois Dempf. Ein Lebensbild.* In: *Alois Dempf (1891–1982),* S. 10.

[128] L. Sturzo (1926). *Italien und der Fascismus.* Gilde-Verlag, Köln 1926.

[129] DOMINO DOCTORI LUDOVICO DE STURZO , DOCTORI PHILOSOPHO, VIRO SPIRITUALI , JUSTO PATIENTI, VENTURI SAECULO AICTORI, AMICUS.

[130] *Adenauer im Dritten Reich,* S. 293, 309, 610.

[131] Franken war 1930–1936 Geschäftsführer des Kartellverbandes des Katholischen Deutschen Studentenvereine, 1937–1939 in Schutzhaft, nach dem Krieg zuletzt Leiter der Bundeszentrale für Heimatdienst bzw. Politische Bildung. Während des Krieges findet Franken zeitweilig Unterschlupf bei Admiral Wilhelm Franz Canaris (1887–1945) in dem von ihm geleiteten Amt Ausland/Abwehr im Oberkommando der Wehrmacht.

[132] H.-P. Schwarz (1986). *Adenauer. Der Aufstieg: 1876–1952,* S. 404f.

Franken berichtet über gemeinsame lange Gespräche mit Adenauer und Dempf über die Entwicklung Deutschlands in den nächsten Jahrzehnten.[133] Sie finden u. a. im Bonner Elisabeth-Krankenhaus statt. Über CDU-interne Bedenken gegen einen Parteitagsbeitrag Dempfs setzt sich Adenauer energisch hinweg.[134] In seiner kurzen Zeit als Oberbürgermeister im Jahr 1945 versucht Adenauer, Dempf an die Universität Köln zu berufen.[135] Von den Werken Dempfs ist in Adenauers Rhöndorfer Privatbibliothek „Selbstkritik der Philosophie und eine vergleichende Philosophiegeschichte im Umriß"[136] noch nachweisbar, eine zusammenfassende Darstellung von philosophiegeschichtlichen Arbeiten, die in den sieben Jahren seiner inneren Emigration entstanden sind. Inwieweit andere Werke Dempfs aus dem Besitz Adenauers bei Hausdurchsuchungen beschlagnahmt wurden, lässt sich im Gegensatz zu konfiszierten Büchern anderer Autoren in seiner Bibliothek nicht belegen.[137]

In geistigem Austausch steht Dempf mit weiteren Bonner Privatdozenten, die wie er einflussreiche Hochschullehrer werden, mit dem zunächst evangelischen, später katholischen Theologen Erik Peterson (1890–1960)[138], dem protestantischen Theologen Karl Barth (1886–1968), dem schon erwähnten Carl Schmitt, durch dessen desavouierende Anerkennung des Dritten Reiches nicht nur Dempf enttäuscht wird, und Romano Guardini (1885–1968), den mit Schmitt „Freundschaft und Vertrautheit"[139] verbindet. Dempfs Tochter berichtet zudem von Begegnungen mit der späteren

---

[133] *Adenauer im Dritten Reich*, S. 309, 610 (Frühjahr 1937).

[134] Brief an den Bundestagsabgeordneten Dr. Friedrich Holzapfel, Bonn, am 9.9.1951. In: *Briefe 1951–1953*, S. 120.

[135] Brief an Stadtdechant Dr. Robert Grosche, Köln, vom 25.3.1947. In: *Briefe 1945–1947*, S. 455. Ebenfalls erfolglos bleibt sein Versuch in dieser Zeit, auch den Religionsphilosophen Romano Guardini, der in Bonn studierte, dort als Privatdozent lehrte und als junger Kaplan in Bonn-Pützchen wirkte, für die Kölner Universität zu gewinnen.

[136] A. Dempf (1947). *Selbstkritik der Philosophie und eine vergleichende Philosophiegeschichte im Umriss*. Herder, Wien 1947, mit handschriftlicher Eintragung Adenauers *Adenauer 1948*.

[137] *Adenauer im Dritten Reich*, S. 406.

[138] Zur Würdigung Petersons siehe: Benedikt XVI. (2010). *Ansprache an die Teilnehmer des internationalen Symposiums über Erik Peterson am 25.10.2010*. Dempf widmet sein genanntes Werk *Selbstkritik der Philosophie* im Besitze Adenauers „ERIK PETERSON, dem Entdecker der politischen Theologie, dem Meister der Geistesgeschichte, dem Wissenssoziologen, dem Freunde!" http://www.vatican.va/holy_father/benedikt_xvi/speeches/2010/october/documents/hf_ben-xvi_spe_20101025_peterson_ge.html.

[139] A. Koenen (1994). *Der Fall Carl Schmitt*, S. 40.

Märtyrerin und Karmelitin Edith Stein, wie Dietrich von Hildebrand eine Schülerin Edmund Husserls (1859–1938), die Papst Johannes Paul II. 1998 heiliggesprochen und ein Jahr später zur Patronin Europas erhoben hat, und mit der katholischen Schriftstellerin Gertrud von le Fort (1876–1971).[140] Auf Adenauers Briefwechsel mit Gertrud von le Fort gehen wir noch ein.

1.3 Säkularisierung des Abendland-Gedankens

Nach Carl Schmitt sind „alle prägnanten Begriffe der modernen Staatslehre säkularisierte theologische Begriffe. Nicht nur ihrer historischen Entwicklung nach, [...] sondern auch in ihrer systematischen Struktur."[141] Der bedeutende Physiker und Philosoph Carl Friedrich von Weizsäcker (1912–2007) fasst diesen Gedanken weiter. Für ihn kann insgesamt „die moderne Welt weitgehend als Ergebnis einer Säkularisierung des Christentums verstanden werden."[142] Adenauer formuliert auf seine Art: „Die Loslösung des Staatsbegriffs von der göttlichen Ordnung fand in der französischen Revolution ihre stärkste Ausprägung. Die französische Revolution brachte den Nationalismus. [...] Der Nationalismus, gleichgültig wo und gleichgültig in welcher Form er auftritt, verstößt gegen die göttliche Ordnung. Er macht den Staat, und zwar in jedem Volk seinen eigenen Staat, zum Götzen."[143]

Rechtshistorisch bezeichnet „Säkularisierung" die Enteignung von Kirchengütern. Folgerichtig ist für Hans Blumenberg mit diesem Begriff „eine Kategorie des geschichtlichen Unrechts"[144] ausgesprochen, die er im Sinne einer zu begründenden „Legitimität der Neuzeit" überwinden will: „Die ,Weltlichkeit' der Neuzeit ist nicht ihr gesichertes historisches Merkmal, sondern ihr dauerndes kritisches Officium."[145] Carl Schmitt sieht in der Sä-

---

[140] F. Felizitas Hagen-Dempf (1992). *Alois Dempf. Ein Lebensbild.* In: *Alois Dempf (1891–1982),* S. 15.
[141] C. Schmitt (1922). *Politische Theologie. Vier Kapitel zur Lehre von der Souveränität,* S. 49.
[142] C. F. von Weizsäcker (1964). *Die Tragweite der Wissenschaft. 10. „Was ist Säkularisierung?",* S. 211.
[143] „Europa steht auf dem Spiel". Ansprache auf der Schlusskundgebung der „Gemeinschaft katholischer Männer" in Bamberg am 20.7.1952. In: *Reden 1917–1967,* S. 260.
[144] H. Blumenberg (1974). *Säkularisierung und Selbstbehauptung. Erster Teil: Kritik einer Kategorie des geschichtlichen Unrechts.*
[145] H. Blumenberg (1966). *Die Legitimität der Neuzeit.* S. 61.

kularisierung dagegen einen Prozess des Verfalls, der vor allem die Kerngebiete betrifft, aus denen heraus sich eine Gesellschaft ihrer zentralen Bedeutungsressourcen versichert. Der höchst kontroverse, aber zugleich überaus respektvolle Briefwechsel zwischen Carl Schmitt und Hans Blumenberg in den Jahren 1971–1978 über „Politische Theologie und die Legitimität der Neuzeit" umkreist diese Problematik in zeitloser Aktualität.[146] „Ein fast zartes Gespräch der Geister", kommentiert eine Besprechung.[147]

Vor diesem Hintergrund erscheinen die Gedanken von Habermas und seinen Mitautoren, die den Ausgangspunkt unserer Überlegungen bildeten, in einem neuen Licht. „Die nationalstaatliche Vielfalt seiner Kulturen und das sozialstaatliche Gesellschaftsmodell", wesentliche Elemente, die Europa ausmachten, erweisen sich als „säkularisierte" Fassung der beiden Leitgedanken, unter die Adenauer sein Wirken als Bundeskanzler und Europapolitiker in seiner ersten Regierungserklärung gestellt hat: der „Geist christlich-abendländischer Kultur und die Achtung vor dem Recht und vor der Würde des Menschen."[148]

Offenbar sind die Leitgedanken der kulturellen Vielfalt und des Sozialstaats auch in ihrer „säkularisierten" Form heute keineswegs weniger gefährdet als das christliche Abendland und die Würde des Menschen, auf deren Bedrohung Adenauer und Papst Benedikt so eindringlich hinweisen. Es fällt ferner auf, dass auch heute, wie in Adenauers Zeit des Kalten Krieges, die Gefährdung in einer Form des „Totalitarismus" gesehen wird, eines Verlustes menschlicher Freiheit, die Habermas und seine Mitautoren „marktkonforme Fassadendemokratie" nennen. Andere sprechen vom „Tierkreiszeichen Stier und Bär" unter dem die Erde heute erstrahle und vom „Marktfundamentalismus", der an die Stelle der traditionellen Metaphysik getreten sei, der „invisible hand" an der Stelle des persönlichen Gottes. Dahinter gebe es nichts außer dem „Big Bang, dem allerletzten Schwarzen Freitag".[149] Man

---

[146] *Hans Blumenberg – Carl Schmitt. Briefwechsel 1971–1978 und weitere Materialien.*

[147] W. Köhne (2008). *Ein fast zartes Gespräch der Geister. Hans Blumenberg und Carl Schmitt schrieben sich Briefe.* Deutschlandfunk, Büchermarkt, 17.1.2008. http://www.dradio.de/dlf/sendungen/buechermarkt/725731/.

[148] Erste Regierungserklärung am 20.9.1949. In: *Reden 1917–1967*, S. 169.

[149] H.-P. Horn (2003). *Brauchen wir Tabus?* Antwort auf die Preisfrage der Deutschen Akademie für Sprache und Dichtung des Jahres 2000, S. 16.

kann darin auch die Bedrohung der Freiheit durch einen totalitäre Züge annehmenden „Arbeitsstaat" erkennen, wie ihn Josef Pieper beschreibt: „Man muss sehen, dass der völlige und endgültige Verfall jenes abendländischen Fundamentalbegriffs ‚Muße' eine ganz klare geschichtliche Konsequenz haben wird, und die heißt: totalitärer Arbeitsstaat."[150] Der Prozess in diese Richtung muss nach Habermas und seinen Mitautoren „umgekehrt" werden – offenbar ist er bereits in Gang gesetzt. Andernfalls geschieht möglicherweise, was nach Pieper „die Unmenschlichkeit der totalen Arbeitswelt tatsächlich ausmacht: es geschieht die endgültige Fesselung des Menschen an den Arbeitsprozess, es geschieht ausdrücklich die Proletarisierung aller."[151]

Es fällt aber auch auf, dass das „sozialstaatliche Gesellschaftsmodell" und die „nationalstaatliche Vielfalt der Kulturen Europas" von Habermas und seinen Mitautoren offenbar als Elemente angesehen werden, über die allgemeiner Konsens besteht. Spontan drängen sich Fragen auf: Warum verweisen sie nicht auf den Boden, aus dem „die nationalstaatliche Vielfalt der Kulturen Europas" gewachsen ist? Warum ist es selbstverständlich, dass die kulturelle Vielfalt erhaltenswert ist, lebendig gehalten und nicht museal konserviert? Wie können die Kulturen Europas unter dem Schatten einer „marktkonformen Fassadendemokratie", des „totalen Arbeitsstaates", lebendig bleiben? Warum sagen die Autoren nicht, welches Bild vom Menschen und seiner Würde der Entwicklung des „sozialstaatlichen Gesellschaftsmodells" zugrunde liegt? Worauf gründet sich ihr „Einspruch gegen die Fassadendemokratie", ihre Hoffnung, dass das „sozialstaatliche Gesellschaftsmodell" und die „Kulturen Europas" auch in Krisensituationen konsensfähig bleiben?

---

[150] J. Pieper (1980). *Gottgeschenkte Atempause. Arbeit – Muße – Sonntag – Fest.* In: *Werke in acht Bänden*, Bd. 7, S. 621f. Pieper fährt fort: „Wir arbeiten, um Muße zu haben. [...] In den Jargon der totalen Arbeitswelt übersetzt, besagt [dies] folgendes: es gibt nicht nur die Produktion und die Erfüllung des Plan-Solls, sondern es gibt außerdem und zu Recht Wirkformen des Menschen, die ihrer Natur nach [...] einer Rechtfertigung vor dem Maßstab eines Nutzungsplanes gar nicht bedarf, prinzipiell nicht. – Man braucht nur so zu formulieren, und schon ist klar, welch eine an die Wurzeln der totalen Arbeitswelt gehende Ketzerei in dem alten abendländischen Satze steckt: Es gibt freie Künste, es gibt menschliche Tätigkeiten, die sinnvoll sind, obwohl sie weder Arbeit sind noch bloße Erholung (von der Arbeit, für die Arbeit)."
[151] Ebd.

Die literarische Antwort auf „Brauchen wir Tabus?", die Preisfrage der Deutschen Akademie für Sprache und Dichtung des Jahres 2000, hält dies jedenfalls nicht für selbstverständlich: „Außer Spaß und, natürlich, Tod wird, meinen Sie, nicht viel bleiben?", fragt einer der Gesprächspartner dieses an Platons Gorgias erinnernden Dialoges. „Die Kunst wird verschwinden, die Literatur, die große Musik, die Liebe, sogar der ‚natürliche' Orgasmus, die Landschaften, das Schöne und Erhabene, und all diese Möbelstücke aus der Villa Kultur, in der wir es uns so komfortabel eingerichtet hatten. […] ‚Rührt nicht an den Menschen, achtet das, was Wir einmal seine Würde oder Gottähnlichkeit genannt haben.' – wer von Uns glaubt denn im Ernst, dass solches beschwörende Gemurmel im Silicon Valley gehört wird? […] Eigentlich haben Sie recht. Auch der Neandertaler verschwand eines Tages von der Oberfläche dieses Planeten, nachdem Vetter Homo sapiens sapiens aufgetaucht war. Und wer trauert heute noch dem Neandertaler nach?"[152]

In einer vielbeachteten Diskussion mit Joseph Kardinal Ratzinger im Jahr 2004 erinnert Jürgen Habermas an den Rechtsphilosophen und Richter am Bundesverfassungsgericht Ernst-Wolfgang Böckenförde (*1930) und seine Frage aus der Mitte der 60er Jahre: „Zehrt der freiheitliche, säkularisierte Staat von normativen Voraussetzungen, die er selbst nicht garantieren kann?" Oder, wie zuvor im Jahr 2000 weitaus provokanter formuliert: „Brauchen wir Tabus?" Einer der Impulse, die zu diesem Gespräch führten, war Habermas' Dankesrede zur Verleihung des Friedenspreises des Deutschen Buchhandels 2001, in der er von der säkularen Gesellschaft ein neues Verständnis religiöser Überzeugungen forderte.[153] Die Frage nach notwendigen „Voraus-Setzungen" scheint jedenfalls auf das heutige Europa übertragbar zu sein und auf die Formen „supranationaler Demokratie", die von Habermas, Nida-Rümelin und Bofinger gefordert werden.

---

[152] H.-P. Horn (2000). *Brauchen wir Tabus?* Antwort auf die Preisfrage des Jahres 2000, S. 54, 61, 63. Die Deutsche Akademie für Sprache und Dichtung wurde am 200. Geburtstag Goethes, dem 28. August 1949, in der Paulskirche zu Frankfurt am Main gegründet. Mit dem Georg-Büchner-Preis verleiht sie Deutschlands angesehensten Literaturpreis. Die prämierten Antworten auf die von 1964 bis 2000 gestellten Preisfragen zu Problemen der Sprache, Literatur und Gesellschaft wurden in der Reihe der Preisschriften publiziert. *Brauchen wir Tabus?* war die letzte Preisfrage. Welche Frage sollte man nach dieser auch stellen?

[153] J. Habermas (2001). *Glaube und Wissen*. Dankesrede.

Nachdenklich spricht Habermas in seinem Gespräch mit dem späteren Papst Benedikt XVI. von einer möglicherweise „entgleisenden Modernisierung der Gesellschaft" im Ganzen, die sehr wohl das demokratische Band mürbe machen und die Art von Solidarität auszehren könne, auf die der demokratische Staat, ohne sie rechtlich erzwingen zu können, angewiesen sei.[154]

Angesichts der Phänomene und Prozesse, die den Zusammenhalt der Gesellschaft heute bedrohen, plädiert Habermas in seinem Gespräch mit Ratzinger für eine „Integration der Ressource Religion", wie er sich ausdrückt. Ratzinger räumt darin einerseits „Pathologien in der Religion" ein, die höchst gefährlich seien und die es nötig machten, das göttliche Licht der Vernunft sozusagen als ein Kontrollorgan anzusehen. Auf der anderen Seite spricht er von „Pathologien der Vernunft", mit denen eine seltener bewusste und gefährliche Hybris einhergehe. Diese sei in seinen Augen „von ihrer potentiellen Effizienz her noch bedrohlicher". Exemplarisch verweist Ratzinger auf die Entwicklung und Folgen der Atombombe oder den „Menschen als Produkt", als etwas Gemachtes, nicht Vorgefundenes, wie ihn der naturalistische Szientismus vor dem Hintergrund der Embryonen- und Hirnforschung sehe.[155] Habermas' Aufsatz in der Neuen Züricher Zeitung aus dem Jahr 2007, in dem er insbesondere auf die „Regensburger Rede" Benedikts XVI. eingeht, könnte man als eine Fortsetzung des Gespräches im Jahr 2004 sehen.[156] Möglicherweise lässt sich auch Papst Benedikts Bundestagsrede vom September 2011 als weiteres Glied dieser Gesprächskette zwischen „Moderne" und „Kirche" deuten.

In der gegenwärtigen Situation drängt sich der Gedanke an die Pathologien der „ökonomischen Vernunft" auf, etwa an das „ungezähmte Monster" der Finanzmärkte, auf das der damalige Bundespräsident Horst Köhler bereits 2009 hinwies, zu Recht, wie wir heute wissen, und nicht zuletzt an die Gefahr einer „marktkonformen Fassadendemokratie" im Sinne Habermas' und seiner Mitautoren, die keine Demokratie mehr wäre, sondern eine mehr oder weniger verbrämte „Diktatur der Ökonomie". Köhler sieht jedenfalls eine „Krise im eigenen Haus, eine Wertekrise im eigenen Denken und

---

[154] J. Habermas, J. Ratzinger (2004). *Dialektik der Säkularisierung*, S. 26.
[155] Ebd., S. 66.
[156] J. Habermas (2007). *Ein Bewusstsein von dem, was fehlt. Über Glauben und Wissen und den Defaitismus der modernen Vernunft.* NZZ, 10.2.2007.

Handeln, über die noch keine tiefer gehende Selbstreflexion" bei den Akteuren erkennbar sei.[157] Auch Pathologien der „technologischen Vernunft" kommen in den Blick, die durch eine bereits heute informationstechnisch mögliche Überwachung aller Lebensbereiche die europäische Lebensform grundlegend umzuwandeln drohen. Wenn die „Pathologien der Vernunft" Zerstörungspotentiale besitzen, zu deren Beschreibung Metaphern wie „Atombombe", „ungezähmtes Monster", „Fassadendemokratie", „gespenstisches Paralleluniversum", „Überwachungsstaat", „Mensch als Produkt" gerechtfertigt erscheinen, leben wir offenbar unter einer Bedrohung der individuellen Freiheit und Würde des europäischen Menschen und der Vielfalt seiner Kulturen. Unsere Gegenwart ist demnach nicht weniger gefährdet, wenn auch in anderer Art, als die Zeit Adenauers, die Zeit des Kalten Krieges unter dem Schatten eines aggressiven Weltkommunismus.

Sieben Jahre nach seinem Gespräch mit Habermas spricht Ratzinger als Papst Benedikt im Deutschen Bundestag über eine sich exklusiv gebende positivistische Vernunft: „Sie gleicht den Betonbauten ohne Fenster, in denen wir uns Klima und Licht selber geben, beides nicht mehr aus der weiten Welt Gottes beziehen wollen. Und dabei können wir uns doch nicht verbergen, dass wir in dieser selbstgemachten Welt im Stillen doch aus den Vorräten Gottes schöpfen, die wir zu unseren Produkten umgestalten."[158] Als „Produkte" im Sinne des Papstes lassen sich offenbar auch das sozialstaatliche Gesellschaftsmodell und die nationalstaatliche Vielfalt der europäischen Kulturen ansehen, als lebensnotwendige, kostbare und sorgsam zu pflegende Produkte.

Möglicherweise gehen sie zugrunde, wenn sie vollends „säkularisiert" werden, also von ihren Quellen getrennt und nicht mehr aus „Vorräten Gottes"

---

[157] H. Köhler (2009). Rede auf der Festveranstaltung „60 Jahre Deutscher Gewerkschaftsbund", 5.10.2009. „Tatsächlich beobachten wir auf den internationalen Finanzmärkten schon wieder ein Déjà-vu mit Hütchenspielern im Shadow-Banking, mit intransparenten Derivategeschäften und Spekulation auf den Rohstoffmärkten – und alles davon in Größenordnungen, die weiterhin völlig unvorstellbar sind. Ja, ich sehe ‚das Monster' noch nicht auf dem Weg der Zähmung. Vor allem kann ich auch noch keine tiefer gehende Selbstreflexion der globalen Finanzakteure erkennen, das heißt, ihr Nachdenken über die Krise im eigenen Haus, über die Wertekrise im eigenen Denken und Handeln."

[158] Benedikt XVI. (2011). Ansprache beim Besuch des Deutschen Bundestags am 22. September 2011.

geschöpft sind, wenn ihre „Weltlichkeit" nicht auf christlicher Theologie gegründet ist, das „abendländische Programm" nicht mehr gilt. „Aber die vollends aufgeklärte Erde strahlt im Zeichen triumphalen Unheils"[159] – auch für die Phänomene unserer Zeit erweist sich dieses Diktum am Anfang der „Frankfurter Schule" vielleicht als Diagnose von unerwarteter Aktualität.

---

[159] M. Horkheimer, Th. W. Adorno (1947). *Dialektik der Aufklärung*, S. 10.

2 Konrad Adenauer, der christliche Politiker

Wie er 1949 im Deutschen Bundestag öffentlich erklärt, will Adenauer seine politische Aufgabe, eine ungeheure Wiederaufbauleistung nach völliger Zerstörung, in dem Geist ausüben, aus dem jene „Produkte" geschöpft sind, aus dem „Geist der christlich-abendländischen Kultur und der Achtung vor dem Recht und vor der Würde des Menschen"[160], eine Aufgabe, von der er bekennt, „ohne göttliche Hilfe kann sie nicht gelingen"[161]. Es ist der Geist, an den Papst Benedikt 2011 im Bundestag erinnert: „Die Kultur Europas ist aus der Begegnung von Jerusalem, Athen und Rom – aus der Begegnung zwischen dem Gottesglauben Israels, der philosophischen Vernunft der Griechen und dem Rechtsdenken Roms entstanden. Diese dreifache Begegnung bildet die innere Identität Europas. Sie hat im Bewusstsein der Verantwortung des Menschen vor Gott und in der Anerkenntnis der unantastbaren Würde des Menschen, eines jeden Menschen, Maßstäbe des Rechts gesetzt, die zu verteidigen uns in unserer historischen Stunde aufgegeben ist."[162]

Sind „Produkte" gefährdet, ist Wissen, woraus sie geschöpft sind, wie sie möglicherweise zeitgemäß angepasst oder notfalls neu hergestellt werden können, ein wertvoller Besitz. Nicht nur Adenauer bedurfte dieses Wissens zu Beginn des Wiederaufbaus; auch unserer Zeit der Gefährdungen tut dieses Wissen not, nicht allein Politikern, sondern jedem Staatsbürger, von dem verantwortliches Handeln gefordert ist, realitätsbezogen und wertorientiert, wie Anneliese Poppinga Adenauers Maxime formuliert.

Die weiteren Überlegungen möchten den Vorräten und Quellen konkret nachspüren, aus denen Konrad Adenauer Orientierung und Tatkraft schöpfte, und versuchen, sie zu fassen und möglichst anschaulich zu erschließen. Dazu soll Adenauers Persönlichkeit zunächst im Spiegel seiner Freunde sichtbar werden, vor allem in seiner Freundschaft mit Alcide De Gasperi. Im Geburtsjahr des Europäischen Einigungsprozesses 1952 begleiten wir Adenauer und De Gasperi anlässlich des ersten Staatsbesuchs im Nachkriegsdeutschland auf ei-

---

[160] Erste Regierungserklärung am 20.9.1949. In: *Reden 1917–1967*, S. 169.
[161] Brief an Schwester M. Raymunda OP vom 07.11.1949. In: *Briefe 1949–1951*, S. 135.
[162] Benedikt XVI. (2011). *Ansprache beim Besuch des Deutschen Bundestags am 22. September 2011.*

ner „Reise durchs christliche Abendland", die ihre gemeinsamen Vorstellungen einer breiten Öffentlichkeit sinnfällig macht. Schließlich gehen wir Adenauers kommunalpolitischen Zielen als Kölner Oberbürgermeister nach und seinem Wirken als Vorsitzender einer interkonfessionellen christlichen Partei.

Wegen der Fülle der von Adenauer überlieferten Dokumente – man schätzt, dass er weit mehr als 40.000 Briefe hinterlassen hat; hinzu kommen zahlreiche Reden, Ansprachen, Gesprächsnotizen, Gedankenskizzen[163] – und der kaum übersehbaren Sekundärliteratur über ihn, muss ein solches Vorhaben notwendiger Weise unvollständig bleiben und folgt persönlichen Präferenzen. Es mag dennoch dazu beitragen, die „Ressourcen Adenauers", die Quellen, aus denen er schöpfte, seine Religiosität als katholischer Christ, besonders denjenigen neu zu erschließen, die nicht Adenauers Zeitgenossen waren.

2.1 Alcide De Gasperi, Adenauers Freund

„Freundschaft, echte Freundschaft, ist etwas sehr Seltenes in der Politik", bekennt der neunzigjährige Adenauer in einem Gespräch. Wenn es sie aber doch gebe, und er habe doch einige erlebt, welches seien ihre Voraussetzungen? „Freundschaft unter Politikern kann nur entstehen auf der Basis von Wahrhaftigkeit und auf der Übereinstimmung in den wesentlichen Fragen", lautet die Antwort. „Wichtig ist, dass man nicht enttäuscht wird. – Aber echte, treue Freundschaft, das ist überhaupt etwas sehr Seltenes. Lassen Sie sich das gesagt sein von einem, der mehrfach so tief gestürzt ist wie ich."[164] Die Betrachtung seiner Freunde, die er selbst so bezeichnet, kann daher Adenauers eigene Persönlichkeit wie in einem Spiegel erschließen. Dies gilt besonders für seine Freundschaft mit Alcide De Gasperi, dem italienischen Ministerpräsidenten von 1949–1953. Zugleich kommen Staatsbesuche in den Blick, die sie zusammengeführt haben, der Besuch Adenauers in Rom im Jahre 1951 und De Gasperis in Deutschland im Jahr darauf. Die Besuche werden zu „Bilderreisen in den Erinnerungsraum des christlichen Abendlands", wie eine neuere zeitgeschichtliche Studie formuliert.[165]

---

[163] H.-P. Mensing (1993). Quellenforschung zur Adenauerzeit. In: *Aus Adenauers Nachlass*, S. 55.
[164] A. Poppinga (1970). *Meine Erinnerungen an Konrad Adenauer*, S. 319.
[165] S. Derix (2009). *Bebilderte Politik. Staatsbesuche in der Bundesrepublik Deutschland 1949–1990*, S. 182.

„Unsere Verbindung mit Italien war sehr gut", erinnert sich Adenauer. „Ich habe nie vergessen, dass sehr bald nach Gründung der Bundesrepublik Deutschland die italienische Regierung unter Führung von Alcide De Gasperi für den Wiedereintritt Deutschlands in die Gemeinschaft der europäischen Nationen hervorragend eingetreten war. Alcide De GaspeThe i stattete schon im Jahre 1952, und zwar als erster ausländischer Regierungschef, der Bundesregierung in Bonn einen amtlichen Besuch ab. Mit De GaspeThe i verband mich eine aufrichtige Freundschaft. Er war durchdrungen von der großen historischen Verpflichtung, die das gemeinsame christlich-abendländische Erbe den Völkern Europas auferlegte. Italien hatte als einer der ersten europäischen Staaten die Notwendigkeit des gemeinsamen Weges erkannt. Die Zusammenarbeit zwischen Alcide De GaspeThe i, Robert Schuman und mir, die geleitet war von der Überzeugung, dass Europa geeinigt werden musste, wurde im August 1954 durch den plötzlichen Tod De Gasperis beendet. De GaspeThe i ist zu früh gestorben."[166] Nach seinem Rücktritt im Oktober 1963 lässt Adenauer in seinem neuen Arbeitszimmer, dem früheren Zimmer des Präsidenten des Parlamentarischen Rates im Bundesratsflügel des Bonner Bundeshauses, zwei alte Stiche mit römischen Motiven aufhängen, Geschenke De Gasperis.[167]

Von den vielen Wahrzeichen, die in ihrem Rhöndorfer Elternhaus an den Neuanfang in Frieden und Freundschaft erinnerten, hebt Adenauers jüngste Tochter Libet eine Nachbildung der kapitolinischen Wölfin heraus. Adenauer erhielt sie bei seinem ersten Staatsbesuch in Rom, der ihn mit Alcide De GaspeThe i nach einer ersten Begegnung im Köln der zwanziger Jahre erneut zusammenführte. „De GaspeThe i verstarb ja schon früh", erinnert sie sich. „Die mit meinem Vater gemeinsame Amtszeit war daher nur kurz. So hatten auch meine Geschwister und ich kaum Gelegenheit, ihn näher kennenzulernen. Umso tiefer hat sich uns eingeprägt, wie oft, mit welcher Herzlichkeit und mit welcher Dankbarkeit Konrad Adenauer bei späteren Gesprächen und im Rückblick auf die Anfangsjahre gerade De GaspeThe i würdigte – als persönlichen Freund, als Mitstreiter in der Christdemokratie und als maßgeblichen Wegbegleiter bei der Neuordnung Europas."[168] Die gegenseitige Zuneigung der

---

[166] *Erinnerungen 1955–1959*, S. 259.
[167] A. Poppinga (1970). *Meine Erinnerungen an Konrad Adenauer*, S. 12.
[168] L. Werhahn Adenauer (2004). Grußwort. In: *Zum 50. Todestag von Alcide De Gasperi*, S. 37.

beiden Staatsmänner spiegelt sich auch in einer Äußerung De Gasperis: „Ich kannte Adenauer schon vorher, aber ich habe ihn jetzt nach dreißig Jahren wiedergesehen, und deshalb bemerke ich auf seinem Gesicht all die Erfahrungen einer leidvollen Vergangenheit, die seine Persönlichkeit ausgeprägt hat."[169]

Wenn Adenauer mit De Gasperi eine aufrichtige Freundschaft verband, über die er oft mit „Herzlichkeit" und „Dankbarkeit" sprach, und für ihn Freundschaft zwischen Politikern nur „auf der Basis von Wahrhaftigkeit und Übereinstimmung in den wesentlichen Fragen entsteht und echte, treue Freundschaft für ihn überhaupt etwas sehr Seltenes" ist, erfährt derjenige etwas über Konrad Adenauers inneres Wesen, der seinen Freund De Gasperi näher kennenlernt. Dieser indirekte Blick ist umso aufschlussreicher, als Adenauer kaum kritische Reflektionen über seine Geisteshaltung im eigentlichen Sinne hinterlassen hat.

Wie Adenauer im Rheinland und Schuman in Lothringen wurzelt, prägt das Trentino den italienischen Staatsmann. Er wird 1881 im Dorf Pieve Tesino im Suganatal als Bürger habsburgisch Österreich-Ungarns geboren, in der Nähe Trients, einem der Schnittpunkte italienischer und deutschsprachiger Kultur. Die Familie stammt aus einfachen Verhältnissen;[170] sein Vater war kaiserlich-königlicher Gendarm. Sein Bruder Mario, 1905 zum katholischen Priester geweiht, nimmt an De Gasperis frühen politischen Kampagnen und Initiativen intensiv Anteil. Die Brüder verbindet ein inniges Verhältnis. Marios früher Tod im Jahre 1906 trifft De Gasperi tief.[171]

---

[169] „Ho conosciuto Adenauer prima ma l'ho riveduto ora, trent' anni dopo, e quindi vedo segnate sul suo viso tutte le esperienze di un passato laborioso che ha sviluppato la sua personalità". In: *Colloquio De Gasperi – Adenauer*, Il Popolo, 16.6.1951.

[170] „Ich bin bäuerlicher Abstammung und mein Großvater bearbeitete den kargen Boden – mehr Fels als Erde – in Sardagna, und ich weiß, was die Arbeit und die Mühen eines Bauern sind." Rede in Trient am 20.7.1947. Zitiert in: *P. Pombeni (2012). Der junge De Gasperi*, S. 61.

[171] Das Familientagebuch hält fest: „Alcide steht ihm bei mit der Liebe eines Bruders und eines Freundes. Er folgt ihm in den Operationssaal. Er bringt ihm bei, dass er diese Erde verlassen wird. Mario stirbt in der Blüte seines Lebens, gerade zum Priester geweiht. […] Der Tod von Don Mario ist für Alcide einer der größten Schmerzen seines Lebens. Er verliert nicht nur den Bruder, sondern den Freund, das Herz eines Freundes, mit dem er aufgewachsen ist und mit dem er all seine Sorgen, seine Ängste, seine Freuden teilte, der dieselben Ideale in der Arbeit hatte." Zitiert in: *P. Pombeni (2012). Der junge De Gasperi*, S. 123.

Der Schriftsteller Guido Piovene (1907–1974) lässt diese Welt, De Gasperis Trentino, lebendig werden: Anmutig, fröhlich, sauber und schmuck verbinde Trient die Atmosphäre der Gebirgswelt, ein Restchen österreichischer Ordnung und das Pittoreske Veneziens. Jeder bliebe sich hier bewusst, dass in seiner Stadt das berühmte Konzil[172] stattgefunden habe, von dem aus die Gegenreformation in die Geschichte eingetreten sei, eine Bewegung voller reformerischer Triebkräfte, voller Bereitschaft, auf die neuen Notwendigkeiten einzugehen, allerdings in einem strengen ethischen und dogmatischen Rahmen: „Es ist keine Rhetorik", schreibt Piovene, „sondern – im Sinne Goethes – dichterische Wahrheit, wenn man sagt, dass in Trient und den Tälern nahebei noch immer die purpurnen-violetten Schatten von Kardinälen wandeln. Allen voran der heilige Karl Borromäus." Aus den katholischen Bildungseinrichtungen der Stadt komme eine Reihe von Laien, die öffentliche Ämter ausübten, politisch tätig seien und den Vorwurf widerlegten, die Stadt sei klerikal. Zu ihnen gehöre Alcide De Gasperi: „In ihm vereinten sich Demokratie und Reformfreudigkeit mit der Intransigenz und Disziplin des Gläubigen, aber auch mit dem Sinn fürs Internationale, der europäischen Gesinnung, die Völkern eignet, die einmal das Streitobjekt zweier Nationen waren."[173] Auch Adenauers Rheinland und Schumans Lothringen waren in diesem Sinne „Streitobjekte" zwischen europäischen Nationen.

Bereits in seiner Wiener Studentenzeit wird De Gasperis politisches Engagement durch die Enzyklika *Rerum Novarum* Leos XIII. geweckt und von seinem geistlichen Mentor Celestino Endrici (1866–1940) entscheidend gefördert. Diese erste in der Reihe päpstlicher Sozialenzykliken im Jahr 1891 orientiert sich an Schriften Wilhelm Emmanuel von Kettelers (1811–1877), des Bischofs von Mainz und Gründers der katholischen Arbeitnehmerbewegung. Leo XIII. (1810–1903) versucht darin einen von Liberalismus und Sozialismus unabhängigen Weg zu weisen. *Rerum Novarum* begründet die katholische Soziallehre und die politische Christdemokratie.

---

[172] Das Tridentinum tagte als 19. ökumenisches Konzil in vier Sitzungsperioden (1545–1563) als Antwort auf die Reformation. Auf Trient fiel die Wahl wegen der Brückenfunktion dieser Stadt zwischen Papsttum und Reich, zwischen lateinischem und deutschem Einflussbereich.
[173] G. Piovene (1957). *Achtzehn mal Italien*, S. 31f.

Endrici, Mitbegründer der Katholischen Aktion[174], wird im Alter von nur 38 Jahren durch Kardinal Merry del Val, Kardinalstaatssekretär und Vertrauter Papst Pius' X., zum Fürstbischof von Trient geweiht, als seit langem erster Trentiner in diesem Amt. Gemäß seinem Wappenspruch *Instaurare omnia in Christo*, den auch Pius X. führt, entfaltet Endrici eine bedeutende sozial- und kirchenreformerische Aktivität. Im Sinne Leos XIII. erklärt er bereits vor seiner Bischofsweihe: „In der Gesellschaft existiert ein großes sowohl moralisches als auch materielles Ungleichgewicht, das vor allem auf sozialer und wirtschaftlicher Ebene deutlich wird, […] dieser Zustand ist unnatürlich. In diesem Ungleichgewicht, in dieser Unruhe kann man nicht leben, die soziale Frage drängt sich auf: sich ihr zu entziehen, sie zu ignorieren ist absurd, vor allem aber ist es gefährlich."[175] Gemäß den Prinzipien des päpstlichen Schreibens *Haerent animo penitus* Pius' X. vom August 1908 reformiert Endrici noch im gleichen Jahr das Trienter Priesterseminar und setzt die liturgischen und kirchenmusikalischen Reformen dieses Papstes in seiner Diözese um. In Begleitung Endricis lernt auch De Gasperi Papst Pius X. persönlich kennen.[176] Wegen seines Eintretens für die Interessen des Trentino wird Fürstbischof Endrici während des Ersten Weltkriegs in der Zisterzienserabtei Heiligenkreuz bei Wien interniert.

„Endrici war auf den aus seinem Bistum stammenden Studenten aufmerksam geworden", schreibt De Gasperis Biograph, „der im italienischen Milieu Wiens Studenten und junge Arbeiter um sich versammelte, ihnen die Sozialbotschaft aus der Enzyklika *Rerum Novarum* Leos XIII. darlegte und ihnen klar zu machen versuchte, dass die drängende Lösung der sozialen Probleme der Arbeiterschaft […] nur aus der Verlebendigung der Grundsätze christlicher Liebe und Brüderlichkeit kommen könne."[177] Für De Gasperi bedeutet sein Engagement an der Universität, „genau an die

---

[174] Papst Pius X. fördert diese katholische Laienorganisation und legt in seiner Enzyklika *Il fermo proposito* (1905) und seinem Apostolischen Schreiben *Notre Charge Apostolique* (1910) ihre Prinzipien und Ziele fest. Eine weltweite Ausweitung erfährt sie durch die Antrittsenzyklika *Ubi arcano Dei* Pius' XI. (1922).

[175] P. Pombeni (2012). *Der junge De Gasperi*, S. 52.

[176] Ebd., S. 100.

[177] A. Kohler (1979). *Alcide De Gasperi (1881–1954). Christ. Staatsmann. Europäer*, S. 35. Zu De Gasperis Persönlichkeit siehe auch: H. Gindert (2000). *Alcide De Gasperi. Der Fels*, April 2000, S. 106ff.

Orte zu gehen, die das gesamte 19. Jahrhundert hindurch die Schmiede neuer intellektueller und sozialer Umwälzungen gewesen waren, die dem Katholizismus feindselig gegenüberstanden."[178] Nach De Gasperis Promotion über den italienischen Komödiendichters Carlo Gozzi und seine Rezeption in Deutschland überträgt ihm Endrici die Leitung der Diözesanzeitung *Il Trentino*.[179] De Gasperis Dissertation „Die glücklichen Bettler" von Carlo Gozzi und ihre deutsche Bearbeitung untersucht insbesondere Goethes und Schillers Interesse an diesem „szenischen Märchen".[180]

Bald findet De Gasperi seine politische Heimat in der *Partito Populare Italiano*, der italienischen Volkspartei, die 1919 von dem sizilianischen Prälaten Don Luigi Sturzo, einer führenden Persönlichkeit der Katholischen Aktion, gegründet und von Papst Benedikt XV. (1854–1922) unterstützt wurde. Don Sturzos Seligsprechungsprozess wurde 2002 eingeleitet. Unter De Gasperis Leitung wird *Il Trentino* zum Zentralorgan der italienischen Volkspartei.

Gemeinsam mit Don Sturzo besucht De Gasperi im August 1921 führende Kräfte der Weimarer Republik. „In Don Sturzo und De Gasperi begegnete Adenauer Männern, die wie er schon damals in europäischen Dimensionen dachten", kommentiert Anneliese Poppinga Adenauers Erinnerungen an diese frühe Begegnung,[181] die für De Gasperi allerdings nicht die erste Berührung mit dem deutschen Katholizismus war. Bereits 1907 berichtet er im *Il Trentino* vom 54. Deutschen Katholikentag in Würzburg. Pius X. hatte die italienischen Katholiken auf den „Volksverein für das katholische Deutschland" hingewiesen, der 1890 in Köln als Laieninitiative gegründet worden war. De Gasperi hebt hervor, „dass diese Männer […] für einen Katholizismus innerhalb der fortschrittlichsten Entwicklung einer modernen Gesellschaft stehen, weshalb man das Wort Pius' X. ‚Germania doceat!'"[182] gut nachvollziehen

---

[178] Zitiert in: P. Pombeni (2012). *Der junge De Gasperi*, S. 92.

[179] Die Diözesanzeitung *La voce cattolica* wurde in *Il Trentino* umbenannt, da „sich der Katholizismus, um politisch Kraft zu entwickeln, auf eine breite Basis stützen musste, und das konnte nicht über eine Zeitung erreicht werden, die sich ausdrücklich auf die Religion bezog". Ebd., S. 127f.

[180] Ebd., S. 109. Schillers deutsche Bearbeitung wurde die Grundlage für die Oper *Turandot* von Giacomo Puccini und Carl Maria von Webers Szenenmusik.

[181] A. Poppinga (1994). *„Das Wichtigste ist der Mut"*, S. 162.

[182] S. Agocs (1975). *„Germania doceat". The Volksverein, and the Model for Italian Catholic Action 1905–1914*. In: *The Catholic Historical Review*, 1975, 1, S. 31ff.

könne. In seinen Interviews sei deutlich geworden, „dass in Deutschland der sogenannte Reformismus und all das, was von der Orthodoxie oder vom Gehorsam abweicht, überhaupt keine Resonanz erfahren."[183] Im gleichen Jahr kommentiert De Gasperi im *Il Trentino* die Enzyklika *Pascendi dominici gregis* Pius' X. und distanziert sich von allen, „die – ein höchst unseliges Ansinnen – die christliche Demokratie in eine Reform der Philosophie, der heiligen Wissenschaften und der kirchlichen Regeln verwandeln wollen."[184]

Mussolini-Sympathisanten erzwingen Don Sturzos Rücktritt als Vorsitzender der Italienischen Volkspartei und seine Emigration über Deutschland nach Frankreich. 1923 folgt ihm De Gasperi als Parteivorsitzender. 1927 wird De Gasperi mit seiner Frau verhaftet und zu vier Jahren Haft verurteilt. Bischof Endrici, der im Sinne der Enzyklika *Mit brennender Sorge* Pius' XI. von 1937 gegen das nationalsozialistische und faschistische, von ihm so bezeichnete „Neuheidentum" kämpft, bleibt De Gasperis zuverlässiger Freund auch in der faschistischen Verfolgung. Nach sechzehn Monaten politischer Gefangenschaft erwirkt Endrici seine Begnadigung unter schweren Auflagen und seine Anstellung als „scrittore" an der Vatikanischen Bibliothek. In seinem 14 Jahre während vatikanischen Exil unter dem Schutz der Päpste legt er die programmatischen Grundlagen der 1942 gegründeten, zunächst illegalen christdemokratischen Partei Democrazia Christiana. Als Mussolini De Gasperis Entfernung aus den vatikanischen Diensten fordert, lässt ihm Pius XI. durch seinen Nuntius entgegnen: „Ihre Äußerungen legen Uns die Schlussfolgerung nahe, dass Sie um ihre Stellung fürchten. Es beleidigt Uns, dass Sie als Akt diplomatischer Höflichkeit von Uns fordern, was ein Akt der Gemeinheit wäre. Für De Gasperi bereut es der Heilige Vater nicht und wird es nie bereuen, dass er einem ehrlichen Mann und Familienvater ein wenig von dem Brot geben kann, das Sie ihm weggenommen haben."[185]

De Gasperis Übersetzungen aus dem Deutschen erleichtern seiner Familie das Überleben. Dazu gehörten Ludwig von Pastors vielbändige *Geschichte*

---

[183] „Ich habe festgestellt, dass vor allem das Laientum in religiösen Fragen nur das Wort der Bischöfe in Rom anerkennt. Genauso groß ist ihre Freiheitsliebe in ökonomischen und politischen Fragen. Ein Durcheinander in diesem Sinne, wie es in Italien herrsche und weiterhin herrscht, kennt man dort nicht." Zitiert in: P. Pombeni (2012). *Der junge De Gasperi*, S. 139.

[184] Ebd., S. 142.

[185] A. Kohler (1979). *Alcide De Gasperi (1881–1954)*, S. 61.

der Päpste und einige Werke Romano Guardinis, an dessen philosophischer Perspektive sich jedoch der historisch am Trienter Konzil gebildete und theologisch während seiner Wiener Zeit im Thomismus geschulte De Gasperi schnell die Übersetzerzähne ausgebissen habe, kommentiert sein Biograph, obwohl es rein sprachlich keine Schwierigkeiten gegeben habe. „Das [...] Erneuerungskonzil von Trient", charakterisiert er De Gasperis gedanklichen Hintergrund, „hat katholisches Denken und Handeln eingefangen in das umfassende theologisch-philosophische Ordnungssystem des Thomas von Aquin und ihnen damit eine geschichtsträchtige Stoßkraft über vier Jahrhunderte hinweg verliehen. Im subtilen Gleichgewicht thomistischen Denkens haben zwar Menschenwürde und die an sittliche Norm gebundene und im persönlichen Gewissen verankerte Freiheit des einzelnen ihren gewichtigen Platz. Damit dieser Denkansatz aber als zentrales Element der Staats- und Gesellschaftsordnung zum Durchbruch gekommen ist, hat es großer Anstrengungen und manch bitterer geschichtlicher Erfahrung – auch und gerade innerhalb des Katholizismus – bedurft."[186]

Wie sehr Adenauer und De Gasperi trotz ihrer unterschiedlichen Mentalität, nationalen Herkunft und persönlichen Entwicklung in der gleichen katholischen Vorstellungswelt wurzeln, erweist sich bei ihren unmittelbaren Begegnungen als für ihre Länder verantwortliche Regierungschefs. Die Staatsbesuche Adenauers im Rom des Jahres 1951 und De Gasperis im Deutschland des Folgejahres erweisen sich unvermutet als Reisen in das „Christliche Abendland", in die gemeinsame geistige Welt beider Politiker, die sich gewissermaßen durch „Reisebeschreibungen" vergegenwärtigen lassen.

2.2 Adenauers erste Reise nach Rom

Als italienischer Ministerpräsident fasst De Gasperi rasch Vertrauen zur neugegründeten Bundesrepublik unter Adenauers Führung. Sein junger Mitarbeiter Giulio Andreotti (1919–2013), später selbst Ministerpräsident, erinnert sich,[187] wie De Gasperi alle diplomatischen Mittel einsetzt, um Adenauers Deutschland aus seiner politischen und moralischen Isolierung

---

[186] Ebd. S. 61 ff.
[187] G. Andreotti (2009). *Alcide De Gasperi. Die Menschlichkeit des Christen.* 30 Tage in Kirche und Welt. Editorial, August 2009.

zu befreien, etwa durch sein Engagement zur Aufnahme Deutschlands in den Europarat.[188] Bereits im Oktober 1950 lädt De Gasperi als erster westlicher Regierungschef Adenauer zu einem Staatsbesuch in die italienische Hauptstadt ein, die wie keine andere Stadt das „christliche Abendland" repräsentiert. Dieser erste Staatsbesuch eines deutschen Regierungschefs der Nachkriegszeit findet im Juni 1951 statt. Es ist zugleich Adenauers erste unmittelbare Begegnung mit Rom. „Der deutsche Bundeskanzler hat eine schwere Aufgabe vor sich, die er mit bestem Wissen angepackt hat", informiert De Gasperi die Presse nach den ersten politischen Gesprächen. „Dr. Adenauer ist zweifellos einer der bedeutendsten Staatsmänner. Er ist in einer sehr schwierigen Lage, sieht aber die Dinge sehr klar. Vor allem ist er sich der Mission seines Landes und Europas bewusst."[189]

Nur sechs Jahre nach der Kapitulation Deutschlands und während sich Deutschland formell noch im Kriegszustand mit Italien befindet, sind Ehrungen für den deutschen Bundeskanzler nicht selbstverständlich. Nicht nur Linksextremisten schlugen die Einladung zum Empfang im Kapitolspalast aus: die deutsche Sprache an solcher Stätte sei unerträglich. Die Gespräche mit De Gasperi dauern länger und waren zahlreicher als ursprünglich vorgesehen. Die beiden hätten sich offenbar viel zu sagen und verstünden sich gut, kommentiert die *Frankfurter Allgemeine Zeitung*.[190] Über das politische Ergebnis – ein Kulturabkommen und Intensivierung des Warenaustausches – weit hinausgreifend, macht das Ehepaar De Gasperi Adenauers erste Begegnung mit der Ewigen Stadt zu seinem persönlichen Italienerlebnis, an dem die Presse der jungen Bundesrepublik intensiv Anteil nimmt.[191]

1934 besaß Adenauer noch eine eigentümliche Scheu vor einer Begegnung mit dem Zentrum des katholischen Lebens, wie er seiner evangelischen Briefpartnerin Dora Pferdmenges bekennt, als sie mit ihrem Mann zu einer Italienreise aufbricht: „Ich hatte immer etwas Angst vor einer Reise dorthin, ich

---

[188] Der Europarat, gegründet am 5. Mai 1949, hat die Aufgabe, einen engeren Zusammenschluss unter seinen Mitgliedern zu verwirklichen [Artikel 1 der Satzung]. Jährlich wird der Gründungstag als Europatag gefeiert.
[189] FAZ, 16. Juni 1951, Nr. 137, S. 1.
[190] J. Schmitz van Vorst (1951). *„Wir waren wie die Studenten"*. FAZ, 27.6.1951, S. 3.
[191] *Frascati bei Vollmond*, Der Spiegel, 27.6.1951, S. 17ff.

fürchtete, sie würde eine Enttäuschung sein wegen der massivsten und zum Teil für uns nicht artgemäßen Frömmigkeit; aber man hat sich vielleicht an Gemeinschaftsgefühl und den Ausdruck eines solchen etwas gewöhnt. Wenn Sie oder Ihr Mann einen etwas eigenartigen Eindruck bekommen, so denken Sie daran, dass auch in derselben Religionsgemeinschaft jedes Volk seine eigene Psyche behält und sein besonderes Frömmigkeitsideal. – Ich könnte mir aber auch denken, dass die Karwoche und das Osterfest in Rom doch tiefe Eindrücke vermitteln kann."[192] Auf die erstaunte Frage des künftigen Schwiegervaters seiner Tochter Libet, einem Vetter Kardinal Frings', ob er denn noch nie in Rom gewesen sei, antwortet er noch 1949 pointiert: „Meinen Sie, Herr Werhahn, ich wollte meinen katholischen Glauben aufs Spiel setzen?"[193]

De Gasperi begegnet der Ewigen Stadt dagegen bereits 1902 als junger Student in Begleitung eines seiner Wiener akademischen Lehrer, Prälat Ernst Commer (1847–1928). Als Sohn einer Patrizierfamilie aus Köln in Berlin geboren, ist der Professor für Dogmatik mit De Gasperis Mentor und Förderer Celestino Endrici eng befreundet. Die Privataudienz bei dem 93-jährigen Leo XIII. ist für De Gasperi ebenso ein Höhepunkt wie die Erfahrung einer vor Kunst und Geschichte geradezu überquellenden Stadt. An seinen charismatischen Gymnasiallehrer Don Giuseppe Segatta schreibt der junge Literaturstudent über die Themen der deutschen Romantiker, die Umformung der klassischen Ideale durch das Christentum und ihre Verankerung in der mittelalterlichen Kultur. Nach einem Besuch der Vatikanischen Museen verstehe er „die Begeisterung Schlegels und der Romantiker für die antike Form", doch bewundere er auch, dass die Christen die Formen der Vergangenheit erhalten hätten: „Die Christen zerbrachen, zerstörten, wenn sie etwas fürchteten; großmütig bewahrten sie, wenn sie längst unangefochten gesiegt hatten."[194] Natürlich ist für De Gasperi Rom auch der symbolische Ort der Spaltung zwischen Staat und Kirche in Italien. Darüber hinaus öffnet ihm der einflussreiche Commer viele Türen der „römischen Kreise", die für ihn in seiner späteren politischen Karriere wichtig werden.

---

[192] *Konrad Adenauer – Dora Pferdmenges. Freundschaft in schwerer Zeit*, S. 98.
[193] L. Werhahn (2007). *Erinnerungen an meinen Vater Konrad Adenauer*, S. 86.
[194] Zitiert in: P. Pombeni (2012). *Der junge De Gasperi*, S. 85.

Ein Höhepunkt seines ersten Rombesuchs ist Adenauers Begegnung mit Papst Pius XII. (1876–1958), den er durch sein Amt als Präsident des Preußischen Staatsrats als Nuntius Eugenio Pacelli bereits seit den 1920er Jahren kennt. „Schon der erste Eindruck, den ich von Pius XII. gewann, als er noch Nuntius in München und Berlin war", äußert sich Adenauer im Alter, „war außerordentlich stark. Ich traf mit ihm zum ersten Mal aus Anlass des Katholikentags in München, dessen Präsident ich war, im Jahre 1922 zusammen. [...] Wir Deutsche befanden uns in einer sehr bösen Lage. Er hat uns damals sehr geholfen."[195] Die *Frankfurter Allgemeine Zeitung* titelt auf Seite 1: „Die längste Audienz in der Amtszeit Pius' XII." Sie habe 1 Stunde und 10 Minuten gedauert. Zurück in Bonn berichtet Adenauer im Auswärtigen Ausschuss des Bundestages, „man habe sich mehr über geistige und religiöse Probleme als über politische ausgesprochen. Der Papst, den er noch als apostolischen Nuntius in Berlin kenne, zeigte größtes Interesse für Deutschland und halte es für außerordentlich wichtig in seiner Abwehrstellung gegen den Osten. Man habe sogar im Vatikan den Vorwurf gegen den Papst erhoben, dass er sich zu sehr mit Deutschen umgebe und den deutschen Belangen zu große Aufmerksamkeit entgegenbringe."[196] Der Diplomat Herbert Blankenhorn (1904–1991) aus seiner Delegation, damals Leiter der Politischen Abteilung des Auswärtigen Amtes, erinnert sich: „Der Kanzler war, wie er mir sagte, von den leidenschaftlich vorgetragenen Überzeugungen des Papstes, von seiner Bereitschaft, alles für die Erhaltung von Freiheit und Recht in unserer Welt zu tun, stark beeindruckt."[197]

Insbesondere äußert der Papst, dass er eine Organisation wie den 1933 aufgelösten „Volksverein für das katholische Deutschland" herbeiwünsche, von dem oben bereits die Rede war. An diese Tradition anknüpfend findet am 4. Juni 1952 im Elisabeth-Krankenhaus in Bonn die Gründungsversammlung der „Gemeinschaft für christlich-soziale Schulung und allgemeine Meinungsbildung" statt, dessen Zeitschrift *Politisch-Soziale Korrespondenz* bis 1970 eine wichtige Rolle in der politischen Diskussion spielt.[198] Gründungsmitglieder

---

[195] Interview mit Dr. Friedrich L. Müller am 21.12.1965. In: *Konrad Adenauer. Die letzten Lebensjahre 1963–1967*, Band II, S. 64.
[196] Ausschussprotokoll vom 5.7.1951. In: *Die Beziehungen der Bundesrepublik Deutschland zum Heiligen Stuhl 1949–1966*, S. 59.
[197] Ebd., S. 60.
[198] *Heinrich Krone. Tagebücher (1945–1961)*, S. 108.

sind neben Adenauer und seinem Sohn Paul u. a. der spätere Vorsitzende der CDU/CSU-Bundestagsfraktion Heinrich Krone (1895–1989), der spätere Außenminister Heinrich von Brentano (1904–1964), der Volkswirt Götz Briefs (1889–1974)[199] und der Philosoph Alois Dempf. Den Franziskanerinnen von der allerseligsten Jungfrau Maria von den Engeln aus ihrem Mutterhaus in Waldbreitbach, die das Krankenhaus führen, steht Adenauer nahe. Die Schwestern beherbergten bereits vor dem Krieg politische Begegnungen. Seit 1958 feiert Adenauer dort jährlich am 5. Januar seinen Geburtstag, an dem sein Sohn Paul in der Krankenhauskapelle die Festmesse liest.

„Der Heilige Vater sprach die besten Wünsche für Deutschland aus und sagte dem Bundeskanzler, dass er für Deutschland bete. Der Heilige Vater zeigte sein lebhaftes Interesse an der Entwicklung der religiösen Lage in ganz Deutschland und zeigte sich dabei sehr unterrichtet"[200], resümiert die FAZ und berichtet, dass Adenauer im Anschluss an die Begegnung mehrere Minuten lang in stillem Gebet vor dem silbernen Sarg des wenige Wochen zuvor seliggesprochenen Papstes Pius' X. verharrt habe. Adenauer erzählt Nahum Goldmann Jahre später, man habe ihn in Bonn darauf angesprochen, nicht vor dem Papst zu knien, da er als deutscher Bundeskanzler käme. Doch „als sich die Flügeltüren öffneten und der Heilige Vater in seiner ganzen Glorie vor mir stand, lag ich auf den Knien, bevor ich überhaupt wusste, wo ich war."[201] Thomas Mann erging es in seiner Privataudienz bei Pius XII. offenbar kaum anders, wie er an seinen Verleger S. Fischer schreibt: „[…] und man beugt noch einmal das Knie, was mir sehr leicht und natürlich vonstattenging."[202]

Weitere lange Privataudienzen gewährt Pius XII. Adenauer 1956 und 1957 anlässlich der Unterzeichnung der Römischen Verträge im Kapitolspalast am 25. März 1957, dem Fest Mariä Verkündigung. Zum Tode Pius' XII. wird Adenauer an Eugène Kardinal Tisserant schreiben: „Von Schmerz und Trauer erfüllt, spreche ich Eurer Eminenz im Namen der Bundesregie-

---

[199] Zuletzt als Professor für Volkswirtschaft an der Georgetown University, Washington (1937–1957), versucht Götz Briefs zwischen Ordo-Liberalismus und katholischer Soziallehre zu vermitteln.

[200] *Der Kanzler beim Papst. Die längste Audienz in der Amtszeit Pius' XII.* FAZ, 20.6.1951.

[201] H.-P. Schwarz (1986). *Adenauer. Der Aufstieg: 1876–1952*, S. 871.

[202] M. F. Feldkamp (2000). *Pius XII. und Deutschland*, S. 167.

rung und in meinem eigenen Namen zu dem schweren Verlust, der nicht nur die Kirche, sondern die ganze Menschheit betroffen hat, meine tief-empfundene Anteilnahme aus. In einer Periode schwerster Erschütterungen geistiger, sozialer und politischer Art hat der verewigte Papst die Geschicke der Kirche mit bewunderungswürdiger Weisheit gelenkt und der Welt ein leuchtendes Vorbild gegeben. Das ganze deutsche Volk, in dessen Mitte er jahrelang segensreich gewirkt hat und dem er in Zeiten größter Not tatkräf-tige und wirksame Hilfe in seelischer und materieller Hinsicht zuteilwerden ließ, wird seiner stets ehrfurchtsvoll und dankerfüllten Herzens gedenken."[203]

Auf De Gasperis Veranlassung führt der große Archäologe Ludwig Cur-tius (1874–1954) Adenauer durch das Forum Romanum. Der Historiker Wolfgang Hagemann (1911–1978), während des Krieges für den Kunst-schutz tätig und stellvertretender Direktor des Deutschen Historischen In-stituts in Rom, führt Adenauer durch die Ausgrabungen in Ostia. „In der Kühle der Katakomben, in der Lateranskirche, der Paulus-Basilika und im Vatikan", berichtet *Der Spiegel*, „hallten gedämpft die sprachgewaltigen Er-läuterungen des Kunsthistorikers Leo Bruhns" (1884–1957),[204] von 1934 bis 1953 Direktor der Bibliotheca Hertziana, dem heutigen Max-Planck-Institut für Kunstgeschichte in Rom.

Prälat Ludwig Kaas (1881–1952),[205] katholischer Priester, führender Zen-trumspolitiker der Weimarer Zeit und Berater des apostolischen Nuntius Eu-genio Pacelli, des späteren Pius XII., erläutert Adenauer die von ihm geleiteten Ausgrabungen unter dem Petersdom. Adenauer kennt und schätzt Kaas seit seiner Zeit als Präsident des Preußischen Staatsrats.[206] Dieses vielleicht span-

---

[203] Brief an den Dekan des Heiligen Kollegiums, Eugène Kardinal Tisserant, Vatikanstadt, am 9.10.1958. In: *Briefe 1957–1959*, S. 164.

[204] *Frascati bei Vollmond*, Der Spiegel, 27.06.1951, S. 17ff.

[205] 1920–1933 Mitglied des Reichstags (Zentrum), 1928–1933 Vorsitzender der Zentrums-partei, 1933 Übersiedlung nach Rom, 1933–1958 Berater Pacellis bzw. Pius XII., seit 1935 Kanonikus von St. Peter, seit 1936 Ökonom und Leiter der Bauhütte von St. Peter. Die im Heiligen Jahr 1950 von den Diözesen Basel und Lugano gestifteten Bronzetüren in die Porta Sancta wurden nach einem Entwurf Kaas', der die Thematik von Schuld und Sühne darstellt, durch den Bildhauer Vico Consorti geschaffen. Kaas wird vorgeworfen, die von Hitler aus-gehende Gefahr unterschätzt und die Zentrumspartei auf die Zustimmung zum Ermächti-gungsgesetz eingeschworen zu haben.

[206] Kurz vor ihrem Wiedersehen in Rom, schreibt ihm Adenauer, er denke „mit Freuden und

nendste Kapitel der modernen Archäologie beginnt mit dem Wunsch Papst Pius' XI., in der Nähe Papst Pius' X. bestattet zu werden. Nach dem Studium alter Pläne der Vatikanischen Grotten stößt man beim Abklopfen der Wände auf Hohlräume, findet verschollene Sarkophage römischer Adelsfamilien und früherer Päpste und gräbt sich schließlich in längst vergessene Regionen der vatikanischen Nekropole vor. Es gelingt, die genaue Topographie des Vatikanischen Hügels und seines Gräberfeldes zu rekonstruieren. Achsen und Bodenniveau der konstantinischen Petersbasilika erweisen sich auf ein bestimmtes Grab der Nekropole hin ausgerichtet, dessen Architektur mit frühen Zeugnissen über das Petrusgrab in Verbindung gebracht werden kann. Nachweislich verehrten Christen aus der Zeit Kaiser Marc Aurels (121–180) diesen Ort als Petrusgrab. Obwohl die Frage, ob man tatsächlich das Grab Petri gefunden hat, kontrovers diskutiert wird, konnten die von Kaas 1940–1949 als Domherr von St. Peter durchgeführten Grabungen zweifelsfrei belegen, dass sich Michelangelos Kuppel über einem sakralen Bezirk wölbt, der durch Christen seit dem ersten nachchristlichen Jahrhundert verehrt wird.

Auch Gespräche mit Don Sturzo stehen in diesen Tagen auf dem Programm. Nach dessen Tod wird Adenauer über diesen Politiker und katholischen Priester erklären: „Als er später nach Rom zurückkehrte, habe ich mir, wenn ich mich in jener Stadt aufhielt, keine Gelegenheit entgehen lassen, ihn in seinem kleinen Kloster zu besuchen, um ihm ‚Guten Tag!' zu sagen. Und jedes Mal, wenn ich in den letzten Jahren in Cadenabbia weilte, ließ mich Don Sturzo über die Ergebnisse seiner jüngsten Studien von einem Beauftragten seines Instituts, im allgemeinen vom Direktor selber, unterrichten. Ich sehe ihn noch vor mir, wie er in seinem Kloster-Arbeitszimmer saß und die Tagesereignisse trotz seines vorgerückten Alters mit größter Sorgfalt, Achtsamkeit und mit größtem Interesse verfolgte."[207] Im Jahr zuvor schrieb Adenauer ihm: „Es ist bewundernswert zu sehen, wie groß doch ihr Lebenswerk ist und wie richtig Sie die Entwicklung immer gesehen haben."[208]

---

mit einer gewissen Sehnsucht und Wehmut zurück an die gemeinsamen Jahre mit Ihnen. Seien Sie versichert, dass ich viel an Sie gedacht habe." Brief am 22.5.1951. In: G. May (1981). *Ludwig Kaas*, S. 8.

[207] Interview mit dem Italienischen Rundfunk am 12.8.1959. In: *Briefe 1957–1959*, S. 445.

[208] Brief an Senator Don Luigi Sturzo, Rom, 20.8.1958. In: *Briefe 1957–1959*, S. 152.

Eine sonntägliche Exkursion mit seiner Tochter Lotte beginnt mit dem Besuch der Heiligen Messe in S. Maria dell'Anima, der „deutschen Nationalkirche", zugleich Kirche des deutschen Priesterkollegs, und führt nach dem Bummel über einen römischen Markt in die Campagna zur Villa Hadriana und einem späten Frühstück mit der Familie De Gasperi in der Villa d'Este in Tivoli. Dort begegnen sich auch die Töchter Adenauers und De Gasperis, Lotte und Maria Romana. Am Nachmittag ist Adenauer zu Gast bei De Gasperis in ihrem Privathaus in Castel Gandolfo. „Die beiden unterhielten sich wie zwei Geistesverwandte, die zusammengekommen sind, nachdem sie lange Jahre in entfernten Gegenden getrennt nur durch Boten voneinander hörten", berichtet der Journalist der *Frankfurter Allgemeinen Zeitung* mit einfühlsamer Sympathie.[209]

Ungeplant brechen sie zur Fahrt in das malerische Bergstädtchen Rocca di Papa auf und verbringen dort den Tag, „beim Wein heiter scherzend", wie die FAZ kommentiert. Auf der Rückfahrt führt das Ehepaar De Gasperi durch die sonst unzugänglichen Gärten der päpstlichen Sommerresidenz Castel Gandolfo und bummelt mit Adenauer und seiner Begleitung durch die nächtlichen, mondbeschienenen Gassen: „Wir waren wie die Studenten", kennzeichnet der sichtlich gerührte Adenauer die familiäre, geradezu ausgelassene Atmosphäre des mit den De Gasperis verbrachten Abends.[210] „Adenauer und De Gasperi dachten und handelten in voller Übereinstimmung und hatten viele gemeinsame Züge", erinnert sich Hans von Herwarth, der Protokollchef des Auswärtigen Amtes, der in seinen Erinnerungen ein amüsantes Bild von Adenauers Rom-Erlebnissen zeichnet.[211]

Der Bundeskanzler sei als Europäer nach Italien gekommen, um zu besprechen, was man tun könne, die europäischen Länder noch enger zu verknüpfen, fasst die *Frankfurter Allgemeine Zeitung* den Besuch zusammen. Graf Sforza, der italienische Außenminister, habe schon viele Staatsmänner in seinem langen Leben gesehen, aber keinen, in dem auch nur der Rest eines nationalen Egoismus so aufgelöst gewesen sei wie bei Adenauer, fährt der

---

[209] J. Schmitz van Vorst (1951). *„Wir waren wie die Studenten"*. FAZ, 27.6.1951, S. 3.
[210] Ebd.
[211] H. v. Herwarth (1990). *Von Adenauer zu Brandt*, S. 139.

Bericht fort. Wolle man den Inhalt der Gespräche auf eine knappe Formel bringen, so könne man sagen, dass in ihnen der Schutz der demokratischen, freiheitlichen und christlichen Grundlagen nach innen und außen erörtert worden sei. Ein im Internet verfügbarer kurzer Dokumentarfilm mit Originalaufnahmen und Kommentaren von Maria Romana De Gasperi vermittelt einen anschaulichen Eindruck dieses Besuches.[212]

Die sehr persönliche Färbung dieses ganz auf Adenauer ausgerichteten Romerlebnisses und vor allem der intim-familiäre Charme, den der erste Staatsbesuch eines deutschen Bundeskanzlers für Adenauer und seine Tochter besaß, wurden wesentlich von Francesca De Gasperi geprägt. Wer war diese Frau an der Seite des großen Staatsmannes? Und welcher Geist lebte in der Familie De Gasperi, die Adenauer und seine Tochter Lotte in Rom aufnimmt?

Der 41-jährige De Gasperi heiratete 1922 die 14 Jahre jüngere Francesca Romani aus seiner Trentiner Heimat, die Schwester eines Freundes aus Wiener Studenten- und Innsbrucker Gefängnistagen. „Außerordentlich gebildet und weit gereist, dynamisch, feinfühlig und eine spontan gewinnende Güte ausstrahlend", charakterisiert sie De Gasperis Biograph, „stieg die junge Frau bewusst in ein Leben lang dauerndes ‚Abenteuer' an der Seite des moralisch engagierten Politikers ein. Tapfer stand sie ihrem Mann in den bitteren Tagen der faschistischen Verfolgung bei, riskierte während der deutschen Besatzung Roms 1943/44 bewusst ihr Leben, um ihn zu unterstützen, und war dann taktvoll schlicht und mit stark sozialem Engagement für viele Jahre Italiens überall bekannte *Donna Francesca*."[213]

Ein Brief De Gasperis aus der Verlobungszeit des Paares beleuchtet das Fundament der künftigen Ehe: „Hat ein Mann in meiner Stellung das Recht, jemand anderen zu bitten, sich dem tyrannischen Räderwerk anzupassen, das ich mir weiterhin unerbittlich zumuten muss? […] Aber mache Dich immer mehr vertraut mit der Gestalt Christi, die unsere menschliche Begrenztheit überwindet. Sie steht vor mir, um mir den Weg zu zeigen. Ich

---

[212] P. Liberatore (2012). *Auf den Spuren Adenauers in Rom 1951* (Videodokumentation). http://www.kas-aquaedukt.de/?p=1444.
[213] A. Kohler (1979). *Alcide De Gasperi* (1881–1954), S. 53ff.

folge Ihm und glaube auch, Ihm in Demut zu folgen, aber, Francesca, ich will Ihm nicht weiter alleine entgegengehen."[214] Maria Romana, die älteste der vier Töchter des Ehepaares, erinnert sich daran, wie ihr Vater von Carabinieri observiert worden sei, als der Familie nur wenige Freunde verblieben waren und die Töchter gezwungen gewesen seien, Schulen ausländischer Orden zu besuchen, um nicht in die faschistische Partei einzutreten zu müssen. „Doch es war eine Familie, in der Heiterkeit und Liebe herrschen, die keine Schwierigkeit, keine Beleidigung von außen jemals antasten konnte."[215]

Die besondere religiöse Verbundenheit innerhalb dieser Familie wird durch den vertrauten Briefwechsel De Gasperis mit seiner zweiten Tochter Lucia beleuchtet: „Die Unruhe der parlamentarischen Gruppen geht weiter", schreibt der Vater seiner Tochter, einer Ordensschwester. „Ich schaffe es nicht mehr, die niederen Instinkte zu beherrschen. Ich habe wirklich das Gefühl, allein und verlassen zu sein." Sie antwortet: „Auch das jüdische Volk murrt und protestiert auf seinem langen Weg. Es ist ein Volk, das versklavt war, und keine Achtung vor denen hatte, die es befreiten."[216]

2.3 Staatsbesuch in Adenauers Abendland

Im Geburtsjahr des europäischen Einigungsprozesses 1952, dem Jahr des Inkrafttretens der Montanunion, empfangen Adenauer und die junge Bundeshauptstadt Bonn De Gasperi in Begleitung seiner Ehefrau. Es ist der erste offizielle Staatsbesuch eines Regierungschefs nach dem Krieg. Sechzig Jahre später wird die Europäische Union mit dem Friedensnobelpreis ausgezeichnet, da sie „über sechs Jahrzehnte zur Förderung des Friedens und der Versöhnung, der Demokratie und der Menschenrechte in Europa beigetragen habe"[217]. Wie sehr sich Adenauer der Bedeutung dieses Schrittes

---

[214] A. Kohler (1979). *Alcide De Gasperi* (1881–1954), S. 53ff.

[215] M. R. Catti De Gasperi (2004). Grußwort. In: *Zum 50. Todestag von Alcide De Gasperi*, S. 53. Maria Romana, die älteste Tochter De Gasperis, hat eine Biographie ihres Vaters verfasst, *De Gasperi, uomo solo*, Milano, Mondadori 1964, die auf eine deutsche Übersetzung wartet.

[216] Ebd. Lucia De Gasperi AA stirbt 1967 als Gymnasiallehrerin und Oberin des Assuptionistinnenklosters in Genua.

[217] „The union and its forerunners have for over six decades contributed to the advancement

zur europäischen Einigung bewusst war, belegen seine Erinnerungen: Ich war überzeugt, dass die Montanunion in ihren Auswirkungen nicht nur die wirtschaftlichen Verhältnisse unseres Kontinentes, sondern das ganze Denken und das politische Empfinden des europäischen Menschen verändern würde. „Ich war überzeugt, dass sie die Europäer aus der Enge ihres nationalstaatlichen Lebens hinausführen würde in die Weite des europäischen Raumes, die dem Leben des einzelnen einen größeren und einen reicheren Sinn geben würde. [...] Aus Menschen, deren Gefühle noch zu diesem Zeitpunkt wesentlich durch Misstrauen, Konkurrenzsucht und Ressentiments bestimmt waren, würden Nachbarn und Freunde werden."[218]

Das Besuchsprogramm für De Gasperi besitzt symbolische Bedeutung und führt die beiden Staatsmänner über die Benediktinerabtei Maria Laach und das mittelalterliche Moselstädtchen Beilstein in die römische, mittelalterliche und moderne Metropole Köln bis nach Aachen, in die Stadt Karls des Großen. Im Krönungssaal der alten Kaiserpfalz erhält De Gasperi, einer der Väter der Montanunion, den Internationale Karlspreis für seine Verdienste um die europäische Einigung. In sinnfälliger Weise veranschaulicht dieser Besuch die gemeinsamen Wurzeln und europapolitischen Ziele Adenauers und De Gasperis einer breiten Öffentlichkeit. De Gasperis Staatsbesuch habe zur Wiedererweckung der geistigen und ethischen Kräfte des christlichen Abendlandes beigetragen und die geistigen Fundamente der zunächst nach Westen gewandten europäischen Gemeinschaft abgesteckt, analysiert eine zeitgeschichtliche Studie.[219] Mit seinem Eintrag in das Goldene Buch der Stadt im Bonner Rathaus und dem Besuch der Bonner Bevölkerung begründet De Gasperis Visite zugleich einen Standard und unterstreicht den Öffentlichkeitscharakter seines und künftiger Staatsbesuche, die von nun an häufig auch eine symbolische Dimension besitzen.[220]

---

of peace and reconciliation, democracy and human rights in Europe." http://nobelpeaceprize.org/en_GB/laureates/laureates-2012/announce-2012/.

[218] *Erinnerungen 1945–1953*, S. 426.

[219] S. Derix (2009). *Bebilderte Politik. Staatsbesuche in der Bundesrepublik Deutschland 1949–1990*, S. 182.

[220] Ebd., S. 221.

Der Gegenbesuch des Ehepaars De Gasperi beschäftigt Adenauer bereits seit seinem Rom-Besuch im Vorjahr: Auf einer Gartenterrasse hoch über Rom fragt er besorgt in einem kleinen Kreis von Journalisten: „Wie sollen wir in Deutschland das erwidern? Ich weiß es nicht. Wir haben keine Villa d'Este, keinen Palazzo Barberini, kein Kapitol."[221] Da die Hotels in Bonn erst wieder aufgebaut werden müssen, wohnt das Ehepaar De Gasperi im Hotel Excelsior am Kölner Dom.[222]

Bereits für die Anreise am Sonntag, dem 21. September 1952, organisiert die bundesdeutsche konsularische Vertretung in der Schweiz für De Gasperi und seine Begleitung den Besuch einer Heiligen Messe in Basel.[223] Für beide Staatsmänner, De Gasperi und Adenauer, war die Heilige Messe ein Lebensmittelpunkt. Er könne sich nicht erinnern, jemals an einem Sonntag nicht die Heilige Messe besucht zu haben, außer er wäre krank gewesen, versichert Adenauer.[224] Auch auf Staatsbesuchen bekennen sich beide dazu. In den Autobiographien von Adenauers Reisebegleitern werden immer wieder Messbesuche erwähnt. Das Bonner Haus der Geschichte der Bundesrepublik Deutschland zeigt Adenauers abgegriffenes Messbuch, einen „Bomm".[225] Auch der dritte Gründungsvater der europäischen Einigung, Robert Schuman, schöpft aus dieser Quelle, wie die Erinnerungen einer französischen Lokalpolitikerin zeigen: „Er empfing die Gruppe in seinem Arbeitszimmer, damals als Finanzminister. Bei dem Gespräch zeigte er auf

---

[221] J. Schmitz van Vorst (1951). *„Wir waren wie die Studenten"*. FAZ, 27.6.1951

[222] Den improvisierten Charme der frühen Bonner Republik schildert der deutsche Protokollchef: „Der italienische Chef des Protokolls [...] warnte mich, dass De Gasperi in der vorgesehenen Suite nicht schlafen konnte, da es in diesen Räumen fürchterlich nach frischer Farbe rieche. Die Hotelverwaltung hatte, nachdem ich die Zimmer angesehen hatte, noch schnell die Fenster streichen lassen. [...] Die ursprünglich vorgesehenen schönen Salons, die Ausblick auf den Kölner Dom boten, konnte De Gasperi nur für den Empfang seiner Gäste nutzen." H. v. Herwarth (1990). *Von Adenauer zu Brandt*, S. 116.

[223] S. Derix (2009). *Bebilderte Politik*, S. 184.

[224] A. Poppinga (1970). *Meine Erinnerungen an Konrad Adenauer*, S. 353. Eindrücke von einem sonntäglichen Messbesuch Adenauers in Rhöndorf bietet *Der Spiegel*: H. Schreiber (1964). *Die Situation ist da. SPIEGEL-Reporter Hermann Schreiber über Konrad Adenauer.* Der Spiegel, 16.12.1964, S. 26.

[225] P. Urbanus Bomm OSB (1901–1984), von 1964–1977 Abt von Maria Laach, erschloss mit seinem im Auftrag des Abtes Ildefons Herwegen OSB (1874–1946) zuerst 1927 herausgegebenen lateinisch-deutschen „Volksmessbuch" vielen Gläubigen die Heilige Messe.

eine kleine Gartenpforte, im Park des Ministeriums und bemerkte: ‚Jeden Morgen, in der Frühe, verlasse ich inkognito das Areal und begebe mich durch diese von den Sicherheitsbeamten nicht bewachte Türe und begebe mich ganz ruhig zur Messe und zur Kommunion. Daraus ziehe ich meine Kraft für die Arbeit unter den Augen Gottes.'"[226]

An einen Messbesuch Adenauers während seiner Frankreich-Visite im Jahre 1951 erinnert sich der Kulturhistoriker, Publizist und Diplomat Wilhelm Hausenstein (1882–1957): „Dass Adenauer ein ebenso frommer, ebenso echter wie diskreter Christ ist, wurde mir unter spezifischen Bedingungen gewiss. Ich war zu wiederholten Malen dicht an seiner Seite, als er in Paris die Messe (und meist die Frühmesse) hörte. Er tat es mit Vorliebe in Notre-Dame, unter dem gotischen Steinbild der Jungfrau. [...] Wie nun der Kanzler neben mir kniete, fast die ganze Messe hindurch, mit der geübten, ja natürlichen Strenge des Katholiken, der es von frühauf nicht anders wusste, da verspürte ich die unmittelbar benachbarte Gegenwart des Kanzlers als eine christliche Wirklichkeit, die mir a limine jegliche Skepsis gegenüber dem Kanzler und seinem Anliegen unmöglich machte."[227]

Hausensteins Erinnerungen an Adenauer werden uns noch häufiger beschäftigen. Er war Mitglied der SPD von 1907–1919, befreundet u. a. mit Paul Klee, Annette Kolb, Alfred Kubin, Rainer Maria Rilke, Karl Valentin, Albert Weisgerber und Theodor Heuss, veröffentlichte über 80 Bücher zu kulturellen Themen und war ab 1950 Präsident der Bayrischen Akademie der Schönen Künste. 1944 konvertierte er zum katholischen Glauben. Während der NS-Zeit verfolgt, wirkt er auf Drängen Konrad Adenauers von 1950–1955 in Paris, zuerst als Generalkonsul, schließlich als Botschafter. Zusammen mit seiner jüdischen Frau Margot legt Hausenstein während dieser Zeit wesentliche Grundlagen für die deutsch-französische Aussöhnung. Adenauer wird über ihn schreiben: „Die Bundesrepublik Deutschland war seit Sommer 1950 durch einen Generalkonsul in Paris vertreten. Als ersten Vertreter der Bundesrepublik wählte ich den Kunsthistoriker Professor

---

[226] G. Müller-Chorus (2011). *Robert Schuman, der Christ*. Unitas 1/2011, S. 23.
[227] W. Hausenstein (1961). *Pariser Erinnerungen. Aus fünf Jahren diplomatischen Dienstes 1950–1955*, S. 78f.

Dr. Wilhelm Hausenstein. Er war bekannt als ein äußerst gebildeter Mann, der für die französische Kultur stets ein besonderes Interesse gezeigt hatte. Ich hielt es für ratsam, nicht einen Berufsdiplomaten als ersten Vertreter Deutschlands nach Frankreich zu entsenden. Die Aufgaben, die einen deutschen Vertreter in Paris erwarteten, waren in erster Linie psychologischer Art. Ich hielt Hausenstein für die geeignete Persönlichkeit, die diesen äußerst schwierigen Aufgaben gewachsen sein würde. Hausenstein bewährte sich in hervorragender Weise. Er war ein bedeutender Schrittmacher der deutsch-französischen Aussöhnung. Sein Haus in Paris wurde, wie ich das erwartet hatte, ein geistiger Mittelpunkt."[228]

Die Heilige Messe für De Gasperi zu Beginn des ersten Staatsbesuchs der Bundesrepublik schlägt einen Grundtenor an. Im gleichen Geist geht auch das Foto von Adenauer und de Gaulle in der Kathedrale von Reims am 8. Juli 1962 als Symbol der deutsch-französischen Aussöhnung um die Welt. „Denn ihre tiefste Weihe erhält die Versöhnung der beiden Völker [...] in der Kathedrale von Reims", erinnert sich Chefdolmetscher Hermann Kusterer (*1928) an die Katholiken Adenauer und de Gaulle. „Ganz allein stehen die beiden aufrechten Männer an der rechten Chorseite, während der Erzbischof von Reims das Hochamt zelebriert. Stehen und sitzen und knien im Gleichklang, in würdiger Andacht und selbstverständlicher, männlicher Frömmigkeit. Bis hinunter in das breite Schiff der Kirche weht ein Hauch von Geschichte, den die beiden pfeilgeraden Gestalten dort oben verströmen und den der jahrhundertealte, aus den Niederungen des Alltags befreiende Ritus der Messe trägt."[229]

Der zweite Besuchstag führt das Ehepaar De Gasperi zunächst in das Rhöndorfer Wohnhaus des Kanzlers, der Staatsbesucher nur selten auch privat empfängt. Der Besuch des Ehepaars de Gaulle wird Jahre später eine weitere Ausnahme bilden. Nach dreiviertelstündiger Konversation erfolgt die Abfahrt zum Benediktinerkloster Maria Laach in der Vulkaneifel, zwischen Wäldern und Wiesen am Ufer des Laacher Sees gelegen. In der Klos-

---

[228] *Erinnerungen 1945–1953*, S. 436f.
[229] H. Kusterer (1995). *Der Kanzler und der General*, S. 249.

terkirche, einem Hauptwerk spätromanischer Baukunst in Deutschland, nehmen sie an der Sext teil, dem Stundengebet der Mönche. Bereits Robert Schuman wohnte 1913 in Maria Laach der Liturgie der Kartage bei und schloss Freundschaften mit katholischen Rheinländern.[230] Als Stätte benediktinischen Lebens verweist die Abtei auf das Christentum als gemeinsames Fundament Europas.

Der Besuch erinnert aber auch an die bedrückendste Zeit im Leben Adenauers. Nach seiner Absetzung als Oberbürgermeister am 13. März 1933 gewährt sein Schulfreund Ildefons Herwegen dem Vater der neunköpfigen Familie Zuflucht vor der Verfolgung, obwohl Herwegen faschistischen Ideen gegenüber aufgeschlossen ist.[231] „Als nationaler Schädling verfemt und ausgestoßen",[232] bekennt Adenauer in einer schweren seelischen Krise einem der wenigen Freunde, die ihm verbleiben: „Ich kann Ihnen nicht im Einzelnen schildern, was man mir seit 7 Monaten alles angetan hat an Beschimpfungen und Schädigungen. Ich lebe nun diese ganze Zeit über von meiner Familie getrennt, in einer Unsicherheit über meine Familie und meine Zukunft und in einer Untätigkeit, die fast nicht mehr zu ertragen ist. Wie es mit mir steht, geht am besten daraus hervor, dass ich seit dem 13. März nicht mehr ohne Schlafmittel geschlafen habe und auch mit Schlafmitteln immer nur wenige Stunden. Ich bin fast am Ende meiner Widerstandskraft. Meiner armen Frau geht es ähnlich, sie hält sich tapfer, aber auch sie ist fast fertig. [...] Wenn nicht meine Familie und meine religiösen Grundsätze wären, hätte ich lange

---

[230] Matthias Pape (2003). *Karl der Große – Franke? Deutscher? oder Europäer?*. Jahrbuch für Europäische Geschichte 4 (2003), S. 250.

[231] Auf einer Tagung des Katholischen Akademikerverbandes in Maria Laach vom 21.–23.7.1933 zum Thema *Die Nationale Aufgabe im Katholizismus – Idee und Aufbau des Reiches* hält Herwegen ein einleitendes Referat zum Thema *Was auf religiösem Gebiet die liturgische Bewegung ist, ist auf politischem Gebiet der Faschismus*. In: *Adenauer im Dritten Reich*, S. 546. Diese Situation beleuchtet zugleich die Zerrissenheit des deutschen Katholizismus dieser Zeit: „Denn während die Reichstheologen den neuen Staat begrüßten und die Gestaltung des ‚Dritten Reiches' besprachen, befand sich in derselben Abtei einige Türen weiter der am 13. März 1933 abgesetzte Kölner Oberbürgermeister Konrad Adenauer, der dort aus Furcht vor den Übergriffen der SA in der letzten Aprilwoche untergetaucht war." In: A. Koenen (1994). *Der Fall Carl Schmitt*, S. 423.

[232] Adenauers Anlage zu einem 1946 ausgefüllten Fragebogen. In: *Konrad Adenauer – Dora Pferdmenges. Freundschaft in schwerer Zeit*, S. 183ff.

meinem Leben ein Ende gemacht, es ist so wirklich nicht lebenswert."[233] Auf der Empore wohnt er den Gottesdiensten in der Basilika bei, lebt innerhalb der Klausur und nimmt die Mahlzeiten auf seinem Zimmer ein, damit ihn etwaige Besucher nicht zu Gesicht bekommen.

Die lange Verfolgungszeit im faschistischen Italien und im nationalsozialistischen Deutschland, die beide Politiker unter dem Schutz der Kirche überlebten und die für beide mit einschneidenden Gefängnisaufenthalten verbunden war, ist eine weitere Gemeinsamkeit, die De Gasperi und Adenauer miteinander verbindet.

Über seine Gefangenschaft in Köln-Brauweiler 1944 berichtet Adenauer: „In dem Gestapo-Gefängnis, in dem ich war, waren wir zu der Zeit 67 Leute. Davon sind 27 aufgehängt worden, und einer wurde erschossen, alles Deutsche: das war immerhin ein großer Prozentsatz. Es wurden sogar Kinder von 16 Jahren aufgehängt. Sie mussten aber, ehe sie aufgehängt wurden, ihre Hitlerjacken ausziehen; das habe ich selbst gesehen. [...] Meine Zelle lag gerade über dem Raum, in dem Menschen gemartert wurden. Das war ein Betonbau, und ich konnte alles hören und habe manche Nacht schweißbedeckt auf meinem Strohsack gelegen wegen der geistigen Qualen, die ich da mitmachen musste, wenn ich das alles hörte. [...] Sehen Sie, damals ist mir wie nie zuvor klar geworden, dass es doch einen Teufel gibt, dass das Böse wirklich Macht hat."[234] Ohne voneinander zu wissen, verbrachten Adenauer

---

[233] Brief an Dannie N. Heineman vom 14.10.1933. In: *Konrad Adenauer – Dora Pferdmenges*, S. 25. Der Elektroingenieur und amerikanische Industrielle Heineman (1872–1962), deutsch-jüdischer Abstammung, war 1905–1955 Generaldirektor des belgischen Elektrokonzerns Sofina. Er begegnet Adenauer zuerst 1907 und bleibt ihm lebenslang in enger Freundschaft verbunden. Nach Adenauers Absetzung 1933 unterstützt Heineman ihn mit einem erheblichen Geldbetrag: „Heineman war Jude. Er sagte, ohne dass ich von meinen finanziellen Sorgen gesprochen hatte, er könne sich denken, dass ich finanziell in einer ernsten Situation sei", erinnert sich Adenauer im Alter [*Erinnerungen 1953–1955*, S. 157]. „Er habe mir einen Betrag von 10.000 Reichsmark mitgebracht, damit ich nicht in Schwierigkeiten komme." Nach dem Krieg setzt sich Heineman für die wissenschaftliche Zusammenarbeit zwischen der deutschen Max-Planck-Gesellschaft und dem israelischen Weizmann-Institut ein. Der „Dannie-Heineman-Preis für mathematische Physik", der jährlich vom American Institute of Physics und der American Physical Society verliehen wird, gilt als eine der höchsten Auszeichnungen auf diesem Gebiet. Auf Adenauers erster USA-Reise 1953 gilt Heineman vor allen offiziellen Begegnungen sein erster Besuch.
[234] Interview am 23.6.1958, In: H.-P. Schwarz (1999). *Konrad Adenauer – Abendländer oder*

und seine Frau Gussie den Tag ihrer Silberhochzeit am 25. September 1944 als Inhaftierte im selben Gestapo-Gefängnis in Brauweiler. Während seiner letzten Krankheit, wenige Tage vor seinem Tod habe Adenauer sich Gedanken darüber gemacht, erinnert sich Anneliese Poppinga, „was für ein Sinn wohl darin liegen könne, dass das Böse zur Zeit des Nationalsozialismus so stark überhandgenommen hatte. Er gab auch eine Antwort hierauf: Wenn Böses überhaupt einen Sinn haben könne, dann in diesem Fall nur den, uns Deutsche immun zu machen gegen alle Formen des Totalitarismus. Die Sühne müsse darin liegen, einen Damm zu bilden gegenüber allen Anfechtungen und Gefahren, denen die Freiheit ausgesetzt ist."[235] Das westliche Rundbogenfenster im Nordseitenschiff der Abteikirche St. Nikolaus und St. Medardus in Brauweiler erinnert an Adenauers Gefangenschaft von September bis November 1944. Adenauer ist im Bogenfeld des Fensters als Daniel in der Löwengrube dargestellt, auf den durch eine Öffnung Adolf Hitler als Personifizierung des Bösen herabschaut.[236]

Der Besuch in Maria Laach erinnert die Öffentlichkeit demnach nicht nur an die benediktinischen Wurzeln Europas, sondern an eine für Adenauer und De Gasperi persönlich, aber auch für ihre Länder harte Zeit, die beide Staatsmänner für ihr politisches Wirken zur Erneuerung ihrer Länder und Europas vorbereitet hat. Die amerikanischen Besatzer bescheinigen Adenauer in diesem Sinne am 8. Mai 1945: „Dr. Adenauer's reputation extends far beyond the Cologne area; his name is Number One of the White List for Germany. [...] The writer has a very high regard for Dr. Adenauer's integrity and for the selfless and democratic ideals which he incorporates in his person and his work."[237]

Europäer? In: Adenauer und die Kirchen, S. 108.

[235] A. Poppinga (1987). Konrad Adenauer. Eine Chronik in Daten, Zitaten und Bildern, S. 149f. „Er sprach dann von einem Traum, den er in der Nacht zuvor gehabt hatte. Er habe geträumt, wenn die Arbeit an seinen Memoiren abgeschlossen sei, müsse er noch ein Buch schreiben. Auf meine Frage, ob er sich an das Thema dieses neuen Buches erinnere, kam die Antwort: ‚Ja. Über das Böse im Menschen.' Gefragt, ob zu diesem Thema in seinem Traum zu einem Ergebnis gekommen sein: ‚Ich träumte, dass im Laufe der Jahrtausende die Menschen doch besser würden.'"

[236] http://www.konrad-adenauer.de/index.php?msg=11006.

[237] „Dr. Adenauers Ruf geht weit über die Kölner Region hinaus; sein Name steht an erster Stelle der ‚Weißen Liste' für Deutschland. [...] Der Unterzeichner hat eine sehr hohe Achtung vor Dr. Adenauers Integrität und für die selbstlosen und demokratischen Ideale, die er in seiner Person und seiner Arbeit verkörpert." In: Erinnerungen 1945–1953, S. 23.

Wenige Kilometer südöstlich von Maria Laach liegt Burg Bassenheim, deren Geschichte mit dem Deutschen Orden verknüpft ist.[238] In der damaligen Residenz des rheinland-pfälzischen Militärgouverneurs Claude Hettier de Boislambert (1906–1986), einem Waffengefährten Charles de Gaulles, waren sich am 10. Oktober 1948 Adenauer und Robert Schuman begegnet, dessen persönliche Verbindung zu Maria Laach ja schon erwähnt wurde. Der damalige Präsident des Parlamentarischen Rates und der französische Außenminister erörtern Möglichkeiten einer deutsch-französischen Verständigung im Hinblick auf die ungeklärte Situation des Saarlandes, die in den Schuman-Plan und die Montanunion münden werden. „Im Oktober 1948 war ich mit Robert Schuman, dem damaligen Außenminister Frankreichs, das erste Mal zusammengetroffen", erinnert sich Adenauer. „Ich hatte mit ihm in Bassenheim ein sehr vertrauensvolles und offenes Gespräch geführt, das hauptsächlich die Saarfrage berührte. Schuman ließ in diesem Gespräch durchblicken, dass Frankreich hinsichtlich der Saar die Rückkehr zu Deutschland als im Bereich des Möglichen ansehe. Worauf es Frankreich ankomme, sei die Sicherung seiner wirtschaftlichen Interessen. Die Ansichten von Robert Schuman über diesen neuralgischen Punkt in den deutsch-französischen Beziehungen hatten mich beruhigt. Ich verhielt mich nach dieser Aussprache mit Schuman in allen Reden hinsichtlich der Saarfrage sehr zurückhaltend und stand wegen dieses Verhaltens unter ständigen Angriffen durch den Vorsitzenden der SPD, Dr. Schumacher."[239] Der Weg von der Begegnung in Bassenheim zur Montanunion war krisenreich, wie ein handschriftlicher Brief Adenauers an Schuman aus dem Jahr 1950 spürbar werden lässt. „Wir beide sind vielleicht von Gott dazu berufen", appelliert er darin, „in einer entscheidenden Situation für Europa, für unsere gemeinsamen Ziele einen wertvollen Beitrag zu leisten."[240]

In der Pfarrkirche befindet sich mit dem „Bassenheimer Reiter" eine der bedeutendsten Martinsdarstellungen der Kunstgeschichte, um 1240 vom

---

[238] 1198 wird Graf Heinrich Walpot von Bassenheim (†1200) in der Zeit des dritten Kreuzzuges unter Kaiser Friedrich Barbarossa erster Hochmeister des Deutschen Ordens, mit dem Adenauer verbunden ist. Er wird am 10.3.1958 in St. Andreas in Köln Ehrenritter des *Ordo Teutonicus* (*Ordo fratrum domus Sanctae Mariae Teutonicorum Ierosolimitanorum*, OT).
[239] *Erinnerungen 1945–1953*, S. 296.
[240] Brief Konrad Adenauers an Robert Schuman vom 30. Januar 1950. In: K. H. Debus (1995). *Robert Schuman. Lothringer – Europäer – Christ*, S. 247.

Naumburger Meister ursprünglich für den Westlettner des Mainzer Doms geschaffen. Martin von Tours, in dessen Kapelle auf dem Monte Cassino Benedikt von Nursia stirbt, woran Adenauers Stiftung erinnert, könnte man wohl noch vor Benedikt als den ersten „gesamteuropäischen" Heiligen am Beginn der christlichen Abendlandes ansehen. Martin gehört jedenfalls zu den bekanntesten Heiligen der katholischen Kirche und wird auch von orthodoxen, anglikanischen und protestantischen Christen geehrt.[241]

Demnach lässt sich mit einigem Recht festhalten, dass der Impuls für das moderne Europa in vielfältiger Weise auch aus dem Umfeld des Benediktinerklosters Maria Laach ausgegangen ist.

Von Maria Laach aus reisen Adenauer und De Gasperi ins „romantisierte Mittelalter",[242] in das Moselstädtchen Beilstein, das „Dornröschen der Mosel", mit einem der besterhaltenen historischen Ortsbilder, wie das größere Rothenburg ob der Tauber ein Symbol der mittelalterlichen Stadt. Für Adenauer war das städtische Gemeinwesen des hohen und späten Mittelalters mit dem Gedanken der Demokratie eng verknüpft. „Denken Sie doch an das Mittelalter, da war doch wirklich eine Blütezeit der Demokratie in den Städten und in den sonstigen Kommunen. Sicher muss man gewisse Unterschiede machen zur parlamentarischen Demokratie, wie sie sich im Laufe der Zeit entwickelt hat und wie sie heute bei uns ist. Aber es kommt doch auf das Prinzip an!" äußert er sich zu Anneliese Poppinga.[243] Der Besuch an der Mosel mag für Adenauer auch mit sehr persönlichen Erinnerungen verbunden gewesen sein. Am 5. Januar 1936 war er mit seiner Frau Gussie, seinem Sohn Max und seiner Tochter Ria an die Mosel gefahren, um dort seinen 60. Geburtstag zu feiern. Danach besuchten sie Abt Herwegen im Kloster Maria Laach. Die Gespräche über die Zukunft waren düster. Der Abt hatte längere Zeit sein Kloster verlassen müssen, da sein Leben durch die Nazis bedroht war.[244]

---

[241] Das Martinus-Museum in Bassenheim widmet der Begegnung zwischen Adenauer und Schuman sowie dem „Bassenheimer Reiter" eine sehenswerte Dauerausstellung.
[242] S. Derix (2009). *Bebilderte Politik*, S. 184.
[243] A. Poppinga (1970). *Meine Erinnerungen an Konrad Adenauer*, S.166.
[244] *Konrad Adenauer – Dora Pferdmenges*, S. 127, 172.

Die „Wunderbare Schwarze Madonna" in der barocken Klosterkirche St. Joseph macht Beilstein zugleich zum Marienwallfahrtsort. Die Statue spanischen Ursprungs aus dem 12./13. Jahrhundert kam während einer kurzen spanischen Herrschaft am Ende des Dreißigjährigen Kriegs in die Stadt und wurde später nach Frankreich entführt. Erst 1950 gelangt sie unter großer Anteilnahme der Bevölkerung zurück. In den fünfziger Jahren ist Beilstein Schauplatz populärer „Heimatfilme".[245]

Im ehemaligen Amtshaus der Reichsgrafen von Metternich, zuletzt im Besitz des österreichischen Staatskanzlers und Fürsten Clemens von Metternich (1773–1859), kehren die Staatsgäste ein. Seit der Besetzung Beilsteins durch französische Revolutionstruppen 1795 ist das Amtshaus der Reichsgrafen ein traditionsreiches Gasthaus. Inwieweit Adenauer, zeitlebens an historischen Zusammenhängen interessiert, durch diese Wahl bewusst auf die Neugestaltung Europas nach den napoleonischen Kriegen anspielt, an der Metternich wesentlichen Anteil hat, lässt sich nicht belegen. Der Stammsitz der Grafen von Metternich liegt unweit des Dorfes Flerzheim, wie Burg Metternich am Lauf des Swistbaches in der Voreifel bei Bonn gelegen, in das Adenauers familiäre Wurzeln führen.

Adenauers Sinn für historische Bezüge und sein Wille, sie aufzugreifen und mit einer politischen Aussage zu verbinden, wird auch aus Hausensteins Bericht über einen Messbesuch Adenauers in der Privatkapelle des Kardinal-Erzbischofs von Paris deutlich, dem Schauplatz der „Septembermorde". Am 2. September 1792 waren dort hundertfünfzehn Priester getötet worden. Ein Staatsmann bedenke und akzeptiere die öffentliche Wirkung einer Messe, schreibt Hausenstein.[246] Aber der politische Nebengedanke schließe nicht die christliche Echtheit des Vorgangs aus. Es wäre primitiv, die zweite durch den ersten „wiederlegen" zu wollen.

Das geschichtsträchtige Pathos der Moselreise mildert sich ein wenig in den launigen Erinnerungen des Barons von Herwarth und vergegenwärtigt

---

[245] Verfilmungen von Rudolf Bindings (1867–1938) *Moselfahrt aus Liebeskummer* mit Will Quadflieg (1953), Heinrich Spoerls (1887–1955) *Wenn wir alle Engel wären* mit Dieter Borsche (1956), Carl Zuckmayers (1896–1977) *Der Schinderhannes* mit Curd Jürgens (1958).
[246] W. Hausenstein (1961). *Pariser Erinnerungen*, S. 78ff.

zugleich das ausgelassen-studentenhafte Verhältnis des Sechsundsiebzig-
und des Einundsiebzigjährigen,[247] das schon Adenauers italienische Reise
des Vorjahrs prägte und in seiner überlieferten Tischrede über das „Möselchen" mitschwingt.[248] Den Tag beschließt ein Abendessen für das Ehepaar
De Gasperi in Adenauers Wohnhaus.

Für den folgenden Tag vermerkt Adenauers Kalendarium Gespräche mit De
Gasperi und seiner Frau im Garten seines Rhöndorfer Hauses, an die sich eine
Fahrt nach Köln anschließt. Dort stehen neben Besichtigungen des Kölner
Doms und des Dionysos-Mosaiks ein Rundgang zu den Gemälden der Kölner
Malerschule im Wallraf-Richartz-Museum an, zu denen der Kunstliebhaber

---

[247] „Wir unternahmen auch einen Ausflug an die Mosel, wo in Beilstein, einem kleinen mittelalterlichen Ort, in einem Gasthaus, das als Familienbetrieb geführt wurde, ein Essen vorgesehen war. Auch den Wein zog die Familie selbst. Auf der Fahrt wurde uns eine ungewöhnliche Begrüßung zuteil. Wie waren etwas verspätet; als wir in Cochem über die Mosel fuhren,
standen dort eine Menge Kinder und schreien: ‚Hurra, die Arschlöcher sind da!‘ Adenauer
und De Gasperi, der ausgezeichnet Deutsch konnte, wollten sich schieflachen. Der Aufenthalt in dem Gasthof gestaltete sich sehr gemütlich, aber die Weine waren viel zu schwer. Der
Wirt hatte nicht bedacht, dass wir noch andere Termine auf dem Programm dieses Tages
hatten. Wir wurden alle ziemlich schläfrig und mussten uns erst einmal ausruhen." In: H. von
Herwarth (1990). *Von Adenauer zu Brandt*, S. 116. Der Protokollchef bedankt sich dennoch
diplomatisch gewandt bei der Gastwirtsfamilie: „Beim Überschreiten der deutsch-schwei-
zerischen Grenze hat seine Exzellenz der Ministerpräsident an Bundeskanzler Adenauer ein
Telegramm gerichtet, in dem er von der unauslöschlichen Erinnerung an seinen Besuch in
der Bundesrepublik spricht. Zu den bleibenden Erlebnissen dieser Tage gehört – wie mir von
italienischer Seite wiederholt versichert wurde – die Fahrt an die Mosel. In der behaglichen,
weinfrohen Atmosphäre Ihres Hauses, das ehrwürdige Tradition in so reizvoller Weise mit
den Annehmlichkeiten moderner Gaststättenkultur verbindet, haben sich die deutschen und
italienischen Gäste sehr wohl gefühlt. Küche und Keller haben verdiente Anerkennung gefunden." Das Schreiben des Protokollchefs vom 30.9.1952 ist in den Gasträumen zu sehen.
[248] „Adenauer hielt eine Lobrede auf den Moselwein, er nannte ihn ein ‚Möselchen‘. Ein Möselchen, sagte Adenauer, rege den Appetit an, ein Möselchen beschwinge das Lebensgefühl,
ein Möselchen rege die Gedankentätigkeit an, ein Möselchen erzeuge im Körper Wohlbeha-
gen, ein Möselchen fördere den Stoffwechsel. Und wenn kürzlich ein Arzt zu einem Patien-
ten, der ein Moselweintrinker war, gesagt habe, er möge auf die Werte bei Leber und Niere
Obacht geben, dann könne er nur sagen, er solle sich das Alter seines Bundeskanzlers ansehen,
und es gäbe mehr alte Moselwinzer als alte Ärzte." W. Henkels (1983). *Adenauers gesammelte
Bosheiten. Eine anekdotische Nachlese*, S. 20. Die Verlässlichkeit dieser Überlieferung ist schwer
einzuschätzen. 1955 bringt Adenauer seinen russischen Gastgebern jedenfalls Moselwein mit,
Bernkasteler Doktor, Jahrgang 1949, den er mit Chruschtschow und Bulganin trinkt. Siehe:
R.-D. Keil (1997). *Mit Adenauer in Moskau. Erinnerungen eines Dolmetschers*, S. 108.

Adenauer ein inniges Verhältnis hat, besonders zu Stefan Lochners „Maria im Rosenhag": „Es ist das lieblichste und erhabenste Gemälde, das ich kenne."[249]

Der Kölner Dom, an dessen Grundsteinlegung 1248 Thomas von Aquin als Schüler Alberts des Großen teilnimmt, erinnert an das „Heilige Köln" des Mittelalters und die christliche Glaubenseinheit bis zur Reformation, die Vorbildcharakter für das neue, sich zusammenschließende Europa haben sollte.[250] Der Dom ist jedoch auch ein Nationaldenkmal des 19. Jahrhunderts, an dessen Vollendung sich der neunzigjährige Adenauer im Gespräch mit Anneliese Poppinga erinnert: Es sei im Jahre 1880 gewesen, als aus Anlass der Vollendung des Kölner Dombaues ein großer Festzug durch die Straßen Kölns zog. Er habe das Bild noch deutlich vor sich: In nächster Nähe sei Kaiser Wilhelm I. in einer offenen Kalesche an ihnen vorbeigefahren, er hätte ihn noch genau vor Augen – mit einem weißen Bart, mit einem freundlichen, väterlichen Gesicht. Am Abend sei dann der Dom bunt angestrahlt worden. Das alles habe einen großen Eindruck auf ihn gemacht.[251] „Der Kölner Dom ist ein Wahrzeichen des christlichen Glaubens und der Einheit des deutschen Volkes", sagt er bei späterer Gelegenheit. „Das soll er bleiben. Ich hoffe, dass der Kölner Dom auch für immer ein Zeichen und ein Symbol sein wird vergangener Größe, aber auch einer lebendigen Tatkraft für ein friedliches Leben nach den Geboten Christi in Freiheit und in Frieden."[252]

Für den italienischen Staatsbesucher De Gasperi symbolisiert das Besuchsprogramm durch das erst 1941 an der Südseite des Domes entdeckte Dionysos-Mosaik die Verbundenheit Kölns, der *Colonia Claudia Ara Agrippinensium*, zur römischen Kultur- und Geisteswelt. Köln ist aber auch die Großstadt, die Adenauer in der Zwischenkriegszeit durch städtebaulichen Weitblick zu einer der modernsten Metropolen Deutschlands entwickelt. Adenauers vom Gedanken des christlichen Abendlands getragene Kommunalpolitik wird uns im nächsten Abschnitt beschäftigen.

Der Gedanke der modernen europäischen Einigung bestimmt den vierten Tag des Staatsbesuchs, der De Gasperi nach Aachen zur Entgegennahme des

---

[249] A. Poppinga (1970). *Meine Erinnerungen an Konrad Adenauer*, S. 257.
[250] S. Derix (2009). *Bebilderte Politik*, S. 184.
[251] A. Poppinga (1970). *Meine Erinnerungen an Konrad Adenauer*, S. 237.
[252] Grußwort an den 77. Deutschen Katholikentag, 30.8.1956. Bulletin 163/56.

Internationalen Karlspreises führt. Der Verleihung geht ein Besuch im Aachener Dom voraus. Die starke Symbolkraft, die für frühere Generationen vom Thron Karls dem Großen auf der Empore des Oktogons ausging, können sich Nachgeborene wohl kaum vergegenwärtigen. Theodor Haeckers Beschreibung des Karlsthrons in seinem vor allem in der Nachkriegszeit einflussreichen Buch *Vergil – Vater des Abendlandes* vermittelt dennoch eine Ahnung: „In Aachen steht der Stuhl Karls des Großen. Es ist kein bequemer Stuhl, und war es auch im Anfang nicht. Er ist aufgerichtet aus Marmorplatten, die aus der Stadt Rom nach Aachen gebracht worden waren. Auf einer der Platten sieht man noch ein Mühlespiel eingekritzelt. Römische Soldaten oder Kinder mögen auf dieser Platte gespielt haben. Der Stuhl Karls des Großen steht in einer Kirche, und vor und über ihm wölbt sich die Kuppel mit der thronenden Majestas Domini. Aus dem Imperium Romanum ward das Sacrum Imperium des christlichen Abendlandes. Und der Stuhl Karls des Großen steht auf deutschem Boden. Dieser Stuhl ist das schauererregendste, inhaltsvollste Nationalheiligtum der Deutschen. […] Aachen ist für das Fatum der Deutschen mehr als Weimar und Potsdam. Hier senken sich die Wurzeln in realen, nicht erdichteten, in heiligen, in irdischen und ewigen Boden."[253]

Theodor Haecker (1879–1945), akademischer Mentor von Hans und Sophie Scholl aus dem Widerstandskreis der „Weißen Rose", Professor für Philosophie in Münster, zählt zu den bedeutendsten katholischen Schriftstellern seiner Zeit. Unter dem Einfluss des sel. John Henry Kardinal Newman (1801–1890), dessen Werke er übersetzt, wird er 1921 katholisch. Wie sehr in diesen Jahren Karl der Große als *Pater Europae* gesehen wurde, als der er bereits Ende des achten Jahrhunderts bezeichnet wurde, vermittelte insbesondere die bedeutende Ausstellung *Karl der Große. Werk und Wirkung*, die 1965 in Aachen vom Europarat initiiert und von dem Kunsthistoriker Wolfgang Braunfels maßgeblich gestaltet wurde.[254]

---

[253] Th. Haecker (1931). *Vergil – Vater des Abendlandes*, S. 126.
[254] *Karl der Große. Werk und Wirkung.* Hrsg. von Wolfgang Braunfels. Ausstellung unter den Auspizien des Europarates im Rathaus zu Aachen und im Kreuzgang des Domes vom 26. Juni bis zum 19. September 1965. Nach einer Zwischenstation an der RWTH Aachen wirkte Braunfels in der Nachfolge Hans Sedlmayrs als Ordinarius für Kunstgeschichte der Ludwig-Maximilians-Universität München. Braunfels war der Sohn des Komponisten Walter Braunfels (1911–1987), dessen Bedeutung für Adenauer noch deutlich werden wird, und ein Enkel des Bildhauers Adolf von Hildebrand. Der bedeutende Philosoph Dietrich von Hildebrand (1889–1977) war sein Onkel.

Verliehen wurde der Karlspreis „Dem Staatsmann und Europäer Alcide De Gasperi" aufgrund seiner Verdienste um die Verwirklichung der Montanunion, der Europäischen Gemeinschaft für Kohle und Stahl, die fußend auf dem Schuman-Plan vom 9. Mai 1950 am 18. April 1951 durch den Vertrag von Paris vereinbart wurde und am 23. Juli 1952 in Kraft trat. Durch „Vergemeinschaftung", also gegenseitige Kontrolle der kriegswichtigen Güter Kohle und Stahl, sichert die Montanunion in erster Linie den innereuropäischen Frieden. Zugleich werden Kohle und Stahl zu entscheidenden Produktionsfaktoren für die Entwicklung des Ruhrgebietes, dessen Industrieanlagen bis 1949 demontiert wurden, und bilden eine wesentliche Grundlage für das spätere „Wirtschaftswunder".[255]

Nach dem Kaiserhymnus *Urbs Aquensis*[256] aus dem 12. Jahrhundert bezieht sich De Gasperi auf das europäische Reich Karls des Großen: „Aachen war in der Tat eines der Zentren einer Völkergemeinschaft, das, indem es eine glückliche Verschmelzung der großen römischen Traditionen, der neuen christlichen Kultur und der sich in der Geschichte erschließenden frischen Energien verwirklichte, einem bis dahin von inneren Kämpfen zerrissenen Europa eine lange Zeit des Friedens und des Aufblühens, die Sicherheit vor den Drohungen des Ostens und ein kulturelles Wiederauferstehen, das nach Karl dem Großen benannt wurde, zu sichern wusste. Auch heute sehnt sich Europa, nach den traurigen Ereignissen, in die es durch einen unheilvollen und erbitterten Nationalismus gestürzt worden war und das so wie damals von aus dem Osten kommenden Gefahren bedroht ist, danach, der Einheit seiner Kultur und seiner christlichen Zivilisation ein konkretes politisches und wirtschaftliches Gepräge zu geben."

De Gasperis Hoffnung, dass der begonnene Schritt sich „nach und nach auch auf andere Gebiete erstrecken möge, bis zur Schaffung eines einzigen europäischen Marktes, mit einheitlicher Währung und Bewegungsfreiheit für Waren und Personen", ist heute weitgehend verwirklicht. Zeitlos aktuell bleibt seine Mahnung: „Gleichen Schritts mit der Stärkung und Vermeh-

---

[255] Vergl. J. H. Darchinger (2012). *Wirtschaftswunder. Deutschland nach dem Krieg.*
[256] Seine Entstehung wird auf das Jahr 1165 der (ungültigen) Heiligsprechung Karls des Großen durch einen Gegenpapst zurückgeführt. http://www.aachener-dommusik.de/index40-0.aspx.

rung der Macht der Bundeseinrichtungen müssen jedoch die Fortschritte einer europäischen Mentalität vor sich gehen."[257]

2.4 Adenauers christliche Kommunalpolitik

Die sogenannte Zwischenkriegszeit, die Zeit, in der Adenauer als Kölner Oberbürgermeister wirkte, wird von katholischen Zeitgenossen als „fast plötzliches Erwachen, als Ausbruch aus einem geistig-kulturellen Ghetto erlebt: Es war wie das Hinausschreiten in eine weite, reiche Landschaft, wie eine Neuentdeckung der ‚Weite, Höhe und Tiefe‘ des katholischen Christentums".[258] Köln, die Abtei Maria Laach und der Katholische Akademikerverband Deutschlands um Prälat Franz Xaver Münch mit Sitz an der Universität Bonn entwickeln sich zu westdeutschen Brennpunkten dieser Bewegung. Mit ihr verbunden waren u. a. der spätere französische Außenminister Robert Schuman, Don Luigi Sturzo, der politische Lehrer De Gasperis, und der Philosoph Alois Dempf, mit denen Adenauer auch als Bundeskanzler zusammenarbeiten wird.

Zu dieser geistigen Entfaltung trägt Adenauer im Rahmen seiner kommunalpolitischen Möglichkeiten bei. Aber auch wirtschaftlich erlebt das Köln Konrad Adenauers durch seine durchaus religiös motivierten Maßnahmen in äußerlich bedrängten Jahren eine Blüte. Naturgemäß folgt die Auswahl der Beispiele, die Adenauers „christliche Kommunalpolitik" belegen, subjektiv geprägten Gesichtspunkten. Sie betonen insbesondere seine Verwurzelung in der katholischen Denk- und Glaubenswelt.

Ein wichtiger Schritt auf dem Weg zur Stadtentwicklung ist Adenauers Neugründung der Kölner Universität, von deren gesamteuropäischem Charakter bereits die Rede war: „Im Jahre 1917 bin ich Oberbürgermeister der Stadt Köln geworden. Ich habe damals sofort den Entschluss gefasst, alles, was in meinen Kräften stehe, zu tun, damit Köln eine Universität erhalte, und zwar wollte ich eine Voll-Universität mit allen Fakultäten. Dass die Uni-

---

[257] Rede von Alcide de Gasperi zur Verleihung des Internationalen Karlspreises 1952 am 24.2.1952 in Aachen. In: *Die Karlspreisträger und ihre Europäischen Reden*, S. 39ff.
[258] B. Schwarz (1993). *Erinnerungen an das Wirken Dietrich von Hildebrands in Deutschland und Österreich*. In: *Dietrich von Hildebrand. Memoiren und Aufsätze gegen den Nationalsozialismus (1933–1938)*, S. 359.

versität Bonn und im Einklang mit ihr das Preußische Kulturministerium einem solchen Plane unfreundlich gegenüber stehen würden, war selbstverständlich."[259] Bei der Wiederbegründung konnte Adenauer an die bereits 1901 gegründete Handelshochschule, die Hochschule für kommunale und soziale Verwaltung (1912) sowie die erste deutsche Akademie für praktische Medizin (1904) anknüpfen, die in der Universität aufgingen. Bei der Verwaltung der Universität wirkte ein Kuratorium mit, in dem Adenauer erster Vorsitzender war. Hartnäckig verfolgte er den nur teilweise verwirklichten Plan eines Universitätsviertels nach dem Vorbild eines angelsächsischen *Campus*.

Im Kontrast zur protestantisch-preußischen Tradition der benachbarten Universität Bonn versuchte er eine konfessionell ausgewogene Besetzung der Lehrstühle zu erreichen.[260] Sozialwissenschaften fördert Adenauer besonders: „Da schon damals beim Ausgang des Krieges die soziale Frage eine sehr große Rolle spielte, habe ich die Gründung eines sozialwissenschaftlichen Instituts in die Wege geleitet, das für mich die Keimzelle der zukünftigen philosophischen Fakultät darstellen sollte."[261] Von den neu berufenen Professoren wird Benedikt Schmittmann (1872–1939), seit 1919 Professor für Sozialpolitik, Adenauers Freund und Mitbegründer der katholischen Soziallehre, eine der Wurzeln des „sozialstaatlichen Gesellschaftsmodells". Seit der Studienzeit miteinander bekannt, werden sie im Kölner Tennisverein „Pudelnass" miteinander vertraut, in dem Adenauer seine erste Frau Emma kennenlernt. Schmittmann heiratet eine Cousine Emmas, mit der sich Adenauer bis ins hohe Alter familiär austauscht. Bereits Ende April 1933 wird Schmittmann von der SA in seiner Wohnung überfallen und gemeinsam mit seiner Frau unter Beschimpfungen und Schmähungen auf einem offenen Lastwagen abgeführt. Nach dem Ausbruch des Zweiten Weltkriegs kommt Schmittmann in ein Konzentrationslager und stirbt am 13. September 1939 an den Folgen körperlicher Misshandlungen. „Er gehört zu den wenigen Universitätsprofessoren, die im Kampfe gegen den Nationalsozialismus ihr Leben dahingegeben haben", erinnert Adenauer an Schmittmann nach dem Krieg. „Die Universität

---

[259] Brief an Stadtdechant Dr. Robert Grosche, Köln, vom 8.4.1947. In: *Briefe 1945–1947*, S. 461f.
[260] *Konrad Adenauer. Oberbürgermeister zu Köln*, S. 173ff.
[261] Brief an Stadtdechanten Dr. Robert Grosche, Köln, vom 8.4.1947. In: *Briefe 1945–1947*, S. 461f.

Köln kann stolz darauf sein, dass sie diesen Märtyrer einst zu ihren Dozenten zählen durfte."[262] Am Kölner Rathausturm erinnert eine Skulptur an ihn.[263]

Ihre Verbundenheit mit ihrem Neugründer unterstreicht die Universität zu Köln durch fünf Ehrendoktorwürden, die sie Adenauer verleiht.[264] Auch Adenauer steht seiner Universität nahe: „Nun ja, nach meiner Pensionierung, da wollte ich dann Honorarprofessor werden, an der Universität wirken, um mit der Jugend zusammenzusein"; bekennt er im Alter, „nicht als ordentlicher Professor, das war mir zu viel Arbeit. – Ich wünschte mir immer einen überschaubaren Arbeitsbereich. Und was ist daraus geworden? Als Bundeskanzler?"[265]

Durch Adenauers städtebaulichen Weitblick entwickelt sich Köln aber auch zu einer der modernsten Metropolen Deutschlands. Sich ganz auszuwirken mit den Kräften des Verstandes und der Seele, mit seiner ganzen Persönlichkeit schöpferisch tätig sein zu können, ist der schönste Inhalt menschlichen Lebens, bekennt er in seiner Antrittsrede als Bürgermeister seine persönliche Identifikation mit der neuen Aufgabe und beschreibt sein kommunalpolitisches Ziel: „Unsere soziale Erkenntnis hat der Krieg erweitert und vertieft: der Hebung aller Klassen, die einer solchen bedürfen, muss unsere soziale Arbeit gelten und sie muss sich erstrecken auf alle Gebiete menschlichen Lebens. Mit warmem Herzen und starkem Willen wollen wir die neuen Wege sozialer Erkenntnis, die ein Geschenk des Krieges ist, gehen. Unsere ganze Arbeit mit sozialem Geiste und Verständnis zu erfüllen und zu durchdringen, wird meine vornehmste und liebste Pflicht sein."[266]

Es handelt sich hier nicht um technische Fragen, erläutert er als Präsident des Münchener Katholikentags 1922 sein urbanes Modernisierungsprogramm, „nein, um höchste Fragen der Kultur und des sozialen Fortschritts, der Moral, an denen wir Katholiken auch aus religiösen Gründen intensiv arbeiten müs-

---

[262] Grundsatzrede des 1. Vorsitzenden der CDU für die Britische Zone in der Aula der Kölner Universität am 24.3.1946. In: *Reden 1917–1967*, S. 100.
[263] Nordseite: 2. Reihe von oben, 2. Skulptur von rechts.
[264] 1919: Dr. rer. pol., Dr. med., 1922: Dr. jur., 1923: Dr. phil., 1956: Dr. rer. nat.
[265] A. Poppinga (1970). *Meine Erinnerungen an Konrad Adenauer*, S. 359.
[266] Antrittsrede als Bürgermeister der Stadt Köln vor der Stadtverordnetenversammlung am 18. Oktober 1917. In: *Konrad Adenauer 1917–1933. Dokumente aus den Kölner Jahren*, S. 64 ff.

sen." Adenauer spricht in dieser Rede von „seelischen Volkskrankheiten", zu denen er die „Großstadtkrankheit" rechnet, die für ihn in der „Wurzellosigkeit ihrer Bewohner" bestehe. Die „geistige und körperliche Entartung" der Großstadtbewohner werde dabei durch die „oft traurigen, allen sittlichen Begriffen hohnsprechenden Wohnverhältnisse beschleunigt. Mehrere Generationen, in den heutigen Großstädten geboren, hält das deutsche Volk nicht aus, man mag die Gesetzgebung im Übrigen ausbauen, wie man will und kann." Der Kölner Oberbürgermeister macht sich daran, das Problem der Großstadt an seiner Wurzel zu lösen, und stellt sein Anliegen in die Tradition Bischof Kettelers und P. Adolf Kolpings (1813–1865),[267] des Gründers des Kölner Gesellenvereins, des heutigen Internationalen Kolpingwerks, „mit ihrem tiefen Verständnis für soziale Arbeit in unserer Zeit". Adenauers Lösungsansatz für das Problem Großstadt erscheint auch heute als zeitgemäß: „Die Großstadt […] braucht ihre Bewohner nicht wurzellos zu machen. Man muss die heutige Großstadt in langsamer, weitsichtiger Arbeit umbilden in einen Organismus, der aus einem Geschäftszentrum und in sich gegliederten kleinstädtischen, ja dörflichen Gebilden besteht. So umgestaltet, gewährt auch die Großstadt ihren Bewohnern den Zusammenhang mit Erde und Natur, ja auch das haltgebende Zugehörigkeitsgefühl zu einer kleineren Gemeinschaft."[268] „Warum soll der Großstädter ein Höhlenbewohner sein", fragt Adenauer in einem Lexikonartikel, „in dessen Mauern Sonnenaufgang und Sonnenuntergang, der weite Horizont des Himmels, das Sternenmeer, das Wachsen, Blühen und Welken der Natur, der Erdgeruch nicht mehr zu sehen, zu spüren ist!"[269]

Adenauers Wirken als Oberbürgermeister prägt das Kölner Stadtbild noch heute durch seinen sozialen Wohnungsbau, seine Stadtplanung, Schaffung von Arbeitsplätzen durch bedeutende Industrieansiedlungen wie die noch heute produzierenden Ford-Werke, durch den Ausbau des Niehler Rheinhafens und des Flughafens Butzweilerhof zum „Luftkreuz des Westens", auf

---

[267] 1934 eröffnet der Kölner Erzbischof Karl Joseph Kardinal Schulte den Seligsprechungsprozess für Kolping. 1991 spricht ihn Papst Johannes Paul II selig. Der Heiligsprechungsprozess dauert an. Kolping ist in der Kölner Minoritenkirche begraben.

[268] Eröffnungsrede des 22. Deutschen Katholikentages in München, 28.8,1922. In: *Reden 1917–1967*, S. 48.

[269] Artikel *Großstadt* im Staatslexikon der Görres-Gesellschaft 1927. Abgedruckt in: *Konrad Adenauer 1917–1933. Dokumente aus den Kölner Jahren*, S. 113.

dem Johannes Paul II. bei seinem ersten Deutschlandbesuch am 15. November 1980 eine Messe lesen wird, durch die bereits erwähnten Kölner Messehallen am Deutzer Rheinufer, Kölns über 50 Sportanlagen, darunter das damals modernste Stadion Deutschlands in Köln-Müngersdorf, durch die erste deutsche Autobahn von Köln nach Bonn und vor allem durch den Grüngürtel, einen nahezu vorbildlosen Naherholungspark von 20 Kilometern Länge und einem Kilometer Breite, die „grüne Lunge" Kölns.[270] Den Grüngürtel hielt Adenauer für seine größte kommunalpolitische Leistung: „Dann, als die Festungsanlagen rings um Köln fortfielen, habe ich dafür gesorgt, dass rings um die Stadt Grünanlagen zur Erholung für die Menschen geschaffen wurden", erzählt er Anneliese Poppinga im Alter. Darauf sei er ganz besonders stolz. Es habe hierum harte Kämpfe mit den Stadtverordneten gegeben. Aber es sei ihm gelungen, alle von der Wichtigkeit derartiger Anlagen für die Gesundheit der Bevölkerung zu überzeugen. „Man muss doch auf weite Sicht planen. Man musste doch an die weitere Entwicklung denken, den Menschen musste Gelegenheit gegeben werden, aus dem Häusermeer hinaus ins Grüne zu kommen, und zwar nicht erst nach stundenlangen Mühen."[271]

Wie sehr sich Adenauer auch als Bundeskanzler seinen kommunalpolitischen Zielen verpflichtet wusste, machen die Erinnerungen Golo Manns deutlich: „Während eines Gesprächs, das Adenauer im April 1966 mit mir führte, klang er am freudigsten, wenn er von seiner Bürgermeisterzeit redete. Als ich ihn fragte, ob er wohl im Jahre 45 sich schon als zukünftigen Chef einer deutschen Regierung sah, lautete die Antwort: ‚Ehrgeiz! Ich wollte Köln wieder aufbauen. Ich hätte es besser gemacht, als es dann gemacht wurde.' Vielleicht war es schlechtes Glück für Köln, aber gutes für die Deutschen", kommentiert Golo Mann, „dass jener törichte Engländer ihn nach wenigen Wochen wegen angeblicher Unfähigkeit aus dem Oberbürgermeisteramt wieder vertrieb."[272] Äußerer Anlass seiner Entlassung war Adenauers Weigerung, den Kölner Grüngürtel kurzsichtigen Zielen der britischen Besat-

---

[270] Vergl. *Konrad Adenauer. Oberbürgermeister von Köln*. Festgabe der Stadt Köln zum 100. Geburtstag ihres Ehrenbürgers am 5. Januar 1976; *Konrad Adenauer – seine Zeit – sein Werk*. Hrsg. von E. Kleinertz. Ausstellung des Historischen Archivs der Stadt Köln, 5. Januar–30. April 1976.

[271] A. Poppinga (1970). *Meine Erinnerungen an Konrad Adenauer*, S. 324f.

[272] *Konrad Adenauer.* Fotografiert von K. R. Müller mit einem Essay von Golo Mann, S. 12.

zungsmacht zu opfern. Die Briten wollten ihn zur Brennholzgewinnung abholzen lassen, wodurch sie die Brennstoffnot nur geringfügig gelindert hätten, aber ein Schaden entstanden wäre, den man nur in Jahrzehnten wieder hätte ausgleichen können. Adenauer hatte stattdessen gefordert, beschlagnahmte Kohlevorräte für die Bevölkerung freizugeben.

Nach dem letzten Luftangriff am 2. März 1945 waren im Kölner Stadtgebiet 40,5 Prozent der Gebäude zerstört. In der nördlichen Altstadt standen noch 13 Prozent, in der südlichen Altstadt 7 Prozent der Häuser. Von den 768.000 Einwohnern Kölns im Jahr 1939 lebten noch rund 40.000 in der Stadt, davon 32.000 im linksrheinischen Teil. Adenauer spricht von den „bitteren, harten Zeiten", als die Amerikaner ihn holten, damit er in Köln die Verwaltung übernehme, schildert den trostlosen Anblick seiner zerstörten Stadt Köln und wie ihn vor allem der Anblick der „Maria in den Trümmern" erschüttert habe, wie die Muttergottes-Statue später genannt wurde, die als einziges einer Kirche inmitten der Trümmerlandschaft übrig geblieben war.[273] Zu seinen ersten Anweisungen gehört, die aus Köln stammenden Häftlinge mit Autobussen aus den Konzentrationslagern Buchenwald, Dachau und Theresienstadt heimzuholen. Kurz darauf lässt er die ausgelagerten Gemälde des Wallraf-Richartz-Museums in einem Leichenwagen zurückbefördern, um sie dem alliierten Zugriff zu entziehen. Noch im April erscheint die erste Zeitung und nehmen die Kölner Kreditinstitute ihre Geschäfte wieder auf. Noch im Mai beginnt der Postverkehr innerhalb der Stadt, Eisenbahnen und Omnibusse nehmen ihren Verkehr wieder auf. Anfang Juni fahren die ersten Straßenbahnen und Müllwagen. Ende Juli beginnt der Schulunterricht links, einen Monat später rechts des Rheines. Bereits im August finden in der Aula das erste Gürzenich-Konzert und die erste Theateraufführung nach dem Krieg statt.

„Er habe erreichen wollen", berichtet Anneliese Poppinga über Adenauers Wiederaufbaupläne, „dass die romanischen Kirchen im Herzen Kölns, die großen Kulturschätze dieser Stadt, von Wohngebieten mit Schulen und Kindergärten umgeben würden. Er habe verhindern wollen, dass sie inmitten von Geschäftsvierteln zu bloßen Touristenattraktionen absanken."[274] Dem

---

[273] A. Poppinga (1970). *Meine Erinnerungen an Konrad Adenauer*, S. 192.
[274] Ebd.

britischen Militärgouverneur, der ihn mit der Begründung „Nach meiner An-
sicht haben Sie Ihre Pflicht gegenüber der Bevölkerung Kölns nicht erfüllt"
am 6. Oktober 1945 entlassen hatte, antwortet Adenauer in den fünfziger
Jahren auf dessen Frage, was er sich bei seiner Amtsenthebung gedacht habe:
„Ich habe bei mir zu Hause ein Aktenstück ‚Entlassung durch die Nazis'. Ich
werde mir nun ein Aktenstück anlegen ‚Entlassung durch die Befreier'."[275]

Aber auch nach seiner Entlassung versucht Adenauer, auf den Wiederaufbau seiner Stadt Einfluss zu nehmen. So formuliert er 1946 als Vorsitzender der CDU für die Britische Zone zukunftsweisende Leitlinien für den
Wiederaufbau der zerstörten Städte, die jedoch in Köln kaum Anwendung
finden: „Wenn wir an den Wiederaufbau unserer zerstörten Städte und Ort-
schaften und industriellen Unternehmungen gehen, dann wollen wir lernen
aus den Fehlern der Industrialisierung, des Entstehens unserer großen Städte. Die Zusammenballung großer Menschenmassen auf engstem Raum darf
sich unter keinen Umständen wiederholen, und ebenso wenig darf die sich
daraus ergebende Wertsteigerung des Grund und Bodens einzelnen zugu-
tekommen. Ich erblicke seit vielen Jahren in dieser verfehlten Boden- und
Siedlungspolitik der früheren Zeiten eine der Hauptquellen für die Entwur-
zelung und materialistische Einstellung unseres Volkes."[276]

Adenauers Vorschläge für die Steigerung der urbanen Lebensqualität sind
erstaunlich konkret: „Köln wird wiedererstehen, wenn die gesamte Bürgerschaft, alle Stände, alle Schichten bei diesem Werke zusammenarbeiten.
Wenn Gott es will, können Sie in den nächsten zwei Jahrzehnten alle die
Pläne ausführen, die wir vor 1933 entwickelt haben: Sie können den Dom
retten, ihm eine würdige Umgebung schaffen, die Stadt sich wieder lagern
lassen an dem herrlichen Rund unseres Rheinstromes, indem Sie den Hauptbahnhof entfernen. Sie dürfen unter keinen Umständen zulassen, dass der
Hauptbahnhof an dieser Stelle bleibt, denn sonst bleibt die Verkrüppelung
dieser Stadt ewig. Sie können der Altstadt wieder den Charme geben, den sie
nie hätte verlieren dürfen, den Charakter einer schönen, mit den erhabenen

---

[275] U. Frank-Planitz (1990). *Konrad Adenauer. Eine Biographie in Bild und Wort*, S. 112. Die
Briten folgten am 21.6.1945 den Amerikanern in der Besetzung Kölns.
[276] Rede am 7.4.1946 in Bonn. In: A. Poppinga (1975). *Konrad Adenauer. Geschichtsverständnis etc.*, S. 279.

Werken kirchlicher und profaner mittelalterlicher Baukunst durchsetzten Wohnstadt ohne Armutsviertel, ohne Hinterhäuser, durchflutet von Licht und Sonne. Sie können die Menschen aus der Steinwüste herausführen, sie siedeln lassen am äußeren Grüngürtel in Gottes freier Natur. Sie können ihnen wiedergeben die Verbundenheit mit Erde und Himmel. Es wird viel Arbeit, viel Geduld kosten, aber es wird gehen, wenn viel Liebe dabei ist. Diese Liebe zu unserer Stadt, ihrer Vergangenheit, ihrer Geschichte, ihrer Kultur, ihrer Sprache, ihrem Geiste haben wir Kölner ja alle."[277]

Zur Heilung der „seelischen Volkskrankheiten"[278] liegt Adenauer besonders die Förderung von Kunst und Kultur am Herzen, die eine Konstante seines kommunalpolitischen Handelns ist. „Eine wesentliche Aufgabe der Städte und insbesondere der Großstädte ist auch die allgemeine Kulturpflege, die Förderung von Kunst und Wissenschaft", formuliert Adenauer seine kulturpolitischen Maximen im Jahre 1926. „Sicher ist die allgemeine Not groß und sind die öffentlichen Mittel knapp. Aber in gewissem Umfange muss doch auch diese Aufgabe erfüllt werden, damit nicht der Faden der Entwicklung abreißt und das gesamte deutsche Volk in seiner Kultur hinter den übrigen Völkern zurückbleibt. Förderung des allgemeinen Kulturstandes ist, auch vom wirtschaftlichen Standpunkte aus gesehen, keine Verschwendung. Denn je höher der allgemeine Kulturstand ist, desto höher ist auch der Stand der wirtschaftlichen Leistung. Es ist falsch zu sagen, dass Förderung der Kunst, Wissenschaft und Kultur nur einem kleinen Kreise von Auserwählten zugutekäme. Man kann das geistige Leben einer Nation nicht in verschiedene voneinander unabhängige Teile teilen. Das geistige Leben einer Nation ist eine Einheit. Es gibt keine guten Volksschulen ohne gute Universitäten und keine guten Universitäten ohne diese Volksschulen. Pflege von Kunst, Wissenschaft und Kultur kommt letzten Endes doch der gesamten Bürgerschaft zugute."[279]

Der Kommunalpolitiker Adenauer verwirklicht die Grundsätze, zu denen er sich bekennt. Kurz vor seiner Absetzung durch die Nationalsozialisten

---

[277] Grundsatzrede des 1. Vorsitzenden der Christlich-Demokratischen Union für die Britische Zone in der Aula der Kölner Universität am 24. März 1946. In: *Reden 1917–1967*, S. 87f.
[278] Eröffnungsrede des 22. Deutschen Katholikentages in München, 28.8,1922. In: *Reden 1917–1967*, S. 48.
[279] K. Adenauer (1926). *Die Stadtgemeinde, ihre Geschichte, ihre Aufgaben.* Zitiert in: C. Valder-Knechtges (1995). *... wie war unsere Arbeit damals schön ...*, S. 22f.

kann er sein kommunalpolitisches Wirken als Oberbürgermeister in einem Entwurf zu einer Rede zusammenfassen, die er allerdings nicht mehr halten darf: „Auf kulturellem Gebiet brachte die Zeit nach 1918 die größten Gefahren für den Eigencharakter einer Stadt. Die alte Kunststadt Köln mit ihrer großen Tradition musste ihre Eigenart erhalten und weiterentwickeln. Darum die Gründung der Universität, die der Stadt einen geistigen Mittelpunkt geben soll, darum die Gründung der Musikhochschule und Musikschule für das alte musikalische Leben Kölns, darum die Pflege von Oper und Schauspiel, darum der Ausbau unserer Museen. Köln kann heute von sich sagen, dass es ein eigenes bodenständiges kulturelles und geistiges Leben hat."[280]

Adenauers Aufzählung unterstreicht, welche Bedeutung für ihn das Musikleben besitzt, an dem er selbst intensiv Anteil nimmt, auch an den geselligen Zusammenkünften der Mäzene und Künstler im kleinen Kreis nach Konzerten. So erinnert er sich als Bundeskanzler 1952 anlässlich des 125-jährigen Jubiläums des Kölner Gürzenichchores an seine Konzerterlebnisse der Zwischenkriegszeit: „Es drängt mich, [dem Chor] besonders zu danken für all die schönen Stunden, die er mir, als ich noch in Köln wohnte, geschenkt hat und die mir unvergesslich sind."[281] Bald nach seiner Ernennung zum Oberbürgermeister nimmt Adenauer Kontakt zu dem im Alter verbitterten und mit seiner Heimatstadt Köln zerstrittenen Komponisten Max Bruch (1838–1920) auf und gratuliert ihm zum 80. Geburtstag. „Hochgeehrter Herr Oberbürgermeister, ich brauche Ihnen nicht zu sagen, wie sehr mich das freundliche Telegramm, wodurch Sie mir den ehrenden Anteil Kölns an der Feier des 80. Geburtstags zum Ausdruck brachten, erfreut und bewegt hat", antwortet ihm Bruch gerührt. „Denn es ist der schönste Lohn meines künstlerischen Strebens, wenn ich mir an meinem Lebensabend sagen darf, dass meine geliebte Vaterstadt, der ich zu allen Zeiten und in allen Fernen in Treue und Anhänglichkeit gedacht habe, mit ihrem Sohne zufrieden ist."[282] Nach Bruchs Tod veranlasst Adenauer eine Gedächtnisfeier für Max Bruch unter der Leitung des städtischen Generalmusikdirektors Hermann Abendroth (1883–1956).

Unter dem Motto „Die Kunst des Volkes dem Volke" öffnet Adenauer das Musikleben gerade auch für breitere Schichten der Bevölkerung, „für

---

[280] Ebd., S. 23.
[281] Ebd., S. 43f.
[282] Ebd., S. 51.

Leute, die keine 6 Mark für Konzertbillette ausgeben können", wie er sich ausdrückt.[283] Zu den Dienstverpflichtungen der städtischen Orchestermusiker gehörten daher unter Adenauer „Volkssymphoniekonzerte", oft unter der Leitung bedeutender Dirigenten wie Otto Klemperers, und „Volkskunstabende", zu denen die Kölner Bürger zu Preisen zwischen 40 Pfennig und 1,20 Mark dankbar strömen.

Adenauers wichtigster Mitarbeiter beim Wiederaufbau des Kölner Kulturlebens nach den Wirren des Ersten Weltkriegs wird Walter Braunfels. Unter seiner Leitung wird die Kölner Musikhochschule ein „Institut von Weltruf". Adenauer hat Anteil an ihrem Erfolg: „Der zielbewussten Tatkraft seines Oberbürgermeisters hat es Köln in erster Linie zu verdanken, dass hier, als zunächst einziger Stadt in Preußen neben Charlottenburg, eine Musikhochschule entstand", würdigt Braunfels Adenauers Leistung.[284] Außerdem sei die Kölner Schule auch die modernste, weil hier erstmals die künstlerischen und musikpädagogischen Ausbildungszweige nicht unabhängig voneinander existierten und auf der soliden Basis der städtischen Musikschule aufbauen könnten – für Braunfels „ein Ideal". Anteil an der Kölner Neugründung hat auch der Pianist, Musikpädagoge und bedeutende preußische Kulturpolitiker Leo Kestenberg (1882–1962), der mit Unterstützung des Preußischen Kultusministers, des zuvor auch an der Universität Bonn lehrenden Orientalisten Carl Heinrich Becker (1876–1933),[285] wesentliche bildungspolitische Reformen in Preußen durchführte.

In seiner Festansprache zur Eröffnung der Hochschule am 5. Oktober 1925 bekundet Adenauer, die Stadtverordnetenversammlung habe sich „von der Erwägung leiten lassen, dass die Kunst, mit deren Hilfe man weiten Kreisen der Bevölkerung am ehesten und unmittelbarsten die geistige Befreiung und geistige Erhebung geben kann, die das Kennzeichen jeder wahren und echten Kunst ist, dass diese Kunst die Musik ist."[286] Braunfels nimmt Adenauers Gedanken auf und stellt sich die grundlegende Frage, ob denn „Schule als schöpferischer Faktor in das geistige Leben eingreifen könne, um sie entschieden zu bejahen: Sie kann es, wenn es ihr gelingt, Er-

---

[283] Ebd., S. 46.
[284] Ebd., S. 71f.
[285] Beckers Sohn Hellmut wird 1961 das international renommierte Max-Planck-Institut für Bildungsforschung (MPIB) in Berlin gründen.
[286] U. Vogt (1980). *Walter Braunfels (1882–1954)*, S. 174.

kenntnis und Grundlagen der Wertewelt, wie sie in den ewigen klassischen Werken ausgedrückt ist, zu verbinden mit Erkenntnis des Überzeitlichen in dem zeitlich Bedingten der Schöpfungen des Heute."[287] Braunfels sieht die dringlichste Aufgabe der Kölner Musikhochschule darin, „eine Auslese des künstlerischen Nachwuchses so zu erziehen, dass sie nicht Spezialisten, sondern allgemein gebildete Musiker würden; ferner hat sie die Ausbildung der wissenschaftlich fundierten Schulmusikpädagogen zu umfassend geistig und zugleich technisch durchgebildeten Künstlern und endlich die Erziehung jener Kirchenmusiker beider Konfessionen zu gewährleisten, die berufen erscheinen, einmal in der Kirchenmusik an führender Stelle zu stehen."[288]

Minister Becker und Kestenberg nehmen an der Eröffnung teil. Bei einem anschließenden Frühstück im Muschelsaal des historischen Rathauses regt Adenauer die Gründung eines Vereins der Freunde und Förderer für beide Schulen an. Die Kölner Honoratioren dieser Stunde finden sich bald darauf als Kuratoren der Musikhochschule und Rheinischen Musikschule wieder und erwecken durch Adenauers eindringliche Ermutigung das traditionsreiche Musikmäzenatentum der kölnischen Bürgergesellschaft zu neuem Leben.[289]

Für das Fach Gregorianik beruft Braunfels P. Dominicus Johner OSB (1874–1955) aus dem Benediktinerkloster Beuron, mit dem der tief religiöse Braunsfels intensiv und freundschaftlich zusammenarbeitet.[290] Von der Erzabtei Beuron im Donautal ging im 19. Jahrhundert insbesondere der Impuls zur Neugründung der Abtei Maria Laach im Jahre 1893 aus, nachdem diese im Zuge der Säkularisation aufgelöst worden war. Braunfels erinnert sich 1950 an die „stillen Stunden im Kloster Beuron, wo ich Pater Dominicus Johner trotz seines Widerstrebens aus seinem klösterlichen Frieden riss, weil ich keinen besseren wusste, der unsere Kirchenmusiker im Gregorianischen Choral hätte unterrichten können."[291]

---

[287] Ebd., S. 174f.
[288] Ebd., S. 175.
[289] *Zur Geschichte des Musikschulwesens in Köln 1815–1925*, S. 17f. http://www.stadt-koeln.de/5/rheinische-musikschule/musikschule/geschichte/.
[290] R. v. Zahn (1994). *„Erziehung durch die Musik, nicht nur zur Musik". Walter Braunfels und die Staatliche Hochschule für Musik Köln.* In: *„Zeitlos unzeitgemäß". Der Komponist Walter Braunfels (1882–1954)*, S. 34.
[291] W. Braunfels (1950). *Geleitbrief des Hochschulpräsidenten zur Hochschulbeilage der „Kölnischen Rundschau",* 6..5.1950. Zitiert in: U. Vogt (1980). *Walter Braunfels (1882–1954)*, S. 176.

Die Wiederbegründung der traditionsreichen Erzabtei Beuron wurde am 6. Dezember 1862 durch eine Stiftung der Fürstin und Witwe Katharina von Hohenzollern (1817–1893) ermöglicht. Sie stellte Kirche und Klostergebäude den Benediktinern Maurus (1825–1890) und Plazidus (1828–1908) Wolter zu Verfügung, die sie in Rom kennengelernt hatte. Die beiden in Bonn geborenen Brüder waren Mönche der römischen Abtei St. Paul vor den Mauern und wurden von Papst Pius IX. (1792–1878) zur Erneuerung des benediktinischen Lebens nach Deutschland gesandt. Zur geistlichen Vorbereitung ihrer Mission verbringen die Brüder ein freiwilliges zweites Noviziat in der französischen Benediktinerabtei Solesmes, „um nachzuholen, was er in Rom versäumt", wie Placidus selbst bekennt.[292] Sie begegnen dort Dom Prosper Guéranger OSB (1805–1875), dem Begründer der liturgischen Bewegung ab der Mitte des 19. Jahrhunderts und erstem Abt der wiederbegründeten Abtei „Saint-Pierre de Solesmes". Die deutsche Benediktinerkongregation, die sich ab 1863 vom Kloster Beuron aus verbreitet, orientiert sich am streng monastischen Stil von Solesmes und wird von Dom Guéranger ideell gefördert. Eine in ihrer Tragweite für das kirchliche Leben kaum zu unterschätzende Leistung ist Dom Guérangers Restitution des Gregorianischen Chorals, die nach seinem Tod durch den Dom André Mocquereau OSB (1849–1930) fortgesetzt wurde. Seit 2005 läuft ein Seligsprechungsprozess für Dom Guéranger.

Die erschütternden Erfahrungen der Fürstin von Hohenzollern als Novizin im römischen Kloster Sant'Ambrogio in den 1850er-Jahren sind kürzlich von dem bedeutenden Münsteraner Kirchenhistoriker und Leibniz-Preisträger Hubert Wolf (*1959) dargestellt worden.[293] Die Beuroner Kongregation unter dem Patronat des hl. Martin von Tours mit ihren Tochtergründungen Maria Laach und Herstelle, die für Adenauer so wichtig werden, lassen sich demnach als Reformbewegung deuten, die nach innerkirchlichen Skandalen des 19. Jahrhunderts die Wurzeln des religiösen Lebens neu erschließt. In dieser Hinsicht besitzen die von Solesmes und Beuron ausgegangenen Impulse möglicherweise Modelcharakter für kirchliche Erneuerungsprozesse unseres Jahrhunderts.

---

[292] P. Häger und J. Kaffanke (2008). *Zwischen Aufbruch und Beständigkeit. Leben und Wirken des zweiten Beuroner Erzabtes Placidus Wolter OSB (1828–1908)*, S. 57.

[293] H. Wolf (2013). *Die Nonnen von Sant'Ambrogio – eine wahre Geschichte*. Vergl. zur kirchengeschichtlichen Einordung dieses Skandals die Besprechung dieses Buches von Detlef Peitz in Theologisches, 43/2013, S. 279–285.

Pater Johner wirkte insbesondere für die Erneuerung der kirchlichen Liturgie im Sinne Pius' X. und seines *Motu proprio* zur Kirchenmusik von 1903, mit dem dieses Reformpontifikat beginnt. „Johner bestimmte in der ersten Hälfte des 20. Jahrhunderts im deutschen Sprachraum wesentlich die Praxis des Gregorianischen Gesanges", heißt es über ihn in der *Neuen Deutschen Biographie*.[294] „Seine Schriften sollten der unmittelbaren Praxis dienen und zu einem vertieften Verständnis des Gregorianischen Gesanges hinführen." 2010 wurde sein einflussreiches Schulwerk neu aufgelegt.[295] Die sich um Braunfels und Johner entwickelnde „Kölner Schule" der Kirchenmusik, an der Kirchenmusiker wie Heinrich Lemacher (1891–1966) und Hermann Schroeder (1904–1984) wirken, ein Schüler Lemachers, Braunfels' und Johners, lässt im Köln Konrad Adenauers die musikalischen Reformanliegen Pius' X.[296] lebendig werden und wird wesentlich durch die präzisierenden kirchenmusikalischen Aussagen der Kölner Diözesansynode von 1922 geprägt.[297]

---

[294] *Johner, Franz Xaver.* Klostername: *Dominicus.* In: *Neue Deutsche Biographie*, Bd. 10, Berlin 1974, S. 582f.

[295] D. Johner (1911). *Neue Schule des Gregorianischen Choralgesanges.* Kessinger Publishing, 2010.

[296] „Die Kirche hat allezeit den Fortschritt der Künste anerkannt und begünstigt. Sie lässt zum Dienst am Kult alles zu, was der menschliche Geist im Laufe der Jahrhunderte an Gutem und Schönem hervorgebracht hat, freilich unter Wahrung der liturgischen Gesetze. Deshalb wird auch neuere Musik in der Kirche zugelassen, denn sie vermag Werke von solchem Ernst und solcher Erhabenheit aufzuweisen, dass sie der liturgischen Handlung keinesfalls unwürdig sind." In: *Pius X. (1903). Motu proprio Tra le sollecitudini.* Zitiert in: J. Laas (2013). *Das geistliche Chorwerk Max Baumanns. Kirchenmusik im Spannungsfeld des Zweiten Vatikanischen Konzils*, S. 218. Siehe auch: J. Laas (2005). *Der hl. Pius X. und die Erneuerung der Kirchenmusik. Una Voce Korrespondenz*, 35. Jahrgang, Heft 3, Mai/Juni 2005, S. 140ff.

[297] Auf der Grundlage des *Motu proprios* Pius' X. von 1903 und des kirchlichen Gesetzbuches von 1917 (can. 1264) ergeben sich für die Synode als generelle Ziele der Kirchenmusik die Verehrung Gottes und die Erbauung und Heiligung der Gläubigen, beispielhaft konkretisiert im Gregorianischen Choral, der mit Vorliebe zu pflegen sei. Hinweise auf die liturgische Situation dieser Zeit geben die Passagen: „Da nach den kirchlichen Vorschriften der Gesang des Sanctus vor der heiligen Wandlung beendet sein soll, so hat der zelebrierende Priester auf den Sängerchor Rücksicht zu nehmen. […] Dem Volke werde möglichst oft Gelegenheit zum deutschen Kirchenliede geboten, auch vor und nach dem Hochamt und vor der Predigt im Hochamt." Als „überaus wirksames" Mittel zur Verinnerlichung der Teilnahme der Gläubigen an der Liturgie betont die Synode die Gregorianik: „Sie lässt ja, besonders beim Hochamt, die Gläubigen viel klarer und eindringlicher sich eins fühlen mit dem Priester am Altar und ist geeignet, die verständnisvolle Teilnahme auch am liturgischen Gottesdienst immer mehr zu heben und zu fördern." In: H. P. Neuheuser (2012). *Liturgie und Sakralkunst vor dem Anspruch der Moderne. Der Fokus auf dem Jahr 1922.* In: *Christus. Zur Wiederentdeckung des Sakralen in der Moderne*, S. 87f.

Ein Höhepunkt der Kölner Aufstiegsjahre unter Adenauer ist insbesondere die Internationale Presseausstellung *PRESSA – Kulturschau am Rhein* im Jahre 1928, die erste internationale Ausstellung in Deutschland nach dem Ersten Weltkrieg mit ihrem umfassenden musikalischen Rahmenprogramm. Sechs Millionen Besucher führt die *PRESSA* nach Köln – „alles ein wesentliches Verdienst Adenauers."[298] „Diese Ausstellung hat zum Gegenstand die Welt des in Wort und Bild gefassten und vervielfältigten Gedankens", erläutert Adenauer selbst den Sinn der Ausstellung. Der in Wort gefasste Gedanke sei die mächtigste und stärkste, die umfassendste Manifestation des menschlichen Geistes. Sie sei so tausendfältig wie die Betätigung des Menschen überhaupt.[299] Für Adenauer weitet vor allem die Internationalität der Ausstellung den Blick auf die gemeinsame Grundlage aller menschlichen Kultur: „Es hat eine Zeit gegeben, in der sich alle Kulturvölker als eine Einheit fühlten, in der man eine *civitas humana* kannte. Aus dieser Zeit winken als Mahner über den Rheinstrom zu uns herüber die erhabenen Bauten des Mittelalters, die stummen und doch so beredten Zeugen einer Epoche der Menschheitsgeschichte, die noch ein einheitliches Denken, ein solidarisches Fühlen aller Kulturvölker kannte."[300] Im ehemaligen Benediktinerkloster St. Heribert veranschaulicht eine katholische Sonderschau durch Exponate und musikalische Darbietungen den Besuchern der *PRESSA* insbesondere alle Aspekte der *Musica sacra*.[301]

In dieser Zeit gelingt es Adenauer, Köln gegen mehrere Mitbewerber als Standort des ersten rheinischen Rundfunksenders durchzusetzen. Besonders erbittert ist die Auseinandersetzung zwischen Adenauer und seinem Düsseldorfer Amtskollegen. Adenauer agiert jedoch geschickter als dieser und handelt mit dem Reichspostministerium als Kompromiss aus, den Sender für den Empfang im Rheinland zwar nach Langenberg zu geben, die rheinisch-westfälische Rundfunkgesellschaft aber in Köln anzusiedeln. Für Köln hatten nicht zuletzt kulturelle Argumente, seine Oper, das Schauspiel und die Musikhochschule gesprochen. Für Adenauer erschließt der Rundfunk,

---

[298] *Konrad Adenauer – seine Zeit – sein Werk*, S. 101.
[299] Ansprache zur Eröffnung der PRESSA am 12.5.1928. In: *Konrad Adenauer 1917–1933. Dokumente aus den Kölner Jahren*, S. 83 ff.
[300] Ebd., S. 84.
[301] C. Valder-Knechtges (1995). *... wie war unsere Arbeit damals schön ...*, S. 69.

dessen Kulturbeirat Walter Braunfels vorsitzt, ein kulturelles Forum für das ganze Volk: Der Sender serviere „täglich eine abwechslungsreiche geistige und musikalische Kost"[302], wie sich Adenauer ausdrückt. Breiteste Bevölkerungskreise kämen so zunehmend auch mit klassischer Musik in Berührung. 350.000 Menschen empfangen das anspruchsvolle Programm, das bald als das beste in Europa gilt und Sprachkurse, Literatursendungen, wissenschaftliche Beiträge, Übertragungen aus dem von Adenauer gebauten Müngersdorfer Stadion und Experimente mit Live-Sendungen, etwa von der Kölner Messe, umfasste. Adenauer schätzt das neue Medium Rundfunk vor allem auch in der nationalsozialistischen Zeit: „Ich habe keinen Tag vorübergehen lassen, abgesehen von der Zeit, die ich im Konzentrationslager oder in Gefängnissen verbracht habe", erinnert er sich im Alter, „ohne mehrere Male täglich ausländische Sender zu hören. Insbesondere hörte ich ständig BBC London in deutscher Sprache und den Schweizer Sender Beromünster."[303]

Möglicherweise weniger bekannt ist Oberbürgermeister Adenauers Engagement für die bildende christliche Kunst seiner Zeit. Kurz nach Adenauers Amtsantritt überreicht ihm der katholische Priester und Kunsthistoriker Fritz Witte (1876–1937), Direktor des Kölner Schnütgen-Museums, eine „Denkschrift betreffend die Errichtung einer stadtkölnischen Hochschule für kirchliche Kunst. Auch die kirchlichen Kreise", heißt es in der Denkschrift, „darunter auch mehrfach die maßgebenden, haben sich in den letzten Jahren sichtlich zu der Überzeugung durchgerungen, dass mit einem neuen Zeitgeist, eine neue Zeitkunst nicht nur in die privaten Wohnräume und Museen, sondern auch in die Kirchen ihren Einzug halten will."[304] Aufschlussreich ist es, dass sich der Geistliche Witte nicht an den in Kunstdingen konservativen Erzbischof Felix Kardinal von Hartmann (1851–1919) wendet, sondern als Angestellter der Kölner Stadtverwaltung unmittelbar Adenauer anspricht, seinen obersten Dienstvorgesetzten. Adenauer unterstützt Wittes Initiative und kann bereits 1920 mitteilen, „die Verwaltung

---

[302] Ebd., S. 39.
[303] *Erinnerungen 1945–1953*, S. 17.
[304] E. Peters (2012). *Kirchliche Wandmalerei im Rheinland zwischen 1920 und 1940 und das Institut für religiöse Kunst in Köln*. In: *Christus. Zur Wiederentdeckung des Sakralen in der Moderne*, S. 157.

sei mit ziemlich weit fortgeschrittenen Plänen befasst zur Errichtung des Instituts für kirchliche Kunst, zur Gründung von Ateliers und kunstgewerblichen Werkstätten."[305] Das neugegründete „Institut für religiöse Kunst" ist personell und räumlich eng mit dem Schnütgen-Museum verbunden und „pflegt nicht ausschließlich katholische religiöse Kunst; es möchte christliche Kunst im erweiterten Sinne, es will auch israelitische Kunst pflegen", wie die Kölner Stadtpresse berichtet.[306]

Die Ausstrahlung des Instituts reicht bald weit über die Kölner Stadtgrenzen hinaus. Bereits im Juni 1921 kann Witte Adenauer stolz über den Erfolg seiner „Werbe- und Vortragsreise ins Ostpreußenland" berichten: „Dieses Terrain gehört vollständig dem Kölner Institut."[307] Der „gemäßigte Expressionismus" der für das Institut tätigen Künstler führt jedoch zu Konflikten mit konservativen Kreisen, in denen Adenauer zu vermitteln versucht, und seit den 1930er Jahren zu rechter politischer Agitation. Immer wieder interveniert Adenauer auch beim Erzbischof zur finanziellen Existenzsicherung des Instituts, das 1933 aufgelöst wird. Noch heute beeindrucken erhaltene Photographien der größtenteils zerstörten Wandmalereien für Kircheninnenräume, die von Künstlern des Instituts geschaffen wurden, etwa das *Jüngste Gericht* von Peter Hecker (1884–1971) im Jahr 1920 für St. Mechtern in Köln-Ehrenfeld.[308]

Von einer wechselseitigen Beeinflussung des Instituts für religiöse Kunst und den Aussagen der schon genannten Kölner Diözesansynode von 1922 zu Sakralkunst und Sakralarchitektur ist auszugehen. Der „erhabene Zweck" der kirchlichen Kunst und Architektur sei, „die gottesdienstlichen Handlungen mit größerer äußerer Würde und Schönheit zu umgeben und das Gemüt der Gläubigen über das Alltägliche zum Himmlischen emporzuheben", hält die Synode fest.[309] Die künstlerischen Werke sollten

---

[305] Ebd.
[306] Ebd., S. 158.
[307] Ebd., S. 149.
[308] Ebd., S. 164.
[309] Zitiert in: H. P. Neuheuser (2012). *Liturgie und Sakralkunst vor dem Anspruch der Moderne. Der Fokus auf dem Jahr 1922.* In: *Christus. Zur Wiederentdeckung des Sakralen in der Moderne,* S. 85f.

„vom Geist der Liturgie durchweht sein und auf die Erhabenheit der gottesdienstlichen Verrichtungen hinweisen". Die Freiheit des Künstlers solle nicht weiter beschränkt werden, „als es das Wesen der Sache und dem entsprechend das kirchliche Recht verlangt". Die Werke der bildenden Kunst „sollen auch auf die kirchliche Überlieferung Rücksicht nehmen, das Heilige so darstellen, dass sie beim gläubigen Volk nicht Unlust und Missbehagen, sondern Andacht und fromme Gedanken zu wecken geeignet sind". Dazu seien „Erzeugnisse der Massenfabrikation fernzuhalten" und „nur das beseelte Werk des ernsten christlichen Künstlers zuzulassen". Insbesondere sei „ein gerechter Preis zu zahlen".

2.5 Adenauers protestantische Parteifreunde

Adenauers Freundschaft mit dem Kölner Bankier Robert Pferdmenges (1880–1962) beginnt mit einer Beschwerde. Am Karfreitag 1921 stößt sich Pferdmenges daran, dass auf einem kommunalen Fußballplatz gespielt wird, und schreibt dem Oberbürgermeister, dass er es für richtig halte, wenn der höchste protestantische Feiertag fortan in Köln ebenso respektiert würde wie alle katholischen Feiertage. Umgehend antwortet Adenauer, wie sehr er den Vorfall bedaure und dass er sich nicht wiederholen solle.

Mit dieser Antwort Adenauers beginnt eine Freundschaft, die gegen Lebensende zu einer für Adenauer höchst seltenen Duzfreundschaft wird.[310] Pferdmenges, der sich seit 1928 als Kirchmeister im Presbyterium der Gemeinde Köln-Bayenthal engagiert und später in der Evangelischen Kirche viele Ämter ausübt, rettet das Kölner Bankhaus Sal. Oppenheim jr. & Cie. durch die NS-Zeit als Platzhalter für seine jüdischen Eigner. Nach dem 20. Juli 1944 wird er verhaftet, erhält Berufsverbot und steht unter Hausarrest. Nach dem Krieg engagiert er sich auf Adenauers Wunsch als Bundestagsabgeordneter, wird einer der Architekten der Mitbestimmungsgesetze[311] und zum wichtigen Berater des Bundeskanzlers in finanz- und wirtschaftspoliti-

---

[310] H. P. Mensing (1999). *Adenauer und der Protestantismus.* In: *Adenauer und die Kirchen,* S. 48.
[311] 1951: Montanmitbestimmungsgesetz, 1952: Betriebsverfassungsgesetz, 1953: Personalvertretungsgesetz.

schen Fragen. Friedrich Engels (1820–1895), der Philosoph und kommu-
nistische Revolutionär, ist sein angeheirateter Onkel: die Schwester seiner
Mutter war mit Friedrich Engels' jüngerem Bruder verheiratet.[312]

Pferdmenges sei kein Führer, der Paraden abnehme, Reden halte oder
Gesetze erlasse. Aber durch den außerordentlichen Einfluss, den er ausübe,
besitze er eine Macht, die der eines politischen Diktators gleichkomme, zitiert der „Spiegel" die Schweizer „Weltwoche". Dabei sei das Verhältnis der
Freunde, des Katholiken und des Protestanten, völlig entspannt und selbst-
bewusst; im Plenarsaal oder Salon sehe man die völlige Ungezwungenheit,
mit der Pferdmenges dem Kanzler begegnet: „Deswegen tut der Kanzler
nicht etwa alles, was ich will", erläutert Pferdmenges dem Nachrichtenma-
gazin. „Er ist oft in Fragen anderer Meinung als ich. Aber deshalb darf ich
ihm doch meine persönliche Meinung sagen, auch wenn er dann meint, ‚das
ist ja Unfug, was Sie da sagen'. Unter Freunden kann man eben ganz offen
sein." Für Pferdmenges sei Konrad Adenauer weder der „Alte" noch der
„Herr Bundeskanzler", weder der vielgerühmte „große Staatsmann" noch
der vielgeschmähte Oberbürgermeister, sondern „ein Freund, der momen-
tan schrecklich viel um die Ohren hat".[313]

Zwei Jahre später bekennt Pferdmenges: „Wir setzten unsere Meinungen
gegeneinander, Adenauer und ich; oft kritische Meinungen, denn auch damals
schon ertrug er, der in Köln doch schon ein mächtiger Regent war, ein gehöri-
ges Maß von Kritik; ja, nichts ließ ihn so schnell und lebhaft aufhorchen wie
Kritik; und das ist so geblieben bei diesem Manne, der sich in den 36 Jahren,
da wir uns kennen, wenig geändert hat. Seit dem Beginn unserer Freundschaft
im gemeinsamen Köln pflegten wir unsere Gegensätze; ich, der Protestant, der

---

[312] Ein Begleiter Adenauers während seines Moskaubesuches 1955 berichtet: „Nach einigen
Höflichkeitsfloskeln verließen wir Bulganin, wandten uns um und sahen über der Tür, was
wir beim Eintreten nicht sehen konnten, drei große Fotografien an der Wand hängen: in der
Mitte Lenin, auf der einen Seite Marx und auf der anderen Seite Engels. Der Kanzler verharr-
te, wandte sich zu Bulganin und sagte: „Herr Ministerpräsident, da hängt ja auch der Engels.
Sagen Sie mal, haben Sie schon mal was von Herrn Pferdmenges gehört?" Das wurde dann
übersetzt, und Bulganin sagte: „Nein, nein." „Ja", sagte Adenauer, „der Herr Pferdmenges ist
ein Neffe von Herrn Engels – und ist einer der größten Kapitalisten, die wir in der Bundesrepublik Deutschland haben." In: *Adenauers Moskaubesuch 1955*, S. 94f.
[313] *Pferdmenges. Geld aus dem Fenster.* Der Spiegel, 17.1.1954, S. 9ff.

aus einer liberalen Welt kam; er, der Katholik und Angehörige einer starken Tradition. [...] Was ihn bei unseren Auseinandersetzungen stets beruhigt hat, war die Gewissheit, dass ich nichts von ihm wollte, nicht einmal einen Orden. Ja, und schließlich habe ich dann doch einen Orden gekriegt."[314]

Adenauers entspannter Umgang mit seinen evangelischen Freunden ist auch für unsere „pluralistische" Gegenwart lehrreich. Völlig unbefangen und wissbegierig wendet er sich an katholische und evangelische Theologen, wenn ihn religiöse Fragen bewegen und er sich von ihnen Aufschluss erhofft. So schreibt er an den katholischen Theologen Otto Karrer SJ (1888–1976),[315] ihm sei berichtet worden, er habe in einem Vortrag erklärt, „die richtige Übersetzung der Vater-unser-Bitte laute nicht: ‚und führe uns nicht in Versuchung' sondern: ‚in der Versuchung führe uns'. Da diese Vaterunser-Bitte mich immer sehr interessiert hat, weil sie mir wenig verständlich zu sein schien, bitte ich Sie, wenn Sie können, mir zur Klarheit zu verhelfen, ob es sich wirklich um eine falsche Übersetzung handelt und welche Übersetzung in Frage kommt. Ich sprach vor kurzem mit einigen lutherischen Bischöfen über diese Frage, und einer von ihnen, Herr Bischof Lilje, Hannover, war der Überzeugung, dass Luther falsch übersetzt habe. Volle Klarheit konnte mir aber keiner der Herren geben Für Ihre Deutung spricht m. E. die Stelle aus dem 1. Briefe des Apostels Paulus an die Korinther, in der es heißt: ‚Gott aber ist treu. Er wird Euch nicht über Eure Kraft versuchen lassen, sondern mit der Versuchung auch den guten Ausgang geben, dass ihr sie bestehen könnt.'" [316] Karrer, der in der Schweiz mehrfach mit Adenauer zusammentrifft,[317] antwortet ihm ausführlich.[318] Ein Brief Bischof Johannes

---

[314] R. Pferdmenges (1956). *Mein Freund Adenauer*. DIE ZEIT, 5.1.1956, S. 1.

[315] Karrer, der mit Dietrich von Hildebrand befreundet war, trat infolge einer persönlichen Krise 1923 aus dem Jesuitenorden und der katholischen Kirche aus. Durch Vermittlung von Hildebrands und Erich Przywaras SJ kehrte er allerdings bereits nach wenigen Wochen aus der Evangelisch-Lutherischen Kirche in Bayern in die katholische Kirche zurück und wirkte als Weltpriester in Luzern.

[316] Brief an Dr. Otto Karrer, Luzern, am 28.7.1958. In: *Briefe 1957–1959*, S. 124. In Adenauers Bibliothek befindet sich Karrers Buch *Das Religiöse in der Menschheit und das Christentum* (1937, mit eigenhändiger Eintragung *Adenauer 1938*). Im Juli 1951 übermittelt Karrer Adenauer das von ihm übersetzte und erklärte *Neue Testament* (1950).

[317] H.-P. Mensing (2004). *Adenauer und die Schweiz*. In: *Aus Adenauers Nachlass*, S. 242.

[318] Brief an Konrad Adenauer am 31.7.1958. Ebd., S. 424f.

Liljes (1899–1977) an Adenauer in dieser Angelegenheit schließt mit dem Segenswunsch: „Möge Gott nicht ablassen, Ihren Dienst am deutschen Volk zu segnen".[319] Offenbar sucht Adenauer in religiösen Fragen keine politischen „Konsensformulierungen"; er will wissen, wie sich die Dinge, die ihn konkret interessieren, tatsächlich verhalten. Dass zwischen den Konfessionen Unterschiede bestehen, die sich nicht überbrücken lassen, macht auch Lilje in seiner Würdigung Adenauers anlässlich seines Rücktritts deutlich: „Und obwohl Adenauers Christentum unzweifelhaft nicht in allem mit dem identisch ist, was ich für Christentum halten muss, bekenne ich doch: Ich glaube ihm sein Christentum."[320] Zugleich formuliert der lutherische Bischof eine Basis, die eine konfessionsübergreifende politische Zusammenarbeit von Katholiken und Protestanten auf einem christlichen Fundament ermöglicht.

Die innere Freiheit zu seinem unbefangenen Umgang mit Protestanten mag aus Adenauers familiären Erfahrungen erwachsen sein, die bei aller „rheinisch-katholischen" Prägung doch im Grunde das sei, „was man später salopp als ‚gesamtdeutsche Mischung' bezeichnet', wie Adenauers Biograph kommentiert.[321] Mütterlicherseits reichen Adenauers Wurzeln in eine evangelische Familie, die ursprünglich in Thüringen beheimatet war. Sein Großvater, der Regimentsmusiker und spätere Bankbeamte August Scharfenberg, kam aus Bad Sachsa bei Erfurt nach Köln und lässt sich dort evangelisch trauen. Adenauers Mutter wird jedoch katholisch erzogen und war offenbar eine tieffromme Frau. Über seine eigene Erziehung berichtet Adenauer: „Morgens und abends beteten wir gemeinsam, jeden Sonntag ging die ganze Familie vormittags zur Messe und nachmittags zur Andacht in die Kölner Apostelkirche. Wir Kinder wussten, dass Vater überdies fast täglich, wenn er aus dem Dienst kam, zur Schwarzen Madonna in der Kupfergasse ging und dort eine stille Andacht verrichtete."[322]

Unter großen finanziellen Opfern der Eltern studiert der junge Konrad Adenauer Jura in Freiburg, München und zuletzt in Bonn, da Juristen zwin-

---

[319] *Adenauer und die Kirchen*, S. 44.
[320] H. Lilje (1963): *Abschied vom Kanzler. Ich glaube ihm sein Christentum*. Der Spiegel, 9.10.1963.
[321] H.-P. Schwarz (1986). *Adenauer. Der Aufstieg: 1876–1952*, S. 58.
[322] P. Weymar (1955). *Konrad Adenauer*, S. 13ff.

gend die letzten Semester an einer preußischen Universität verbringen mussten, um in Preußen öffentliche Ämter annehmen zu können. In Bonn war
Adenauer unauffälliges Mitglied des nicht-schlagenden und nicht-farben-
tragenden katholischen Studentenvereins Arminia, dem auch Max Wallraf
angehörte, Adenauers Vorgänger als Kölner Oberbürgermeister und Onkel
seiner ersten Frau Emma. Aus dieser Zeit kennt Adenauer auch den schon
erwähnten Paul Franken. Den Geist mancher dieser Verbindungen sieht er
höchst kritisch: „Auf den Nebenveranstaltungen des Katholikentags, insbesondere auf den Studentenkommersen, herrschte ein Geist, der jeden etwas
weiter blickenden deutschen Katholiken mit der tiefsten Besorgnis erfüllen
musste", hält er 1922 fest. „Die Reden und Gespräche waren mit einem
solch unklugen, den Verhältnissen nicht gerecht werdenden Geist erfüllt
und so abgekehrt von jeder aufbauenden Mitarbeit, dass diese katholischen
Akademikerschichten, wenn sie einen derartigen Geist weiter pflegen, sich
unbedingt von jedem politischen Einfluss ausschalten."[323]

Nach seinem juristischen Referendarexamen durchlebt der junge Adenauer eine religiöse Krise, in der ihm die Schriften eines protestantischen
Schriftstellers Orientierung bieten: „Wir kommen alle einmal in das Stadium, wo wir die vom Elternhaus überkommenen Anschauungen selbst gewinnen müssen", bekennt er.[324] „Ich habe damals die Bücher von Hilty gelesen. Sie haben mir viel geholfen, über meine Zweifel hinwegzukommen."
Carl Hilty (1833–1909), ein Schweizer Staatsrechtler und protestantischer
Laientheologe, versuchte den „gebildeten Ständen" der Jahrhundertwende
das Christentum wieder nahezubringen. Adenauers Sohn Paul nennt Hilty
einen „spirituellen Begleiter im Hintergrund",[325] den sein Vater bis in seine
späten Lebensjahre immer wieder herangezogen habe. Die Bücher Hiltys sei-
en abgegriffen und mit Anstreichungen und Anmerkungen versehen. Kräftig
unterstrichen ist der Satz, dass „eine bessere Gewissheit als die des Christentums über die großen Fragen des jetzigen und eines künftigen Lebens
nirgends vorhanden ist, und dass es auch nicht ausreichen kann, sich mit
den, manchmal sogar noch recht unsicheren, einzelnen Resultaten einer ‚Na-

---

[323] *Die politische Lage innerhalb des deutschen Katholizismus.* Aufzeichnung vom 9.11.1922. In:
Konrad Adenauer 1917–1933. Dokumente aus den Kölner Jahren, S. 255.
[324] Ebd., S. 37ff.
[325] *Adenauer und die Kirchen,* S. 65ff.

turwissenschaft' zufriedenzustellen".[326] Auch Adenauers zweite Frau Gussie (1895–1948), geb. Zinsser, entstammt einer protestantischen Familie und konvertiert 1919 vor der Eheschließung mit Adenauer gegen große Bedenken ihrer Eltern und evangelischen Freunde.

Adenauers Ziele bei der Gründung der CDU als einer interkonfessionellen Volkspartei, die breite Bevölkerungsschichten integriert, werden vor diesem Hintergrund verständlich. Gegen Ende seines Lebens erinnert er sich: „Schon seit vielen Jahren war mir das Entstehen einer christlichen Partei, die sich auf die Grundsätze stützen könnte, die beiden Konfessionen gemeinsam waren, notwendig erschienen, um dem fortschreitenden materialistischen Denken in politischen Fragen entgegenzutreten und um ein gesundes, sich nicht nur auf das Interesse von einzelnen Schichten und Klassen, sondern auf alle Volksschichten stützendes politisches Leben in Deutschland möglich zu machen."[327] Bereits 1922, als Präsident des Katholikentags, formuliert er Grundsätze, die er später umzusetzen versucht: „Nur wenn wir selbst christlich leben und in unseren Familien christliches Leben herrscht, haben wir das Recht, dafür einzutreten, dass diese Grundsätze auch im öffentlichen Leben Geltung haben. Bei sich fange also jeder selber an. […] Das persönliche Beispiel, das jeder, der die Ehre und die Gnade hat, Katholik zu sein, gibt, bedeutet unendlich viel. […] Wir müssen beim Kampf für die Geltung der christlichen Grundsätze in den öffentlichen Dingen bei den Nichtkatholiken Bundesgenossen suchen. [...] Vielleicht oder sogar sicher haben wir uns früher zu sehr von den Nichtkatholiken ferngehalten. Dadurch haben wir die gemeinsamen christlichen Ideale, die auch im evangelischen Lager viele pflegen und hochhalten, nicht gefördert. Soweit wir das irgendwie können, müssen wir mit Bestrebungen Gleichgesinnter im evangelischen Lager Hand in Hand gehen und suchen, uns gegenseitig zu unterstützen und zu fördern."[328]

Es geht also Adenauer im Hinblick auf die gesellschaftlichen Realitäten einer modernen Metropole wie Köln um eine konfessionsübergreifende Basis für politisches Handeln um des Gemeinwohls willen. Aus Adenauers Sicht

---

[326] H.-P. Schwarz (1986). *Adenauer. Der Aufstieg: 1876–1952*, S. 113.
[327] *Erinnerungen 1945–1953*, S. 50.
[328] Eröffnungsrede als Präsident des 62. Deutschen Katholikentages am 28.8.1922. In: *Konrad Adenauer, Reden 1919-1967*, S. 46ff.

würde jede andere Haltung dazu führen, die öffentlichen Dinge über kurz oder lang Kräften zu überlassen, für die christliche Grundsätze nicht gelten. Adenauers Auffassung von Toleranz im öffentlichen Leben zeigt sein Schreiben an den Kölner Erzbischof Karl Joseph Kardinal Schulte (1871–1941) im Juli 1922. Pragmatisch weist er die bischöfliche Kritik an städtischer Unterstützung zum Bau eines Krematoriums zurück, ohne jedoch kirchliche Grundpositionen in Frage zu stellen: „Theoretisch sind die Ausführungen, die sich auf Erlasse, die immerhin schon mehrere Jahre zurückliegen, stützen, richtig; praktisch scheint mir der Standpunkt in der gegenwärtigen Zeit nicht mehr durchführbar zu sein, wenn man nicht die Interessen der Katholiken auf anderen Gebieten, namentlich in Bezug auf das Schulwesen, außerordentlich gefährden will. Wenn die Katholiken für sich konfessionelle Schulen beanspruchen, werden sie Simultan- und freie Schulen konzedieren müssen. [...] Wenn man aber gestattet, dass die katholischen Stadtverordneten bei der Einrichtung von freien Schulen mitwirken, so wird man gar nicht anders können, als ihnen auch wenigstens diese passive Mitwirkung – wenn man sie so nennen will – bei der Errichtung von Krematorien zu gestatten. Ich kann auch nach wie vor nicht einsehen, woher ein Katholik das Recht nehmen soll, einem Protestanten oder Juden die Möglichkeit zu nehmen, für sich eine Bestattungsform anzuwenden, wie er sie für gut hält."[329] Jüdische Anliegen fördert er, indem er etwa dem „Deutschen Komitee Pro Palästina zur Förderung der jüdischen Palästinasiedlung" beitritt, dem Persönlichkeiten wie Martin Buber, Albert Einstein oder Thomas Mann angehören. Allerdings fragt er zuvor seinen Parteifreund Prälat Ludwig Kaas, „ob keinerlei Bedenken bestehen, meinerseits dem Comité ebenfalls beizutreten".[330] Die Nationalsozialisten werden ihn deswegen in einer Reihe mit Rosa Luxemburg, Karl Liebknecht und Karl Marx als „Blutjuden" bezeichnen.[331] Von jüdischer Seite wird jedoch nach dem Krieg auf Adenauers Engagement hingewiesen, das dazu beiträgt, neues Vertrauen zu gewinnen. „Ich hoffe, dass die Sympathie der Welt und die Opferbereitschaft der Judenheit die Wiederauferstehung des alten Landes sichern wird, dem die Wiederauferstehung der alten hebräischen Sprache bereits vorangegangen ist", schreibt er 1927

---

[329] Brief an Erzbischof Kardinal Dr. Schulte am 12.7.1922. In: *Konrad Adenauer 1917–1933. Dokumente aus den Kölner Jahren*, S. 241.
[330] Brief an Domkapitular Prof. Dr. Kaas, Trier, am 2.12.1926. Ebd., S. 262.
[331] Ebd., S. 239.

an den Präsidenten des Komitees und weist auf den in Bonn geborenen und auf dem jüdischen Friedhof in Köln-Deutz begrabenen Moses Heß (1812–1875) hin, einen der Begründer der zionistischen Bewegung.[332]

Seine Enttäuschung über die katholische Zentrumspartei der Weimarer Republik spricht aus einem Brief an Dora Pferdmenges im Jahr 1933 nach seiner Absetzung als Oberbürgermeister: „Das Zentrum wird wohl, während ich das schreibe, aufgehört haben zu existieren. Ich begrüße es mit geteilten Gefühlen. Auf der einen Seite fällt mir eine Last von der Seele. Ich habe eine konfessionelle Partei immer für ein allerdings notwendiges Übel gehalten, oder besser weniger Gutes gehalten, und ich bin, wie Sie wissen, seit Jahren mit der Zentrumsführung nicht zufrieden; auf der anderen Seite scheidet man doch nur schweren Herzens von einer Partei, der man sein ganzes Leben angehört hat.“[333]

So ist es nur folgerichtig, dass Adenauer nach dem Krieg keine Wiederbegründung der Zentrumspartei anstrebt. „Das Zentrum war im 19. Jahrhundert gegründet worden zur Abwehr gegen Maßnahmen des Preußischen Staates auf kirchlichem Gebiete“, begründet er seine Haltung, „insbesondere wegen der Konflikte des Preußischen Staates mit der katholischen Kirche. Das Zentrum stand daher von Anfang an in dem Rufe, eine Partei des politischen Katholizismus zu sein. Jedenfalls hatte es nur eine verschwindend kleine Anzahl protestantischer Mitglieder.“[334] Gegen erhebliche Widerstände alter Wegbegleiter[335] erstrebt Adenauer eine interkonfessionelle Großpartei: „Nur eine sehr große Partei, die alle Schichten unseres Volkes umfasste,

---

[332] Brief an den Präsidenten des Deutschen Komitees Pro Palästina, Graf Bernstorff, Berlin, am 22.11.1927. Ebd., S. 266f. Der Grabstein ist noch heute dort zu sehen, seine Gebeine wurden allerdings 1961 nach Israel überführt. Am Kölner Rathausturm erinnert eine Skulptur an Moses Hess.

[333] Brief an Dora Pferdmenges vom 5./6.7.1933 (aus Maria Laach). In: *Konrad Adenauer – Dora Pferdmenges*, S. 72.

[334] *Erinnerungen 1945–1953*. S. 49.

[335] „Die Besprechungen, die unter Mitgliedern des früheren Zentrums über das Problem einer neuen christlichen Partei geführt wurden, waren oft sehr hart und sehr schmerzlich. Es gab Mitglieder des Zentrums, sehr achtbare Männer, die mir menschlich nahestanden, die sich aber nicht von der Notwendigkeit, das Zentrum aufzugeben und zur Gründung einer neuen christlichen Partei zu schreiten, überzeugen ließen. Eine politische Trennung von ihnen war unvermeidlich.“ Ebd., S. 49ff.

konnte das am Boden liegende, zerbrochene Deutschland wiedergestalten. Ihr mussten Arbeitgeber und Arbeitnehmer, Bauern, Mittelständler, Beamte, Intellektuelle, Menschen aus Nord und Süd, Heimatvertriebene und Flüchtlinge angehören können. Die ethischen Grundsätze, wie sie die CDU zu ihren Prinzipien machte, würden die Kraft und die Elastizität haben, die notwendig waren, um die natürlichen Spannungen innerhalb einer großen Partei zu überwinden und auszugleichen."[336]

Im Januar 1946 übernimmt Adenauer die Führung der CDU in der britischen Zone und bleibt Parteivorsitzender bis 1966. Auf einer Tagung im sauerländischen Neheim-Hüsten prägt er wesentlich das erste Parteiprogramm der CDU. Als Tagungsort wählt Adenauer das traditionsreiche Karolinen-Hospital, das von den Franziskanerinnen zur ewigen Anbetung zu Olpe bis zum Jahr 2000 betrieben wurde. Die Ordensfrauen hatten dort in der NS-Zeit Christine Teusch (1888–1968) verborgen, spätere Kultusministerin Nordrhein-Westfalens,[337] und sich mutig der Insassen eines nahegelegenen Konzentrationslagers angenommen. Das Neheim-Hüstener Programm vom 1. März 1946 spiegelt insbesondere die Auseinandersetzung zwischen Befürwortern und Gegnern eines „christlichen Sozialismus" wider und wird zur entscheidenden Weichenstellung. In der Präambel hieß es: „Die CDU will ein neues, ein anderes Deutschland aufbauen. Die Epoche, in der die materialistische Weltanschauung in Deutschland die geistige Grundlage wurde, Staat, Wirtschaft und Kultur beherrschte, soll zu Ende sein. […] An die Stelle der materialistischen muss wieder die christliche Weltanschauung treten." Das Programm schließt mit dem Aufruf: „Die CDU ruft alle neubauwilligen Kräfte auf, in dem unerschütterlichen Vertrauen auf die guten Eigenschaften des deutschen Volkes und in der unbeugsamen Entschlossenheit, den christlichen Gedanken und das hohe Ideal wahrhafter Demokratie zur Grundlage der Erneuerung zu machen. […] Die Rückbesinnung auf diese unverlierbaren Werte wird uns die Kraft geben, verschüttete Quellen zu erschließen, einen so großen und wertvollen

---

[336] Ebd., S. 52.
[337] Eine der herausragenden Leistungen Christine Teuschs war der Auf- und Ausbau der RWTH Aachen zu einer der bedeutendsten technischen Universitäten der Welt. Sie war Mitbegründerin der „Studienstiftung des deutschen Volkes" und des „Deutschen Akademischen Austauschdienstes".

Beitrag zum Glück und Fortschritt der Menschheit zu leisten wie jedes andere Volk. Deutsche Männer und Frauen, kommt zu uns!"[338]

In katholischen Regionen Deutschlands, im Münsterland, in der Pfalz und in Bayern bestehen allerdings erhebliche Ressentiments gegen die „preußischen" Protestanten. Manch ein katholischer Politiker sagt voraus (und behält recht, wie der „Spiegel" kommentiert[339]), dass eine katholisch-protestantische Union zwangsläufig zu einer bürgerlich-liberalen Ideologie tendieren würde. Eine „christliche Mischmasch-Partei" werde zwar „Rechtskreise einfangen", dafür aber die katholische Arbeiterschaft verlieren.[340] Adenauer selbst „hegte seine Vorurteile gegen die Preußen (dies waren die alten Vorurteile, die den Rheinländern angeboren sind)", schreibt sein evangelischer Freund Pferdmenges,[341] „und erst, als er mehr und mehr zu spüren kriegte, dass Regieren nicht so leicht ist, begann die Gestalt Bismarcks ihm zu imponieren, wobei es – glaube ich – nicht zuletzt die Tatsache und die Form des Bismarckschen Humors war, die ihm gefiel." Adenauer und die Mehrheit der katholischen CDU-Gründer plädieren jedoch energisch für eine interkonfessionelle Union: „Allein eine Zusammenfassung in einer solchen Partei würde gegenüber achristlichen Parteien die Vertreterin des christlichen Prinzips sein", schreibt Adenauer dem damaligen Münchner Oberbürgermeister Karl Scharnagl (1881–1963), einem der Gründer der CSU, „und ich glaube, dass unser Volk nur dann wieder gesunden kann, wenn in ihm das christliche Prinzip wieder herrschen wird. […] Ich bitte Sie und die anderen Herren, immer wieder bei Ihren Überlegungen sich zu vergegenwärtigen, dass allein diese geplante Zusammenfassung aller auf christlichen und demokratischen Grundlagen stehenden Kräfte uns vor aus dem Osten drohenden Gefahren schützen kann."[342] In demselben Grundsatzschreiben fasst er die grundlegenden Prinzipen zusammen: „Die grundlegenden Prinzipien der neuen Partei sind folgende: 1. Führung des Staates auf christlicher Grundlage, d.h. nach den Prinzipien, wie

---

[338] http://www.kas.de/upload/themen/programmatik_der_cdu/programme/1946_Neheim_Huesten.pdf.

[339] *Mein Gott, was soll aus Deutschland werden?*, Der Spiegel, 1.12.1965, S. 47ff.

[340] Ebd., S. 48.

[341] R. Pferdmenges (1956). *Mein Freund Adenauer.* DIE ZEIT, 5.1.1956.

[342] 21.8.1945 an Oberbürgermeister Dr. Karl Scharnagl, München. In: *Briefe 1945–1947*, S. 77ff.

sie sich auf der Grundlage des Christentums in einer Jahrhunderte langen Entwicklung in Europa herausgebildet haben. 2. Demokratie. 3. Betont fortschrittliche soziale Reform und soziale Arbeit, nicht Sozialismus."[343]

Einwände gegen den interkonfessionellen Charakter der neugegründeten CDU kommen aber auch von evangelischer Seite. Der FDP-Bundestagsabgeordnete Freiherr von Rechenberg (1892–1953) schreibt an Pferdmenges, dass er die Evangelischen verrate, weil er Adenauer verteidige. Der Angegriffene antwortet kühl: „Ich bin seit vielen Jahren evangelischer Kirchenältester in Köln und wohne in derselben Gemeinde wie Sie. Noch nie habe ich Sie in der Kirche gesehen."[344] Weitaus wuchtiger ist im Dezember 1949 der Einspruch des evangelischen Theologen Martin Niemöller (1892–1984), des führenden Vertreters der Bekennenden Kirche und Präsidenten im Ökumenischen Rat der Kirchen: „Die gegenwärtige westdeutsche Regierung wurde im Vatikan gezeugt und in Washington geboren. Die Fortdauer des Westdeutschen Staates bedeutet das Ende des Protestantismus auf dem europäischen Kontinent."[345]

Wie einflussreich und für die Gesamtentwicklung Deutschlands durchaus positiv gerade Adenauers evangelische Parteifreunde auf sein politisches Handeln einwirken, belegt eine Episode während der Korea-Krise 1951, die der Protestant Gerd Bucerius (1906–1995), CDU-Politiker bis 1962 und Herausgeber der ZEIT, berichtet: „Adenauer lebte und lebt in der katholischen Vorstellung des Ständestaates, in dem ‚alles seine Ordnung' hat. Als während des Koreakrieges die Preise (natürlich!) allenthalben stiegen, wütete Adenauer gegen Erhard. Und nur Pferdmenges (mit seinem festen Ansehen in der CDU-Fraktion) konnte verhindern, dass Erhard beseitigt wurde. [...] Mühsam musste Pferdmenges dem Kanzler die Gesetze der Marktwirtschaft erklären, musste ihm versichern, dass Erhard recht habe und dass es nur darauf ankomme, die Nerven zu behalten. Es ist nicht über-

---

[343] *Adenauer Itinerar 1933–1949*, In: *Konrad Adenauer – Dora Pferdmenges*, S. 203.
[344] *Der Freund des Kanzlers. Robert Pferdmenges, der große alte Mann der deutschen Wirtschaft, wird 80 Jahre alt.* DIE ZEIT, 25.3.1960, S. 2.
[345] *The present West German Government was conceived in the Vatican and born in Washington. The continuance of the West German state means the death of Continental Protestantism.* New York Herald Tribune, 14.12.1949. Zitiert in: *Adenauer und die Kirchen*, S. 131.

liefert, ob Adenauer diese Lektion begriff – Wirtschaftspolitik ist nicht seine Stärke – oder ob er sich einfach Pferdmenges' Autorität fügte."[346]

Die Fragilität einer interkonfessionellen Partei wie der CDU ist Adenauer von Anfang an bewusst. Dass diese Partei mit viel Kraft geformt und energisch geführt werden musste, zeigen die frühen Sitzungsprotokolle: „Und endlich – das gilt nun für die evangelischen wie für die katholischen Geistlichen in gleicher Weise –: Es gibt einen gewissen klerikalen Hochmut [...], an dem offenbar die Kleriker aller Konfessionen unter Umständen leiden – nicht alle Kleriker, aber die Kleriker beider Konfessionen. [...] Ich bitte Sie, sorgen wir doch dafür, dass um Gottes willen nicht dieser Zwist zwischen Katholiken und Evangelischen von neuem aufflammt."[347] Immer wieder mahnt Adenauer seine Partei, ihre christlichen Grundlagen nicht aus dem Blick zu verlieren: „Es ist auch so: die Wirtschaft kann nicht diese ethische Grundlage ersetzen. (Zurufe: Sehr richtig!) Und wenn wir diese Grundlage verlassen und einfach nur eine Wirtschaftspartei werden, dann sage ich Ihnen, leben wir keine vier Jahre mehr. (Beifall.) Dann brechen wir alle auseinander. Dann hat der eine dieses und der andere jenes, was ihm am meisten am Herzen liegt. Natürlich gibt es bei uns widerstrebende materielle Interessen. Aber diese widerstrebenden materiellen Interessen können nur dann vereinigt werden – und eine Vereinigung ist nötig –, wenn sie alle auf einer ethischen Grundlage beruhen. Und diese Grundlage muss bleiben die christliche Überzeugung, auf die wir unsere Politik gründen wollen auch in der Zukunft."[348]

„Für den nötigen Ärger sorgt meine geliebte Partei"[349] – Bemerkungen wie diese finden sich nicht selten in Adenauers privater Korrespondenz. Wie gegenwärtig ihm die Grundproblematik seiner Partei auch in den Jahren nach seiner Kanzlerschaft war, bestätigt Anneliese Poppinga, der er seine Sorgen mitteilt: „Ich will nicht etwa, dass wir eine Art christlicher Missionsverein sind,

---

[346] G. Bucerius (1962). *Robert Pferdmenges. Die Bundesrepublik verliert einen großen alten Mann.* DIE ZEIT, 5.10.1962, S. 2.
[347] Zonenausschuss der CDU für die britische Zone am 6.2.1950. *Adenauer und die Kirchen*, S. 50.
[348] Vor dem Bundesparteiausschuss der CDU am 28.9.1959. In: *„Seid wach für die kommenden Jahre"*, S. 38ff.
[349] Brief an Paul Adenauer vom 1.4.1963. In: *Briefe 1961–1963*, S. 243.

kein Gedanke daran! Aber ich halte es für erforderlich, dass die Politik sich an den geistigen Werten der christlich-humanistischen Weltanschauung orientiert. Und wenn wir die geistigen Grundsätze unserer Partei zurücktreten lassen, dann gerät alles ins Rutschen, das geht an die Wurzel der CDU, das geht an ihr Fundament."[350] Nach alarmierenden Umfrageergebnissen im Frühjahr 1964, stemmt sich der zum achten Mal bestätigte Parteivorsitzende gegen den sich abzeichnenden Trend: „Große Sorgen macht mir, dass immer wieder Leute die Meinung vertreten, dass das Weltanschauliche nicht zu einer politischen Partei gehört. Welch ein Irrtum! Da wird allerhand geredet von ‚Entideologisierung' und die Leute meinen wunder, wie klug sich das anhört."[351]

Die weltanschauliche Grundlage seiner Partei wurzelt für Adenauer in naturrechtlichem Denken, an das auch Papst Benedikt XVI. 47 Jahre später im Deutschen Bundestag appelliert. Dass Adenauer in diesem Denken ein konfessionsübergreifendes Fundament sieht, verdeutlicht er auf dem Parteitag 1964 unmissverständlich: „Diese Weltanschauung über Freiheit und Würde des Menschen hat sich im Laufe der Jahrhunderte auf christlichem Boden entwickelt; sie ist gemeinsames Gut der beiden großen christlichen Konfessionen. Unsere Partei – ich wiederhole es – steht fest und unverbrüchlich auf dem Boden dieser, der christlichen Weltanschauung, dass es für den Menschen Normen gibt, die aus dem Wesen und Sein Gottes selber fließen und daher unverbrüchlich sind und nicht angetastet werden dürfen. Wenn man das Bestehen solcher Normen nicht anerkennt, dann gleitet ein Volk abwärts in Diktatur und Gewalt."[352] Worin die Bedrohung des Christentums in seiner Zeit konkret besteht, umreißt er in der gleichen Parteitagsrede, die Gedanken an moderne Parallelen weckt: „Nicht ohne Erschütterung, nicht ohne tiefes Mitleid mit den Betroffenen hören wir die Nachrichten von der Schließung christlicher Kirchen, von Tausenden und aber Tausenden in Sowjetrussland, hören wir von dem unlängst in Paris abgehaltenen Kongress christlicher Priester der verschiedenen Konfessionen, dass in Sowjetrussland kein Kind eine Kirche betreten darf, dass Jugendlichen unter 16 Jahren kein

---

[350] A. Poppinga (1970). *Meine Erinnerungen an Konrad Adenauer,* S. 103.
[351] Ebd., S. 102.
[352] Eröffnungsrede zum 12. Bundesparteitag der CDU in Hannover am 15.3.1964, http://www.kas.de/upload/ACDP/CDU/Protokolle_Bundesparteitage/1964-03-14-17_Protokoll_12.Bundesparteitag_Hannover.pdf, S. 32.

Religionsunterricht erteilt werden darf. Mit Erschütterung hören wir von der Vertreibung christlicher Missionare aus Rotchina und aus dem Sudan. Meine Damen und Herren, gar nicht weit von hier droht ja wiederum eine ähnliche Tragödie. Ich meine jetzt die Universitätskirche in Leipzig, sie soll beseitigt werden. [...] Meine Freunde, ich glaube, die politischen Parteien in der Welt, sicher diejenigen in Europa, die auf Grund der christlichen Weltanschauung tätig sein wollen, sollten sich über alles Trennende hinweg zusammenfinden, um mit vereinten Kräften ihre Länder vor dem Rückfall ins Neuheidentum zu schützen. Wenn wir uns vereinen, wenn wir gemeinsam arbeiten, werden wir unsere Völker retten vor der steigenden Flut eines Neuheidentums. (Langanhaltender sehr starker Beifall.)"

Journalisten schreiben nach dieser Rede, der Altbundeskanzler sei der einzig Junge in der CDU.[353] Offenbar können nur Christen vom Range Konrad Adenauers ein derartiges Gebilde auf der Grundlage christlicher Fundamente zusammenhalten. Er habe die nur locker miteinander vernetzten Gründerkreise und Landesverbände der CDU überhaupt erst zu einer Partei mit Profil und Schlagkraft gemacht, urteilt Adenauers Biograph: „Das Profil war allerdings weitgehend sein eigenes, und die Schlagkraft bezog diese Supernova unter den Nachkriegsparteien weitgehend aus dem Umstand, dass sie die Kanzlerpartei war."[354] Kritiker der interkonfessionellen Adenauer-CDU müssen sich jedenfalls der Frage stellen, worin nach 1945 die Alternative bestanden hätte.

Wie seine Bemerkung über den „christlichen Missionsverein" zeigt, der seine Partei nicht sein solle, war sich Adenauer über das Spannungsverhältnis zwischen „Religion und Politik", der Problematik von „Politischer Theologie", im Klaren. Dennoch trennt Adenauer sein Handeln als Politiker nicht von seinem Handeln als Christ. Dies zeigt sich in vielen Einzelaspekten, etwa bei der Trauerfeier für den Protestanten und FDP-Politiker Hermann Höpker-Aschoff (1883–1954), von 1951 bis 1954 erster Präsident des Bundesverfassungsgerichts, 1948/49 Mitglied des Parlamentarischen Rates, dem Adenauer bereits als Präsident des Preußischen Staatsrats begegnet war.[355] Als kein

---

[353] A. Poppinga (1970). *Meine Erinnerungen an Konrad Adenauer,* S. 105.
[354] H.-P. Schwarz (2004). *Anmerkungen zu Adenauer,* S. 60.
[355] K. Adenauer jun. (1976). *Konrad Adenauer als Präsident des Preußischen Staatsrats.* In: *Konrad Adenauer. Oberbürgermeister von Köln,* S. 385, 390.

christliches Symbol sichtbar ist, bittet er den Protokollchef um Mitteilung, ob dies auf einen ausdrücklichen Wunsch der Witwe zurückgeht. „Wenn nicht, bitte ich, doch in Zukunft daran zu denken, dass eine solche, jeden Hinweis auf Gott peinlich vermeidende Feier für einen Toten nicht dem Willen der Bundesregierung entspricht."[356] Gegen katholisch-klerikale Angriffe nimmt Adenauer Höpker-Aschoff in Schutz: „Ich glaube übrigens, dass man Herrn Höpker-Aschoff sehr zu Unrecht in dieser Weise befehdet und ablehnt. Er ist ein ungewöhnlich zuverlässiger und vor allem rechtlich denkender Mann."[357]

In einer Rede aus dem Jahr 1957 spricht er explizit über „Politik und Religion": „Es mag einmal Zeiten gegeben haben, in denen man Politik und Religion auseinanderhalten konnte, und zwar deswegen, weil damals die ganzen Völker gläubig waren und weil damals alle Politik auf dem Fundament des Christentums gegründet war. In dieser Zeit leben wir nicht! Bei uns stehen gegeneinander: die Politiker und die Politik, die auf christlichem Boden stehen, und die Politik, die nicht auf christlichem Boden steht. [...] Wenn die Zeiten so geworden sind, wie diese Zeit, in der wir leben und in der wir Aufgaben zu erfüllen haben, dann kann man in Wahrheit nur Politik treiben, wenn man von den Grundlagen der christlichen Religion ausgeht."[358] Natürlich stellt Adenauer in seiner Rede keine staatsphilosophischen Betrachtungen an – kritisch reflektiert und im größeren Kontext bedacht. Er formuliert darin aber seine eigenen „vorpolitischen Grundlagen", auf denen allein er „in Wahrheit" politisches Handeln für möglich hält und die deshalb sehr wohl ein sorgfältiges Überdenken im Hinblick auf die Gegenwart verdienen.

---

[356] An den Chef des Protokolls, Hans Herwarth von Bittenfeld, Bonn, am 20.1.1954. In: *Briefe 1953–1955*, S. 73. Siehe auch: *Adenauer und die Kirchen*, S. 31f.

[357] Brief an Domkapitular Wilhelm Böhler, Bad Neuenahr, am 5.9.1951. In: *Briefe 1951–1953*, S. 118.

[358] Rede in Bamberg am 2.6.1957. In: A. Poppinga (1975). *Konrad Adenauer. Geschichtsverständnis etc.*, S. 289.

3 Konrad Adenauer, der katholische Christ

„Dass der Kanzler sich im Gebet vor Gott zu verantworten pflegt, wird mir auch dann gewiss bleiben", erinnert sich Wilhelm Hausenstein, „wenn eine große und grobe Öffentlichkeit, die längst kein Gefühl mehr dafür hat, was eine unbetonte, ja verborgene, aber durchaus konstante Frömmigkeit ist, diese Vorstellung für grotesk erklärt."[359] Wer also Adenauers „unbetont-verborgene Frömmigkeit" genauer kennenlernen will, muss ihr vor allem jenseits seines öffentlichen Wirkens nachgehen. Im Mittelpunkt der weiteren Überlegungen stehen daher Spuren, die auf sein religiöses Innenleben hinweisen. Aufschlussreich sind in diesem Sinne auch seine Freundschaften mit Künstlern. Insbesondere erschließt sich eine wohl für viele unvermutete Marienfrömmigkeit Adenauers. Das Bild wird ergänzt durch einen Blick auf Adenauers selbstbewusste Haltung gegenüber den kirchlichen Autoritäten, vor allem im Hinblick auf den durch das Zweite Vatikanische Konzil (1962–1965) eingeleiteten Wandel.

Die Auswahl aus der Fülle des Materials ist auch hier subjektiv geprägt. Eine Rhöndorfer Tagung zum Thema *Adenauer und die Kirchen* im Jahre 1999 kommt zu dem Ergebnis, dass man nach weiteren Quellenzeugnissen, vor allem in der privaten Korrespondenz, suchen müsse, sobald und insoweit diese zugänglich werde. Es habe sich aber der Eindruck verstärkt, dass Adenauers Religiosität und praktizierte Frömmigkeit weit mehr gewesen sei als äußere Kirchenfrömmigkeit.[360] Unvermutet intime und zum Teil erst seit kurzem bekannte Einsichten in Adenauers persönliche Frömmigkeit erschließen in diesem Sinne vor allem Adenauers Briefe an Dora Pferdmenges (1887–1970), die Frau seines Freundes Robert Pferdmenges, aus der Zeit von 1933–1949, die erst 2007 anlässlich des 40. Todestages Adenauers herausgegeben wurden.[361] Die eigenhändigen Schreiben entstanden im Schutz der Benediktinerabtei Maria Laach (1933/34), in Potsdam-Neubabelsberg (1934/35), nach der Ausweisung aus dem Regierungsbezirk Köln im Pax-Heim Unkel (1935/36) sowie während der ersten Jahre in Rhöndorf.

---

[359] W. Hausenstein (1961). *Pariser Erinnerungen*, S. 77ff.
[360] U. Hehl (1999). Schlusswort. In: *Adenauer und die Kirchen*, S. 237.
[361] *Konrad Adenauer – Dora Pferdmenges. Freundschaft in schwerer Zeit.*

3.1 Adenauers Religiosität: Spurensuche

Paul Adenauer (1923–2007), erstes Kind Konrad Adenauers und seiner zweiten Frau Gussie (1885–1948), 1951 zum katholischen Priester geweiht, schreibt kurz vor seinem Tod im Vorwort zur Ausgabe der Briefe seines Vaters an Dora Pferdmenges: „38 Jahre nach dem Tod Konrad Adenauers ist für meine Geschwister und mich das Auftauchen seiner Briefe an Dora Pferdmenges ein große, späte Überraschung. So etwas hatten wir noch nie von ihm gesehen. Viele seiner Eigenschaften, die uns vertraut waren, werden hier in einer besonderen Vertrauensbeziehung viel deutlicher erkennbar. Das Gesamtbild seiner Persönlichkeit und seiner Entwicklung unter harten Existenzbedingungen ermöglicht uns ein tieferes Verstehen, aber auch eine Würdigung der Bedeutung von Frau Dora Pferdmenges."

Paul Adenauer fragt sich, über die schwere Verfolgungszeit nachdenkend, die sein Vater seit 1933 durchlebte: „Woher holte er seine Kraft und Geduld, seine Zuversicht? Eine Antwort leuchtet mir auf in der Erinnerung an Weihnachten 1933, wie er sie in seiner Weihnachtsansprache 1951 schildert." Die Stelle, die Paul daraus zitiert, öffnet allerdings nicht nur seiner Familie, sondern auch der Öffentlichkeit einen Blick in Adenauers, des ersten deutschen Bundeskanzlers, persönlichstes Empfinden: „Ein Weihnachtsfest wie in der nationalsozialistischen Zeit, als ich aus meiner Heimatstadt vertrieben und verjagt und von einem Jugendfreund, dem Abt des Klosters Maria Laach, aufgenommen war. Ich weiß nicht, ob das nicht das schönste meiner Weihnachtsfeste war. Meine Frau und meine Kinder waren gekommen. Der Christbaum war klein, in einem Hotelzimmer aufgebaut. Es gab nur wenige Geschenke, aber wir, die wir getrennt waren, freuten uns des Zusammenseins, und der Gottesdienst war so ergreifend schön. Er begann am Heiligen Abend um 10.00 Uhr in der herrlichen Basilika. Er dauerte bis 02.00 Uhr nachts. Die alten Metten und Lesungen wurden gesungen und unsere schönen deutschen Weihnachtslieder. Die Kirche war übervoll und aus dem fernen Industriegebiet waren die Menschen gekommen. Alle waren hingegeben an das große Geheimnis, das gefeiert wurde. Draußen lag Schnee. Es funkelten die Sterne. Eine große wunderbare Stille lag auf Berg und See."

Trotz aller Nöte und seelischer Depression, sammelt Adenauer in dieser Zeit Kräfte, die ihn auf sein politisches Wirken nach dem Kriege vorbereiten.

„Sie haben mich richtig beurteilt", schreibt er an Dora Pferdmenges, „die Stille und Einsamkeit hier, die ganze geistige Atmosphäre von Religiosität und Frömmigkeit, Natur, Kunst und Wissenschaft – tut mir sehr gut; ich fühle das deutlich. Ich liebe auch die Einsamkeit und die Stille an sich. Wenn man nicht von dem getrennt wäre, was einem teuer ist, und wenn nicht die Sorge für die Zukunft wäre, könnte man zufrieden sein."[362] Und zwei Wochen später: „Dann bleibt uns also gar nichts übrig, als uns innerlich möglichst stark zu machen, nur dann werden wir die Kraft zum Überwinden besitzen. Ich glaube, man überwindet diese Zeiten nur, wenn man sich gewöhnt, in größeren Zeiträumen zu denken, wenn man das irdische Dasein nur als Teil des menschlichen Lebens zu betrachten sich bestrebt, und wenn man fest glaubt, dass es einen Gott gibt, der zwar auch in den sichtbaren Dingen sich zeigt, der aber über diesen steht und unabhängig von ihnen ist. Lächeln Sie nicht über diese ‚klösterlichen' Betrachtungen, solchen Betrachtungen ist hier die Atmosphäre sicher günstig, aber deshalb sind sie nicht weniger richtig."[363] Noch der Neunzigjährige bekennt, wie sehr diese Zeit ihn in seinen Grundsätzen bestärkt habe und innere Ordnung, Ruhe und Kraft zur Gelassenheit finden ließ.[364] In Maria Laach studiert er insbesondere die Sozialenzykliken *Rerum novarum* Leos XIII. und *Quadragesimo Anno* Pius' XI. vom Mai 1931.[365] Offenbar führt vom päpstlichen Gedanken der „Entproletarisierung des Proletariats" eine direkte gedankliche Linie zum Parteiprogramm von Neheim-Hüsten, dessen Inhalte Adenauer wesentlich prägt.

Auch Adenauers Familie schließt die Abtei ins Herz.[366] Bereits 1926 hatte Adenauer in Maria Lach seinen 50 Geburtstag gefeiert.[367] Einige seiner Kinder heiraten dort, Adenauers älteste Tochter Ria bereits 1937. Paul trägt sich lange mit dem Gedanken, in Maria Laach Benediktiner zu werden, entschließt sich aber dann doch für das Theologiestudium in Bonn, um nach 1945 näher bei der kranken Mutter bleiben zu können. Adenauer

---

[362] Brief an Dora Pferdmenges vom 4.5.1933 (aus Maria Laach), S. 52.

[363] Brief an Dora Pferdmenges vom 16.5.1933 (aus Maria Laach), S. 57ff.

[364] A. Poppinga (1970). *Meine Erinnerungen an Konrad Adenauer*, S. 327.

[365] U. von Hehl (1999). *Wertvorstellungen im Denken Konrad Adenauers*. In: *Adenauer und die Kirchen*, S. 13ff.

[366] H.-P. Schwarz (1986). *Adenauer. Der Aufstieg: 1876–1952*, S. 357ff. Der Abschnitt „Kampf ums Überleben" bietet eine eindrucksvolle Schilderung dieser Zeit.

[367] *Konrad Adenauer 1917–1933. Dokumente aus den Kölner Jahren*, S. 354.

selbst sehnt sich später in diese Oase der Ruhe zurück. Mitten im Trubel der Regierungsbildung von 1949 bekennt er einem der Benediktinermönche: „In dem Wirrwarr, der mich umgibt, denke ich manchmal mit Sehnsucht an Maria Laach." Während seiner Kanzlerzeit stiftet er ein Fenster über dem Westchor der Abteikirche und empfängt Besuche der Benediktinermönche in Rhöndorf, die der Familie „jährlich den größten Karpfen aus dem Laacher See" bringen.[368] „So erlebte er den traditionellen Glauben seines bisherigen Lebens durch die Liturgie der Mönche und den Kontakt mit ihnen in ganz neuer Weise als alte Quelle neuer Kraft", fährt Paul in seiner Einleitung zu den Pferdmenges-Briefen fort, „und auch ich entdeckte mit ihm in meiner Weise eine neue Welt des Friedens inmitten des Chaos. Später, als er das Sterben spürte, bat er mich, ihm die lateinischen Messgesänge vorzusingen."

In der Nacht vom 7. zum 8. April 1967 spendet Paul seinem Vater das Sakrament der letzten Ölung.[369] In ihrem erst 2009 erschienenen Erinnerungsbändchen *Adenauers letzte Tage* überliefert Anneliese Poppinga eine charakteristische Geste wenige Tag vor seinem Tod am 19. April: „Er nahm von einem jeden Abschied. Tränen liefen über unsere Wangen. Er sah es und wies mit einer schwachen Bewegung auf ein Gemälde, das an der linken Wand über seinem Bett hing. Das Gemälde zeigte Gottvater, wie er Jesus in seinen Armen hält. Konrad Adenauer winkte mit der Hand, wie man es tut, wenn man auf große Fahrt geht, eine Reise antritt. Ich erkannte ein leises Lächeln in dem von Schmerzen gezeichneten Gesicht. ,Do jitt et nix ze kriesche', sagte er in kölnischem Dialekt („Da gibt es nichts zu weinen!")."[370]

Adenauers gläubig-nüchternen Umgang mit seinem eigenen Tod veranschaulicht auch seine Tochter Libet: „Als ich mich neben ihn setzte, bat er mich eindringlich: ,Du musst mir sagen, wenn ich geistig verwirrt bin. Ich glaube, es geht mit mir zu Ende und ich möchte kein dummes Zeug reden.' Er war jedoch geistig völlig klar und sah seinem Ende mit großer Aufmerk-

---

[368] Ebd., S. 362.
[369] A. Poppinga (2009). *Adenauers letzte Tage*, S. 161. Erst fast vierzig Jahre nach dem Erscheinen ihres ersten Erinnerungsbandes wurden ihre Aufzeichnungen aus den Tagen bis zu Adenauers Tod nach Rücksprache mit der Familie veröffentlicht.
[370] Ebd., S. 168.

samkeit und ohne Furcht entgegen."[371] Nach der Verabschiedung von der Familie seien Kämpfe gekommen, erregte Zustände, berichtet Paul Adenauer. Schwere Angstträume, dass die Russen vorgestoßen seien und schon am Rhein stünden, hätten den Sterbenden heimgesucht. Offensichtlich habe der Vater große Schmerzen gehabt. Zuletzt sei er meist in tiefen Schlaf versunken, aus dem er manchmal aufgewacht sei.[372] Libet überliefert, „dass Adenauer in einer Nacht plötzlich aufgefahren sei und den an seinem Bett wachenden, zutiefst erschrockenen jungen Assistenzarzt aus dem Dunkel mit klarer Stimme gefragt habe, warum sie mit allen Mitteln etwas am Leben halten wollten, das doch dazu nicht fähig sei. Der Arzt habe geantwortet, Adenauer wolle doch seine Memoiren zu Ende schreiben. ‚Nein‘, habe Adenauer erwidert, ‚da seien schon so viele Notizen da, das könnten auch andere zu Ende bringen.‘ Darauf habe der Arzt Adenauer auf ein Wiedersehen mit seinen Kindern und Enkeln angesprochen. Adenauer habe geantwortet, dass er sich von ihnen schon verabschiedet habe. Danach habe der Assistenzart gesagt, es sei so schönes Wetter, die Blumen im Garten kämen schon heraus und die wolle Adenauer sicher wiedersehen. Adenauer habe geantwortet: die würde er tatsächlich gerne noch einmal wiedersehen; aber einmal müsse es zu Ende sein. Dann habe er erneut gefragt, wie es denn mit dem ärztlichen Gewissen vereinbar sei, etwas mit allen Mitteln zu erhalten, was nach Gottes Willen zu Ende gehen solle. Und dann sei der Vater wieder in die Bewusstlosigkeit zurückgesunken."[373]

Horst Osterheld (1919–1998), Leiter des außenpolitischen Büros im Bundeskanzleramt von 1960 bis 1969 und mit Adenauer auch nach dessen Rücktritt persönlich verbunden, schildert seine Empfindungen an Adenauers Leichnam: „Adenauer lag auf dem Bett mit vielen Kissen. Er war vor nicht einmal vier Stunden gestorben. Er sah sehr schmal aus, sehr bleich,

---

[371] L. Werhahn (2007). *Erinnerungen an meinen Vater Konrad Adenauer*, S. 173.

[372] H. Osterheld (1997). *Aus Adenauers letzten Monaten*. In: *Horst Osterheld und seine Zeit*, S. 130.

[373] Das ärztliche Abschlussbulletin vermerkt: „Durch entsprechende Behandlungsmaßnahmen konnte der Krankheitsprozess vorübergehend aufgehalten werden, wurde dann aber wieder progredient. Der Kranke war während der letzten Lebenstage bewusstlos. Auch während zeitweise aufgetretener Unruhezustände kehrte das Bewusstsein nicht zurück. Die Kräfte des 91-jährigen ließen zuletzt rasch nach. Er lag während der letzten Stunden in tiefer Ruhe, in der am 19. April 1967 um 13.21 Uhr nach Aussetzen der Atmung und der Herztätigkeit der Tod eintrat." Ebd., S. 130f.

fast weiß. Lüke[374] ging bald wieder hinunter, ich stand noch lange. Da lag er nun, der große Mann, den ich so gut gekannt hatte. Tiefer Friede sprach aus seinen Zügen. Sein Gesicht war so schmal geworden, wie ich es nie gesehen hatte. So robust seine Natur gewesen war, nun zeigte sich, wie sehr er sich ausgegeben hatte. In einem langen Leben der Pflicht hatte er alles aus sich herausgeholt."[375] Eugen Gerstenmaier (1906–1986), Bundestagspräsident von 1954–1969, sah ihn zuletzt so: „Er war schmal geworden und sehr, sehr alt. Viel älter, als wir ihn je gekannt haben. […] Sein Arbeitstag war, auch als er aus dem Kanzleramt ausgeschieden war, noch immer so lang, […] dass keiner von uns auf den Gedanken kam, er sei ein Greis. Jetzt, im Sarg erst, sah man unverhüllt, wie sehr Konrad Adenauer seine große, kraftvolle Natur bis auf das letzte im Dienste seiner Berufung ausgeschöpft hat."[376] Noch am Totenbett liest Paul Adenauer eine Totenmesse im Familienkreis, wie Osterheld überliefert. „Über den ganz alten, den über 91-jährigen Adenauer würde ich am liebsten sagen, was Fontane über seinen Vater gesagt hat: ‚Wie er ganz zuletzt war, so war er eigentlich‘", wird Rudolf Augstein über Adenauer in der Titelstory des Spiegels zu seinem 100. Geburtstag schreiben.[377]

Wie die von Anneliese Poppinga geschilderte Szene auf dem Totenbett belegt, waren Gemälde mit religiösen Darstellungen für Adenauer nicht nur Kunstgegenstände. Sein Verhältnis zu ihnen erschließt vielmehr sein religiöses Innenleben. Auf dieser Linie liegt ein Gespräch Adenauers mit Anneliese Poppinga im Arbeitszimmer seines Rhöndorfer Wohnhauses. Seinem Schreibtisch gegenüber befindet sich eine auf Holz gemalte Darstellung von Jesus am Kreuz, italienische Schule des 15. Jahrhunderts. „Jesus in leidvoller Ergebenheit, das Kreuz auf nacktem Felsen, kargem Gestein. Alles auf das Wesentliche reduziert. ‚Es ist ungeheuerlich, was da geschah! Was dort passiert ist…‘, sagte der Bundeskanzler. Am Fuß des Kreuzes stehen Maria und Johannes, von Schmerz gezeichnete Gestalten, mit verzweifelten, unschönen Gesichtern, Jesus am Kreuz einsam hoch über ihnen. […] Kein Beiwerk, nichts, was von der

---

[374] Paul Lüke (1914–1976), von 1965 bis 1968 Bundesinnenminister (CDU).

[375] H. Osterheld (1997). *Aus Adenauers letzten Monaten.* In: *Horst Osterheld und seine Zeit,* S. 132f.

[376] U. Frank-Planitz (1990). *Konrad Adenauer. Eine Biographie in Bild und Wort,* S. 201.

[377] R. Augstein (1975). *Jener Mongole mit den schlauen Augen. Hundert Jahre Adenauer.* Der Spiegel, 29.12.1975, S. 25.

erschütternden Szene ablenkt." Ob die Szene nicht zu düster sei? Sie erinnert ihn an seine Bemerkung über das Gemälde „Maria im Rosenhag" von Stefan Lochner. Er habe doch gesagt, dies sei das lieblichste und erhabenste Gemälde, das er kenne. „Fräulein Poppinga, das Leben ist nicht wie ‚Maria im Rosenhag', gab er zur Antwort. Er liebe gerade dieses Bild ganz besonders."[378]

Der Spiegel zitiert Adenauer mit der Bemerkung: „Bilder sind für mich eine Quelle des Trostes und der Hoffnung; sie verleihen mir die Kraft, diese schwierigen Zeiten zu überstehen", und berichtet über eine Versteigerung von 36 Werken seiner Sammlung christlicher Gemälde am 26. Juni 1970 bei Christie's: „Ein Altärchen des Kölner ‚Meisters der heiligen Veronika' aus Adenauers Arbeitszimmer ist darunter, ein herbes Frauenporträt des Colmarer Malers Martin Schongauer (um 1430 bis 1491), ein Altar-Triptychon Lucas Cranachs des Älteren (1472 bis 1553), das dem Kanzler freilich ‚zu protestantisch' war, und eine grausame Gefangennahme Jesu des Holländers Jan Joest van Kalkar, bei deren Anblick Adenauer zu speisen pflegte – die Szene hing im Esszimmer. Zusammen mit einer Kalkar-Pietà, Bildern von El Greco und Veronese, Sano di Pietro, Agnolo Gaddi, Gerard David, Adriaen Isenbrant und anderen Gemälden."[379]

Was für die Malerei gilt, die ihm besonders nahestand, kennzeichnet auch Adenauers Verhältnis zu anderen Kunstformen. Für Hausenstein bezeugt zum Beispiel seine Liebe zur Kathedrale Notre-Dame-de-Chartres, die wie kaum eine andere Kirche den Geist der Hochgotik vergegenwärtigt, „mehr als ein künstlerisches oder gar ‚ästhetisch' verdünntes Verhältnis". Der Christ Adenauer verspüre in der Kathedrale von Chartres „das Herz des christlichen Frankreich", schreibt Hausenstein,[380] nicht viel anders als es Charles Peguy verspürt habe. Adenauer gehöre zu den Christen, die primär als solche in die großen Kirchen einträten und sekundär sich an deren Schönheit erbauten: die Vorgänge vollzögen sich bei ihm noch in der richtigen Reihenfolge.

Zum 75. Geburtstag schenkt ihm das Bundeskabinett eine wertvolle niederbayerische Schnitzmadonna von 1490, die er in dieser Haltung be-

---

[378] A. Poppinga (1970). *Meine Erinnerungen an Konrad Adenauer*, S. 257.
[379] *Kunstmarkt/Adenauer-Sammlung. Quelle des Trostes.* Der Spiegel, 11.5.1970, S. 228f.
[380] W. Hausenstein (1961). *Pariser Erinnerungen*, S. 80.

trachtet. Sie erhält einen Ehrenplatz in seinem Arbeitszimmer im Palais Schaumburg[381] und zieht nach seinem Rücktritt mit ihm in den Bundesratsflügel. „Dort hat er sie unmittelbar vor sich; ihre Platzierung bedenkt er lange und sucht selbst einen tiefgrünen Samt als Hintergrund-Draperie aus", berichtet *Der Spiegel*.[382] Heute befindet sich die Madonna im Esszimmer seines Rhöndorfer Wohnhauses.

Adenauers Sinn für Kontemplation und Betrachtung macht ihn lebenslang für Dichtung und Lyrik empfänglich. „Ich bin ein Verehrer Ihrer Werke", schreibt Adenauer an Gertrud von Le Fort (1876–1971),[383] eine der bedeutendsten katholischen Schriftstellerinnen des 20. Jahrhunderts, die in freundschaftlicher Verbindung mit Paul Claudel, Hermann Hesse, Reinhold Schneider und Carl Zuckmayer stand. In Adenauers Bibliothek sind ihre *Hymnen an die Kirche* (1924, mit Eintragung *Adenauer 1945*) und *Die Letzte am Schafott* (1947) noch nachweisbar.

Wie sehr Adenauer auch bei der Lektüre nicht ausdrücklich christlicher Literatur religiöse Tröstung empfindet und neue Hoffnung schöpft, zeigen seine Erinnerungen an Joseph Conrads (1857–1924) Erzählung *Taifun*, während seines von den Nationalsozialisten erzwungenen Aufenthaltes in Unkel: „Die Zukunft stand grau und grau vor mir, die Zukunft Deutschlands und die Zukunft meiner Familie. Da kam mir ein Buch, das ich mir mitgebracht hatte, der *Taifun* von Joseph Conrad, einer meiner liebsten Schriftsteller, in die Hand. Ich las es am Nachmittag dieses Tages und las über den Kampf, den der Kapitän mit dem Sturm führte. Ich las, dass der Kapitän ihn nicht durch seine Klugheit, sondern durch Geduld und Ausdauer bestand. Das Buch hat mich getröstet und meine Hoffnung neu belebt. Ich habe in den folgenden Jahren noch wiederholt in ganz schlechten, schwierigen Situationen nach ihm gegriffen."[384] In dieser Haltung schickt auch Gussie ihrem Mann wie zum Trost

---

[381] H.-P. Schwarz (1986). *Adenauer. Der Aufstieg: 1876–1952*, S. 810.
[382] H. Schreiber (1964). *Die Situation ist da. SPIEGEL-Reporter Hermann Schreiber über Konrad Adenauer*. Der Spiegel, 16.12.1964, S. 31.
[383] Brief an Dr. Gertrud Freiin von le Fort, Oberstdorf, 20.1.1966. In: *Die letzten Lebensjahre 1963–1967*, S. 120. Der Briefwechsel zwischen Adenauer und Le Fort ist im Deutschen Literaturarchiv in Marbach a. N. erhalten (Handschriftenabteilung: 74.6381/1-2, 75.6474/1).
[384] Adenauer am 4.1.1961 im Gespräch. In: *Adenauer und das Dritte Reich*, S. 273

und mit der Bemerkung „Ist das Gedicht nicht schön?" den Text des Konfuzi-us-Schülers Tsin-Tsan nach Maria Laach: „Wem das innere Licht leuchtet, der hat guten Willen; / Wer guten Willen hat, dessen Herz ist gebessert; / Wer ein gutes Herz hat, ist kultiviert; / Wer kultiviert ist, hat Ordnung in der Familie; / Wer Ordnung in der Familie hat, schafft Ordnung im Lande; / Wenn Ord-nung ist in den Ländern, so haben wir den Frieden auf der Welt."[385]

Die Bedeutung der „schönen Literatur" für Adenauers inneres Leben und seine Einschätzung des Wertes, den sie für den Wiederaufbau nach dem Krieg haben wird, zeigt auch seine Korrespondenz mit Anton Kippenberg (1874–1950), dem bedeutenden Verleger, Goethe-Sammler und Leiter des Insel-Ver-lages seit 1905, in der Adenauers religiöser Bezug zur Literatur durchscheint: „An Ihrem 70. Geburtstag gedenke ich mit größter Dankbarkeit all der schö-nen Stunden, der Bereicherung meines Innern an Wissen und Erholung und Freude, die ich Ihrer Lebensarbeit verdanke. Nehmen Sie daher meine von herzlicher Dankbarkeit getragenen Glückwünsche entgegen! Möge Gott Ih-nen die Kraft geben, auch bei Erfüllung der großen Aufgaben, die das Buch nach diesem Kriege haben wird, Wegweiser und Führer zu sein."[386]

Voller Hochachtung und Herzlichkeit sind in diesem Sinne seine Be-gegnungen mit der Schriftstellerin und Übersetzerin Annette Kolb (1870–1967). „In großer Liebe und Verehrung" widmet sie Adenauer eines ihrer letzten Werke, *Zeitbilder (1907–1964)*, das in Adenauers Bibliothek erhalten ist, und bleibt ihm, auch durch Besuche in Rhöndorf, bis zum Lebensende verbunden.[387] Unter seinen Lieblingsgedichten befinden sich u. a. Friedrich Nietzsches *Vereinsamt* und Hermann Hesses *Im Nebel*. Er habe alle diese Ge-dichte häufig auswendig rezitiert, berichtet Anneliese Poppinga, die diese Ge-dichte gesammelt und zu Adenauers 90. Geburtstag herausgegeben hat.[388] Ei-chendorff gilt seine besondere Liebe: „Lassen Sie mich Ihnen auch persönlich herzlich danken für die Übersendung des Buches über meinen Lieblingsdich-ter Joseph von Eichendorff", antwortet er auf eine Büchersendung. „Ich habe

---

[385] Gussie an Konrad Adenauer, Anfang April 1934. In: *Adenauer im Dritten Reich*, S. 208.
[386] Brief an Anton Kippenberg am 19.5.1944. In: *Adenauer im Dritten Reich*, S. 403.
[387] H.-P. Mensing (2007). *Aus Adenauers Nachlass*, S. 168; *Briefe 1951–1953*, S. 492f.
[388] *Adenauers Lieblingsgedichte*. Anneliese Poppingas ausführliches Vorwort erschließt die Be-deutung lyrischer Dichtung als Wegbegleiterin Adenauers.

mit großer Erbauung darin gelesen. Wie weit liegt doch diese Zeit zurück und wie sehr fühlt man sich doch darin zu Hause."[389] Eichendorffs Novelle *Aus dem Leben eines Taugenichts* begleitet ihn 1944 in die Gestapo-Haft. Er verliert das Büchlein auf der Flucht. Nach dem Krieg ist der *Taugenichts* das erste Buch, das er sich kauft, im Jahre 1948 bei einer Reise in die Schweiz.[390]

Über Goethe schreibt Adenauer an Dora Pferdmenges: „Den Artikel über Goethe-Herder habe ich Ihnen nur geschickt, um Sie ein klein wenig zu reizen, das scheint mir auch gelungen zu sein. Aber über Faust und Goethe überhaupt möchte ich doch ein vorbereitendes und nicht irgendwie endgültiges Wort sagen. Bei Faust denke ich nur an den zweiten Teil, und möchte mich mit Ihnen über seinen tiefsten Sinn unterhalten. Über die wundervolle Schönheit der Sprache, die Fülle der – einzelnen – Gedanken und Bilder brauchen wir nicht zu sprechen, wir werden darin einer Meinung sein. Was ich über Goethe sagen will, möchte ich im Folgenden auszudeuten versuchen: Wenn G. tiefstes Leid erfahren hätte, wieviel mehr noch hätte er der Menschheit gegeben! Und ich will Ihnen noch zwei Namen nennen; dann stellen Sie in Gedanken das Werk dieser drei nebeneinander: Goethe, Beethoven, Rembrandt."[391]

In einem anderen Brief an Dora Pferdmenges reflektiert er seine Schopenhauer-Lektüre: „Was nun Schopenhauer angeht, in dem ich, wenn möglich, täglich lese, so ist seine Lektüre wegen ihrer Kälte und Ehrlichkeit eine wahre Wohltat nach all dem verlogenen und unehrlichen Quatsch, den man heutzutage vorgesetzt bekommt. Er hat sicher nicht in allem recht; er verkennt m. E. vor allem, dass nicht nur der Verstand, dass auch das Gemüt des Menschen eine reale Tatsache ist, dass nicht nur das Leid, dass auch das Glück etwas sehr Positives ist, aber – in vielem, was er sagt, hat er recht. Seine Sprache, seine Gedanken sind kalt und klar wie Winterluft; ein Frost macht ja nichts, das ist wahr, aber Kälte tötet doch viele Bakterien, die sonst wuchern würden."[392]

Insgesamt ist Adenauers Lektüre dieser Zeit bemerkenswert vielfältig, wie seine Briefe an Dora Pferdmenges und die Leihkarten der Klosterbi-

---

[389] Brief an Willibald Köhler, Oberschlesischer Heimatverlag. In: *Briefe 1955–1957*, S. 325.
[390] A. Poppinga (1970). *Meine Erinnerungen an Konrad Adenauer*, S. 308.
[391] Brief an Dora Pferdmenges vom 18.10.1935 (aus Freudenstadt), S. 116.
[392] Brief an Dora Pferdmenges vom 20.9.1933 (aus Maria Laach), S. 84.

bliothek zeigen.[393] Neben religiöser, theologischer, kirchengeschichtlicher, hagiographischer, historischer, kunstgeschichtlicher, botanischer, landwirtschaftlicher und naturwissenschaftlicher Literatur liest er Camillo Cavour, Joseph Conrad, Dante, Ferdinand Gregorovius, Carl Hilty, Alexander von Humboldt, Henrik Ibsen, Konfuzius, Wilhelm von Kügelgen, Blaise Pascal, Rainer Maria Rilke, Romain Rolland und Oswald Spengler. Eine Quittung über beschlagnahmte Bücher bei einer Hausdurchsuchung am 23. Juli nennt Werke von Sigrid Undset, Stefan Zweig, Jakob Wassermann, Emil Ludwig, Franz Werfel und Romain Rolland.[394]

Seine Korrespondenz mit Dora Pferdmenges erinnert an die schon länger bekannten Briefe, die Adenauer an seinen Sohn Paul im Winter 1941/42 jeden Sonntag in den Reichsarbeitsdienst schickte.[395] „Er, der sonst in religiösen Fragen wortkarg, scheu und ohne Phrase war, zeigte […] hinter allem Geschriebenen ein ‚inneres Gesicht‘, das mir erst allmählich deutlich wurde,"[396] schildert Paul sein Erleben des Vaters. In einem dieser Briefe wird die Spannung zwischen aktivem und kontemplativem Leben spürbar, in der Adenauer als religiös Empfindender und zugleich „in der Welt" Wirkender in besonderem Maße stand: „Die große Kunst, die man lernen muss, ist, das Innere eigentlich niemals vom Getriebe des Tages ersticken zu lassen. Das war auch die große Gefahr meiner früheren Tätigkeit, gegen die ich immer mit Gewalt ankämpfen musste. Man lernt es aber, glaube mir – nur nicht den Mut und auch nicht die Geduld mit sich selbst verlieren! Mit 20, 30, 40 weiß man noch nicht, was man einmal leisten muss. Aber man kann es in meinem Alter aus Kraft und Erfahrung. Allerdings stellt man sich in diesem Alter manchmal auch die Frage, warum man das alles, bei allem äußeren Erfolg, eigentlich tut."[397] Die Versicherung, für den Sohn zu beten, durchzieht als Konstante diese Briefe, so unsentimental, selbstverständlich und knapp wie alle anderen familiären Mitteilungen, die Erfolge im Grünkohlanbau und bei der Schafzucht, das Wetter oder der Zahnarztbesuch.

---

[393] *Konrad Adenauer – Dora Pferdmenges*, S. 156.

[394] *Adenauer im Dritten Reich*, S. 406.

[395] P. Adenauer (1976). *Briefe Konrad Adenauers an einen Sohn im Reichsarbeitsdienst 1941/42.* In: *Konrad Adenauer und seine Zeit*, Bd. 1, S. 156ff.

[396] *Konrad Adenauer – Dora Pferdmenges*, S. 33.

[397] Brief am 7. 11.1941. *Briefe Konrad Adenauers an einen Sohn im Reichsarbeitsdienst 1941/42.*

Von Adenauers Liebe zum Gregorianischen Choral war schon die Rede, dem er anscheinend erst spät bewusst, aber sein weiteres Leben prägend in der Benediktinerabtei Maria Laach begegnet war. Eine unvollständige Aufzeichnung Adenauers aus dieser Zeit hält fest: „… und des liturgischen Lebens, wie das Maria Laach in ausgezeichneter Weise tut. Ich habe das früher nicht verstanden, vielleicht geringschätzig darüber gedacht, und geglaubt, dass manche andere Dinge, auch politische Dinge, wichtiger seien. Ich habe die Unrichtigkeit meiner Meinung eingesehen: ohne die richtige, lebendige seelische Haltung wird alles andere nicht richtig; nichts ist aber so sehr geeignet, auf die seelische Haltung einzuwirken als die richtig verstandene Pflege des liturgischen Gedankens, der …"[398] Die liturgisch-kontemplative Dimension Adenauers erschließt auch ein Brief aus späteren Jahren, in dem er sich für die Übersendung eines neu herausgegebenen Laien-Breviers bedankt: „Das Chorgebet schätze ich besonders seit der Zeit, als ich mich in Maria Laach verborgen halten musste – 1933/34 –, und ich habe immer den Wunsch gehabt, es möchte doch in der Muttersprache gebetet werden. Ich erhoffe mir davon eine tiefgreifende Belebung des Chorgebetes, das in der großen Not unserer Zeit soviel Licht und Kraft auf der Erde bedeuten kann."[399] In dem an Adenauer gerichteten Anschreiben heißt es: „Das Klein-Brevier ist für ganz Deutschland. Und da Ew. Exzellenz der Vertreter Gottes für Deutschland sind: non est potestas nisi a Deo – hat es wohl Sinn, Ihnen das Buch zu verehren. […] Mehr als hunderttausend Religiose [sic!] in der Welt beten täglich das Kleinbrevier und sind begeistert, so jeden Tag mit dem Priester, mit der Kirche mitbeten zu können."[400] Theodor Heuss schenkt Adenauer zum 75. Geburtstag „im Namen des deutschen Volkes" eine Schallplattensammlung vorgregoriani-

---

[398] *Konrad Adenauer – Dora Pferdmenges*, S. 115.
[399] Brief an Pater Theodorus L. M. Stallaert, 16.1.1962. In: *Briefe 1961–1963*, S. 78. P. Stallaert war Archivar und Chronist des Redemptoristenklosters Roermond in den Niederlanden.
[400] Brief von P. Stallaert vom 8.1.1962. Ebd., S 360. Inwieweit die deutsche Sprache und gregorianischer Choral kompatibel sind, siehe: *Latein und Gregorianik in der nachkonziliaren Liturgie*. In: J. Laas (2013). *Das geistliche Chorwerk Max Baumann. Kirchenmusik im Spannungsfeld des Zweiten Vatikanischen Konzils*, S. 259ff. Vergl. in diesem Werk auch die Diskussion der *Deutschen Gregorianik*, die im Umfeld der katholischen Jugendbewegung um Prälat Ludwig Wolker (1887–1955) entstand, des Mitbegründers des Bundes der Deutschen Katholischen Jugend (BDKJ). In diesem umstrittenen Versuch wurden deutsche Texte gregorianischen Melodien unterlegt. Ebd., S. 212f.

scher Gesänge. Nur Pius XII. besitze noch diese wertvolle Sammlung, sagt man den Journalisten.[401]

Wie sehr der Messbesuch für Adenauer betrachtenden Charakter besaß, erschließt Pauls Hinweis auf ein kleines Gebetbuch Adenauers mit Gebeten und Gesängen der Ostkirche, „sprachlich großartige Texte, mit denen er seine Messe persönlich angereichert hat."[402] Möglicherweise wird sein Interesse an ostkirchlichem Denken und religiösem Empfinden auch auf seiner Moskaureise 1955 geweckt oder vertieft, von der noch die Rede sein wird. Im Musikzimmer seines Rhöndorfer Wohnhauses befindet sich jedenfalls eine russische Ikone, die er von dort mitbrachte. Sie stellt den heiligen Seraphim von Sarow (1759–1833) dar, einen der bedeutendsten Mystiker der russisch-orthodoxen Kirche, ein Starez wie in den Romanen Dostojewskis, der die Lehren des betrachtenden Lebens gerade auch den christlichen Laien nahebringen wollte. Adenauers Kalendarium vermerkt für den Vormittag des 12. September 1955, des entscheidenden Tages der Verhandlungen über das Schicksal der in Russland verbliebenen Kriegsgefangenen, einen Besuch der Basilius-Kathedrale in Moskau und der Ikonen-Sammlung der Tretjakow-Galerie: „Es waren prachtvolle Bauten und in ihnen ausgewählt schöne Kunstwerke."[403]

Dass Adenauer allerdings durchaus nicht alles, was manchen als „typisch katholisch-traditionelle Frömmigkeitsform" erscheinen mag, unkritisch praktiziert, verrät die folgende Bemerkung an seine evangelische Briefpartnerin: „Damit ich Ihnen nur nicht zu abergläubisch vorkomme, muss ich Ihnen doch sagen, dass ich über die Trierer Wallfahrten sehr empört bin; der Rock ist natürlich nicht echt; es gibt, glaube ich, 18 heilige Röcke, und die Kirche sollte etwas derartiges m. E. nicht begünstigen, obgleich sicher viele Wallfahrer dabei tief empfinden."[404] Empörend ist für ihn offenbar, dass die Frage nach der „Echtheit" der zur Verehrung ausgestellten Gegenstände von kirchlichen Autoritäten anscheinend als irrelevant angesehen wird, ein Eindruck, der für ihn bei 18 „Heiligen Röcken" entstehen muss. Offenbar

---

[401] H.-P. Schwarz (1986). *Adenauer. Der Aufstieg: 1876–1952*, S. 810.
[402] *Adenauer und die Kirchen*, S. 65.
[403] *Erinnerungen 1953–1955*, S. 533.
[404] Brief an Dora Pferdmenges vom 27.7.1933 (aus Maria Laach), S. 77.

wusste Adenauer nicht, dass nur für den Trierer Rock beansprucht wird, er sei das bei der Kreuzigung Jesu verloste Kleidungsstück.

Sinn für das Wesentliche des christlichen Wallfahrtsgedankens besaß Adenauer durchaus. So beantwortet er nach seiner Israel-Reise im Jahr 1966 die Frage, ob der Besuch der Stätten Jesu Christi seinen Glauben, seine Religiosität beeinflusst habe: „Belebt! Die Stätten, an denen Christus gewesen ist, namentlich das ganze Gebiet um den See Genezareth herum… – Christus ist ja nur drei Jahre öffentlich aufgetreten, so dass sich also sein Wirken begrenzt in der Hauptsache dort abgespielt hat –, wenn man das bedenkt und nun da hinkommt und das sieht, dann beeindruckt es einen doch sehr. Waren Sie auch in Kapernaum und auch bei dem Mosaikboden? (Ja). Sie wissen, das ist eine Kirche aus dem 4. Jahrhundert und der Fußboden auch, und dass dieselben Embleme sich jetzt noch dort befinden, das hat mich tief beeindruckt."[405] „Ich habe hier in Israel tiefere seelische Erschütterungen empfunden als in vielen Phasen meines Lebens", bekennt Adenauer Ben Gurion (1886–1973), dem ehemaligen israelischen Ministerpräsidenten, am letzten Tag seiner Reise.[406]

Wer den kontemplativen Charakter von Adenauers Frömmigkeit nachzeichnen möchte, muss auch auf sein Verhältnis zur Natur hinweisen, wie es sich etwa in seinen Briefen an Dora Pferdmenges erschließt: „Gestern war ein herrlicher Sonnenuntergang, ganz unbeschreiblich schön: der Strom, die Berge, die Wolken, der Himmel! Wenn man bedenkt, dass sich alle diese nach physikalischen Gesetzen erfolgenden Vorgänge des Lichts durch unser Auge und unseren Geist zu diesen wunderbaren Bildern formen: Dann hat man doch einen so fasslichen Beweis von Einem, der hinter alledem steht und der uns einen Blick in Sein Reich tun lässt durch die seelischen Fähigkeiten, die er uns gegeben hat, dass man niemals mehr kleinmütig sein sollte."[407]

Wie sehr Adenauers persönliche Frömmigkeit aber nicht nur kontemplativen Charakter besaß, sondern seinem Naturell entsprechend sich auch unmittelbar politisch auswirkte, zeigt sein persönliches Engagement für einen Ansatz zu tätiger Nächstenliebe, der ihm von seinem Sohn Paul und

---

[405] Interview mit Reinhard Appel am 15.5.1966. In: *Die letzten Lebensjahre 1963–1967*, Bd II, S. 531f.
[406] A. Poppinga (1970). *Meine Erinnerungen an Konrad Adenauer*, S. 374.
[407] Brief an Dora Pferdmenges vom 30.10.1935 (aus Unkel), S. 126.

dem jungen Kaplan Johannes Dörmann (1922–2009) nahegebracht wird. Beide Priester wurden von Joseph Teusch (1902–1976), dem damaligen Regens des *Collegium Leoninum* in Bonn und späteren Kölner Generalvikars unter Kardinal Frings geprägt. Später wird Dörmann Habilitand des jungen Bonner Professors für Fundamentaltheologie Joseph Ratzinger, des späteren Papst Benedikt XVI. Wegen fakultätsinterner Querelen, die sich auch an Dörmanns Habilitationsverfahren entzünden,[408] folgt Ratzinger einem Ruf an die Universität Münster, an der sich Dörmann habilitiert und ein bedeutendes Institut für Missionswissenschaft aufbaut. Ratzinger wird sich dennoch lebenslang gern an den Zauber Bonns in der späten Adenauerzeit erinnern: „Aber ich muss gestehen, dass mir das Heimweh nach Bonn, nach der Stadt am Strom, ihrer Heiterkeit und ihrer geistigen Dynamik geblieben ist", schreibt er 1998 als Kardinal in seinen Erinnerungen.[409]

Paul Adenauer stellt für Dörmann, der sich von Anfang an für Missionswissenschaft und Ethnologie interessiert, einen Kontakt zu seinem Vater her. Vor 1953 kommt es zu einer Begegnung im Rhöndorfer Wohnhaus Adenauers, bei der sich Dörmann für die Förderung des kulturellen Austausches mit Entwicklungsländern aussprach. Bei dieser Gelegenheit wurde der Gedanke entwickelt, dass kulturelles Verständnis ebenso wichtig sei, wie finanzielle und wirtschaftliche Hilfen und dass kirchliches und entwicklungspolitisches Handeln aufeinander abgestimmt sein müsse.[410] Angesichts des wirtschaftlichen Aufschwungs beginnt die Bundesrepublik bereits 1953, ein Jahr nach dem Auslaufen des Marshallplans signifikant Entwicklungshilfe zu leisten.[411] Ein

---

[408] G. Valente (2006). *Tradition und Freiheit: die Vorlesungen des jungen Joseph Ratzinger.* 30 Tage in Kirche und Welt. März 2006.

[409] „Stadt und Universität begeisterten mich: Der Hofgarten, durch den mich mein Weg an die nahegelegene Universität führte, verschwendete die volle Pracht des Frühlings in jenem sonnigen Jahr. […] Nachts hörte ich die Schiffe auf dem Rhein, der am Albertinum vorbeifließt. Der große Strom mit seiner internationalen Schifffahrt gab mir ein Gefühl der Offenheit und Weite, einer Berührung der Kulturen und der Nationen, die seit Jahrhunderten hier aufeinander trafen und sich befruchteten. Ich liebte das Rheinland, ich liebte meine Studenten und meine Arbeit an der Universität Bonn. […] Kehren wir zurück nach Bonn: das erste Semester bleibt wie ein Fest der ersten großen Liebe eine großartige Erinnerung." In: J. Ratzinger (1988). *Aus meinem Leben. Erinnerungen*, S. 133, 92, 93, 96.

[410] Persönliche Mitteilung an die Verfasser von Pfarrer Carl Rademaker, Bistum Augsburg, einem Schüler Prof. Dörmanns, der mit ihm bis zu seinem Tode in freundschaftlichem Kontakt stand.

[411] http://www.kas.de/wf/de/191.1959/.

Jahr später empfiehlt der 76. Deutsche Katholikentag in Fulda „eine deutsche Institution für die Ausbildung und Betreuung qualifizierter Laienkräfte" in Entwicklungsländern zu errichten, die 1958 als „Bischöfliches Hilfswerk Misereor e. V." durch Kardinal Frings gegründet und von Prälat Gottfried Dossing (1906–1997) bis 1977 geleitet wird.[412] Die Konzeption „Gegen Hunger und Krankheit in der Welt", die dem weltweit ersten Werk dieser Art zugrunde liegt, stammt von Generalvikar Teusch. Auch die gedanklichen Grundlagen für die „Bischöfliche Aktion Adveniat", die 1961 auf Bitten der Päpstlichen Kommission für Lateinamerika von den deutschen Bischöfen ins Leben gerufen wird, geht auf eine gemeinsame Initiative von Teusch und Frings zurück.

Bereits 1957 konstatiert Adenauer: „Die Feinde von heute sind nicht die anderen Nationen, sondern Armut, Unwissenheit, Krankheit, Diskriminierung. Um dies zu überwinden, brauchen wir eine Zusammenarbeit im Sinne der Menschheitsfamilie"[413], und bietet 1960 an, die neu gegründeten kirchlichen Entwicklungsdienste staatlich zu fördern, da durch Werke wie *Misereor* und *Adveniat* eine enge Verbindung zu den Bedürftigen gewährleistet würde.[414] Das Entwicklungsministerium gab es zu diesem Zeitpunkt noch nicht – es wurde erst am 14. November 1961 als „Bundesministerium für wirtschaftliche Zusammenarbeit" mit Walter Scheel (*1919) als erstem Minister gegründet.[415] Ursprünglich plante Adenauer begleitend zum Ministerium ein Bundesinstitut unter der Leitung Johannes Dörmanns zu schaffen, das die wirtschaftliche Aufbauhilfe durch religionswissenschaftliche und ethnologische Studien begleiten sollte.[416] Auf diese Weise sollte Verständnis für die Kulturen geweckt und vermieden werden, dass die finanziellen Hilfen auf rein wirtschaftliche Interessen beschränkt blieben. Dieser Plan gelang-

---

[412] J. Kardinal Frings (1958). *Abenteuer im Heiligen Geist.* Rede vor der Vollversammlung der deutschen Bischöfe in Fulda, 15.–21.8.1958. In: *MISEREOR – Zeichen der Hoffnung*, Gottfried Dossing zum 70. Geburtstag. S. 13ff.

[413] S. Barnet Fuchs (2012). *50 Jahre Entwicklungspolitik aus christlicher Verantwortung*, Im Plenum kompakt, Sankt Augustin, 2012. http://www.kas.de/wf/de/33.30436/.

[414] http://www.domradio.de/nachrichten/2012-09-05/niebel-zu-50-jahren-kirchliche-entwicklungszusammenarbeit.

[415] http://www.kas.de/wf/de/191.1959/.

[416] Persönliche Mitteilung an die Verfasser von Pfarrer Carl Rademaker, Bistum Augsburg, einem Schüler Prof. Dörmanns, der mit ihm bis zu seinem Tode in freundschaftlichem Kontakt stand.

te jedoch nicht zur Ausführung. Die kirchlichen Hilfswerke und ihre enge Zusammenarbeit mit staatlichen Stellen sind auch nach Adenauers Kanzlerschaft immer wieder Themen im diplomatischen Austausch mit dem Heiligen Stuhl.[417] 1963 wird im Beisein des Bundespräsidenten Heinrich Lübke (1894–1972), des US-amerikanischen Präsidenten John F. Kennedy und Adenauers in der Villa Hammerschmidt der „Deutsche Entwicklungsdienst" gegründet, der die personelle Entwicklungszusammenarbeit der Bundesrepublik Deutschland koordinierte und insbesondere den Anliegen Kennedys zur Förderung der Dritten Welt und Eindämmung des sowjetischen Einflusses entgegenkam. Zum Jahresbeginn 2011 ist er in der Deutschen Gesellschaft für Internationale Zusammenarbeit aufgegangen.

Im Rückblick weist sich Adenauers Konzeption der Entwicklungshilfe als ausgesprochen weitsichtig, wie eine Untersuchung des Jahres 2012 festhält: „Für die Form deutscher Entwicklungshilfe traf Bundeskanzler Adenauer eine weitreichende, bis heute gültige Entscheidung: Entwicklungshilfe sollte nicht von Staat zu Staat, von Regierung zu Regierung allein geleistet werden; es galt, die gesellschaftlichen, kirchlichen und politischen Organisationen und ihre Partner im Ausland in die Entwicklungshilfe miteinzubeziehen."[418]

3.2 Adenauer im Kölner Musikleben

Wie sehr sich Adenauers inneres Leben auch in seinen Freundschaften widerspiegelt, ist uns bereits bei der Betrachtung seines besonderen Verhältnisses zu dem Politiker Alcide De Gasperi aufgegangen. Auch klang bereits an, dass Züge seiner Religiosität in seinem Austausch mit bedeutenden Schriftstellern sichtbar werden. Einsichten in Adenauers religiöses Empfinden bieten in diesem Sinne aber auch seine sehr unmittelbaren Beziehungen zu Musikern seiner Zeit, wie dem Komponisten und Pianisten Walter Braunfels (1882–1954) und dem Dirigenten und Komponisten Otto Klemperer (1885–1973).

---

[417] Die Beziehungen der Bundesrepublik Deutschland zum Heiligen Stuhl 1949–1966, S. 398, 484, 506.
[418] P. Molt (2012). *Für Freiheit, Menschenrechte und Demokratie. Konrad Adenauer und die deutsche Entwicklungspolitik.* Die Politische Meinung, Juni 2012, S. 51ff.

Von dem „fast plötzlichen Erwachen" aus einem „geistig-kulturellen Ghetto" in der Kölner Zwischenkriegszeit, war bereits bei der Schilderung des kommunalpolitischen Wirkens Adenauers die Rede. „Es war einer der seltenen Abschnitte der jüngeren Kölner Kulturgeschichte, der von einem sich erneuernden Katholizismus mitgeprägt wurde", berichtet 1962 Walter Braunfels' ältester Sohn, der Kunsthistoriker Wolfgang Braunfels.[419] Die Abtei Maria Laach und der Katholische Akademikerverband Deutschlands um Prälat Franz Xaver Münch als Brennpunkte dieser religiös-kulturellen Bewegung wurden schon angesprochen. „Charakteristisch war die Wiederentdeckung der Liturgie – nicht als einer musealen, vielmehr lebensformenden Angelegenheit",[420] erinnert sich der Philosoph Balduin Schwarz (1902–1993), der u. a. in Köln studiert und bei Dietrich von Hildebrand promoviert hatte. Von Hildebrand war seinerseits mit Prälat Münch befreundet und stand dem Katholischen Akademikerverband nahe. Wie dicht das Netz der religiösen und kulturellen Bezüge um Adenauer als Kölner Oberbürgermeister gewoben und vom Gedanken des christlichen Abendlandes durchdrungen war, soll am Beispiel des Kölner Musiklebens dieser Jahre veranschaulicht werden.

Adenauer begegnet Walter Braunfels, seinem wichtigsten Mitarbeiter beim Wiederaufbau des Kölner Kulturlebens nach dem Ersten Weltkrieg, zum ersten Mal bei der Uraufführung von dessen *Te Deum* im Kölner Gürzenich. Die zeitgenössische Kritik spricht vom „größten Erfolg, den je eine Uraufführung in Köln hatte."[421] „Diese große Wirkung", heißt es in einer anderen Rezension der Uraufführung, „ist zuinnerst verankert in der Gläubigkeit und Hingabe des Künstlers an sein religiöses Ideal, ist sein Bekenntnis."[422] 72 Jahre später formuliert eine Würdigung: „Die Komposition der lateinischen Hymne ist ein ekstatisch leidenschaftliches Bekenntnis des Konvertiten zum Katholizismus. Ein Vergleich mit dem *Te Deum* von Anton Bruckner liegt nahe."[423]

---

[419] Rundfunksendung zu Braunfels' 80. Geburtstag (Bayrischer Rundfunk). Zitiert in: U. Vogt (1980). *Walter Braunfels (1882–1954)*, S. 169.

[420] B. Schwarz (1993). *Erinnerungen an das Wirken Dietrich von Hildebrands in Deutschland und Österreich.* In: *Dietrich von Hildebrand. Memoiren und Aufsätze gegen den Nationalsozialismus (1933–1938)*, S. 359.

[421] Rheinische Musik und Theaterzeitung, 1.3.1922. Zitiert in: U. Vogt (1980). *Walter Braunfels (1882–1954)*, S. 196.

[422] Ebd., S. 48.

[423] F. Haas (1994). *„Zeitlos unzeitgemäß." Über das kompositorische Werk von Walter Braunfels.*

Für Adenauer ist das *Te Deum* der unmittelbare Anlass, Braunfels zum Mit-direktor der von ihm neugegründeten Musikhochschule zu berufen, von der im Abschnitt über Adenauers kommunalpolitisches Wirken bereits die Rede war.[424] Ko-Direktor war Hermann Abendroth, Braunfels' Schulfreund aus Frankfurter Gymnasiumsjahren. Im Jahre 1917 zum katholischen Glauben konvertiert, bezeugt Braunfels seinen Glauben auch in anderen kirchenmusi-kalischen Werken, die in Köln uraufgeführt werden, wie seiner *Großen Messe* op. 37 (1926). Der nach einer Formulierung Alfred Einsteins „zeitlos un-zeitgemäße" Komponist Braunfels, der eigenständig neben Spätromantik und Klassischer Moderne steht,[425] wird nach Jahrzehnten fast vollständigen Ver-gessens seit den 1990er Jahren mit internationalem Erfolg wiederentdeckt.[426]

Eine indirekte Verbindung zwischen Braunfels und Adenauer bestand je-doch schon länger. Braunfels' Schwager Theodor Georgii (1883–1963), be-deutendster Schüler des Bildhauers Adolf von Hildebrand (1847–1921),[427] hatte 1916 nach dem Tode von Adenauers erster Frau Emma ihren Grab-stein geschaffen, der den Auferstandenen zeigt. Georgii konvertiert im Jahre 1921 und wird ein persönlicher Freund des damaligen Nuntius Eugenio Pacelli, des späteren Pius' XII. Pacellis Anteilnahme am kulturellen Leben in

---

Ebd., S. 20. Man höre: http://www.youtube.com/watch?v=ave9RVC6djs. 2013 wurde die Aufführung des *Te Deum* zum siebzigsten Geburtstag Braunfels' im Jahr 1952 nach digitaler Überarbeitung neu herausgegeben.

[424] U. Vogt (1980). *Walter Braunfels (1882–1954)*, S. 167.

[425] *„Zeitlos unzeitgemäß."* Der Komponist Walter Braunfels (1882–1954), S. 4. Alfred Einstein (1880–1952) war ein bedeutender deutsch-amerikanischer Kritiker und Musikwissenschaft-ler, der mit Béla Bartók, Bruno Walter, Edwin Fischer, Stefan Zweig, Thomas Mann, Fritz Busch, Paul Hindemith und Wilhelm Furtwängler in Kontakt stand. Sein Buch *Mozart, sein Charakter, sein Werk* (englisch 1945, deutsch 1947) war überaus einflussreich.

[426] So fragt sich *Die Zeit* in der Besprechung einer nach Jahrzehnten wieder auf die Bühne gebrachten Oper *Die Vögel* von Braunfels, „warum die Opernführer die insgesamt 9 Bühnen-werke des großen Humanisten Braunfels mit ihrer märchenhaften Suche nach einer besseren Welt bislang so schmählich verschwiegen haben" (22.9.1996, Nr. 39). Vergl. auch die Be-sprechung der Uraufführung von Braunfels' Oper *Scenen aus dem Leben der hl. Johanna* Op. 57 unter Christoph Schlingensief am 27. April 2008 in Berlin: G. R. Koch (2008). *Wunder geschehen anders, als wir glauben.* FAZ, 29.4.2008.

[427] Von Georgii stammt beispielsweise der nach seiner Zerstörung im Zweiten Weltkrieg wie-dererrichtete Wittelsbacher-Brunnen in München, eine der großartigsten Brunnenanlagen Deutschlands, die ursprünglich von seinem Schwiegervater Adolf von Hildebrand geschaffen wurde.

Deutschland zeigt eine Szene, an die sich Dietrich von Hildebrand erinnert: Als von Hildebrands Schwager Georgii den Nuntius für eine Büste modelliert, spielt sein anderer Schwager Braunfels aus Wagners Oper *Tristan und Isolde*, die Pacelli sehr geliebt habe.[428] Georgiis Grabstein schmückt heute Adenauers Familiengrab auf dem Rhöndorfer Waldfriedhof. Die persönliche Verbindung zwischen Georgii und Adenauer ist offenbar dauerhaft. Während des Dritten Reiches korrespondiert Adenauer mit Georgii und dieser besucht ihn in seinem Rhöndorfer Wohnhaus.[429]

Walter Braunfels war mit Bertha von Hildebrand verheiratet, der ehemaligen Verlobten des bedeutenden Dirigenten Wilhelm Furtwängler. Bertha, auch sie eine Konvertitin, war die jüngste Tochter Adolf von Hildebrands und Schwester des schon erwähnten, ebenfalls konvertierten Philosophen Dietrich von Hildebrand, über den der spätere Papst Benedikt XVI. festhalten wird: „Wenn in Zukunft einmal die intellektuelle Geschichte der katholischen Kirche im 20. Jahrhundert geschrieben wird, wird der Name Dietrich von Hildebrand unter den Gestalten unserer Zeit herausragend sein."[430] In Adenauers Rhöndorfer Privatbibliothek befinden sich gesammelte Abhandlungen und Vorträge Dietrich von Hildebrands mit dem Titel *Zeitliches im Lichte des Ewigen*.[431] Das Buch trägt die handschriftlichen Widmung *Denen, die Gott lieben, gereicht Alles zum Besten. März 1933*, die sich möglicherweise Franz Xaver Münch zuordnen lässt. Geschenkt wurden Adenauer diese Schriften Hildebrands demnach als Trost in Zeiten tiefster persönlicher Depression unmittelbar nach seiner Vertreibung aus Köln. Aus von Hildebrands Vorträgen über das Wesen der Ehe im Katholischen Aka-

---

[428] A. von Hildebrand (2000). *The Soul of a Lion*, S. 211. Braunfels Biographin berichtet eine Anekdote: „Während sein Schwager Georgii Eugenio Pacelli modellierte, hat ihm Braunfels auf dem Klavier vorgespielt. Einmal soll Pacelli so begeistert mit den Händen gestikuliert haben, das er zusammen mit dem hohen Stuhl, auf dem er saß, umfiel." U. Vogt (1980). *Walter Braunfels (1882–1945)*, S. 453.

[429] *Adenauer im Dritten Reich*, S. 319, 625.

[430] „I am personally convinced that, when, at some time in the future, the intellectual history of the Catholic Church in the twentieth century is written, the name Dietrich von Hildebrand will be most prominent among the figures of our time." Joseph Kardinal Ratzinger im Vorwort der Biographie von Hildebrands Witwe Alice: A. v. Hildebrand (2000). *The Soul of a Lion*, S. 12.

[431] D. von Hildebrand (1932). *Zeitliches im Lichte des Ewigen. Gesammelte Abhandlungen und Vorträge*. Regensburg 1932.

demikerverband um Prälat Münch geht beispielsweise ein bis in die 1980er Jahre einflussreiches Buch hervor,[432] zu dessen Veröffentlichung der päpstliche Nuntius Pacelli von Hildebrand persönlich ermutigt.[433]

Anrührend sind die Briefe aus der Brautzeit des Ehepaares Braunfels, in der sie sich über ihre Konversionspläne austauschen. Als Bertha von ihrem Übertritt in die katholische Kirche schreibt, der für sie ein Eintritt aus der heidnischen in die katholische Welt ist, kann Braunfels ihr „nichts anderes raten als ganz Deinem Herzen zu folgen", setzt aber hinzu, „auf mich warten darfst Du nicht…, mein Weg bis dahin ist noch weit. Wär' ich katholisch geboren, wie glücklich wäre ich dann; ich würde den Glauben, der mir in der Stunde der Not endlich aufgegangen ist, ganz in das Gefäß tragen, das mich aufzunehmen von Geburt an bestimmt war."[434] Wenig später bekennt er seiner Braut: „Mein Verstand hat die Wahrheit erkannt und meinem Herzen gelehrt. Aber das Herz will sich nicht ganz ausschütten."[435] Schließlich kann er am 15. Februar 1917 ausrufen: „Wie sichtbar hat Gott seine Güte über mir gebreitet! Grad' so musste es kommen: das ich menschlich erst auf's Tiefste gedemütigt würde, erst ganz zerwalkt, bis alle Hoffart und Härte mit entwiche, damit ich gereinigt wäre, um Gottes Stimme zu hören… Ich weiß, dass ich den Weg gefunden habe, der selig macht."[436]

Braunfels' Entwicklung zum Katholizismus wird geprägt durch die *Bekenntnisse Augustins* (354–430),[437] die Theologie des Altarssakraments in Raffaels (1483–1520) *La disputa del sacramento* in den Stanzen des Vatikan[438] und nicht zuletzt durch die Schriften des bedeutenden Dogmatikers Mathias Joseph Scheeben (1835–1888) am Kölner Priesterseminar.[439] Eine lebens-

---

[432] D. von Hildebrand (1929). *Die Ehe*. EOS Verlag, St. Ottilien 3. Auflage 1983.

[433] A. v. Hildebrand (2000). *The Soul of a Lion*, S. 212.

[434] Brief an Bertha von Hildebrand am 31.8.1916. Zitiert in: U. Vogt (1980). *Walter Braunfels (1882–1954)*, S. 449.

[435] Brief an Bertha von Hildebrand am 30.9.1916. Ebd.

[436] Brief an Bertha von Hildebrand am 15.2.1917. Ebd.

[437] „Ich kannte bisher nichts, was so persönlich war und dabei von den großartigsten Anschauungen durchtränkt", schreibt er an Bertel am 13.9.1906. Ebd., S. 450.

[438] Die *Disputa* habe ihn erkennen lassen, dass „Christus in demütiger Verborgenheit in der Kirche immer unter uns wohnt." Brief an Bertha von Hildebrand am 30.9.1916. Ebd.

[439] Ebd., S. 451.

lange Freundschaft verbindet Braunfels mit Prälat Franz Xaver Münch, bei dessen Tod er schreiben wird: „Mir ist ein unersetzlicher Freund dahin, und ich fühle mich noch vereinsamter."[440]

Das Denken von Braunfels' Schwager Dietrich von Hildebrand wird dagegen zunächst durch den von Adenauer an die Kölner Universität berufenen Philosophen Max Scheler (1874–1928) geprägt,[441] der in Köln ab 1919 lehrte und 1899 ebenfalls zum katholischen Glauben konvertierte. „Herr Scheler ist durch mich als katholischer Philosoph berufen worden", schreibt Adenauer im Rückblick. „Er hat auch mir gegenüber erklärt, dass er sich als solcher betrachte."[442] Möglicherweise auch durch die Scheidung von seiner Frau, einer Schwester Wilhelm Furtwänglers, entfremdete sich Scheler allerdings gedanklich immer mehr von der katholischen Kirche.[443]

Dietrich von Hildebrand ist es auch, der in seinem Schwager Braunfels den Gedanken zur Komposition seiner Oper *Die Vögel* op. 30 weckt, eines lyrisch-phantastischen Spiels nach Aristophanes (1913–1919). Diese durchaus politische Komödie, die im Dritten Reich verboten werden wird, begründet Braunfels' frühen Erfolg.[444] Im Jahr 1921 studiert Otto Klemperer, einer

---

[440] Ebd., S. 452.

[441] „Max Scheler's greatest gift to Dietrich was to open up for him the world of the supernatural. [...] No doubt, that sense of the supernatural was the crucial factor that led to Dietrich's conversion." A. v. Hildebrand (2000). *The Soul of a Lion*, S. 206.

[442] „Gleichzeitig mit ihm wurde ein Vertreter der liberalen und der sozialistischen Weltanschauung berufen. Die Berufung Schelers war bewusst und gewollt eine Professur der katholischen Weltanschauung." In: Brief an Stadtdechant Dr. Robert Grosche, Köln, vom 25.3.1947. In: *Briefe 1945–1947*, S. 455. Adenauer wollte durch die Berufung des Direktors des von ihm gegründeten „Instituts für Sozialwissenschaften" die katholische Soziallehre an der Kölner Universität verankern. Ausschlaggebend war Schelers Schrift *Der Formalismus in der Ethik und die materiale Wertethik* (1913–1916).

[443] „Die Entwicklung Schelers war dann ganz anders, als wir angenommen hatten. Ich habe in einer langen Unterredung, die ich mit ihm vor seiner Berufung an das Institut hatte, von ihm den Eindruck gewonnen, dass er innerlich völlig schwankend und ungefestigt sei. [...] es [ist] aber dann gelungen, meine Bedenken zu zerstreuen, so dass ich Scheler berufen habe. Die spätere Entwicklung Schelers hat mir Recht gegeben." In: Brief an Stadtdechant Dr. Robert Grosche, Köln, vom 8.4.1947. In: *Briefe 1945–1947*, S. 462. Siehe in dieser Hinsicht auch die Erinnerungen von Hildebrands in: A. von Hildebrand (2000). *The Soul of a Lion*, S. 188f., 213ff.

[444] Man höre: http://www.youtube.com/watch?v=UvNLIishI4g.

der bedeutendsten Dirigenten des 20. Jahrhunderts, Braunfels' *Die Vögel* am Kölner Opernhaus ein. Adenauer lernt die Oper auf diesem Wege kennen.

Die Libretto-Vorlage des Aristophanes entstand 414 v. Chr., nachdem eine der größten Flotten, die Athen je gebaut hatte, in See gestochen war, um die athenische Herrschaft über die Kolonien im Westen auszudehnen. Das „Wolkenkuckucksheim" der Vögel, wie Schopenhauer genial übersetzt, ist das komische Abbild der stolzen, herrsch- und genusssüchtigen Athener, die sich über die ehrwürdige Überlieferung einer maßvollen Politik hinwegsetzen. Braunfels geht frei mit der antiken Vorlage um, in die er sogar Eichendorff-Verse einwebt. Anlässlich einer Inszenierung in Mannheim 1922 erläutert er sein Reich der Vögel: „Das ‚Zwischenreich der Phantasie', nennt es Prometheus einmal, nicht der Erdenwelt ganz angehörig, auch nicht der überirdischen Welt ganz teilhaftig. Ein Spiegel des Lächelns der Gottheit, geschaffen, den Menschen zu erheben, zum Untergang verurteilt, wenn er sich gegen die Gottheit empört."[445] Besonders anrührend ist die Figur der Nachtigall: „Aristophanes […] hat nicht umsonst den Gesang der Nachtigall symbolisch in den Mittelpunkt seiner Komödie gestellt", erläutert Braunfels. „Sie, die in ihrem Gesang dem Menschen Repräsentantin der Sehnsucht geworden ist, hat in ihrer Kehle den Schlüssel zu einem vom Irdischen gelösten Reich."[446] Geprägt durch das humanistische Gymnasium und die sich an klassischen Vorbildern orientierende Kunst seines von ihm hochverehrten Schwiegervaters lebt für Braunfels im katholischen Glauben eine innerlich verwandelte und erlöste Antike weiter, ganz im Sinne der Vorstellungswelt des christlichen Abendlandes. Aus diesem Gedanken erfährt die Oper eine „christliche Wendung" im zweiten Akt, der mit dem christlich zu deutenden Hymnus einer demütigen Menschheit endet: „Groß ist Zeus, ewig, allgültig ist er, heilig er! Lob ihm, ewig Preis!" Zeitgenossen haben darin die Vorwegnahme von Braunfels' *Te Deum* gesehen, auch aufgrund einiger gregorianisch und kirchentonal gefärbter Wendungen. Selbstironisch schreibt Braunfels: „Ach, meine katholischen Vögel!"[447]

In seiner Kritik würdigt Alfred Einstein dieses Werk: „Ich glaube nicht, dass über die Opernbühne je ein so absolutes Künstlerwerk gegangen ist wie

---

[445] Zitiert in: U. Vogt (1980). *Walter Braunfels (1882–1954)*, S. 237.
[446] Interview mit den Münchener *Neuesten Nachrichten*, 30.11.1920. Ebd., S. 237.
[447] Ebd., S. 235f.

dieses ‚Lyrisch-phantastische Spiel nach Aristophanes‘. Man kann und muss es in seiner Notwendigkeit mit den *Meistersingern* und mit dem *Palestrina* Pfitzners vergleichen. Man merkt, das ist kein Text und keine Handlung, die ‚vertont‘ werden, zu denen man Musik machen kann, sondern der Text ist die Seele der Musik; szenisches Bild, Worte, Musik sind ein untrennbares Ganzes.“[448] Dietrich von Hildebrand schildert die Wirkung *Der Vögel* auf ihn im Wien des Jahres 1933: „Aber zu meiner großen Freude wurde […] ein wirkliches Stück von Braunfels gespielt und zwar die entzückende Taubenhochzeit aus den *Vögeln*. Ich kann schwer beschreiben, wie es mich beglückte und rührte. Jetzt, wo Walters Musik in Deutschland verboten war als Judenmusik, plötzlich die Stimme dieser Musik im Radio in Wien zu vernehmen, war schon an sich ergreifend. Aber vor allem stand in diesem Moment die ganze schöne Welt seiner Musik, ihre große Poesie, ihre Wärme, ihr inneres Glück vor meinem Geist – diese Musik, die so tief mit meinem Leben verbunden war, so hineinverwoben in große und bedeutsame Zeiten meines Lebens.“[449] Braunfels’ Sohn Wolfgang betont die geistigen Folgen der Konversion seines Vaters, die sich in seinen *Vögeln* zeigten. Für ihn „war aus einem Kritiker an der gesättigten Kunstwelt des Bürgertums ein Konservativer geworden, der mit verjüngtem Optimismus an die Möglichkeit einer Wiederherstellung des abendländischen und deutschen Humanismus und des Christentums als die Gesamtkultur beherrschenden Kraftquellen geglaubt hat. Der Bruch wird in den *Vögeln* selbst zum Ereignis.“[450]

Otto Klemperers Einstudierung *Der Vögel* am 11. November 1920 in Köln zu Beginn des Karnevals wird begeistert aufgenommen und „Kassenstück“: bereits in der ersten Saison werden 17 Vorstellungen gegeben.

Wie Braunfels konvertiert auch Klemperer zum katholischen Glauben, zu dem er über die Abtei Maria Laach findet. Nach einer erfolgreichen Gastvorstellung des *Fidelio* im Jahre 1917 wird Klemperer zunächst 1. Kapellmeister und 1922 durch Adenauers persönlichen Einsatz Generalmusikdirektor an

---

[448] In: *„Zeitlos unzeitgemäß.“ Der Komponist Walter Braunfels 1882–1954.* S. 46.
[449] D. von Hildebrand. *Memoiren 1921/23 und 1932–1937.* In: *Dietrich von Hildebrand. Memoiren und Aufsätze gegen den Nationalsozialismus (1933–1938),* S. 68.
[450] Rede anlässlich des 80. Geburtstags seines Vaters. Zitiert in: U. Vogt (1980). *Walter Braunfels (1882–1954),* S. 236.

der Kölner Oper. Die beiden Männer verbindet ein enges persönliches Verhältnis,[451] das sich auch darin zeigt, dass Adenauer und Klemperer in den Kölner Fronleichnamsprozessionen Seite an Seite gehen.[452] Der katholischen Geisteswelt begegnet Klemperer jedoch bereits in Straßburg, wo er als Assistent seines Lehrers Hans Pfitzner (1869–1949) wirkt. Auch Braunfels ist mit Pfitzner persönlich verbunden und wirkt im Vorstand des 1918 von Thomas Mann ins Leben gerufenen Hans-Pfitzner-Vereins.[453]

„Später in Straßburg war ich sehr beeindruckt vom Münster und den Gottesdiensten da", erinnert sich Klemperer im Alter.[454] „Mir gefielen die Musik und die Farben, das ganze Theater der katholischen Liturgie, auch die Disziplin. Ich dachte, mein Gott, Leute wie Mozart, Beethoven und Schubert waren katholisch, es kann nicht allzu schlimm sein." Pfitzner orchestriert während dieser Zeit sein Hauptwerk *Palestrina*. Diese Musikalische Legende rankt sich um den italienischen Komponisten und Erneuerer der Kirchenmusik Giovanni Pierluigi da Palestrina (1525/26–1594), seine *Missa Papae Marcelli* und den Kampf um die polyphone Kirchenmusik während des Trienter Reformkonzils (1545–1563).[455] Aber auch Straßburgs lebendige Bach-Tradition prägt Klemperer. Die Bach-Interpretation des Arztes und Organisten Albert Schweitzer (1875–1965), dem er dort begegnet, empfindet er jedoch als „altväterlich".[456] Im Alter wird Klemperer bekennen, Bachs h-Moll-Messe sei „die größte und einzigartigste Musik, die je geschrieben worden ist."[457]

---

[451] K. W. Niemöller (2012). *„Missa Sacra" – Die kompositorische Hinwendung des Kölner Opernkapellmeisters Otto Klemperer zum Christentum*. In: *Christus. Zur Wiederentdeckung des Sakralen in der Moderne*, S. 359.

[452] P. Heyworth (1983). *Otto Klemperer. His Life and Times (1885–1933)*, S. 195.

[453] K. Pollems (1994). *„Ganz München ist eben so mit Künstlertum durchtränkt …."* In: *„Zeitlos unzeitgemäß." Der Komponist Walter Braunfels (1882-1954)*, S. 5.

[454] P. Heyworth (1973). *Gespräche mit Klemperer*, S. 89.

[455] Über eine Inszenierung im Jahre 2011: P. Hagmann (2011). *Der Künstler – mächtig in seiner Autonomie. «Palestrina», das Hauptwerk von Hans Pfitzner, am Opernhaus Zürich*. Neue Züricher Zeitung, 12.12.2011. http://www.nzz.ch/aktuell/feuilleton/buehne_konzert/der-kuenstler--maechtig-in-seiner-autonomie-1.13603142.

[456] P. Heyworth (1983). *Otto Klemperer. His Life and Times (1885–1933)*, S. 103.

[457] „[…] the greatest and most unique music ever written." In: P. Heyworth (1996). *Otto Klemperer. His Life and Times (1933–1973)*, S. 333. Klemperers eigene Einspielung gilt noch heute als Referenz (London 1967, Elec 1C 165 – 00 090-92).

Während seiner Straßburger Zeit entstehen, zum Teil nach eigenen religiösen Gedichten, sechs Lieder,[458] die sich harmonisch an der Grenze der Tonali-
tät bewegen, wie *Aus tiefer Not schrei ich zu dir* und ein bewegendes *Gebet* um
göttliche Führung in einem *traurig Leiden*. Passagen wie „Führe mich, der ich
gewagt hab', steilen Weg zu wandeln" sprechen von seinen gefährdeten Seelen-
zuständen. Die Schwermut bleibt Klemperers Begleiterin – seine lebenslange
Freundin Katia Mann,[459] die Frau Thomas Manns, deren Sohn Golo Adenauer im Alter nahekommen wird, spricht von „Klempis Psycherl".[460] Durch
den zuletzt in Straßburg lehrenden Philosophen Georg Simmel (1858–1918)
wird Klemperer u. a. mit den Schriften Friedrich Nietzsches vertraut.[461]

Musikalisch besitzt für ihn in dieser Zeit auch Mozarts/Da Pontes *Don Giovanni* große Bedeutung.[462] Klemperer wird der Welt um die literarischen Gestalten *Don Giovanni* und *Faust* verhaftet bleiben. Katias Mann Thomas wird
die Uraufführung der *Apocalypsis cum figuris* des Komponisten Adrian Lever-
kühn seines Romans *Doktor Faustus* „unter Klemperer" ansetzen. Auch Braunfels hat Wurzeln, die in diese Vorstellungswelt reichen, wie seine 1922–1924
in Köln entstandenen *Don-Juan-Variationen für großes Orchester* op. 34 zeigen.

„Dann kam ich nach Köln, das ist viel katholischer als Straßburg."[463]
Klemperer beeindrucken die romanischen Kirchen, vor allem St. Maria im
Kapitol, und die Begegnung mit katholischen Intellektuellen wie dem Prä-

---

[458] O. Klemperer (1915). *Lieder für eine Singstimme und Klavier*. Mainz, Schott, Verl.-Nr.
30261–30263, 1915.
[459] „[...] und nannte mich immer mit Recht Ihres Vaters älteste Freundin", schreibt Katia
Mann an Klemperers Tochter Lotte. In: I. u. W. Jens (2003). *Frau Thomas Mann. Das Leben
der Katharina Pringsheim*, S. 289.
[460] „Katia freute sich an den Triumphen des Freundes, notierte sorgfältig seine Auftritte und
litt mit ihm, wenn das ‚Psycherl' ihn zum Innehalten zwang. Der große Dirigent war für sie
ein von Ruhm und äußerster Bedrohung gezeichnetes Genie, grandios und ‚wunderlich' zugleich – in seiner Art des Dirigierens im Alter selbst Bruno Walter weit voraus. Ebd., S. 288.
[461] „Yet, like so many other young men in the early years of this century, Klemperer was also
intoxicated by the heady brew of Nietzsche. As he himself ruefully admitted, he was at this pe-
riod of his life like a first year philosophy student, eagerly tasting all that was put before him,
without much sense of discernment or direction." In: P. Heyworth (1983). *Otto Klemperer.
His Life and Times (1885–1933)*, S. 102.
[462] Ebd., S.103.
[463] P. Heyworth (1973). *Gespräche mit Klemperer*, S. 89f.

laten Franz Xaver Münch und dessen Katholischem Akademikerverband. Hier ergeht es ihm wie Walter Braunfels und Dietrich von Hildebrand. Auch Klemperer fesseln die Vorlesungen Max Schelers: „Scheler hatte einen starken Einfluss auf mich. Aber man sollte nicht glauben, dass ich durch ihn Katholik geworden bin."[464] Klemperers Entschluss zur Konversion reift: „So ging ich jeden Abend zu einem Jesuiten zur Unterweisung."[465] Nach seiner Taufe im Jahre 1919 wird für ihn die Kar- und Osterliturgie der Benediktinermönche in Maria Laach[466] zum umwälzenden Erlebnis.[467] Dort vollendet er seine *Missa Sacra*,[468] deren Komposition er unmittelbar nach seiner Taufe begonnen hatte. Sie ist Max Scheler gewidmet; Klemperer selbst dirigiert 1923 die Uraufführung im Kölner Gürzenich.

Fast ein halbes Jahrhundert nach seiner Konversion wird Klemperer jedoch zum Judentum zurückkehren. „Aber das Motiv für Ihre Konversion waren Glaube und intellektuelle Überzeugung?", fragt ihn sein Biograph im Alter und mit der Antwort: „(Nach einer langen Pause) Ja. (Obwohl Sie jetzt nicht mehr katholisch sind?) Ich trat offiziell im Februar 1967 aus der Kirche aus. Alles in allem glaube ich, dass Religion eine absolut persönliche Sache ist", verweigert Klemperer jede weitere Auskunft.[469] Über seine Gründe kann man daher nur spekulieren.[470] Möglicherweise zeichnet sich für ihn ab der zweiten Hälfte der 1960er Jahre das Erlöschen der geistigen Welt ab, unter deren Einfluss er im Köln Konrad Adenauers katholisch geworden war. Im

---

[464] Ebd., S. 88.

[465] Ebd., S. 90.

[466] Auf dieser Reise begleitet ihn Ernst Robert Curtius (1886–1956), der spätere bedeutende Romanist an der Universität Bonn. In: K. W. Niemöller (2012). *„Missa Sacra" – Die kompositorische Hinwendung des Kölner Opernkapellmeisters Otto Klemperer zum Christentum. In: Christus. Zur Wiederentdeckung des Sakralen in der Moderne*, S. 363.

[467] „[...] to experience for the first time and to the full the culmination of the Christian year." In: P. Heyworth (1983). *Otto Klemperer. His Life and Times (1885–1933)*, S. 138.

[468] *Missa Sacra* für drei Soprane, Alt, Tenor, Bass, Chor, Kinderchor, Orgel und Orchester. Klavierauszug: 1919, Partitur: 1969. Zur musikwissenschaftlichen Einführung in dieses Werk siehe: K. W. Niemöller (2012). *„Missa Sacra" – Die kompositorische Hinwendung des Kölner Opernkapellmeisters Otto Klemperer zum Christentum. In: Christus. Zur Wiederentdeckung des Sakralen in der Moderne*, S. 365.

[469] P. Heyworth (1973). *Gespräche mit Klemperer*, S. 90f.

[470] „To the end of his life he remained a homo religious. [...] Klemperer remained clamlike on all issues of belief. For him these were, as he put it, strictly ‚Privatsache'". In: P. Heyworth (1996). *Otto Klemperer. His Life and Times (1933–1973)*, S. 137.

gleichen Jahr 1967 erscheint jedenfalls das zu seiner Zeit einflussreiche Buch seines Freundes Dietrich von Hildebrand, das die Zerfallserscheinungen im Innenraum der katholischen Kirche zu analysieren versucht.[471] Klemperer bleibt jedoch ein zutiefst religiöser Mensch, von dem Katia Mann ihrem Bruder schreibt, „Klempi [sei] kürzlich zum Glauben der Väter zurückgekehrt, besucht fleißig den Tempel und hält die Riten."[472] Seine Musikerkollegen bezeugen, er habe sich seit seiner Konversion vor jeder Reise, jeder Probe und jedem Auftritt im Gebet gesammelt.[473]

Seine sieben Kölner Jahre sind für den hochbegabten Musiker nicht einfach. Mehrmals wendet sich Klemperer in brisanten Situationen unmittelbar an Adenauer, der ihn bis zuletzt unterstützt. Seine Opernhauskonzerte, Uraufführungen und Inszenierungen zeitgenössischer Opern wie Braunfels *Die Vögel* oder Pfitzners *Palestrina* machen Köln zur „Musikmetropole des Westens"; dankbar geben ihm die Kölner den spöttisch-ehrenvollen Titel „Klémpéreur de l'opéra". Adenauer muss allerdings oft eingreifen und schlichtet Musikerstreit auf seine Art, etwa indem er einen Kollegen Klemperers ebenfalls als 1. Kapellmeister tituliert, Klemperer jedoch den Zusatz „Oberster musikalischer Leiter" gibt. Wie sehr sich Adenauer im Kölner Musikleben engagiert, zeigt eine anekdotische Erinnerung Klemperers: „Wir brauchten einen Cellisten für das Orchester. Es kamen also viele Musiker und Herr Abendroth, der Chef der Gürzenich-Konzerte, und meine Wenigkeit saßen

---

[471] D. von Hildebrand (1967). *Trojan Horse in the City of God*. Chicago 1967. Dt. Übers. *Das trojanische Pferd in der Stadt Gottes*. Regensburg 1968.

[472] In diesem Brief heißt es auch: „Die Nachrichten vom siegreichen Blitzkrieg [Israels gegen Ägypten] trafen gerade ein, als Klempi in der ausverkauften Tonhalle Mahlers zweite Symphonie aufführte – großartig und mit triumphalem Erfolg. Der Gute war ganz außer sich vor Stolz und Freude über die Heldentaten seines Volkes." Brief an Klaus Pringsheim vom 24.6 1967. Zitiert in: I. u. W. Jens (2003). *Frau Thomas Mann*, Reinbek 2004, S. 289. Bei der ersten Begegnung im Florenz des Jahres 1933 notiert Dietrich von Hildebrand eine vergleichbare Beobachtung: „Ich hatte aber leider den Eindruck, dass er die Nazis vor allem deswegen hasse, weil sie ihn entlassen hatten. Dann kam vielleicht der Grund des Antisemitismus der Nazis dazu. Aber die furchtbare Doktrin, die Verherrlichung der Gewalt, der idolatrische Nationalismus regten ihn nicht primär auf." In: D. von Hildebrand. *Memoiren 1921/23 und 1932–1937*. In: *Dietrich von Hildebrand. Memoiren und Aufsätze gegen den Nationalsozialismus (1933–1938)*, S. 48f.

[473] K. W. Niemöller (2012). *„Missa Sacra" – Die kompositorische Hinwendung des Kölner Opernkapellmeisters Otto Klemperer zum Christentum*. In: *Christus. Zur Wiederentdeckung des Sakralen in der Moderne*, S. 363.

also da und ließen uns vorspielen. Aber wir konnten uns nicht einigen. Er war für X, ich war für Y. Ja, es endete damit, dass wir zum Oberbürgermeister Adenauer gingen, der sicherlich Wichtigeres zu tun hatte, als einen Cello-Posten zu besetzen. Abendroth fing an: ,Wenn der Vorschlag des Herrn Klemperer angenommen wird, dann ist ja meine Stellung gleich null, und ich trete zurück.' Darauf wandte sich Adenauer an mich: ,Na, das wollen Sie doch sicher nicht, dass Herr Abendroth zurücktritt.' Eigentlich hätte ich sagen sollen: ,Ja, doch' Aber ich sagte dann: ,Natürlich nicht.' ,Nun, dann wollen wir uns auf seinen Vorschlag einigen.' Er sagte uns Adieu, doch dann fügte er noch dazu: ,Herr Klemperer, ich möchte Sie noch n' Moment alleine sprechen.' Abendroth verschwand, und Adenauer fuhr fort: ,Ich wollte Ihnen nur noch sagen, dass die Stadt sich entschlossen hat, Ihnen den Titel und die Funktion eines Generalmusikdirektors zu verleihen.'"[474] Das Gespräch findet im Herbst 1922 statt; die offizielle Ernennung wird im Dezember verkündet. Es ist also davon auszugehen, dass Adenauer den Beschluss der „Stadt" im Gespräch mit Klemperer spontan fasste.

Als sich Klemperer 1924 die Möglichkeit bietet, nach Berlin zu wechseln, löst er den Kölner Vertrag und bricht auch menschlich alle Brücken hinter sich ab. Da das Berliner Engagement weder die erhofften künstlerischen Freiheiten noch einen sichereren Lebensunterhalt für seine Familie bietet, setzt sich Adenauer für Klemperers Rückkehr nach Köln ein, obwohl sich die Stadt bereits vertraglich an seinen Nachfolger gebunden hat. Adenauers Bemühungen bleiben erfolglos. „Ich bedaure außerordentlich […] Ihren Weggang von Köln", muss er Klemperer in einem sehr persönlichen Brief schreiben. „Wie Sie mir selbst mündlich erklärt haben, war es, als Sie die Lösung des Vertrages mit uns erbaten, Ihr fester Entschluss, nach Berlin zu gehen. […] Ich möchte Ihnen bei Ihrem Weggehen von Köln […] von Herzen danken für alles das, was Sie während der 7 Jahre Ihrer hiesigen Tätigkeit uns geschenkt haben. Sie dürfen versichert sein, dass Ihr Wirken, Ihre künstlerische Eigenart und Ihre außerordentlichen Leistungen bei uns unvergessen bleiben werden."[475]

---

[474] P. Heyworth (1973). *Gespräche mit Klemperer*, S. 74f.
[475] C. Valder-Knechtges (1995). *... wie war unsere Arbeit damals schön ...*, S. 65.

In seinen Berliner Jahren wird Klemperer vor allem durch den katholischen Geistlichen und Hochschullehrer Johannes Pinsk (1891–1957) geprägt, der sich besonders für die Pflege des Gregorianischen Chorals einsetzt.[476] Hier entsteht u. a. Klemperers *Pater Noster und Ave Maria für eine hohe Singstimme*[477]. Auch Pinsk steht in Verbindung mit Prälat Münch sowie Abt Herwegen von der Abtei Maria Laach, in der er 1933 Benediktineroblate wird.

Im Florenz des Jahres 1933 begegnet Klemperer Dietrich von Hildebrand persönlich, dem Schwager seines Kölner Musikerkollegen Braunfels, von dem er spontan beeindruckt ist.[478] Die sich entwickelnde Freundschaft glänzt in den Erinnerungen von Hildebrands gewissermaßen in den letzten Sonnenstrahlen des christlichen Abendlandes: „In diesem Frühjahr kam auch Klemperer zu mir oder rief mich an. Er war von Florenz nach Wien gezogen und wohnte in dem Schloss Schönbrunn, in einer der schönsten Wohnungen, die ich je gesehen. Der herrlichste Parkettboden, den man sich denken kann, entzückende Barockmöbel, wunderbare Decken mit Ornamenten und vor allem ein Blick in den kleinen, von Rosen erfüllten Garten. Es war eine absolute Figarowelt – ein Gipfel der Kultur und der schönen Welt. Hier hatte Kaiser Karl[479] früher gewohnt. Klemperers luden uns öfter ein. Jetzt lernte ich auch seine Frau kennen und seine Tochter Lotte, die noch ganz jung war, vielleicht 10–12 Jahre. Seine Frau war eine Rheinländerin. […] Ich kann es schwer in Worte fassen, wie schön es war, wenn wir zum Abendessen dort eingeladen waren. Es war noch hell, weil im Juni die Sonne ja erst spät untergeht, wir aßen im Garten vor dem Haus – und die einzigartige Welt, die Welt Österreichs, die Welt des Rokoko, die Figarowelt umfing einen in der beglückendsten Weise."[480]

---

[476] „Sein großer Freund in Berlin war Pinsk gewesen." In: *Dietrich von Hildebrand. Memoiren und Aufsätze gegen den Nationalsozialismus (1933–1938)*, S. 108.

[477] O. Klemperer (1931). *Pater Noster und Ave Maria für eine hohe Singstimme mit Begleitung von Streichinstrumenten oder eines Tasteninstruments.* Mainz, Schott, Verl.-Nr. 32914, 1931.

[478] „No one Klemperer encountered in Florence made so deep an impact on him as the philosopher Dietrich von Hildebrand." In: P. Heyworth (1996). *Otto Klemperer. His Life and Times (1933–1973)*, S. 5.

[479] Karl I. (1887–1922), 1916–1918 letzter Kaiser von Österreich, 2004 durch Papst Johannes Paul II. seliggesprochen.

[480] D. von Hildebrand. *Memoiren 1921/23 und 1932–1937.* In: *Dietrich von Hildebrand. Memoiren und Aufsätze gegen den Nationalsozialismus (1933–1938)*, S. 98.

Im Gegensatz zu Klemperer bleibt Walter Braunfels Köln verbunden. Bedeutende Dirigenten wie Bruno Walter (1876–1962) oder Wilhelm Furtwängler (1886–1954) führen in Köln Braunfels' Kompositionen auf. Von Braunfels' Wirken als Leiter der Kölner Musikhochschule war schon die Rede. Bis zur Machtergreifung entwickelt sich Köln zu einer kulturellen Metropole. Neider nennen Braunfels den „Musikpapst des Westens".[481]

Wie Adenauer wird Braunfels 1933 von den nationalsozialistischen Machthabern aus Köln vertrieben, bleibt aber mit Adenauer im Austausch: „Geistige Fäden sind ja nicht an Raum und Zeit gebunden", heißt es in einem Brief Adenauers an ihn, „und so denke ich, dass wir trotz örtlicher Entfernung in unseren Beziehungen zueinander die Alten bleiben."[482] Braunfels überlebt das „Dritte Reich" in Überlingen am Bodensee. In diesen Jahren der „inneren Emigration" entsteht ohne Aussicht auf Aufführung ein Kantatenzyklus für die hohen Feste des Kirchenjahres, verschiedene Instrumentalkompositionen und drei Bühnenwerke, wie *Verkündigung, ein Mysterium nach Paul Claudel „Verkündigung"* op. 50 (1933–35).[483] Im brieflichen Gedankenaustausch nimmt Adenauer Anteil an Braunfels' kompositorischem Schaffen: „Von Ihnen hoffe ich bald etwas zu hören, wie es Ihnen allen geht und ob Sie arbeiten können. … Und nun, was machen Sie? Komponieren Sie viel? … Arbeiten Sie so viel wie nötig, aber bleiben Sie schaffensfroh!"[484]

Während Braunfels an seinen *Scenen aus dem Leben der heiligen Johanna* komponiert, schreibt ihm Adenauer: „Was Sie über Ihre Arbeit sagen, inte-

---

[481] R. v. Zahn (1994). *„Erziehung durch die Musik, nicht nur zur Musik". Walter Braunfeld und die Staatliche Hochschule für Musik Köln.* In: *„Zeitlos unzeitgemäß." Der Komponist Walter Braunfels (1882–1954),* S. 35.

[482] Brief an Walter Braunfels am 22.12.1937. In: *Adenauer im Dritten Reich,* S. 323.

[483] Braunfels' Werke dieser Schaffensperiode sind u. a.: *Verkündigung, ein Mysterium nach Paul Claudel „Verkündigung"* op. 50 (1933–35), nach dem Schauspiel *L'Annonce fait à Marie* von Paul Claudel, übers. von dem Verleger Jakob Hegner; *Der Traum ein Leben.* Oper nach Grillparzer op. 51 (1934–37); *Weihnachtskantate* op. 52 (1934-37); *Die Gott minnende Seele nach Mechthild von Magdeburg* op. 53 (1935–36); *Passionskantate* op. 54 (1936-43); *Osterkantate* op. 56 (1938–44); *Scenen aus dem Leben der hl. Johanna* Op. 57 (1939-43). Oper mit eigenem Libretto nach den Prozessakten; *Von der Liebe süß und bittrer Frucht, japanische Gesänge für Sopran und Orchester* op. 62 (1944/45).

[484] Aus Briefen an Walter Braunfels vom 21.12.1941, 1./2.4.1942, 4.4.1944. In: *Adenauer im Dritten Reich,* S. 372, 377, 402.

ressiert mich sehr, die Johanna ist ja eine in Wahrheit mystische Persönlichkeit, eine schöne, aber schwere Aufgabe.“[485] In einem anderen Schreiben fragt er Braunfels nach der Persönlichkeit Jeanne d'Arcs (†1431): „Darf ich mir die Frage erlauben, was es denn nach Ihrer Meinung mit ihr war? Ihre ganzen ‚Stimmen‘, ihr Einfluss auf den König, lassen sich ja auf natürliche Weise erklären, auch die Tatsache, dass sie, das einfache Mädchen, glaubte, diese Aufgabe erfüllen zu müssen. Ist wirklich ein übernatürlicher Einfluss durch sie tätig gewesen in anderer Form und in stärkerer Weise, als allen bedeutenden Menschen? Ich zweifle daran.“[486] Worum es in diesem Austausch zwischen Adenauer und Braunfels ging, wird möglicherweise durch einen Brief Braunfels' an einen seiner Söhne deutlich: „Die *Verkündigung* ist durchaus unwirklicher, bild-gleichnishaft an die religiöse Welt herangehend (auch das Mittelalter ist irgendwie traumhaft gesehen, wie ein Teppich gewebt), dagegen die *Johanna*, die ich nicht umsonst ‚Handlung‘ genannt habe, ganz real ist. Ihre Wunder sind so natürlich wie die Vorgänge der Natur. Für Zwischenfarben ist in ihr kein Platz, selbst Johannas Träume müssen etwas Handgreifliches haben; denn eine ‚Träumerin‘ hätte niemals Frankreich befreit, nur einer von Gott sichtlich geleiteten, willensstarken Magd stand es zu.“[487]

16 Jahre später wird Adenauers Sohn Paul im Marienwallfahrtsort Banneux in den belgischen Ardennen der hl. Jeanne d'Arc, der Patronin Frankreichs, und dem Erzengel Michael eine Kapelle weihen, zu der Adenauer die Glocke stiftet. Braunfels' Oper wurde erst am 31. August 2001 in Stockholm konzertant uraufgeführt. Die szenische Uraufführung fand unter Christoph Schlingensief (1960–2010) am 27. April 2008 in Berlin statt.[488]

Im Adenauers Briefen an Braunfels wird deutlich, dass im Rheinland trotz Krieg und Zerstörung das musikalische Leben nicht völlig erloschen ist: „Wir hörten die Matthäuspassion in der Münsterkirche in Bonn […]

---

[485] Brief an Walter Braunfels am 21.3.1940. In: *Adenauer im Dritten Reich*, S. 355.
[486] Brief an Walter Braunfels am 4.4.1944. Ebd., S. 402.
[487] U. Jung (1980): *Walter Braunfels (1882–1954)*, S. 406.
[488] G. R. Koch (2008). *Wunder geschehen anders, als wir glauben.* Frankfurter Allgemeine Zeitung, 29.4.2008, http://m.faz.net/aktuell/feuilleton/oper-wunder-geschehen-anders-als-wir-glauben-1542742.html.

im Rahmen dieser schönen Kirche war es die eindrucksvollste Aufführung, die ich gehört habe."[489] Auch über die Verhältnisse im Köln der Kriegsjahre hält Adenauer seinen Freund auf dem Laufenden: „Das Verhängnis, das Köln betroffen hat, ist in Wahrheit furchtbar. Hinter den Ruinen steht unendlich viel persönliches Leid", schreibt er 1942 und berichtet Braunfels wie zum Trost: „Die Musikschule ist unversehrt. […] Sie haben die Wahrheit gesagt: Wir sind Objekte eines ungeheuren göttlichen Vollziehens." Im letzten Brief zu Kriegszeiten mit Grüßen zum Pfingstfest heißt es: „Wenn nur der Geist sich unser bald erbarmen wollte! […] Das arme Köln sieht schrecklich aus. Man sollte es nicht für möglich halten, dass die frühere Verwüstung noch derartig hätte gesteigert werden können."[490] 1945 für kurze Zeit erneut Oberbürgermeister von Köln, ruft Adenauer den zunächst widerstrebenden Braunfels aus der Ruhe seines kompositorischen Schaffens zurück, um die Kölner Musikhochschule ein zweites Mal aufzubauen.[491] Geradezu rührend beginnt ein Brief Braunfels' im Jahr 1948: „Lieber, verehrter Herr Oberbürgermeister, verzeihen Sie die nun schon lange überholte Anrede, aber trotz aller Ihrer Würden bleiben Sie es für mich eben doch."[492] Mit persönlicher Anteilnahme und einer musikalischen Metapher ermutigt Adenauer Braunfels in den Mühen des Wiederaufbaus: „Dass die Musikhochschule beginnt, ist mir eine große Freude. Ich werde versuchen bei der Eröffnung zugegen zu sein. […] Ich freue mich von Herzen, dass Sie so jugendfrisch sind und eine solche Schaffenslust haben. Ich weiß, dass Ihnen umso wohler ist, je mehr Arbeit es gibt. Alles was wir jetzt tun, ist z. Z. ein Fantasiestück; aber es ist viel besser, als wenn wir nichts tun würden. Das weitere müssen wir in Geduld abwarten und Gott überlassen."[493]

---

[489] Brief an Walter Braunfels am 4.4.1944. In: *Adenauer im Dritten Reich*, S. 402.

[490] Brief an Walter Braunfels am 26.5.1944. Ebd., S. 403.

[491] Von der überwiegend durch Theodor W. Adorno (1903–1969) geprägten musikalischen Avantgarde wird Braunfels bald vergessen und erst in den 1990er Jahren wiederentdeckt. An ihre frühere Bedeutung kann die Kölner Musikhochschule nicht mehr anknüpfen. Jedoch fühlen sich Komponisten wie Max Baumann (1917–1999) der von Heinrich Lemacher und Hermann Schroeder weitergeführten „Kölner Schule" verpflichtet. Vergl. J. Laas (2013). *Das geistliche Chorwerk Max Baumanns. Kirchenmusik im Spannungsfeld des Zweiten Vatikanischen Konzils*, S. 209.

[492] Zitiert in: C. Valder-Knechtges (1995). *... wie war unsere Arbeit damals schön ...*, S. 77.

[493] Brief an Walter Braunfels am 29.4.1946. In: *Briefe 1945–1947*, S. 235.

Zum 70. Geburtstag[494] schreibt Adenauer an Braunfels: „Ich war aber in Gedanken bei Ihnen und die Jahre gemeinsamer Arbeit zogen an meinem geistigen Auge vorbei. So schwer schon damals die Zeiten schienen, wie war unsere Arbeit damals schön im Verhältnis zu der Tätigkeit unserer Tage. [...] Ich danke ihnen auch nochmals für die Jahre gemeinsamer Arbeit, die hinter uns liegen. Mögen Sie noch lange Jahre schaffensfreudig und frisch bleiben."[495] Braunfels antwortet: „Und doch scheint es mir, rückblickend, jetzt wichtiger zu leben als damals. Wenn die Sturmflut droht, neue Deiche aufzubauen, schien nicht umsonst dem alten Faust höchstes Glück."[496]

Leser aus dem Rheinland werden bei Adenauers Formulierung „wie war unsere Arbeit damals schön" vielleicht an Willi Ostermanns Liedzeile „Och wat wor dat fröher schön doch en Colonia"[497] denken müssen. Ostermanns letztes und berühmtestes Lied „Heimweh no Kölle"[498] entstand, als Adenauer bereits abgesetzt und aus Köln geflohen war. Bis zum Tode wird es eines von Adenauers Lieblingsliedern bleiben. 1928 übersendet Ostermann dem Oberbürgermeister ein Liederalbum, für das sich Adenauer bedankt: „Sie haben es verstanden, Ihren zahlreichen Liedern den Stempel echter kölscher Eigenart und unverfälschten, zotenfreien rheinischen Humors aufzudrücken und haben sich dadurch auch um die Pflege und Verbreitung wahrer Heimatliebe verdient gemacht."[499] Die Prunksitzung der „Großen Kölner Karnevalsgesellschaft" ist übrigens die „wichtige Verpflichtung" gewesen, die Adenauer am 17. Februar 1933 daran hindert, Hitler zu begegnen, als dieser

---

[494] Zum gleichen Geburtstag tröstet ihn auch sein Schwager Dietrich von Hildebrand: „Du darfst keinen Augenblick daran zweifeln, dass Dein künstlerisches Wort in Deinen Werken zu späteren Zeiten vernommen werden wird von den Menschen und dass es volle reife Blüte tragen wird. Aber andererseits ist dieses große Kreuz vielleicht auch ein Ruf Gottes an Deine Seele, ein sanfter Zwang, das Schwergewicht Deiner Seele in das *Unum necessarium* zu verlegen. [...] Wie ist Deine geliebte Seele in Christus gewachsen, welche Ruhigkeit echter Reue, welche Veränderungsbereitschaft ist in Dir erblüht, in Deiner gewaltigen, zur Rebellion geneigten Natur." Brief von Dietrich von Hildebrand. Advent 1952. Zitiert in: U. Vogt (1980). *Walter Braunfels (1882–1954)*, S. 455.
[495] Brief an Walter Braunfels, Überlingen/Bodensee, am 31.12.1952. In: *Briefe 1951–1953*, S. 313.
[496] Brief an Konrad Adenauer am 5. Januar 1953. Ebd., S. 617.
[497] http://www.youtube.com/watch?v=8kbT4OBpK7c.
[498] http://www.youtube.com/watch?v=ECZ7-V5G0AI.
[499] C. Valder-Knechtges (1995). *... wie war unsere Arbeit damals schön ...*, S. 88.

zu einer Wahlkampfrede Köln besucht. Wie sehr Adenauer den kölschen Humor bis zuletzt liebte, hält seine norddeutsch-protestantische Assistentin fest: „Es wurde auch viel Kölsch gesprochen, kölsche Lieder gesungen und kölsche Gedichte gesagt: Zum Beispiel das Drama des Lohengrin und der Elsa von Brabant mit burlesker Komik in kölscher Mundart, hergesagt vom Bundeskanzler – ein unvergleichlicher Genuss! ‚Op ehrer Burg zo Xante – met allerhand Trabante, / do wonnte wie bekannt – et Elsa vun Brabant. / It hat nit Vah noch Moder – un nor'ne kleinen Broder, / dän hatt'se gruslich ömgebraht, / so woht ihr nohgesaht.'"[500] „Als Vertreter der rheinischen Variante des Humors und des fröhlichen Spottes, der auch vor Selbstironie nicht haltmacht", wird Adenauer 1959 zum Ritter des Ordens „wider den tierischen Ernst" des Aachener Karnevalsvereins gewählt. Im Palais Schaumburg plaudert der Bundeskanzler mit den Aachener Karnevalisten über den rheinischen und speziell den Aachener Karneval, als ihm einfällt: „Sie haben doch in Aachen so ein besonderes Liedchen", und singt vergnügt die „Öcher Jonge"[501]. Wegen einer Auslandsreise kann Adenauer den Orden dann doch nicht selbst entgegennehmen, singt aber über Tonband den Aachenern ihr eigenes Heimatlied vor, in das alle fröhlich einstimmen.[502] Der noch heute im Kölner Karneval unentbehrliche Rote-Funken-Marsch[503] stammt übrigens von Adenauers Gesangslehrer am Kölner Apostelgymnasium. Als ihm das Schulorchester im Palais Schaumburg ein Konzert gibt, erinnert er sich: „Ich will jetzt nicht von der alten Schule erzählen, das hat keinen Zweck. Aber an unseren Gesanglehrer Kipper denke ich gern zurück."[504]

In einem seiner letzten Briefe an Adenauer, Braunfels stirbt 1954, gratuliert er ihm zur gewonnenen Bundestagswahl 1953: „Mein erster Gedanke, als sich der Ausgang der Wahl abzeichnete, war: wenn das noch seine Frau erlebt hätte! Und mein nächster der der Dankbarkeit zu Gott, der Sie so ge-

---

[500] A. Poppinga (1970). *Meine Erinnerungen an Konrad Adenauer*, S. 311f.
[501] *Vür sönd allemole Öcher Jonge.* http://www.youtube.com/watch?v=M9GSE8tnTa4 (aufgerufen am 1. April 2013).
[502] „Wider den tierischen Ernst". *Reden aus dem Aachener Käfig*, S. 13.
[503] 1890 unter dem Pseudonym Jodokus Fleutebein komponiert. Höre: http://www.youtube.com/watch?v=vXDs1Lo5tt4 (aufgerufen am 1. April 2013).
[504] C. Valders-Knechtges (1995). *… wie war unsere Arbeit damals schön… Oberbürgermeister Konrad Adenauer und das Kölner Musikleben (1917–1933/45)*. Bergisch Gladbach 1995, S. 8 f., S. 77.

führt hat und Sie noch lange erhalten möge! Erinnere ich mich der schweren Zeiten, da ich Sie öfters sah, in Berlin, in Laach, in Rhöndorf, so kann ich nur sagen: wer hätte damals hoffen dürfen, dass es Ihnen beschieden sein würde, unser Volk aus dem Elend herauszuführen, getragen von dem Glauben, der uns verbindet. Und Gott hat Ihre Arbeit gesegnet. Meine Frau und ich gedenken Ihrer voll Dankbarkeit und ich bleibe Ihr treuer Bewunderer."[505]

3.3 Adenauer und die bildenden Künstler

Von Adenauers Interessen und Kennerschaft im Hinblick auf die christliche Kunst des Mittelalters war schon die Rede. Aber auch zeitgenössischer Kunst war Adenauer grundsätzlich aufgeschlossen, wie sein freundschaftliches Verhältnis zu dem expressionistischen Maler Oskar Kokoschka (1886–1980) zeigt, der ihn im Alter portraitiert. Christlicher Kunst seiner Gegenwart begegnet Adenauer nicht nur durch sein schon angesprochenes Engagement für das Kölner Institut für religiöse Kunst als Oberbürgermeister oder seine Stiftung der Bronzefiguren Attilio Selvas, die in Monte Cassino Benedikts Tod vergegenwärtigen, sondern auch bei den Benediktinerinnen vom Heiligen Kreuz in Herstelle während der nationalsozialistischen Verfolgungsjahre.

Dort lernt Adenauer, der Gast an der Pforte, die Malerin und Bildhauerin Sr. Genovefa Neuerburg OSB (1886–1965) kennen: „Frau Äbtissin Theresia und unser Pater Spiritual Odo Casel (Mönch der Abtei Maria Laach) standen mit dem ‚Gast an der Pforte' im Gespräch und versuchten, ihm in seiner bedrängten und gefahrvollen Lage beizustehen. Um ihn abzulenken, schickte man einige Schwestern zu ihm, unter ihnen auch Sr. Genovefa Neuerburg, die ihm Arbeiten aus ihrem künstlerischen Schaffen zeigte, an denen er interessiert war"[506], erinnert sich eine Mitschwester im Jahre 1991. Dankbar für den Zufluchtsort versucht Adenauer seinerseits, dem Konvent in seiner materiellen Not zu helfen und schildert seinem protestantischen Freund Pferdmenges seine Eindrücke: „Die Benediktinerinnenabtei Herstelle ist sehr arm, im buchstäblichen Sinne des Wortes. Sie leidet unter einer erdrückenden Raumnot, sie ist so groß, dass eine Anzahl der 91 Schwestern des Klosters

---

[505] C. Valder-Knechtges (1995). *... wie war unsere Arbeit damals schön ...*, S. 77.
[506] Aus einer brieflichen Mitteilung von Sr. Eunike Wilkens OSB an Hans-Peter Mensing am 12.1.1991. In: *Adenauer und das Dritte Reich*, S. 245f.

zu mehreren eine kleine Zelle haben. Neuaufnahmen sind trotz zahlreicher Meldungen geeigneter Bewerberinnen wegen Raummangels nicht möglich. Übrigens handelt es sich um einen recht schweren Orden, viel schwerer als der der männlichen Benediktiner."[507] Pferdmenges möge sich bei Gelegenheit beim Kölner Kardinal und einem Bruder Schwester Genovefas, einem in Köln ansässigen Zigarettenfabrikanten, für die Abtei einsetzen. Auf die geistliche Unterstützung, die Adenauer durch den Benediktinerinnen-Konvent während seiner Zeit als Bundeskanzler erfährt, wurde bereits hingewiesen.

Die klösterliche Kunsttradition in Herstelle beginnt im Jahr der Kölner Diözesansynode von 1922, als sich die Priorin und Gründerin des Konventes, Sr. Margarita Blanché OSB (†1923), an die Abtei Maria Laach wendet, um vertieften Anschluss an die benediktinische Tradition zu finden. Abt Herwegen sendet P. Odo Casel OSB (1886–1948) als Beichtvater, später Spiritual, der den Konvent zur Aufnahme in die Beuroner Benediktinerkongregation vorbereiten soll. P. Odo und Sr. Margarita hatten sich bereits 1913 während Odo Casels Studienzeit in Sr. Margaritas Professkloster „Maria-Hilf der Benediktinerinnen vom Heiligsten Sakrament" in Bonn-Endenich kennengelernt.[508] Als erste von mehreren professionell ausgebildeten Künstlerinnen tritt 1925 Sr. Genovefa, die an den Kunstakademien von London, Berlin und Paris studiert hatte, in das Kloster Herstelle ein.

Die dort in jenen Jahren entstehenden Bilder sind vom Beuroner Stil geprägt, lassen ihre besondere Ausprägung jedoch durch ihren noch zarteren Umgang mit Linien und Farben erkennen. „Nach 60 Jahren kann man sich vor dieser monastischen Haltung nur verneigen", fasst Sr. Kyrilla Spiecker OSB, selbst Künstlerin und Nonne in Herstelle, ihre Eindrücke von der Kunst Sr. Genovefas zusammen. „Trotz der unterschiedlichsten Themen scheinen alle Gestalten, Männer wie Frauen, fast körperlos und

---

[507] Brief an Robert Pferdmenges am 11.3.1935 aus Neubabelsberg. In: *Adenauer und das Dritte Reich*, S. 244f.

[508] Die Abtei Maria Hilf bestand von 1888–2001 an der mutmaßlichen Hinrichtungsstätte der Bonner Stadtpatrone Cassius und Florentius, zweier römischer Soldaten der Thebäischen Legion. Nicht belegbar ist die Überlieferung, Kaiserin Helena (248/250–330) habe den Bau einer ersten Kapelle veranlasst. Mit der barocken Marterkapelle des Kurfürsten und Kölner Erzbischofs Joseph Clemens beginnt eine bedeutende, heute noch bestehende Wallfahrtstradition.

entsinnlicht. […] Was wir heute vielleicht als steril und genormt empfinden, erschien damals als Transparenz des Göttlichen in der christlichen Kunst. Dieses Zeugnis behält seine Gültigkeit. […] Bevor sie nur noch für die Sticker unermüdlich Stäbe für Stolen und Kaseln wie Mitren entwarf, Stickvorlagen für Kelchwäsche, Pallen, Alben, Altartücher wie Taufkleider, entstanden im Kreuzgang das Fresko einer Orante-Ekklesia und an der Wand des Bibliotheksganges eine Kopie der Madonna von Prüfening.[509] Beide Arbeiten wurden leider irgendwann überstrichen."[510]

Adenauers Interesse an bildender Kunst war also keineswegs rein kunsthistorischer Natur. Auf die persönliche Begegnung mit Oskar Kokoschka, der ihn 1966 malen wird, ist er jedenfalls neugierig: „Und nun dieser Kokoschka. Ich bin ja gespannt, wie das wird."[511] Werke dieses bedeutenden expressionistischen Malers kannte er bereits.

Auf bedeutende zeitgenössische Maler hatte er sich allerdings bereits zuvor eingelassen, etwa auf den britischen Expressionisten Graham Sutherland (1903–1980), der ihn 1963 malt. Sutherlands Churchill-Portrait missfiel dem Portraitierten allerdings so sehr, dass er es in den Keller seines Londoner Stadthauses verbannte. Lady Churchill ließ es später sogar vernichten. Man wird Sir Winston Churchill (1874–1965) dennoch nicht jedes Kunstverständnis absprechen können. Adenauer schätzte jedenfalls ein Gemälde Churchills mit einer griechischen Tempelruine vor blauem Himmel so sehr, dass es nach seinem Rücktritt hinter seinem Schreibtisch im Bundesratsflügel einen Ehrenplatz findet. Flankiert war es von zwei Stichen mit römischen Ansichten, die ihm Alcide De Gasperi geschenkt hatte. Heute hängt es in der „Kajüte" des Rhöndorfer Wohnhauses. Möglicherweise sind es Hinweise auf einen zuvor erlittenen Schlaganfall auf Sutherlands Gemälde, die den Ärger der Churchills erregen. Von Sutherland, der 1926 zum katholischen

---

[509] Die Kirche St. Georg des während der Säkularisation aufgehobenen Benediktinerklosters Prüfening in Regensburg ist eine der ersten Bauten der Hirsauer Reform in Bayern. Die Wandmalereien der 1120er Jahre im Presbyterium und in der Vierung der Abteikirche St. Georg zählen zu den bedeutendsten Zeugnissen romanischer Bildkunst in Deutschland.

[510] K. Spiecker (1998). *Kunstschaffen im Kloster*. In: *Benediktinerinnenkloster Herstelle. Aufbruch und Beständigkeit 1899–1999*.

[511] A. Poppinga (1970). *Meine Erinnerungen an Konrad Adenauer*, S. 337.

Glauben konvertierte, stammt der Entwurf für den eindrucksvollen, groß dimensionierten Gobelin mit thronender Christusfigur für den Neubau der Kathedrale von Coventry, die im November 1940 von den Deutschen bei dem ersten bewusst als „Feuersturm" konzipierten Bombenangriff des Zweiten Weltkriegs zerstört wurde. Ob Churchill von dem bevorstehenden Angriff gewusst und deshalb keine Evakuierung eingeleitet habe, weil dadurch die Entschlüsselung ihres Chiffriersystems den Deutschen bekannt geworden wäre, wird oft behauptet, bleibt aber umstritten. Ein Kreuz aus Nägeln der alten Kathedrale, ein Geschenk des Kathedraldekans an Adenauer nach dem Krieg, ist heute noch in Rhöndorf zu sehen.

Während Sutherland Adenauer malt, wird auch moderne Kunst zum Thema der Gespräche: „Adenauer machte keinen Hehl daraus, dass ihm die moderne Kunst fremd war", berichtet Anneliese Poppinga, die die Konversation übersetzt.[512] „Es fielen einige Bemerkungen über Picasso. Adenauer vertrat die Auffassung, der geniale Picasso verspotte sein Publikum und mache sich darüber lustig, dass es dies nicht einmal merke."[513] Adenauer sei damit bei einem Thema gewesen, das ihn besonders bedrückt habe, bei den Gefährdungen der geistigen Verfassung seiner Zeit: „Man darf nicht die Augen davor verschließen, dass wir uns in einer äußerst gefährlichen Entwicklung befinden, vor allem geistiger Art." Mit energischen Bewegungen seiner Hände habe er diese Feststellung unterstrichen und auf die mit der Hektik des modernen Lebens einhergehende Überforderung der Menschen und auf die kulturgefährdenden Möglichkeiten des Fernsehens hingewiesen: „Das ist von größerer Bedeutung, als es auf den ersten Blick erscheint. Doch ich wage zu bezweifeln, dass dies in seinem ganzen Ausmaß erkannt wird. Ein großer Fehler unserer Zeit liegt darin, dass die meisten nicht weit genug vorausgehen und sich von den Tagesereignissen zu stark fesseln lassen." Sutherland habe Verständnis für diese Be-

---

[512] A. Poppinga (1994). *„Das Wichtigste ist der Mut"*, S. 547f.
[513] In einem 1952 erschienenen Buch kommentiert der italienische Schriftsteller Giovanni Papini (1881–1956) ein fiktives „Künstlerisches Testament" Pablo Picassos, das erstaunlich lange für authentisch gehalten wird: „[…] Ich bin nur ein öffentlicher Spaßmacher, der seine Zeit verstanden und, so gut er konnte, ausgenutzt hat. Es ist dies eine bittere Beichte, schmerzlicher als sie scheinen mag, aber sie hat es verdient, aufrichtig zu sein", heißt es darin. Vergl. *Im Namen Picassos*. DIE ZEIT, 24.7.1952, S. 4.

fürchtungen gezeigt, hält Anneliese Poppinga fest. „Er teilte insbesondere die Sorgen wegen der geistigen Verfallserscheinungen."[514]

Als Adenauer die aus den Skizzen entstandenen Ölgemälde sieht, vor allem eine in Lebensgröße gemalte Darstellung, die ihn sitzend zeigt, den Kopf leicht in die Hände gestützt, ist er überrascht: ‚Der Herr Sutherland hat mich als denkenden Menschen gemalt!' Das gefiel ihm", kommentiert Anneliese Poppinga, die das Gemälde zu den besten Portraits zählt, die es von Adenauer gebe.[515] Adenauer habe „etwas irgendwie Verrücktes" erwartet. Adenauers Schwiegersohn Hermann Josef Werhahn kommentiert Jahrzehnte später Sutherlands Malweise auf seine Weise, als er und seine Frau Libet dem CDU-Stadtverband Neuss eines der Adenauer-Portraits Sutherlands schenken: „Links, die eine Gesichtshälfte bringt den Ausdruck für Verstand und rechts die andere, den Ausdruck für Vernunft. Auf diesem Gemälde finden wir eine humorvolle Duade, die ‚Zweieinigkeit der Gegensätze'."[516]

Kurz vor seinem Rücktritt veranstaltet Adenauer im Großen Kabinettsaal des Palais Schaumburg eine Vernissage für den jungen Künstler Ernst Günter Hansing (1929–2011), einen Schüler Fernand Légers (1881–1955), der auch von Emil Nolde (1867–1956) und Oskar Kokoschka geprägt wurde. Der Herausgeber der Kieler Nachrichten, Kunstsammler und CDU-Politiker

---

[514] A. Poppinga (2009). „*Ob es wohl etwas wird?*" *Erinnerungen an Konrad Adenauer und seine Bildnismaler 1963- 1966.* In: *Konrad Adenauer in Bildnissen von Ernst Günter Hansing,* S. 89.
[515] „Es ist der Staatsmann Konrad Adenauer, den Graham Sutherland gemalt hat. Es ist ein Porträt, das einfängt, was ich in den fünf Jahren meiner Tätigkeit für den Kanzler als wesentlich erfahren habe. Das Zielsichere und Unbeirrbare, so charakteristisch für seine Politik und für seine Persönlichkeit, werden vermittelt, zugleich auch die souveräne Gelassenheit, die er ausstrahlte. Der ernste Gesichtsausdruck gibt wieder, dass es sich um einen Politiker handelt, der aufrecht zu seinen Überzeugungen steht trotz aller Widerstände, die sich ihm entgegenstellen. Am Ausdruck der Augen wird deutlich, welch strenge Selbstdisziplin seine inneren Regungen unter Kontrolle halten, um sie vor den Blicken anderer abzuschirmen. Der kühl abschätzende Blick weist auf den nüchternen Realisten hin, der nach vorsichtigem Abwägen seine Entschlüsse traf und dem es an Mut auch in hoffnungslos erscheinenden Situationen nicht fehlte. Und auch die Fähigkeit zur Härte gegen sich und gegen andere, wenn übergeordnete Zielsetzungen es verlangten, sprechen aus dem Gesicht, die Distanz und die Unnahbarkeit, die er ausstrahlte. Auch das spartanisch Strenge seiner Pflichtauffassung ist eingefangen." Ebd., S. 90.
[516] *Ein Porträt von Adenauer.* NGZ Online, 24.10.2001.

Willi Koch (1903–1968) riet dem ebenfalls aus Kiel stammenden Hansing, sich in das Gesicht Adenauers zu vertiefen, das eine außerordentliche Reife zeige und zur künstlerischen Auseinandersetzung geradezu herausfordere.[517] „Die unglaubliche, großartige Gesichtslandschaft des Bundeskanzlers mit den Gebirgen und Runzeln und Gräben",[518] wird Hansing fesseln: „So habe ich Gebirge und Täler im Gesicht Adenauers regelrecht mit dem Spachtel modelliert. Ich erinnerte mich dabei an Herbert Wehners Wort über Adenauer als ‚politisches Urgestein‘, das im Relief des Gesichts geradezu ertastbar wurde."

Der Künstler begleitet Adenauer längere Zeit auf Wahlreisen. „Das erste Mal, als ich Adenauer persönlich auf einer Wahlveranstaltung in Hannover sah", erinnert sich Hansing, „sprang ein Mann aus einer Zuhörerreihe hoch und brüllte Adenauer mitten in seiner Rede an. Das sei alles dummes Gerede, was er da von sich gebe, und eine Schande, sich das anhören zu müssen. Sofort stürzten Saalordner herbei, um den Mann hinauszuschaffen, aber Adenauer wies sie in aller Gelassenheit an: ‚Packen Sie den Mann mal wieder auf seinen Platz, vielleicht lernt er ja etwas dazu, wenn er bis zum Ende hier sitzen bleibt.‘ Der Mann blieb und schwieg." Gegenwärtig sei ihm eine Wendung des Bundeskanzlers, auf Wahlplakaten habe er gelesen „Wer denkt, wählt FDP": „Und ich sage Ihnen, meine Damen und Herren, wer zu Ende denkt, wählt CDU."[519]

In seinem Atelier führt Hansing die entstandenen Skizzen zu Kopfstudien aus, die Adenauer so beeindrucken, dass er sich von ihm im Palais Schaumburg bei der Arbeit beobachten lässt. Hansings Erinnerungen vermitteln einen Eindruck von der Arbeitsatmosphäre um Adenauer. Bei der ersten Begegnung in seinem Arbeitszimmer fühlt sich Hansing „als junger Mann, der einem hochangesehenen 87 Jahre alten Bundeskanzler gegenüberstand, doch ein wenig eingeschüchtert. Ich hatte eine Staffelei und eine Leinwand mit einer flüchtig angelegten Skizze dabei, um leichter einen Anfang zu finden, außerdem einen Skizzenblock und die üblichen Zeichenutensilien. Als ich zu Adenauer gebe-

---

[517] W. Hansmann (2006). *Ernst Günter Hansing: Porträts der deutsch-französischen Freundschaft.*
[518] W. Hansmann (2009). *„Das ist ein kühnes Unternehmen!" Konrad Adenauer in der Bildnisgestaltung Ernst Günter Hansings.* In: *Konrad Adenauer in Bildnissen von Ernst Günter Hansing,* S. 15.
[519] Ebd. S. 9.

ten wurde, stolperte ich über eine Holzschwelle zwischen den Türen, und die Staffelei klapperte laut. Der Bundeskanzler begrüßte mich und sagte: ‚Sie sind sicher nervös. Diese Stufe, über die Sie gerade gestolpert sind, ist für mich immer der Test, ob ein Minister gut vorbereitet ist. Die meisten stolpern, wenn sie schlecht vorbereitet sind. Aber bei Ihnen ist es nur Nervosität. Bauen Sie erst einmal Ihre Staffelei auf. Sie haben ja gesagt, ich solle weiterarbeiten. Ab und zu werde ich Sie hinausbitten, wenn ein Gespräch, das ich zu führen habe, zu vertraulich ist.‘ [...] In seinem Arbeitszimmer war keinerlei Hektik zu spüren. Auf dem Schreibtisch stand ein wunderschöner Kirschblütenzweig. Gesprochen wurde nie laut.“ Adenauer arbeitete an Schriftstücken, während Hansing zeichnete: „Gelegentlich sprach er mich an, etwa wenn er eine Akte hinausbringen ließ. Auf seinem Schreibtisch war immer alles geordnet. Nie waren mehr Akten da, als bearbeitet wurden, und die fertigen wurden sogleich weggeschafft. [...] Er erkundigte sich nach meiner Frau, wie wir lebten und ob ich katholisch oder evangelisch sei. Nun war ich ja evangelisch, und in diesem Zusammenhang fiel ein mir unvergesslicher Ausspruch in Adenauers unnachahmlichem rheinischem Dialekt: ‚Ich habe immer gesagt, der Luther war ein guter Mann. Wäre ich damals Papst gewesen, hätte ich ihn mir mal kommen lassen, dann wäre das alles gar nicht passiert!‘“.[520]

Während dieser Gespräche fragt Hansing Adenauer nach seiner Meinung zur modernen Malerei: „Ich fing bei den Expressionisten an, aber das war für ihn doch wohl eine Art Glatteis. Denn er stellte sogleich eine Gegenfrage. Er sei kürzlich in Rom gewesen und habe die Restaurierung der Stanzen von Raffael gesehen. ‚Die kennen Sie doch?‘ Ich war bis dahin noch nie in Rom gewesen, hatte also keine Ahnung, und so setzte er mich sozusagen auf Null, damit ich mit diesen ihm lästigen Fragen aufhörte.“[521]

„Meine Familie hat gemeint, ich würde vor Ihren Bildern einen Schock erhalten.[522] Das ist absolut nicht der Fall. Ihre Bilder sind von erstaunli-

---

[520] Ebd., S. 11ff.

[521] Ebd., S. 14.

[522] „Frau Libet Werhahn, die Tochter Adenauers, und ihr Gemahl hatten mich kurz vor der Bildpräsentation in meinem Atelier in Groß-Quern besucht und die Bildnisse, die ausgestellt werden sollten, betrachtet. Ihrem Vater hatte Frau Werhahn, die schließlich das blaue Hauptwerk erwarb, berichtet, er werde vermutlich einen Schock bekommen, wenn er die

cher Ausdruckskraft", bekennt Adenauer dem expressionistischen Künstler, während er auf der Vernissage im Großen Kabinettssaal nachdenklich von Portrait zu Portrait geht. „Sie lieben offensichtlich die Farbe Blau, und Sie lieben Frankreich… Sie kennen sicher die Kathedrale von Chartres. Ich sehe in Ihren Bildern etwas von dem Blau, von dem die Fenster der Kathedrale von Chartres durchdrungen sind."[523] Diese Bemerkung erinnert an Wilhelm Hausensteins Beobachtung über Adenauers Liebe zur Kathedrale Notre-Dame-de-Chartres. Für Hansing bedeutete diese Feststellung jedenfalls „eine große Übereinstimmung". Auch für ihn waren die Fenster der Kathedrale von Chartres ein Schlüsselerlebnis. „Dieses schönste Blau, das größte Blauwunder, das ich jemals erlebt habe", sei die Leitfarbe seiner eigenen Fenstergestaltung und Malerei „als eine tief meditative, sakrale Farbe, mit der ich im Hintergrund meine Bilder verdunkelte. Die Dunkeltönung mit Blau, für mich die Farbe des kosmischen unendlichen Raumes, schien mir für das Adenauer-Bild als Hintergrund wie geschaffen, um die Stille, Isolierung und Einsamkeit seiner Persönlichkeit auszudrücken. Das Erlebnis der Fenster von Chartres war ein Schlüsselerlebnis, das ich nie vergessen werde und bei Adenauer umgesetzt habe. Während ich sein Bild malte, entstanden abstrakte ‚Gotische Nachtbilder', ebenfalls vom Chartreser Blau inspiriert, in denen die Vertikale dominiert. Neben dem Blau erschien mir die Vertikale wie ein Ausdruckszeichen, das großartig zur Statur Adenauers passte. Für mich war er ein Mensch, dessen Erscheinung einer Vertikalen glich, als ob er – so banal es klingt – einen Stock verschluckt hätte. Trotz seines hohen Alters stand Adenauer kerzengerade. Wenn man eine senkrechte Linie in der Mittelachse des Bildes anlegte, so konnte das schon die Grundkomponente eines Adenauer-Porträts und für dieses bedeutungsträchtig sein."[524]

Bildnisreihe sähe. Am Tage der Präsentation war sie mit ihrem Vater bereits vor der Eröffnung durch die Ausstellung gegangen. Dabei habe sich der Bundeskanzler sehr beeindruckt gezeigt, wie Frau Werhahn mir später erzählte, und sich keineswegs schockiert gefühlt." In: W. Hansmann (2009). *Das ist ein kühnes Unternehmen!"* In: *Konrad Adenauer in Bildnissen von Ernst Günter Hansing*, S. 25.

[523] A. Poppinga (1994). *„Das Wichtigste ist der Mut"*, S. 549.

[524] W. Hansmann (2009). *„Das ist ein kühnes Unternehmen!"* Konrad Adenauer in der Bildnisgestaltung Ernst Günter Hansings. In: *Konrad Adenauer in Bildnissen von Ernst Günter Hansing*, S. 26ff.

Die Betonung der Vertikalen fällt Adenauer auf. „Ich antwortete", erinnert sich Hansing, „ich wolle seine Standfestigkeit, sein Stehvermögen zum Ausdruck bringen. Er fragte mich weiter, warum ich nur den Kopf und senkrechte Strukturen zeige. Ich erklärte ihm, ich bräuchte weder seine Krawatte noch seinen Anzug. Notwendig seien nur Kopf und Strukturen aus lichten Farben in der Vertikalen, das Ganze zusammengezogen durch einen tiefblauen Hintergrund." Adenauer habe diese Auffassung für gewagt gehalten, aber wenn er ihn so sehe, dann müsse er ihn eben so malen.[525] Hansing ist davon überzeugt, „dass Adenauer von Anfang an der Eigenart meiner Malerei positiv gegenüberstand. Er hat mich sogar darin ermutigt. Es war aber nie nur ein vordergründiges Lob, er ist immer zum Kern vorgedrungen mit seinen einfach gebauten Sätzen."[526]

Allerdings fragt Adenauer auf einer Hansing-Ausstellung in der Bonner Beethoven-Halle seinen Schwiegersohn Hermann Josef Werhahn: „Bin ich wirklich so schlimm wie auf diesem Bild? Bin ich wirklich so starr, so kalt und abweisend?"[527] Werhahn, in dessen Arbeitszimmer eine Kopie dieses Adenauer-Porträts hängt, habe ungerührt geantwortet: „Alle Leute haben gefunden, dass dieses Bild dir am ähnlichsten sieht", überliefert *Der Spiegel*. Später erwirbt sich Hansing internationales Ansehen und portraitiert bedeutende Zeitgenossen wie Paul VI., Johannes Paul II., Mutter Teresa, die Kölner Kardinäle Meisner, Höffner und Frings oder Künstler wie Anne-Sophie Mutter und Marc Chagall. Besucher Rhöndorfs können Hansing-Portraits von Adenauer und Kardinal Frings im Treppenaufgang des nahegelegenen Bad Honnefer Rathauses sehen.

Den Künstlern Graham Sutherland und Ernst Günter Hansing gelang es offenbar, Adenauer einen Zugang zu modernen Malweisen zu eröffnen, der ihm zuvor verschlossen war. Nach Anneliese Poppinga war jedoch seine persönliche Sympathie für diese Künstler wesentlich für seine Bereitschaft,

---

[525] W. Hansmann (2006). *Ernst Günter Hansing: Porträts der deutsch-französischen Freundschaft.*
[526] W. Hansmann (2009). *„Das ist ein kühnes Unternehmen!" Konrad Adenauer in der Bildnisgestaltung Ernst Günter Hansings.* In: *Konrad Adenauer in Bildnissen von Ernst Günter Hansing,* S. 25f.
[527] *Konrad Adenauer.* Der Spiegel, 2.12.1964, S. 154.

etwas ihm völlig Neues zu prüfen, es in sich zu verarbeiten und erst dann sein Urteil zu fällen: „Und dieses Urteil fiel günstig aus."[528]

Dennoch ist Adenauer durchaus kritisch und beweist besonders in Fragen der künstlerischen Ausführung Qualitätsbewusstsein. Als in seiner Pfarrkirche in Rhöndorf neue Kirchenfenster eingesetzt werden, schreibt er dem Glaskünstler: „Nehmen Sie mir bei der Gelegenheit ein offenes Wort nicht übel. Ich finde die Fenster in der Rhöndorfer Pfarrkirche schlecht. So gut Ihre Kartons waren, so schlecht finde ich die Ausführung. Man kann überhaupt nicht erkennen, was die Bilder im Chor darstellen sollen. Das Ganze ist auch so grob gemacht wie nur denkbar. Die Fenster in den Seitenschiffen sind derartig dunkel, so dass die ganze Kirche etwas Kellerartiges bekommt. Ich glaube, ich tue Ihnen einen guten Dienst, indem ich Ihnen das ganz offen sage."[529]

Aber auch bei großen Werken alter Kunst schildert Anneliese Poppinga immer wieder Adenauers durchaus kritische Kennerschaft: „‚Sehen Sie dort bei der Gestalt die Haltung des Kopfes? Und dort bei der Maria die Haltung der Hand, den Daumen? Unmöglich!' kritisierte er zum Beispiel. Die Komposition des ganzen Bildes sei nicht ausgewogen, es fehle die Harmonie, die Farben seien zu schreiend, zu wenig aufeinander abgestimmt. […] Besonders hart war sein Urteil über die berühmte Mona Lisa des Leonardo da Vinci. Er sah das Gemälde im Louvre. ‚Die hat so ein dämliches Grinsen', war seine lakonische Feststellung. […] Er sprach über diese Frage auch mit dem Museumsdirektor des Louvre, dem dieses Thema sicher nicht angenehm war."[530]

Adenauers Begegnung mit Oskar Kokoschka wird zur Überraschung für beide. Kokoschka spricht von Adenauer als einem Mann, „der mir in Freundschaft so nahe gekommen war".[531] Während Kokoschka im Frühjahr 1966 Adenauer in dessen Urlaubsort Cadenabbia am Comer See für den Deutschen Bundestag malt, werden in vertrauten Gesprächen zwischen den späten Freunden überraschende Züge von Adenauers Religiosität sichtbar. Die beiden alten

---

[528] A. Poppinga (1994). *„Das Wichtigste ist der Mut"*, S. 549.
[529] Brief an Eduard Horst, Bad Honnef, am 29.12.1958. StBKAH 10.37 H.
[530] A. Poppinga (1970). *Meine Erinnerungen an Konrad Adenauer*, S. 255f.
[531] O. Kokoschka (1971). *Mein Leben*, S. 303.

Männer öffnen sich einander in sehr persönlicher Weise und lassen erahnen, wie sie beide in der Glaubenswelt verwurzelt sind. „Ich danke Ihnen sehr für Ihre Anregung, unser Portrait erst im Frühling zu malen", schreibt Oskar Kokoschka 1965 an Adenauer: „Im Bundestagshaus soll man sehen, dass sie ein Meister und kein Führer sind, also muss das Bild meisterhaft gemacht werden. Dazu brauche ich Licht, Wärme und Wohlbefinden. Also Frühling!"[532]

Die Initiative zu Kokoschkas expressionistischem Adenauer-Portrait geht von Johannes Wasmuth (1936–1997) aus, einem philanthropischen Galeristen und Kunstsammler aus Bad Godesberg. Als Gründer der Fördergemeinschaft „Kinder in Not" finanzierte er karitative Projekte durch Bilderspenden mit ihm befreundeter Künstler, die er in spektakulär inszenierten Kunstauktionen versteigerte. Weltweit bekannt wurde seine Auktion in Paris im Jahre 1960, als er unter dem Patronat des nordrhein-westfälischen Ministerpräsidenten Franz Meyers (1908–2002), CDU, Bilderspenden so berühmter Künstler einwerben konnte wie Pablo Picasso, Marc Chagall, Georges Braque, Alberto Giacometti, Joan Miró, Salvador Dalí, Oskar Kokoschka und Hans Arp.

Johannes Wasmuth ist zugleich der „Retter" des in den Nachkriegsjahren verkommenen und zum Abriss freigegebenen Bahnhofs Rolandseck, dessen kulturelle Traditionen er durch Ausstellungen und Konzerte wiederbelebt. An dieser Endstation einer von dem Preußischen König Friedrich Wilhelm IV. initiierten Eisenbahnlinie entstieg die politische und kulturelle Prominenz des 19. Jahrhunderts dem Zug, um den „Rolandsbogen" zu besuchen, einen Inbegriff der Rheinischen Romantik, oder auf eines der heute noch dort anlegenden Rheinschiffe zu wechseln. Die repräsentativen Bahnhofssalons beherbergten Königin Victoria von Großbritannien, Kaiser Wilhelm II., Otto von Bismarck, Guillaume Apollinaire, die Brüder Grimm, Friedrich Nietzsche, Karl Simrock, Bernhard Shaw und Ludwig Uhland. Bedeutende Pianisten und Komponisten wie Johannes Brahms, Franz Liszt oder Clara Schumann gaben Konzerte.

Der poetische Zauber dieser Landschaft am Rhein zwischen Rolandsbogen und Siebengebirge schlägt auch den jungen Konrad Adenauer und

---

[532] Brief an Konrad Adenauer am 16.1.1966. In: *Die letzten Lebensjahre 1963–1967*, Bd II, S. 456f.

Emma Weyer in ihren Bann. Den Duft der keimenden Liebe und künftigen Ehe vergegenwärtigt ein erhaltenes Gedicht Emmas: „Liebster Tag am Rheinesstrand, / Seel'ges Wandern durch die Land, / durch der sieben Berge Pracht, / Wie wir in des Kirchleins Stille, / danken für des Glückes Fülle, / Wie Du neckisch mochtest fragen, / welchen Wunsch ich vorzutragen, / und ich still darauf gelacht."[533] Im Jahre 1902 reisen Konrad und Emma über den Bahnhof Rolandseck zum Rolandsbogen und verloben sich dort. Emmas Verse erinnern an diese Zeit des Glücks: „Zum 21ten Juni 1903, dem Jahrestag unserer Verlobung: Ist die Zeit auf Flügeln fortgegangen, / glitt sie hin auf schnellen Wanderungen, / ist vergangen schon ein Jahr? / Seit in jenes Sommers stillen Stunden, / liebend unsre Herzen sich gefunden / und das liebste Glück gegeben war. […] Was den Menschen wohl in diesem Leben / Gott am liebsten Glücke mochte geben / Gab Er mir in Dir: Habe Dank für dieses reiche Glück!"[534] Nach Adenauers Tod findet man im Schreibsekretär seines Rhöndorfer Arbeitszimmers ein Bändchen mit handgeschriebenen Gedichten, die in seinen jungen Jahren entstanden waren, die bisher nicht editiert sind.[535]

Emma wird die Mutter der gemeinsamen Kinder Konrad, Max und Ria. Nach ihrem frühem Tod wird Adenauer schreiben: „1917 war für mich schwer, sehr schwer, voll körperlicher und geistiger Qual und Elend. […] das ganze Jahr erfüllt von Schmerz und Leid und Sehnsucht nach meiner teuren Frau […] Mutterlose Kinder, das ist etwas entsetzlich Trauriges. In jungen Jahren zu einer großen Stellung berufen, bin ich ein vielbeneideter Mann, und dabei arm, bitterarm."[536] 1919 ist der Rolandsbogen Ziel der Hochzeitsreise mit seiner zweiten Frau Gussie, da die schwierige Lage Kölns in der Nachkriegszeit keine weite Reise erlaubt. Heute bilden der Bahnhof Rolandseck und das Hans-Arp-Museum einen Brennpunkt bildender Kunst und Musik am Rhein, das der Besucher des Adenauer-Hauses linker Hand auf der anderen Rheinseite rechts unterhalb des Rolandsbogens sieht.

---

[533] http://www.adenauerhaus.de/downloads/Objekt%20des%20Monats%20August.pdf.
[534] H.-P. Mensing (2007). *Emma, Gussie und Konrad Adenauer.* In: *Aus Adenauers Nachlass*, S. 155.
[535] *Adenauers Lieblingsgedichte.* Anneliese Poppingas Vorwort, S. 12.
[536] P. Adenauer (1992). *Predigt zum 25. Todestag Konrad Adenauers.* In: *Konrad Adenauers Religiosität*, S. 74ff.

Durch Wasmuths Initiative sind die Verleger der Illustrierten Quick, zeitweilig mit einer Auflage von 1,6 Millionen Exemplaren die zweitgrößte deutsche Illustrierte, bereit, Kokoschkas Honorar zu zahlen und das Bild dem Deutschen Bundestag zu stiften: „Es wird das erste ‚große' Kunstwerk im Bundeshaus sein",[537] kommentiert die Presse der Bundeshauptstadt. Kokoschka hingegen spendete sein Honorar in der Höhe von nahezu 200.000 DM einem Heim für verwahrloste Kinder in Godesberg. Nur weil er zu billig gewesen sei, rechtfertigt Kokoschka gegenüber den Verlegern die Höhe seiner Forderung, hätten die Nazis seine Werke verbrannt und nicht wie jene von Klee und Kandinsky, die teurer gewesen seien, ins Ausland verkauft. Er müsse sich vor neuerlicher Verbrennung bewahren. Adenauers Zustimmung holt sich Wasmuth 1965 im D-Zug nach Cadenabbia und sprach den Alt-Bundeskanzler an, als dieser die Toilette aufsuchte. „Eine sehr jeschickte Idee", kommentiert Adenauer später. „Die Kinder kriejen dat Jeld, und die Quick schlachtet dat politisch aus."[538]

Anneliese Poppinga schildert die Entstehung des Portraits in Cadenabbia im Frühjahr 1966 mit warmherziger Anteilnahme.[539] Zunächst ist Adenauer skeptisch. Unbekannt ist, was er etwa über Kokoschkas hinreißende *Windsbraut* von 1914 dachte, die Kokoschkas leidenschaftliche Liebe zu Alma Mahler darstellt, der Frau des Komponisten Gustav Mahler und später des Schriftstellers Franz Werfel und der Geliebten des Architekten Walter Gropius, von der sich Kokoschka trennt, als sie das von ihm empfangene Kind abtreibt.[540] Aus Verzweiflung stürzt sich Kokoschka freiwillig in den Krieg,

---

[537] Bonner Rundschau, 11.12.1965. In: *Die letzten Lebensjahre 1963–1967*, Bd II, S. 456f.

[538] N. Grunenberg (1966). *Der alte Mann und sein Bild.* DIE ZEIT, 13.5.1966.

[539] A. Poppinga (1970). *Meine Erinnerungen an Konrad Adenauer*, S. 341ff.

[540] Alma Mahler-Werfels 1962 erschienene Erinnerungen werden zum „Skandalbuch" der späten Adenauerzeit. Josef Pieper erinnert sich eine Begegnung mit Alma Mahler-Werfel bei seinem amerikanischen Verleger im New York des Jahres 1956: „Fast entschuldigend, als wolle er uns auf etwas nicht recht Zumutbares vorbereiten, hatte er ‚vorsorglich' erwähnt, auch Alma Mahler-Werfel werde dabei sein; er kannte wohl die Witwe seines langjährigen Verlagslektors und Freundes Franz Werfel ein wenig zu genau. Wir anderseits freuten uns darauf, sie einmal kennenzulernen. Von der hinreißend schönen Windsbraut des Kokoschka-Bildes ließ zwar die nun Siebenundsiebzigjährige kaum noch etwas ahnen, zumal sie sich, grell geschminkt, über und über mit ihren vermutlich unendlich kostbaren Juwelen behängt hatte – aus Sicherheitsgründen, wie sie rätselhafterweise sagte. Vermutlich hatte Kurt Wolff der alten Dame vorweg mit ein paar Hinweisen seinen ihr unbekannten Gast und Autor cha-

erwirbt aus dem Erlös der *Windsbraut* ein Schlachtross und wird schwer verwundet. „Man war nicht gerüstet, und Schlamperei war üblich in Österreich-Ungarn. Man rüstete sich nur zum Sterben", erinnert sich Kokoschka an seine melancholischen Kriegsvorbereitungen. „Ich hatte kürzlich die *Windsbraut* an einen Hamburger Apotheker verkauft, die Summe genügte gerade für ein Pferd, das, wie der Jude meiner Mutter versprach, mich glücklich nach Hause bringen würde. Sie war ihm sympathisch, und mehr oder weniger hat das Pferd auch für ihn Wort gehalten."[541] In Kunstbänden, die Adenauer besitzt, ist Kokoschkas *Windsbraut* jedenfalls abgebildet.

Die persönliche Begegnung wird zur Überraschung für beide, den Neunzig- und den Achtzigjährigen. Adenauer öffnet sich der Begegnung mit Kokoschka: „Er beeindruckte den Bundeskanzler, er war akzeptiert; man spürte es sofort", beobachtet Adenauers Assistentin.[542] Auch Kokoschka ist von Respekt erfüllt und bekennt, er habe Adenauer schon vor Jahren kurz im Vorbeigehen gesehen, als er Theodor Heuss gemalt hätte, und sich gleich gedacht: „Das ist wer!" Zugleich warnt er Adenauer: „Aber ich male nicht schön! Ich muss malen, wie ich es sehe! Der Bundespräsident Heuss war ganz entsetzt und enttäuscht über das Bild, das ich von ihm gemalt habe." Der Bundeskanzler habe gelacht, überliefert Anneliese Poppinga und glaubt einflechten zu müssen, der Bundeskanzler sei nicht eitel gewesen.

Kokoschka wollte den Bundeskanzler stehend malen: „Das Aufrechte, das Gerade, das muss ich ausdrücken. Das ist das Wesentliche! Der Blick in die Ferne."[543] „Glück begünstigte mich bereits beim Entwerfen des Portraits", erinnert sich Kokoschka. „Seine hohe Gestalt ohne Pathos, die Arme lässig an den Seiten des hageren Körpers herunterhängend, seine knochigen Hände erwartungsvoll zusammengepresst, so hatte ich – ich bin kurzsichtig –, seinen harten Schädel nahe genug. Das Licht der Morgensonne fiel in sein offenes Gesicht mit den tief eingegrabenen Furchen und den Augen, die forschend schauten

---

rakterisiert. Als sie mich dann allerdings enthusiastisch mit der Proklamation begrüßte: ‚Sie müssen vor allem wissen, dass ich eine glühende Katholikin bin!', verschlug es mir doch für einen Augenblick die Sprache." J. Pieper (1979). *Noch nicht aller Tage Abend (1945–1964)*, In: *Werke in acht Bänden*, Ergänzungsband 2, S. 385.
[541] O. Kokoschka (1971). *Mein Leben*, S. 144f.
[542] A. Poppinga (1970). *Meine Erinnerungen an Konrad Adenauer*, S. 342.
[543] Ebd., S. 344.

auf das, was rings um geschah. Wieso ich sogleich jedem Farbstrich eine bestimmte, eigene Form wüsste, als ob er eine besondere Funktion im Ganzen hätte, gleich Tönen in der Musik, das war ihm sofort aufgefallen. Farben sind wie Facetten, die ein Diamantschneider aus dem Kristall herausschleift, sagte ich. In meiner Vorstellung wären sie schon auf der leeren Leinwand vorhanden, und Malen bedeutete bei mir nicht, einfach Farben übereinanderzusetzen; es ist ein Gestaltungsprozess, der mich beschäftigt. Er verstand es und erzählte mir von seiner Sammlung gotischer Bilder, die ihn von angestrengter politischer Arbeit ablenke. Wir haben uns gleich zu Beginn befreundet."[544]

Drei Wochen lang malt Kokoschka, während Adenauer seine politischen Erinnerungen diktiert. „Und dat is ne saure Arbeit, ich sitze seit heute morgen sieben Uhr daran", bekennt Adenauer den Journalisten.[545] „Er hat fast die ganze Zeit gestanden, er zieht vor zu stehen, was auch merkwürdig ist", berichtet Kokoschka im gleichen Interview. „Es zeigt, wie lebendig er ist, und er hat dann diktiert aus dem Gedächtnis, ohne Notizen und ohne Unterlagen. Er hat auch, wenn er etwas lesen musste, keine Gläser benutzt. Ich musste ihm aus einem Aufsatz vorlesen, den Stalin 1952 veröffentlicht hatte", erinnert sich Anneliese Poppinga. „Als ich gerade eine sehr wichtige Passage gelesen hatte, kam plötzlich aus der Ecke, in der die Leinwand stand, die tiefe, kehlige Stimme Kokoschkas: ‚Gut gebrüllt, Löwe!'. Und die beiden Herren tauschten ihre Gedanken aus über die Einschätzung des Ostens und der sowjetrussischen Politik. ‚Der Mann hat politisches Gespür!' sagte der Bundeskanzler später zu mir."[546] „Adenauers Sohn, der Monsignore, musste lachen über meine Naivität"; erinnert sich Kokoschka, „sein Vater verwies es ihm, denn ich wäre einer der wenigen Leute, mit denen er sich politisch verstünde."[547]

Beim Malen kommen Kokoschka Vergleiche zwischen Bismarck und Adenauer in den Sinn. „Im Vergleich dazu hatte Adenauer wirklich ein bitteres Erbe übernommen", erinnert er sich. „Ein mit Schmach und Schande bedecktes, besiegtes, ausgeblutetes Volk in einem von Feinden aufgeteilten, ausgeplünderten Land wie Moses zu führen. In seinem hohen Alter konnte

---

[544] Ebd., S. 295ff.
[545] N. Grunenberg (1966). *Der alte Mann und sein Bild.* DIE ZEIT, 13.5.1966.
[546] A. Poppinga (1970). *Meine Erinnerungen an Konrad Adenauer*, S. 347.
[547] O. Kokoschka (1971). *Mein Leben*, S. 302.

er auch nicht wie dieser in der Wüste auf eine neue Generation warten. Ob seine Anhänger und auch seine Gegner, deren Verständnis für die demokratische Idee noch immer vom Rationalismus determiniert zu sein scheint, das jemals richtig verstanden haben? […] Adenauer jedoch hatte nach einer katastrophalen Geistesverwirrung des deutschen Volkes diesem erst seine verlorene menschliche Identität wieder zu Bewusstsein zu bringen."[548]

Die beiden zunächst so grundverschieden erscheinenden Männer verwachsen miteinander und sprechen über ihre persönlichsten Nöte, etwa über das Alter, als ihm Kokoschka von seinem Bild des Königs Saul erzählt, „dem alten Kerl. Und dann dieser David, dieser Spitzbub! Dieser Lausebengel!... so jung." Alle möglichen Themen werden berührt. Doch immer wieder kommt das Gespräch auf die Religion zurück, auf die katholische Kirche. „Plötzlich, ohne Einleitung, waren die Gedanken da."[549] Sie habe selten den Bundeskanzler so oft über ethische und religiöse Themen sprechen hören, schreibt Anneliese Poppinga, keine langen Ausführungen, das sei nicht seine Art gewesen, schon gar nicht zu diesen Fragen; es seien kurz hingeworfene Sätze gewesen, durch die sich eine ganze Gedankenwelt aufgetan habe.

So teilt Adenauer Kokoschka zum Beispiel die Sorgen mit, die ihm das Zweite Vatikanische Konzil mache. Der Prozess, den man dort eingeleitet habe, sei erst ein Anfang. Die dort gefassten Beschlüsse würden lange nachwirken. Die Folgen ließen sich nicht übersehen, wenn das feste Gefüge Roms einmal in Bewegung gerate. Die Erschütterungen der Wertordnungen in unserer Welt seien aber allgemein so ungeheuer, es sei in unserer Welt derart viel ins Wanken geraten, da wäre es gut, wenn die Menschen doch wenigstens etwas hätten, an das sie sich noch halten könnten. Bei einem dieser Gespräche mit Kokoschka erzählte er die Anekdote von einem westfälischen Bauern, von der er gehört habe und die ihm sehr gefalle: Die Beschlüsse des Konzils wären also auch in die Dörfer gedrungen, manches wurde nicht mehr in lateinischer Sprache gebetet, manches in der Liturgie geändert. Und da wäre ein Bauer gewesen, der hätte das alles mitangesehen und angehört. Er hätte den Kopf geschüttelt und vor sich hingebrummt: „Makt, wat er wült. Ik bliwe katholisch!"[550]

---

548 Ebd., S. 299.
549 A. Poppinga (1970). *Meine Erinnerungen an Konrad Adenauer*, S. 352.
550 *Macht, was Ihr wollt, ich bleibe katholisch!* Ebd., S. 353.

Wie sein Biograph berichtet, äußert sich Adenauer verschiedentlich kritisch zu den Auswirkungen des Zweiten Vatikanischen Konzils.[551] Wie sehr ihn diese Vorgänge beschäftigen, zeigt ein Interview mit Cyrus L. Sulzberger, Kolumnist der New York Times, im Jahr 1966: „Bei mir wohnt ein Sohn, der katholischer Priester ist, und infolge dessen spreche ich auch viel mit ihm über die Konzilsangelegenheiten. Das ist noch lange nicht zu Ende. Das Konzil wird noch lange nachwirken. Ich spreche mit ihm auch über Fragen der Entwicklung der Theologie."[552]

Kokoschkas Urwüchsigkeit schlägt Adenauer in seinen Bann. „Der Kokoschka ist ein ‚Kerl' wie sein Held, der König Saul", sagt er zu Anneliese Poppinga. Und er staunt, wenn von Kokoschka in solchen Gesprächen Bemerkungen kommen wie: „Ich bin ein Sünder." Als das Bild fertig wird, hatte Kokoschka nicht nur den Bundeskanzler gemalt: „Er legte etwas oder sogar sehr viel von sich selbst in das Bild. Dies geschah gewiss völlig unbewusst. Vielleicht hatte er etwas im Bundeskanzler entdeckt, das auch in ihm war; vielleicht war er durch den Bundeskanzler eines Teils seiner selbst bewusst geworden."[553] Kokoschka habe das Glück gehabt, Augenblicke zu erleben, in denen ihm der Bundeskanzler ohne Visier entgegengetreten sei: Er habe ihm nicht „die Hülle zerschlagen" müssen, sondern sei von den weithin unbekannten Seiten des Bundeskanzlers überwältigt worden.

Kokoschka malte ihn, wie er es ankündigte: „Ich muss malen, wie ich es sehe!" In aller spontanen Jungenhaftigkeit, die Freundschaft zwischen Männern kennzeichnet, auch zwischen alten Männern, wurden Adenauer und Kokoschka Freunde: „Der große Augenblick für den letzten Pinselstrich war da. [...] Man höre und staune: Kokoschka feierte nicht allein mit Whisky, auch der Bundeskanzler begehrte ein ganzes Glas! Und umarmen taten sie sich auch. Ich habe etwas Derartiges zuvor nicht erlebt, ich hätte es kaum für möglich gehalten. Die Giganten hatten gigantischen

---

[551] H.-P. Schwarz (1986). *Adenauer. Der Staatsmann: 1952–1967*, S. 609.
[552] Informationsgespräch mit Cyrus L. Sulzberger, „New York Times". Veröffentlicht in: „Welt am Sonntag" vom 7.8.1966, „New York Times" vom 8.8.1966. In: *Konrad Adenauer. Die letzten Lebensjahre 1963–1967*, Bd. II, S. 268. Im gleichen Interview kritisiert Adenauer mit Vehemenz den Krieg der Amerikaner in Vietnam.
[553] A. Poppinga (1970). *Meine Erinnerungen an Konrad Adenauer*, S. 363.

Spaß."[554] „Und er, der nur seinen Rheinwein gewohnt war", erinnert sich Kokoschka an diese Szene, „leerte sein Glas in einem Zug, umarmte und küsste mich zu meiner Verlegenheit auf beide Wangen, unbekümmert um die Photographen, die wochenlang vergebens die Villa belagert hatten."[555]

Adenauer dankt ihm vor seiner Abreise nach Rhöndorf: „Morgen werden wir Cadenabbia verlassen. Ich möchte nicht von hier weggehen, ohne Ihnen noch einmal zu sagen, wie sehr ich mich gefreut habe, Sie hier kennenzuler-nen. Die Besprechungen, die wir bei den Portraitsitzungen und auch sonst hatten, werden mir unvergesslich bleiben, und ich hoffe sehr, dass Sie in nicht ferner Zeit Ihr Versprechen wahr machen, und mich mit Ihrer Frau in Rhöndorf besuchen."[556] „Mit herzlichen Grüßen bin ich Ihr Adenauer" unterzeichnet er eigenhändig den Brief. Das Treffen kam am 17.5.1966 tatsächlich zustande: „Ich habe Adenauer noch einmal in seinem Haus in Rhöndorf im Familienkreis erlebt, wo er mich im Bocciaspiel unterweisen wollte. Genau auf den Tag, ein Jahr, nachdem ich das Bild beendet hatte, ist dieser Mann, der mir in Freundschaft so nahe gekommen war, gestorben."[557]

Heute hängt Kokoschkas Adenauerbild im Arbeitszimmer der Bun-deskanzlerin Angela Merkel unmittelbar hinter ihrem Schreibtisch. Wie Kokoschka an seinen Verleger schreibt, wollte er diese „vom Raum sich auflösende, ätherische, schlanke Gestalt mit den unvergesslichen auf den Be-schauer gerichteten forschenden Augen" künstlerisch erfassen. „Einige ganz gescheite Schweizer Journalisten bedauern, wie ihre deutschen Collegen, dass der Adenauer nicht wie der Lenbachsche eiserne Kanzler mit Pickel-haube dargestellt ist. Dass er zwei Gesichtshälften hat, sieht keiner. Ein Auge weiter sehend als die Deutschen meistens, eines das eines Pragmatikers, der […] mit einer gegebenen Situation die endgültige Gestaltungsmöglichkeit übersieht. Die Deutschen haben eben überhaupt heute keinen Menschen, der einer Zeit den Ausdruck verleiht, weil sie bereits, wie die Amerikaner und Russen zu vermasst sind. Ich hatte ihn gern, weil der Hintergrund noch

---

[554] Ebd., S. 368.
[555] O. Kokoschka (1971). *Mein Leben*, S. 301.
[556] Brief an Professor Oskar Kokoschka, Villeneuve/Vaud, 26.4.1966. In: *Die letzten Lebens-jahre*, Bd. II, S. 207.
[557] O. Kokoschka (1971). *Mein Leben*, S. 303.

immer, seit dem Tod unseres alten Kaisers, für Europa ein tragischer bleibt und Adenauer hat auch nichts ändern können. So malte ich ihn, leicht geisterhaft."[558] Eine Vision hatte auch Kokoschka nicht im Sinn, wohl lag ihm an einem Zeugnis der Freundschaft.[559]

3.4 Adenauers Marienfrömmigkeit

Auf dem Schreibtisch in Adenauers Rhöndorfer Arbeitszimmer, dem oben beschriebenen Gemälde mit dem Gekreuzigten gegenüber, über dessen Wirkung auf ihn er mit Anneliese Poppinga spricht, befinden sich einige wenige Gegenstände, Arbeitsmittel – bis auf einen, der dort zu entdecken ist und offenbar in Adenauers Blick lag, wenn er an diesem Schreibtisch arbeitete. Es handelt sich um eine „Wunderbare Medaille" aus einfachem Aluminium, die auf die Marienerscheinungen der Novizin Catharine Labouré (1806–1876) aus dem Mutterhaus der Vinzentinerinnen an der Rue du Bac in Paris zurückgeht. Catharine Labouré berichtete von Erscheinungen am 19. Juli und 27. November 1830, in denen sie eine strahlende Frau in blau-weißen Farben gesehen habe, auf der Erdkugel stehend, umgeben von zwölf goldenen Sternen. Die Erscheinung sei von den Worten umrahmt gewesen: „O Maria, ohne Sünde empfangen, bitte für uns, die wir unsere Zuflucht zu dir nehmen." Außerdem habe sie einen großen Buchstaben M mit einem Kreuz darüber und die stilisierten Herzen von Jesus und Maria wahrgenommen. Ihr sei aufgetragen worden, Medaillen mit diesen Bildern und dieser Inschrift prägen zu lassen. Alle, die sie tragen, würden große Gnaden empfangen. Papst Pius XII. spricht Catharine Labouré 1947 heilig. Motive der Medaille verwendet Papst Johannes Paul II. in seinem Wappen. Wer möchte, spürt durch diese Entdeckung eine Dimension von Adenauers Religiosität auf, über die er anscheinend nur im engsten Kreis, wenn überhaupt, gesprochen hat. In den Blick kommen damit die großen Marienerscheinungen des 19. und 20. Jahrhunderts.

---

[558] Brief an Dr. Ludwig Goldschneider, London, am 10. Juni 1966. Zitiert in: W. Hansmann (2009). *„Das ist ein kühnes Unternehmen!" Konrad Adenauer in der Bildnisgestaltung Ernst Günter Hansings*. In: *Konrad Adenauer in Bildnissen* von Ernst Günter Hansing, S. 34.
[559] O. Kokoschka (1971). *Mein Leben*, S. 296, 302.

Adenauer und die Gottesmutter – eine erste Spur: Wer ihr folgt, wird in den belgischen Ardennen erneut fündig. Ein separat stehender Glockenturm gegenüber der Kapelle St. Michael im Marienwallfahrtsort Banneux[560] südöstlich von Lüttich trägt eine Gedenktafel mit einem Relief Konrad Adenauers. Sie erinnert an die Glocke „Konrad-Maria", eine persönliche Spende Adenauers, die 1960 geweiht wurde. Die Architektur der Kapelle erinnert an die 1716 geweihte Kapelle Mariä Heimsuchung in Adenauers Wohnort Rhöndorf. Wie zutreffend diese Assoziation ist, erweisen weitere Nachforschungen.[561] Im Januar 1956 besuchen die Kapläne Louis Jamin und Georg Jacob, zuständig für die deutschsprachigen Banneux-Pilger, Adenauer in seinem Rhöndorfer Wohnhaus. Sie überreichen ihm eine Statue der „Jungfrau der Armen" und erläutern ihm die Bedeutung von Banneux. Adenauer tritt spontan der dort ins Leben gerufenen Gebetsvereinigung bei. Bereits bei dieser Begegnung wird der Bau einer Kapelle für die deutschen Pilger besprochen, die auch ein internationales Versöhnungszeichen werden soll. Auf Adenauers Wunsch wird sie dem Erzengel Michael, dem Schutzpatron Deutschlands, geweiht. Er wird dort zugleich mit der hl. Jeanne d'Arc, der Patronin Frankreichs, verehrt. Adenauer mag dabei an die *Scenen aus dem Leben der heiligen Johanna* seines Freundes Walter Braunfels gedacht haben, über die er mit ihm korrespondiert hatte. Am Osterdienstag 1960, dem 19. April, erfolgt die Grundsteinlegung durch Adenauers Sohn, Prälat Paul Adenauer. Genau sieben Jahre später, am 19. April 1967, wird Konrad Adenauer sterben. Am Ende der Feier überreichen Kinder Paul Adenauer als Geschenk für seinen Vater zwei kleine Fichten, wie sie für die Gegend von Banneux typisch sind. Eine dieser Fichten findet im Garten der Familie Adenauer ihren Platz, die andere am Fuß des Drachenfels im nahegelegenen Siebengebirge. Aus Pilgerspenden wird die Kapelle nach dem Vorbild der Rhöndorfer Marien-

---

[560] Im Jahr 1933 berichtet ein zwölfjähriges Mädchen, Mariette Beco (1921–2011), von mehreren Erscheinungen Mariens, die sich als „Jungfrau der Armen" bezeichnet. Von einer Quelle habe die Gottesmutter gesagt, sie sei für alle Nationen und für die Kranken. Banneux entwickelt sich zu einem besuchten Wallfahrtsziel. Aus den Erscheinungen, die 1949 vom Bischof von Lüttich anerkannt werden, geht eine internationale Gebetsvereinigung für den Weltfrieden hervor. 1985 besucht Papst Johannes Paul II. Banneux.
[561] *Kapelle St. Michael und Glockenturm in Banneux*: http://www.konrad-adenauer.de/index. php?msg=11007.

kapelle errichtet und am Michaelstag des Jahres 1960 eingesegnet. 13.000 Pilger wohnen dieser Feier bei.

Ein zweiter Kapellenbau ist mit dem Namen Konrad Adenauers verknüpft. Am Christkönigsfest des Jahres 1958, dem 26. Oktober, wird auf dem Marienfels, in der Nähe der Bühlerhöhe bei Baden-Baden, der Grundstein für die Kapelle Maria Frieden gelegt, die Paul Adenauer der Gottesmutter als „Königin des Friedens" weiht. Weitere Patrone sind der heilige Nikolaus von Flüe (1417–1487) und der selige Markgraf Bernhard II. von Baden (1428/1429–1458), christliche Laien, die sich in besonderer Weise für Frieden und Gerechtigkeit in ihrem Gemeinwesen einsetzten. In der Diözese Freiburg wird die Heiligsprechung Bernhards von Baden betrieben.[562] Die Kapelle, von der man über die ersten Berge des Schwarzwaldes und das Rheintal hinweg bis weit in die französischen Vogesen blickt, liegt in unmittelbarer Nähe zum Dominikanerinnenkloster Neusatzeck, dessen Verbindung zu Adenauer bereits erwähnt wurde. Der zuständige Pfarrer dankt Adenauer „als geistlichem Mitinitiator des Baues eines Heiligtums der ‚Königin des Friedens' im Reiche Gottes, unseres Volkes und der Völker" und für die Stiftung einer Marienstatue, einem „hervorragenden Werk", das um 1500 im Bodenseeraum geschaffen wurde.[563] „Als ich auf dem Parteitag der CDU in Karlsruhe war und in Baden-Baden wohnte", antwortet Adenauer, „bin ich eines Abends zur Bühlerhöhe hinaufgefahren. Alles lag in tiefem Schnee. Es war ein heftiges Schneegestöber, aber ich konnte die sehr schönen, eleganten Umrisse Ihrer Kirche noch gut sehen. Ich freue mich, dass das Werk von Ihnen vollendet ist, und auch, dass die Statue Ihnen gefällt. Ich empfehle Ihnen, sie gut befestigen zu lassen."[564]

Das Patronat der Gottesmutter als *Regina Pacis* scheint Adenauer besonders am Herzen zu liegen. So setzt er sich während seines kurzen Wirkens als Kölner Oberbürgermeister nach 1945 für den Wiederaufbau der

---

[562] R. Zöllitsch (2011). *Heiligsprechung des sel. Bernhard von Baden.* 14. Amtsblatt der Erzdiözese Freiburg, 17.6 2011, S. 1.
[563] Brief von Pfarrer Rudolf Otto Hemberger an Konrad Adenauer von 12.4.1960. In: *Briefe 1959–1961.*
[564] Brief an Pfarrer Rudolf Otto Hemberger vom 7. Mai 1960. Ebd., S. 99.

barocken Konventskirche St. Maria vom Frieden ein und die Rückkehr der Kölner Karmelitinnen.[565] Das südlich der Kölner Altstadt gelegene Kloster bewahrt heute durch das Edith-Stein-Archiv die Erinnerung an die im Konzentrationslager Auschwitz-Birkenau ermordete Karmelitin und Philosophin Edith Stein, eine der Patroninnen Europas. Ein weiteres Beispiel ist Adenauers Einsatz für den Wiederaufbau der Gnadenkapelle St. Marien in Köln-Kalk am alten Ort: „Gerade diese Kapelle ist in der Zeit des Nationalsozialismus das Ziel nächtlicher Männerwallfahrten[566] riesigen Ausmaßes gewesen. Sie ist also fast eine historische Stätte im Kampf gegen den Nationalsozialismus geworden."[567]

Nach dieser vielleicht für viele unvermuteten Entdeckung der Marienfrömmigkeit Adenauers ist es vielleicht nicht mehr völlig überraschend, dass auch eine Verbindung zwischen Adenauer und den Erscheinungen der Gottesmutter in Fatima besteht. Die portugiesische Stadt Fatima ist einer der bedeutendsten katholischen Wallfahrtsorte. Zwischen Mai und Oktober 1917 sei ihnen die Gottesmutter erschienen, berichten die Hirtenkinder Lúcia Santos, Jacinta und Francisco Marto.[568] Belegt wird dieser Bezug durch Adenauers Mitgliedschaft in der „Blauen Armee Mariens",[569] dem deutschen Zweig einer internationalen Fatima-Organisation, die 1947 von dem US-amerikanischen Laien John M. Haffert und dem Geistlichen Prälat Harold V. Colgan gegründet und 1951 durch Pfarrer Andreas Johannes

---

[565] Zur Geschichte des Kölner Karmel: http://www.karmelitinnen-koeln.de/geschichte_des_koelner_karmel.htm.

[566] Zur Geschichte dieser noch heute bestehenden Tradition: http://www.schweigegang.de.

[567] Verwaltungskonferenz am 11.9.1945. In: *Konrad Adenauer. Oberbürgermeister von Köln*, S. 515.

[568] 1930 gestattet der Bischof von Leiria die öffentliche Verehrung „Unserer Lieben Frau von Fatima". Während der dritten Erscheinung werden den Kindern die sogenannten „drei Geheimnisse von Fatima" offenbart. Während die ersten beiden Geheimnisse 1941 veröffentlicht werden, wird das dritte versiegelt dem Papst zugestellt und sollte nicht vor 1960 veröffentlicht werden. Papst Johannes XXIII. entschied sich gegen eine Veröffentlichung. Sein Inhalt wurde 2000 durch Joseph Kardinal Ratzinger ganz oder teilweise publiziert. Benedikt XVI. besucht Fatima am 13. Mai 2010.

[569] M. Scheer (2006). *Rosenkranz und Kriegsvisionen. Marienerscheinungskulte im 20. Jahrhundert*, S. 21. Dass diese Dissertation an der Fakultät für Sozial- und Verhaltenswissenschaften und nicht an einer zeitgenössischen theologischen Fakultät verfasst wurde, mag sie als Faktensammlung und Dokumentation möglicherweise umso wertvoller machen.

Fuhs (†1967) in Deutschland eingeführt wurde.[570] Blau wurde nicht nur als Farbe der Gottesmutter gewählt, sondern in bewusster Gegenübersetzung zur „Roten Armee". Dass Adenauers antisowjetische Politik demnach auch eine ausgesprochen religiöse Dimension besaß, illustriert die Tatsache, dass er am 30. Mai 1954 den ersten Friedenspreis der „Blue Army" im Palais Schaumburg, seinem Amtssitz als Bundeskanzler, entgegennahm. Der Kanzler antwortet Prälat Colgan: „Wenn Sie sagen, dass wir mit geistigen Waffen gegen den Kommunismus kämpfen müssen und dass wir nur so einen dauernden Frieden erlangen können, haben Sie vollkommen recht. Ohne die Hilfe des Gebetes, ohne die Hilfe von oben, können wir das Böse nicht besiegen. Wenn wir alle zusammenhalten im Vertrauen auf Gott, dann können wir dieses Ziel erreichen."[571] Pfarrer Fuhs' Buch *Fatima und der Friede* in Adenauers Rhöndorfer Privatbibliothek enthält als handschriftliche Widmung des Verfassers: „Dem Bundeskanzler Dr. Konrad Adenauer in dankbarem Gedenken an die Überreichung des 1. Friedenspreises der Blauen Armee Mariens am 30. Mai 1954."[572]

Eine weitere Spur zur „Immaculata", der von der Erbsünde unbefleckt empfangenen Gottesmutter, und zu ihrer Bedeutung für Adenauer scheint auch zu den Marienerscheinungen im südwestfranzösischen Lourdes zu führen. 1858 berichtet das Mädchen Bernadette Soubirous von Erschei-

---

[570] Ebd., S. 105f. Heute zählt die „Blaue Armee Mariens", 2006 in „Fatima-Weltapostolat" umbenannt, nach eigenen Angaben rund 22 Millionen Mitglieder in ca. 120 Ländern. Die Mitglieder sind weder verpflichtet, Versammlungen beizuwohnen, noch Beiträge zu zahlen. Die Mitgliedschaft umfasst die schriftliche Erklärung, die Forderungen der Botschaft von Fatima erfüllen zu wollen. Die Mitglieder geloben, sich persönlich dem Unbefleckten Herzen Mariens zu weihen, als äußeres Zeichen eine beliebige marianische Medaille zu tragen, täglich den Rosenkranz zu beten, ihre täglichen Berufspflichten gewissenhaft zu erfüllen und die Schwierigkeiten, die damit verbunden sein mögen, als Bußwerke aufzuopfern. Wenn möglich, sollen die Herz-Mariä-Sühnesamstage gehalten werden. In der Absicht, das Unbefleckte Herz Mariens zu ehren und Genugtuung zu leisten, umfassen sie jeweils am ersten Samstag im Monat einen Messbesuch, den Empfang der Eucharistie, Beichte und Rosenkranzgebet. Colgan nannte die Organisation eine „Armee" in Anlehnung an die Anrufung Mariens als „Siegerin in allen Schlachten Gottes" gemäß der 1942 von Papst Pius XII. durchgeführten Weltweihe an das Unbefleckte Herz Mariens.

[571] Ebd., S. 21. Der Preis wurde „für hervorragende Verdienste im Kampf gegen den gottlosen Kommunismus und für den Weltfrieden" verliehen.

[572] A. J. Fuhs (1959). *Maria und der Friede*. Überreichung im Palais Schaumburg ist auf den Seiten 189f. geschildert.

nungen einer weißgekleideten Frau in einer Felsgrotte, die von sich sage, „Ich bin die Unbefleckte Empfängnis." In Adenauers Privatbibliothek befindet sich jedenfalls der Roman „Das Lied von Bernadette" des deutsch-jüdischen Schriftstellers Franz Werfel (1890–1945), der die Geschehnisse von Lourdes beschreibt.[573] Werfel gelobte, diesen Roman zu schreiben, als er sich mit seiner Frau Alma Mahler-Werfel, der „Windsbraut" Oskar Kokoschkas, Konrad Adenauers spätem Freund, auf der Flucht vor den vorrückenden deutschen Truppen für einige Wochen in Lourdes verbarg: „Es war eine angstvolle Zeit. Es war aber auch eine hochbedeutsame Zeit für mich, denn ich lernte die wunderbare Geschichte des Mädchens Bernadette Soubirous und die wundersamen Tatsachen der Heilungen von Lourdes", schreibt Werfel im Vorwort. „Eines Tages in meiner großen Bedrängnis legte ich ein Gelübde ab. Werde ich hinausgeführt aus dieser verzweifelten Lage und darf die rettende Küste Amerikas erreichen – so gelobe ich –, dann will ich als erstes vor jeder anderen Arbeit das Lied von Bernadette singen, so gut ich es kann. Das Buch ist ein erfülltes Gelübde."[574]

Das Buch, das Werfel zwar einen Roman, aber keine Fiktion nennt, ist nach dem Vorbild des Rosenkranzes in fünfzig Kapitel, wie die fünfzig Ave-Perlen, zu je fünf Reihen gegliedert. Die „Wahrheit" der Ereignisse sei „von Freund und Feind und von kühlen Beobachtern in getreuen Zeugnissen erhärtet."[575] Auf ihrer Flucht vor den Nazis bis ins rettende Kalifornien wird das Ehepaar Werfel von Golo Mann begleitet, der Adenauer im Alter besucht und ihm menschlich nahekommt,[576] und von Golos Onkel Heinrich, dem

---

[573] Stiftung Bundeskanzler-Adenauer-Haus, Rhöndorf.

[574] F. Werfel (1941). *Das Lied von Bernadette*, S. 7ff. (Vorwort). „Ich habe es gewagt, das Lied von Bernadette zu singen, obwohl ich kein Katholik bin, sondern Jude", beschließt Werfel sein Vorwort. „Den Mut zu diesem Unternehmen gab mir ein weit älteres und unbewussteres Gelübde. Schon seit den Tagen, da ich meine ersten Verse schrieb, hatte ich mir geschworen, immer und überall durch meine Schriften zu verherrlichen das Göttliche Geheimnis und die menschliche Heiligkeit – des Zeitalters ungeachtet, das sich mit Spott, Ingrimm und Gleichgültigkeit abkehrt von diesen letzten Werten unseres Lebens."

[575] Ebd., S. 8.

[576] G. Mann (1973). *Ein Gespräch mit Adenauer*. In: *Zwölf Versuche über Geschichtsschreibung*, S. 133ff. Diese Aufzeichnung eines zweitägigen Besuches Golo Manns in Adenauers Urlaubsort Caddenabbia, 18.–19.4.1966, bietet eines der eindrucksvollsten Charakterbilder Adenauers.

älteren Bruder Thomas Manns.[577] Unerwartet für Werfel und seinen Verleger wird das „erfüllte Gelübde" ein Weltbestseller; seine Verfilmung *The Song of Bernadette* kommt am 27. Dezember 1943 in die amerikanischen Kinos. Bereits zwei Monate später wird der Film für zwölf Academy Awards nominiert. Ab Herbst 1948 läuft der Film auch in deutschen Kinos an und wird wie in den USA zum Kassenschlager. In August 1958 berichtet *Der Spiegel* von einer im Herbst dieses Jahres geplanten Wallfahrt Adenauers nach Lourdes im hundertsten Jahr der Marienerscheinungen: „Der Kanzler plant, im Herbst nach Lourdes zu wallfahrten. Er glaubt es mit seiner Würde vereinbaren zu können, anschließend – beiläufig – dem General de Gaulle seine Reverenz zu machen."[578] Adenauers Plan scheint jedoch nicht verwirklicht worden zu sein.

Am 8. Dezember 1953, hundert Jahre nach der Dogmatisierung der Unbefleckten Empfängnis Mariens am Festtag der Unbefleckten Empfängnis Mariens, ruft Papst Pius XII. ein „Marianisches Jahr" aus.[579] „Das Hundertjahr-Jubiläum berührte uns in Köln besonders, weil Duns Scotus, der große Franziskaner und Gottesgelehrte, Hauptverteidiger und Vorkämpfer für diese Lehre in Köln gewesen ist,"[580] erinnert sich der Kölner Erzbischof, Josef Kardinal Frings (1887–1978), den die Familie Adenauer bereits als Gemeindepfarrer in Köln-Braunsfeld kennenlernt (1924–1937). Frings

---

[577] Josef Pieper erfährt bei seinem New Yorker Verleger die Geschichte des Gelübdes aus erster Hand: „In diesem Moment ergreift Alma Mahler, die wegen ihrer enormen Schwerhörigkeit nicht begreift, worüber plötzlich so laut gelacht wird, mit entwaffnender Selbstverständlichkeit die Führung des Gesprächs, in der offenkundigen Absicht, sie nicht wieder jemand anders zu überlassen. Sie war wohl gerade dabei, das Manuskript ihrer bis an die Grenze der Indiskretion unverblümten Lebenserinnerungen abzuschließen; zwei Jahre später (1958) waren sie jedenfalls, zum Ärger nicht weniger Leute, auf dem Markt. Und so erfahren wir also an jenem für uns unvergesslichen Abend aus ihrer lebhaften und brillanten Erzählung, auf welch dramatische Weise sie mit Franz Werfel aus Südfrankreich über Spanien und Portugal nach Amerika gelangt sei; besonders ausführlich wird dabei der Aufenthalt in Lourdes geschildert. Am letzten Tage sei Werfel einfach unauffindbar gewesen; und dann habe er ihr, plötzlich zurückgekehrt, von seinem Gelübde berichtet, für den Fall der glücklichen Reise über den Atlantik ein Buch zu schreiben zu Ehren der Bernadette Soubirous." J. Pieper (1979). *Noch nicht aller Tage Abend (1945–1964)*, In: Werke in acht Bänden, Ergänzungsband 2, S. 386.
[578] *Wallfahrt nach Lourdes*. Der Spiegel, 06.08.1958, S. 14.
[579] Für eine umfassende Schilderung des Marianischen Jahrs 1954 siehe: M. Scheer (2006). *Rosenkranz und Kriegsvisionen*, S. 144ff.
[580] J. Kardinal Frings (1973). *Für die Menschen bestellt. Erinnerungen des Alterzbischofs von Köln Josef Kardinal Frings*, S. 165f.

führt zwei der jüngeren Kinder Adenauers zur ersten heiligen Kommunion. Adenauers jüngste Tochter Libet heiratet 1950 einen seiner Großneffen, Hermann-Josef Werhahn. Zu seinen letzten Amtshandlungen gehört 1967 das Requiem für Konrad Adenauer im Kölner Dom.

Kardinal Frings' Erinnerungen vermitteln ein vertieftes Verständnis der Marienfrömmigkeit in den Nachkriegsjahren, die auch Adenauers religiöses Empfinden geprägt hat: „Es hatte sich in vielen Ländern der Brauch entwickelt, eine Statue der Muttergottes von Fatima durch die Pfarreien und Diözesen zu tragen, um den besonderen Schutz der Gottesmutter zu erflehen. Ich entschloss mich, diese Übung auch in meiner Diözese durchzuführen." Die durch Kardinal Frings aus bestehenden Initiativen von Laien und Priestern begründete Tradition der *Peregrinatio Mariae* hatte in Deutschland bis zu Beginn der 60er Jahre Bestand.[581] „Es ist nicht zu verwundern, dass mancher Priester und auch manche Laien sich mit dieser Form der Marienverehrung nur schwer abfinden konnten", erinnert sich Frings. „Aber der Verlauf der *Peregrinatio Mariae* durch die Erzdiözese Köln, die sieben Monate dauerte, hat gezeigt, dass sehr viel Gläubige diese Anregung mit Freuden angenommen haben. […] Die Statue wurde in Portugal bestellt durch die Vermittlung des Herrn Bischofs von Leiria, der sehr erfreut war, dass nun auch in Deutschland eine solche Peregrinatio stattfinden sollte. Die portugiesische Regierung stellte ein Flugzeug des Heeres zur Verfügung, um die Statue nach Deutschland auf den Frankfurter Flughafen zu bringen. […] Die Statue blieb […] eine volle Woche hindurch im Kölner Dom, der während der ganzen Zeit niemals leer war, weil viele Gläubige sich dem Schutz der Gottesmutter und ihres heiligsten Herzens empfehlen wollten. An einem Tag steigerte sich der Zudrang so sehr, dass man in dem damals erst halb wiederhergestellten Dom 60.000 Besucher zählte. Mit dem Gebet zur Gottesmutter verband sich fast immer der Empfang der Sakramente der Buße und des Altares."

Sechs Jahre zuvor vollzog Kardinal Frings am Fest des Unbefleckten Herzens Mariens, dem 22. August 1948, die Weihe des Rheinlands an eben dieses Unbefleckte Herz. Frings konnte an alte rheinische Traditionen anknüpfen. Am 8. Dezember 1715 hatte einer seiner Vorgänger, der Kölner Erzbischof

---

[581] M. Scheer (2006). *Rosenkranz und Kriegsvisionen*, S. 144ff.

und Kurfürst Joseph Clemens von Bayern (1671–1723) als Landesherr seine Residenzstadt Bonn der Muttergottes übereignet und wies den Magistrat an, für die rituelle Umsetzung Sorge zu tragen. Der Kurfürst schreibt selbst, er habe in der Loretokapelle „die stattschlissel auff den altar gelegt und hiermit selbe der allerseeligsten Mueter Gottes Schutz und schrimb unterworffen."[582] Vorausgegangen war ein Gelübde des Kurfürsten im Jahre 1702, die „allerseeligste Jungfrauw und Mutter Gottes Mariam zur Gouvernantin und Schutzfrau für ewig dießer unßerer Residentz-Statt Bonn erwöhlen, und ahn dieselbe aigenthumblich demuthigst schenken" zu wollen, so denn seine Heimkehr aus dem Exil glücklich verlaufe.[583] Im gleichen Jahr 1715 konsekriert Joseph Clemens auch die Gnadenkapelle der „Schwarzen Mutter Gottes" in der Kölner Kupfergasse, die auch für Adenauer eine besondere Bedeutung besitzt: „Wir Kinder wussten, dass Vater überdies fast täglich, wenn er aus dem Dienst kam, zur Schwarzen Madonna in der Kupfergasse ging und dort eine stille Andacht verrichtete."[584] Während Joseph Clemens, wie seine Wittelsbacher Vorgänger auf dem Stuhl des Erzbischofs von Köln, vor der Dreikönigenkapelle des Kölner Dom beigesetzt wird, ist sein Herz in der Gnadenkapelle von Altötting bestattet. Noch heute erinnert in der Eingangshalles des Bonner Rathauses, die seit Adenauers Zeiten zahlreiche Staatsgäste empfing, eine marmorne Muttergottesstatue an diesen Weiheakt, ein Spätwerk Johann Franz van Helmonts (vor 1690–vor 1756), der auch St. Maria in der Kupfergasse und andere Kölner Kirchen ausgestattet hat.

Die Marienweihe des Jahres 1948 durch Kardinal Frings bildete den Abschluss der Festlichkeiten zum 700. Jahrestag der Grundsteinlegung des Kölner Doms im Jahre 1248, die am 15. August, dem Fest Mariä Himmelfahrt, mit einer Reliquienprozession begonnen hatten, an der Adenauer teilnahm.[585] „Das Domfest war glanzvoll", schreibt er an seine Söhne. „Es

---

[582] K. Graf (2002). *Maria als Stadtpatronin in deutschen Städten des Mittelalters und der frühen Neuzeit.* In: *Frömmigkeit im Mittelalter,* S. 78f.

[583] Ebd.

[584] P. Weymar (1955). *Konrad Adenauer,* S. 13ff.

[585] J. Kardinal Frings (1973). *Für die Menschen bestellt,* S. 132. *Der Spiegel* berichtet: „Anlässlich der 700-Jahr-Feier des Kölner Doms fand ein kirchlicher Festakt statt. Der Bankier, Protestant und Freund des Kanzlers, Robert Pferdmenges, hatte sich von Adenauer eine Karte besorgen lassen. Daraufhin wollte auch Frau Pferdmenges eine Teilnehmerkarte haben. Adenauer musste jedoch seinen Freund 24 Stunden später abschlägig bescheiden. Er tat es

war eine imposante Kundgebung abendländischen Christentums und hat die kulturelle, überragende Bedeutung Kölns in Deutschland jedem klargemacht."[586] In Adenauers Schlussansprache findet dieser Gedanke die folgende Formulierung: „Das so glanzvoll verlaufene Kölner Dombaufest ist in kirchlicher und politischer Hinsicht von größter Bedeutung für Deutschland und Westeuropa. Der Gedanke an die Gemeinschaft der christlichen Grundanschauung in Westeuropa, an die schicksalsmäßige Verbundenheit aller westeuropäischen Länder klang immer wieder durch die verschiedenen Reden durch. […] Diese Feier wird allen, die sie erleben durften, eine Festigung ihrer Überzeugung geben, dass die deutsche und die europäische Krise vom christlichen Geiste her überwunden werden muss."[587]

Wie tief der Kölner Dom und seine Liturgie die Gemüter der Gläubigen jener Adenauer-Jahren geformt hat, vergegenwärtigen die Kindheitserinnerungen des Schriftstellers Hanns-Josef Ortheil (*1951) in einem stark autobiographisch geprägten Roman: „Schon von weitem waren die mächtigen Domglocken zu hören, ihr schwerer Klang füllte das ganze Rheintal und zog einen wie magisch in die Nähe des hohen und schwarzen Gebirges aus Stein, das auf einer kleinen Anhöhe stand, zu der man über viele Stufen hinaufgelangte. Ich weiß noch genau, wie sehr ich damals bei jedem Betreten des Kirchenraums erschrak, denn sofort nach Passieren des Portals ging der Blick ja hinauf, in die schwindelerregenden Höhen, an den Pfeilerbündeln und bunten Kirchenfenstern entlang."[588] Überaus eindrucksvoll, aber beinahe ein wenig wehmütig wie ein Bild aus längst vergangenen Zeiten, schildert Ortheil die Heilige Handlung im Hohen Dom, in denen immer wieder auch die tiefe Marienfrömmigkeit der Adenauer-Zeit durchscheint: „Wunderschön prächtige, hohe und mächtige, liebreich holdselige himmlische Frau…' so ein Lied für die schöne Maria sang der Vater, nach einem kurzen Anlauf stieg seine Stimme in die Höhe und hörte sich schließlich beinahe an

---

mit folgenden Worten: ‚Dat jeht leider nich. Frauen sin bei der Feier nich zugelassen. Et jibt nur zwei Ausnahmen. Dat ist die Christine Teusch un die Jebeine der Heiligen Ursula', die in feierlicher Prozession in den Dom getragen wurden." In: *„Mein Gott, was soll aus Deutschland werden?"* Der Spiegel, 1.12.1965, S. 48ff.

[586] An Georg und Paul Adenauer, Chandolin, Schweiz, am 25.8.1948. In: *Briefe 1947–1949*, S. 302. Ebd.

[587] Ebd., S. 593.

[588] H.-J. Ortheil (2009). *Die Erfindung des Lebens*, S. 56ff.

wie eine Fanfare. Ich wäre über Vaters Stimme nicht weiter verwundert gewesen, wenn er auch sonst, zu einem anderen Anlass, einmal laut und kräftig mitgesungen hätte, er sang aber sonst niemals irgendein Lied, ja er summte nicht einmal eine Melodie vor sich hin. Im Dom aber sang er urplötzlich wie ein großer, mächtiger Sänger, der die anderen Gläubigen mit seinem Gesang ansteckte, so dass auch sie sich bald etwas trauten und lauter sangen als gewöhnlich. […] Im Dom lernte ich also das eigentliche Hören und Sehen, ein Sehen von schönen Gebärden und kunstvollen Gestalten, ein Hören der reinsten Musik, einer Chormusik ohne Begleitung, oft einstimmig. Sie füllte den Kindskörper aus und machte ihn zu ihrem Widerpart, es war, als gösse der gewaltige Gott diese Musik in einen hinein, damit man allen Kummer und alle Sorgen zumindest für die Dauer des Gottesdienst vergaß."

Ein Höhepunkt des Marianischen Jahres war die Weihe Deutschlands an das Unbefleckte Herz Mariens durch Kardinal Frings als Vorsitzenden der Fuldaer Bischofskonferenz im Rahmen des 76. Deutschen Katholikentags in Fulda. 1954 war zugleich das 1200. Todesjahr des hl. Bonifatius, des „Apostels der Deutschen". „Es ist mein aufrichtiger Wunsch, dass vom diesjährigen Katholikentag in der Stadt des Heiligen Bonifatius ein starker christlicher und abendländischer Impuls ausgehe", schreibt Adenauer in seinem Grußwort zur Eröffnung des Katholikentags. „So soll die Tagung von Fulda bekunden, dass wir bereit sind, das gemeinsame Erbe der europäischen Völker zu verteidigen, dass wir entschlossen sind, die Freiheit zu sichern und die christliche Idee überall zur Geltung zu bringen."[589]

Der Weiheakt wird am 4. September 1954, dem vorletzten Abend des Katholikentages, von 300.000 katholischen Laien und Geistlichen auf dem Domplatz vor dem Gnadenbild des Franziskanerklosters Frauenberg vollzogen. Diese spätmittelalterliche Madonnenskulptur zeigt die Gottesmutter mit ihrem Sohn und stellt die Fatima-Frömmigkeit in die lange Tradition der deutschen Marienverehrung. Hanns-Josef Ortheil lässt die Marienfrö-

---

[589] Grußwort an den 76. Katholikentag, 5.9.1954. http://www.konrad-adenauer.de/index.php?msg=10790. Das Gebiet östlich von Fulda galt bis zum Ende des Kalten Krieges als wahrscheinlichster Durchbruchspunkt sowjetischer Panzerarmeen. Zur Verteidigung des im Militärjargon so genannten „Fulda Gap" zwischen Thüringer Wald und Harz war der amerikanische Einsatz taktischer Atomwaffen vorgesehen.

mmigkeit für seine heutigen Leser lebendig werden, wenn er sich an die Kirchgänge mit seiner Mutter erinnert, „die alle paar Tage stattfanden, meist aber nicht länger als einige Minuten dauerten. Sie führten uns in eine nahegelegene Kapelle mit einem spitz zulaufenden Dach, in der es gleich rechts vom Eingang eine Gebetsnische mit einem Marienbild und vielen brennenden Kerzen gab. […] Je stiller aber alles wurde, umso deutlicher aber strahlte das Marienbild auf, so dass ich schließlich ganz ruhig wurde und nur noch in das Gesicht der schönen Maria starrte, als würde ich von ihm in eine Hypnose der Stille versetzt. In dieser Hypnose begann ich beten, aber nicht so, dass ich mir bestimmte Worte ausgedacht hätte, sondern eher, indem ich zunächst zuhörte, wie das beten in mir begann. […] Die Intensität, mit der ich betete, kam aber auch daher, dass ich neben meiner hingebungsvoll betenden Mutter kniete. Wenn ich etwas verstohlen zur Seite blickte, sah ich genau, wie sehr sie das Beten berührte, es war, als nähme sie sich aufs Äußerste zusammen, so angespannt und konzentriert kniete sie auf der harten Bank und schaute unentwegt die schöne Maria an."[590]

Im Fuldaer Weihegebet heißt es: „Durch ihre mächtige Fürsprache empfehlen wir Dir das Schicksal unseres deutschen Volkes: Nimm es in Gnaden auf, mache aus uns einen Stamm Deines heiligen Volkes. Wende, o Gott des Erbarmens, unsere Not. Lass enden die Spaltung unseres Vaterlandes. Lass heimkehren unsere Schwestern und Brüder, die noch in der Fremde sind. Schenke uns die Einheit im Glauben. Lass umkehren alle, die nicht mehr wissen, dass sie Deine Kinder sind. Gib uns und der ganzen Welt Eintracht und Frieden." Der Passus „Lass heimkehren unsere Schwestern und Brüder, die noch in der Fremde sind" bezieht sich auf das ungewisse Schicksal der Kriegsgefangenen und Zivilisten, die auch im zehnten Jahr nach Kriegsende immer noch in der Sowjetunion festgehalten wurden.

Mit Rücksicht auf die interkonfessionelle Situation in Deutschland werden die Formulierungen des Weihegebets gegenüber dem päpstlichen Vorbild aus dem Jahr 1942 abgeschwächt. Der Publizist Walter Dirks (1901–1991), Mitherausgeber der Frankfurter Hefte, Mitgründer der CDU Hessen und langjähriger Leiter der Hauptabteilung Kultur des Westdeutschen

---

[590] H.-J. Ortheil (2009). *Die Erfindung des Lebens*, S. 54 f.

Rundfunks, kommentiert am Abend des Weihetages über alle deutschen Sender: „Die Menschen, welche dieses Weihegebet sprechen, geloben nichts für andere, sondern nur etwas für sich selbst; sie bieten ihr eigenes Leben an, und in diesem ihrem eigenen Leben besonders ihre Verantwortung und ihre Arbeit für unser Volk, für Deutschland, und wenn sie dabei an die anderen Deutschen denken, so nicht anders, als dass sie sie Gott anvertrauen, so wie auch die Evangelischen im fürbittenden Gebet die lebenden Brüder Gott ans Herz legen."[591] Dennoch gibt es erhebliche Proteste der evangelischen Kirche, die sogar zu Spannungen innerhalb der interkonfessionell

---

[591] „Jene Sorgen der Verantwortlichen betrafen auch die Marienweihe heute Abend, jenen feierlichen Akt, in dem die in Fulda versammelten Katholiken sich und das deutsche Volk der Gottesmutter weihten. Dieser dem Nichtkatholiken so schwer verständliche religiöse Umgang musste eine Sprache und eine Form finden, die für einen modernen katholischen Menschen vollziehbar waren, würdig, nüchtern, ohne Schwärmerei und ehrlich. Als man diese Sprache und diese Form zu bestimmen hatte, hat man auch an die evangelischen Mitchristen gedacht, auf deren Empfindungen brüderlich Rücksicht zu nehmen war, und wenn Sie den Text der Marienweihe mit Texten vergleichen, die in anderen Ländern, vor allem in romanischen Ländern, aus der Leidenschaft der Volksfrömmigkeit erwachsen sind, so werden Sie die theologische Nüchternheit und jene brüderliche Rücksichtnahme würdigen können, welche die Formulierungen beeinflusst haben. Die deutschen Katholiken haben die verhaltene Form der Präfation gewählt, die feierliche Lobpreisung Gottes, an den sich das Weihegebet richtet, und sie haben sorgfältig darauf geachtet, dass die evangelischen und die nichtchristlichen Deutschen nicht das Gefühl haben können, die Katholiken wollten über ihre Köpfe hinweg über sie verfügen, sie wollten Gott oder der Jungfrau Maria etwas schenken, was ihnen nun einmal nicht gehört. Die Menschen, welche dieses Weihegebet sprechen, geloben nichts für andere, sondern nur etwas für sich selbst; sie bieten ihr eigenes Leben an, und in diesem ihrem eigenen Leben besonders ihre Verantwortung und ihre Arbeit für unser Volk, für Deutschland, und wenn sie dabei an die anderen Deutschen denken, so nicht anders, als dass sie sie Gott anvertrauen, so wie auch die Evangelischen im fürbittenden Gebet die lebenden Brüder Gott ans Herz legen. Das sollte nicht unverständlich sein, vor allem was das Gebetswort betrifft, das an Gott den Herrn gerichtet ist. Anders verhält es sich wahrscheinlich mit der marianischen Seite der Sache. Wer das katholische Verhältnis zu Maria nicht versteht, wird auch diese Marienweihe kaum verstehen, aber dieser mein Kommentar ist natürlich nicht der Ort und die Stunde, um da einen Interpretationsversuch zu machen. Jedenfalls braucht die Marienweihe den evangelischen Christen nicht mehr zu verwundern, als ihn die Marienverehrung selbst verwundert. Nein, diese Weihe wendet sich nicht gegen irgendjemanden, sie ist nur für alle gedacht, und dass die Katholiken das ganze Deutschland dem Segen Gottes anvertrauen, die Evangelischen, die Juden und die Heiden eingeschlossen, das werden ihnen diese Evangelischen, diese Juden und diese Heiden nicht verübeln dürfen. Es wäre wenig christlich, wenn die Katholiken sie aus diesem Akt des Anvertrauens ausschließen wollten. Im Übrigen ist der Beifall der Katholikentagsteilnehmer niemals größer, als wenn von den evangelischen Brüdern gesprochen wird oder wenn einer von ihnen spricht. Das ist seit Mainz

verfassten CDU führen. Vermittlungsversuche unternimmt der stellvertretende Parteivorsitzende Herman Ehlers (1904–1954), Bundestagspräsident und evangelischer Christ: Man könne nicht so tun, „als ob man von der katholischen Kirche fordern könne, dass sie nicht mehr katholisch sei. Man kann auch nicht erwarten, dass sie die in den letzten Jahrzehnten besonders gewachsenen marianischen Formen ihrer Frömmigkeit nicht pflege."[592] Bereits im Jahr zuvor dankte Adenauer nach der zweiten Bundestagswahl vor allem Ehlers dafür, dass „in viel stärkerer Weise als bei der Wahl 1949 die evangelischen Christen zu uns gestoßen sind."

Die geistige Nähe zwischen den tatsächlich Glaubenden in den verschiedenen christlichen Konfessionen scheint jedoch in jenen Jahren vor dem Zweiten Vatikanischen Konzil größer gewesen zu sein als heute. Kurt Georg Kiesinger sieht sich jedenfalls als *Ein evangelischer Katholik*, wie die gleichlautende Überschrift seines Erinnerungsbandes lautet: „Bis zu meinem achten Lebensjahr hatte ich meine väterliche Großmutter, eine Methodistin von pietistischer Frömmigkeit vor Augen, die nichts von dem hochmütigen Duckmäusertum zeigte, das man nicht selten bei den Stillen im Lande antraf. Dann erlebte ich während meiner Ferien den tief wurzelnden Katholizismus meiner mütterlichen Heimat auf dem Heuberg, der sich mir vor allem in der Gestalt meiner dortigen Großmutter darstellte. In Ebingen hatte ich den katholischen Kindergarten, der von Ordensschwestern geleitet wurde, und dann dreieinhalb Jahre lang die katholische Volksschule besucht. In der Realschule, also von meinem neunten bis zu meinem fünfzehnten Lebensjahr, bewegte ich mich fast nur unter evangelischen Lehrern und

---

1948 eine Erfahrung, die immer wieder gemacht wird. Und niemand darf befürchten, dass man in irgendeiner günstigen Stunde politische Konsequenzen daraus ziehen wird, dass ja Deutschland seit dem 4. September 1954 bekanntlich der Muttergottes gehöre. Deutschland gehört sich selbst und Deutschland gehört Gott. Die Marienweihe will nichts daran ändern, auch nicht im Bewusstsein der Katholiken. Wenn Sie es so verstehen, verehrte Hörer – und ich meine, Sie dürfen es so verstehen –, dann werden auch die Nichtkatholiken unter Ihnen dieses feierliche kultische Ereignis von heute Abend, diesen Höhepunkt des deutschen Katholikentages von 1954, nicht als ein neues Moment der Absonderung empfinden, sondern als eine Stärkung unserer Verbundenheit." Zitiert in: Eintrag vom 13.11.1954. In: *Heinrich Krone. Tagebücher (1945–1961)*, S. 149f.
[592] Rede vor dem evangelischen Arbeitskreis der CDU am 7. Oktober 1954. Zitiert in: M. Scheer (2006). *Rosenkranz und Kriegsvisionen*, S. 166.

Schulkameraden. Die Verwandten und Nachbarn in Ebingen waren fast alle Protestanten verschiedenster Zugehörigkeit, orthodoxe Lutheraner, Pietisten und Methodisten."[593] In Kiesingers Erinnerungen ist es vor allem die katholische Liturgie dieser Zeit, die ihn anzieht: „Aber wenn mich auch die größere Freiheit der evangelischen Kirche anzog, so vermisste ich dort doch den Reichtum und die Schönheit der katholischen Liturgie. [...] Es wäre ein Irrtum zu vermuten, es habe sich hier nur um ein ästhetisches Bedürfnis gehandelt. Die Feiern und Feste der katholischen Kirche, die Texte der Messliturgie, alte Gebete wie das *Salve Regina* und – in Ebingen nur ärmlich vertreten – die kirchliche Kunst, ihre Architektur, Malerei und Bildhauerei aus den verschiedenen großen Epochen, die Kirchenmusik schließlich, vor allem die hohen Messen, übermittelten eine Botschaft, die mich im Gestrüpp der Dogmen einen Hauch des Ewigen ahnen ließ."[594]

3.5 Religiöse Aspekte der Moskau-Reise

Die Befreiung der Kriegsgefangenen, um die das Fuldaer Weihegebet bittet, war das vornehmliche Ziel von Adenauers Moskaureise, zu der er am 8. September 1955 aufbricht. „Eine Reise ins Ungewisse, in seiner Art ein einmaliger historischer Vorgang", erinnert sich Felix von Eckhardt, Bundespressechef und Staatssekretär im Bundeskanzleramt.[595] Heinrich Krone, CDU/CSU-Fraktionsvorsitzender notiert: „Bei allen der Eindruck, dass etwas Gespenstisches in der Luft liegt. Die Reise nach Moskau ist ein Wagnis. Wir müssen es eingehen."[596] Seinem engsten politischen Verbündeten, dem amerikanischen Außenminister John Foster Dulles (1888–1959), vertraut Adenauer seine Sorge an, dass die Sowjets ihm möglicherweise nur deshalb eingeladen hatten, um durch ein Scheitern der Verhandlungen „vor aller Welt" seine innenpolitische Stellung zu erschüttern.[597]

Zur geistigen Begleitung der Reise sammeln sich auch katholische Gebetsgruppen. Im August 1955 schreibt Adenauer aus Mürren in der Schweiz wäh-

---

[593] K. G. Kiesinger (1988). *Dunkle und helle Jahre. Erinnerungen 1904–1958*, S. 75.
[594] Ebd., S. 76.
[595] H.-P. Schwarz (1986). *Adenauer. Der Staatsmann: 1952–1967*, S. 207.
[596] *Heinrich Krone. Tagebücher (1945–1961)*, S. 189.
[597] W. Kilian (2005). *Adenauers Reise nach Moskau*, S. 39f.

rend eines Arbeitsurlaubs zur Vorbereitung der Moskauer Verhandlungen: „Wie ich höre, wollen die katholischen Männer der Erzdiözese Freiburg während meiner Reise nach Moskau bei Tag und Nacht in der Ranftkapelle, der Einsiedelei des schweizerischen Friedensheiligen Klaus von Flüe[598] bei Sachseln in der Schweiz, beten. Ich danke den Herren für diese Hilfe.“[599] Adenauer spricht von Mitgliedern des „Katholischen Männerwerks Freiburg“, einer nach dem Krieg gegründeten Vereinigung, die Kriegsheimkehrern bei ihrer Eingliederung in den Alltag half. Anlässlich der Moskaureise begründen diese Männer auch in der Marienwallfahrtskirche Maria Lindenberg bei St. Peter im Schwarzwald eine noch heute bestehende eucharistische Gebetswache.

Adenauer empfindet für die Schweiz jedenfalls „große Sympathie und Verehrung“ und interessiert sich besonders für die Schweizer Verfassungsgeschichte als ein Modell im Hinblick auf seine Vorstellungen für ein geeintes Europa: „Wir sehen sehr wohl die Schwierigkeiten, die einem so großartigen und umfassenden Vorgang, wie dem der Einigung Europas entgegenstehen. […] Ein überzeugendes Beispiel ist die Schweizer Eidgenossenschaft. […] Der Wirklichkeitssinn der Schweizer hat das Problem der 4 Sprachen und der verschiedenen wirtschaftlichen Struktur, er hat die Erinnerung an viele vorangegangene Fehden in einem positiven Sinne für die Eidgenossenschaft fruchtbar gemacht. Diesem wahrhaft politischen Sinn verdankt die Schweiz ihr Dasein, ihren Wohlstand, die Freiheit und die Sicherheit ihrer Bürger.“[600]

Adenauers „große Sympathie und Verehrung“ besitzt aber auch eine religiöse Dimension. Wie der damals zuständige Wallfahrtspriester in Sachseln

---

[598] Nikolaus von Flüe (1417–1487), Sohn wohlhabender Obwaldener Bauern, dient in jungen Jahren als eidgenössischer Soldat. Nach Übernahme des väterlichen Hofes wirkt er als Ratsherr des Kantons und Richter seiner Gemeinde. Im Alter von fünfzig Jahren verlässt er seinen Hof und seine elfköpfige Familie. Die letzten 20 Jahre seines Lebens verbringt er als Einsiedler in der Ranftschlucht, etwa einen halben Kilometer von seinem Hof entfernt. Er gewinnt große Bedeutung als visionär begabter Laienmystiker und Streitschlichter, auf dessen Rat auch ausländische Fürsten und Gesandte oberitalienischer Stadtstaaten hören. 1481 verhindert er einen unmittelbar bevorstehenden Bürgerkrieg unter den Kantonen der Schweizer Konföderation durch eine Botschaft an die Streitparteien. Papst Pius XII. spricht ihn 1947 heilig. Er gilt insbesondere als Patron der Soldaten und Diplomaten.
[599] http://www.kathpedia.com/index.php/Maria_Lindenberg.
[600] H.-P. Mensing (2004). *Adenauer und die Schweiz.* In: *Aus Adenauers Nachlass.* S. 242, 247.

berichtet, sei Adenauer „vor seinem schweren Gang nach Moskau inkognito eine ganze Nacht lang am Grabe des Bruder Klaus gewesen, um Kraft zu sammeln."[601] Adenauers Fahrer bestätigt die Fahrt von Mürren nach Sachseln. Er sei beim Warten auf Adenauer im Auto eingeschlafen, bis ihn sein Chef am frühen Morgen geweckt habe.[602] „Die lange Zeit bezweifelte und von Adenauer mit Absicht vertraulich gehaltene Gebetsepisode scheint jetzt bestätigt worden zu sein; einem örtlichen Journalisten gelang es gar, ein paar Fotos zu schießen", resümiert eine Rhöndorfer Tagung.[603] Bereits seit längerer Zeit zweifelsfrei belegbar ist Adenauers Besuch der Gedenkstätten des hl. Nikolaus von Flüe im Sommer 1950, „von dessen Wirken als Staatsmann und Eremit Adenauer wusste und dessen Gestalt zu den Leitbildern seines geschichtlichen Denkens und seiner weltanschaulichen Überzeugungen gehörte", wie sich der Schweizer Schriftsteller Karl August Walther erinnert.[604] Auch das Patronat des hl. Nikolaus von Flüe für die Kapelle Maria Frieden auf der Bühlerhöhe, von der schon die Rede war, spricht für eine besondere Verehrung gerade dieses Heiligen durch Adenauer.

Für Golo Mann sind Adenauers Erinnerungen an seine Moskau-Reise, „man darf es wohl sagen, ein Höhepunkt politischer Memoirenliteratur überhaupt."[605] „Denn die Atmosphäre des nachstalinistischen Bolschewismus, diese unentwirrbare Mischung von Schlechtem und Gutem, von Brutalität und männlich-biederer Sentimentalität, von List und dem Geist edler Räuber, von Düsternis und Gastfreundschaftsfreude gegen den Hintergrund des goldenen Kreml und des grauen Moskau – man hat sie noch nie so überzeugend dargestellt gesehen."[606] Adenauers Biograph assoziiert Motive wie aus einem Karl-May-Roman: „Der Häuptling an der Spitze ei-

---

[601] Niederschrift dieser Erinnerungen in: W. Hertz-Eichenrode (1987). *Bruder Klaus – Fünf Annäherungen an einen ökumenischen Heiligen.* Die Welt, 21.3.1987.

[602] Zur Diskussion der Quellen und politischen Situation unmittelbar vor der Moskaureise siehe: W. Kilian (2006). *Adenauer und der Bruder Klaus. Zur Religiosität Konrad Adenauers.* In: Historisch-Politische Mitteilungen 13, 2006, S. 281–292. Dr. jur. Werner Kilian (*1932) war 1961–1997 im Auswärtigen Dienst tätig, zuletzt als Botschafter.

[603] *Adenauers Moskaubesuch 1955*, S. 169.

[604] *Persönliche Erinnerungen von Karl August Walther – Zu Gast bei Konrad Adenauer.* Luzerner Tagblatt vom 2.8.1980. Zitiert in: W. Kilian (2006). *Adenauer und der Bruder Klaus*, S. 283.

[605] G. Mann (1966). *Ein Staatsmann blickt zurück. „Erinnerungen", Band II.* In: *Zwölf Versuche über Geschichtsschreibung*, S. 160. Erstmals in: DIE ZEIT, Hamburg, 14.2.1966.

[606] Ebd., S. 159.

nes großen Gefolges misst seine Kräfte mit den Häuptlingen des feindlichen Stammes."[607] Die *Süddeutsche Zeitung* spricht angesichts Adenauers Delegation mit zwei brandneuen Lufthansa-Flugzeugen, zwei Mercedes 300 und einem speziell angefertigten Sonderzug von einem „Riesentross, eines Kaisers des Heiligen Römischen Reiches würdig".[608]

Mit den sowjetischen Machthabern verhandelt Adenauer jedenfalls hart: „Gestatten Sie mir einmal folgende Frage: Wer hat denn eigentlich das Abkommen mit Hitler abgeschlossen, Sie oder ich?"[609] Die Gespräche verlaufen teilweise dramatisch: „Als Chruschtschow daraufhin explodiert und mit den Fäusten droht, erhebt sich Adenauer gleichzeitig und reckt die Fäuste. Polit-Theater also, das nicht fehlen darf, wenn zwei so bedeutende Chargen wie Adenauer und Chruschtschow aufeinanderprallen", kommentiert Adenauers Biograph.[610] Zunächst wurde sogar die Existenz verbliebener Kriegsgefangener abgestritten. Zurückgeblieben seien nur rechtmäßig verurteilte Kriegsverbrecher. Der dritte Verhandlungstag, der 12. September 1955, bringt jedoch eine überraschende Wende: „Bulganin schien intensiv nachzudenken", erinnert sich Adenauer. „Nach einer kleinen Pause erklärte er dann unvermittelt und sehr impulsiv: ‚Lassen Sie uns zu einer Einigung kommen: Schreiben Sie mir einen Brief‘, gemeint war eine Note, in der die Zustimmung zur Aufnahme diplomatischer Beziehungen ausgesprochen wurde, ‚und wir geben sie Ihnen alle – alle! Eine Woche später! Wir geben Ihnen unser Ehrenwort!' […] Hinsichtlich des ‚Ehrenwortes‘ hatte ich die feste Überzeugung, dass es Bulganin und Chruschtschow wirklich ernst war. Ich zweifelte keinen Augenblick an ihrem Wort." Seine politischen Berater raten ihm erfolglos ab, auf ein nicht schriftlich fixiertes Versprechen einzugehen: „Wie könne ich all dies in Kauf nehmen bei einem so dürftigen Ergebnis der Verhandlungen – Rückkehr der Deutschen auf Grund eines ‚Ehrenwortes‘? […] Ich ließ mich nicht beirren. Ich war nicht gewillt, die armen Menschen, die sich in russischem Gewahrsam befanden, völkerrechtlichen Erwägungen zu opfern".[611]

---

[607] H.-P. Schwarz (1986). *Adenauer. Der Staatsmann: 1952–1967*, S. 208.
[608] SZ vom 12.9.1955. Zitiert in: W. Kilian (2005). *Adenauers Reise nach Moskau*, S. 291.
[609] *Erinnerungen 1953–1955*, S. 515ff.
[610] H.-P. Schwarz (1986). *Adenauer. Der Staatsmann: 1952–1967*, S. 209.
[611] *Erinnerungen 1953–1955*, S. 545ff.

Wie realistisch Adenauer seine Gesprächspartner einzuschätzen wusste, verdeutlicht die folgende Passage, die zugleich zeigt, wie sich seelische Anspannung nach dem Verhandlungserfolg löst: „So kam die Wende! Die russischen Herren forderten mich auf, mit ihnen darauf anzustoßen. Unsere Gläser waren aber leer. Sie winkten Kellner herbei. Mir fiel auf – ich saß wie immer zwischen Bulganin und Chruschtschow –, dass mir ein anderer Kellner einschenkte als Bulganin. Als Bulganins Kellner sich nun Chruschtschows Glas nahm, hielt ich den Kellner an, griff mir die Flasche und sagte: ‚Ach, zeigen Sie sie mir doch einmal!' Die Gläser waren grün, die Flaschen waren grün. Man konnte nicht sehen, was darin war. Ich untersuchte die Flasche – und siehe da, es war Wasser. ‚Aber meine Herren!' rief ich aus. ‚Das ist falsches Spiel! Sie trinken Wasser, und mir geben Sie Wein. Entweder wir trinken alle drei Wasser oder alle drei Wein!' Darauf sagten sie: ‚Dann wollen wir alle Wein trinken!' Das haben wir auch kräftig getan."[612] Zur Einschätzung Bulganins mag Adenauers persönliche Begegnung mit ihm als Oberbürgermeister von Moskau während der Internationalen Presseausstellung PRESSA in Köln beigetragen haben.[613]

Am 7. Oktober 1955 treffen die ersten 600 Russlandheimkehrer im Grenzdurchgangslager Friedland bei Göttingen ein. Wilhelm Hausenstein, der Adenauer wenige Tage nach seiner Rückkehr aus Moskau besucht, spürt, „dass die Moskauer Tage ihn einen ungeheuren moralischen Aufwand gekostet haben. [...] Er war in der innersten Tiefe seines Wesens angegriffen."[614] Adenauers Dolmetscher zitiert im Rückblick den lateinischen Halbvers *Tantae molis erat*: „Er stammt von Vergil und besagt ‚Solche Anstrengung war's, (das römische Volk zu begründen)' (Aeneïs I, 33). [...] Welcher Mut, welche Hartnäckigkeit und welche unerschütterliche Entschlossenheit gehörten dazu, zehn Jahre nach dem Krieg in die ‚Höhle des Löwen' zu gehen und einen Neuanfang zu wagen."[615] Welche große Bedeutung die Befreiung der

---

[612] Ebd. S. 545f. Zuvor hatte er geschrieben: „Überhaupt vertrugen wir alle sehr viel Alkohol, und das hatte seinen besonderen Grund. Globke verwaltete große Mengen von Olivenöl, und jedes Delegationsmitglied wurde zunächst vor Beginn irgendwelcher Veranstaltungen oder auch Verhandlungen durch einen kräftigen Schluck aus Globkes Vorrat trinkfest gemacht." Ebd., S. 530.

[613] Bulganin war 1928 zwei Tage in Köln. *Adenauer: Bulganin war mein Gast. Die Welt,* 10.2.1955.

[614] W. Hausenstein (1961). *Pariser Erinnerungen,* 85ff.

[615] R.-D. Keil (1997). *Mit Adenauer in Moskau. Erinnerungen eines Dolmetschers,* S. 137.

Kriegsgefangenen für Adenauer selbst besaß, zeigen Anneliese Poppingas Erinnerungen: „Noch kurz vor seinem Tod sagte er zu mir, dass ihm das gelungen sei, das sei das Ergebnis, das ihn am meisten gefreut und das ihm gut getan habe."[616] „Nahezu 40.000 Menschen wurden freigelassen, auf ein Ehrenwort, das war doch ein Ergebnis!' Im Übrigen, so fuhr er fort, sei es wohl einmalig in der jüngeren Geschichte, dass ein derartiges Abkommen [...] aufgrund eines Ehrenwortes geschlossen wurde."[617]

Bemerkenswert ist das mündlich überlieferte Zeugnis, dass Adenauer in der Nacht vor Beginn der entscheidenden Verhandlungen mit der sowjetischen Regierung vor einer Kopie des Gnadenbildes von Fatima in der französischen Botschaft in Moskau gebetet haben soll, ein Vorkommnis, das angesichts der belegten Gebetsnacht in der Kapelle der Einsiedelei Klaus von der Flües glaubwürdig erscheinen mag.[618] In seinen Erinnerungen geht Adenauer allerdings nicht darauf ein, erwähnt aber einen sonntäglichen Messbesuch in St. Louis in der Málaja Lubjánka, der einzigen katholischen Kirche Moskaus, die geöffnet war und vor allem von Angehörigen der französischen Botschaft frequentiert wurde.[619] „Am Sonntagmorgen begann für mich der Tag mit einer Messe in einer kleinen polnischen Kirche in der Nähe meines Hotels", erinnert sich Adenauer. „Sie war gut besucht. [...] Mir wurde allerdings auch berichtet, die Religion in Sowjetrussland sei so gut wie ausgemerzt, vielleicht mit Ausnahme von ganz entlegenen Winkeln im Lande. Man dürfe sich hierüber keiner Täuschung hingeben."[620] Der Journalist Max Schulze-Vorberg (1919–2006) aus Adenauers Delegation erinnert sich: „Der Pfarrer hatte für unseren Bundeskanzler so eine Art Bischofsstuhl, würde ich sagen, hingestellt, damit er möglichst bequem sitzen konnte. Ich darf sagen: Dieser Mann in seinem achtzigsten Lebensjahr hat diesen Sessel praktisch nicht benutzt. Er hat in dieser Messe kaum gestanden, kaum gesessen, son-

---

[616] *Adenauers Moskaubesuch 1955*, S. 108.
[617] A. Poppinga (1970). *Meine Erinnerungen an Konrad Adenauer*, S. 372.
[618] M. Hauke (2010). *Die Marienweihe in der deutschsprachigen Theologie des 20. Jahrhunderts.* In: *Mariologisches Jahrbuch 4* (2010), S. 15. Manfred Hauke (*1956), Schüler Leo Kardinal Scheffczyks, lehrt an der Universität Lugano. Neben einer umfangreichen Publikationstätigkeit ist er Herausgeber oder Mitherausgeber mehrerer wissenschaftlich-theologischer Zeitschriften.
[619] R.-D. Keil (1997). *Mit Adenauer in Moskau. Erinnerungen eines Dolmetschers*, S. 108.
[620] *Erinnerungen 1953–1955*, S. 551.

dern fast immer gekniet. Das habe ich in Erinnerung gehalten. Ich bin nicht katholisch, vielleicht ist mir das deshalb besonders aufgefallen."[621]

Bemerkenswert ist ferner die Koinzidenz der wesentlichen Daten der Gefangenenbefreiung mit Marienfesten: Ankunft in Moskau am Fest Mariä Geburt (8. September), Zusage der Freilassung am Fest Mariä Namen (12. September), Eintreffen der ersten Heimkehrer am Rosenkranzfest (7. Oktober). Einer der dankbaren Heimkehrer schenkt Adenauer eine russische Marienikone, die er unter den Trümmern eines Hauses fand. Sie habe ihn durch die Schrecken des Krieges und der Gefangenschaft schließlich wieder nach Hause geführt. Der Besucher seines Wohnhauses sieht diese Ikone in Adenauers Sterbezimmer.

Und schließlich scheint es bemerkenswert zu sein, dass im selben Jahr 1955 der Europarat beschließt, die heutige Flagge der Europäischen Union als sein Symbol zu verwenden. Der Kreis aus zwölf goldenen Sternen vor einem blauen Hintergrund soll als marianisches Symbol gedeutet werden können, wie es das Motiv der „Wunderbaren Medaille" nahelegt, und war möglicherweise bewusst so konzipiert. Die Geschichte der Europaflagge, wie sie sich etwa ausgehend von dem Wikipedia-Artikel „Europaflagge" und den dort genannten Einzelnachweisen erschließt, ist überraschend.[622]

3.6 Adenauer im kirchlichen Umbruch

„Ich sah einen Mann, der – tief wurzelnd in seiner Tradition – sehr frei und eigenwillig über den Dingen stand. Er hat es darum im Ansehen der Menschen nie leicht gehabt. Manchen Katholiken, zumal manchen Klerikern, erschien er nicht katholisch genug, er, der doch nie die Sonntagsmesse versäumt hat", schreibt Adenauers evangelischer Freund Robert Pferdmenges.[623] Der „Spiegel" formuliert: „So wenig wie an der katholischen Menta-

---

[621] *Adenauers Moskaubesuch 1955*, S.107. Dr. Max Schulze-Vorberg war 1948–1965 Chefkorrespondent für den Bayerischen Rundfunk in Bonn und von 1965–1976 Mitglied des Deutschen Bundestages (CSU).
[622] http://de.wikipedia.org/wiki/Europaflagge.
[623] R. Pferdmenges (1956). *Mein Freund Adenauer.* DIE ZEIT, 5.1.1956, S. 1.

lität Adenauers ist andererseits daran zu zweifeln, dass Hörigkeit gegenüber dem Klerus nicht zu der Art seiner Religiosität gehört."[624]

Adenauer kann sich tatsächlich über kirchliche Würdenträger scharf äußern, etwa über ihr Verhalten in der Zeit des Nationalsozialismus: „Nach meiner Meinung trägt das deutsche Volk und tragen auch die Bischöfe und der Klerus eine große Schuld an den Vorgängen in den Konzentrationslagern. Richtig ist, dass nachher vielleicht nicht mehr viel zu machen war. Die Schuld liegt früher. Das deutsche Volk, auch Bischöfe und Klerus zum großen Teil, sind auf die nationalsozialistische Agitation eingegangen. [...] Im Übrigen hat man aber auch gewusst – wenn man auch die Vorgänge in den Lagern nicht in ihrem ganzen Ausmaß gekannt hat –, dass die persönliche Freiheit, alle Rechtsgrundsätze, mit Füßen getreten wurden, dass in den Konzentrationslagern große Grausamkeiten verübt wurden, dass die Gestapo, unsere SS und zum Teil auch unsere Truppen in Polen und Russland mit beispiellosen Grausamkeiten gegen die Zivilbevölkerung vorgingen. Die Judenprogrome 1933 und 1938 geschahen in aller Öffentlichkeit. Die Geiselmorde in Frankreich wurden uns offiziell bekannt gegeben. [...] Ich glaube, dass, wenn die Bischöfe alle miteinander an einem bestimmten Tage öffentlich von den Kanzeln aus dagegen Stellung genommen hätten, sie vieles hätten verhindern können. Das ist nicht geschehen und dafür gibt es keine Entschuldigung. Wenn die Bischöfe dadurch ins Gefängnis oder in Konzentrationslager gekommen wären, so wäre das keine Schande, im Gegenteil. Alles das ist nicht geschehen und darum schweigt man am besten."[625]

Aber auch bei anderen Anlässen, etwa auf dem Katholikentag von 1922, ist seine Kritik auch am hohen Klerus unmissverständlich: „Diese Absicht der Leitung, den Katholikentag von politischem Hader freizuhalten, ist vollständig vernichtet worden und zwar durch den Erzbischof von München, Kardinal Faulhaber[626], in allererster Linie. Herr Kardinal Faulhaber hat in seiner Ansprache bei der Pontifikalmesse auf dem Königsplatz sofort in stärkster

---

[624] *„Mein Gott, was soll aus Deutschland werden?"*, Der Spiegel, 1.12.1965, 47ff.

[625] Brief an Pastor Dr. Bernhard Custodis, Bonn, am 23.2.1946. In: *Briefe 1945–1947*, S. 172f.

[626] Michael Kardinal von Faulhaber (1869–1952), 1910–1917 Bischof von Speyer, 1917–1952 Erzbischof von München und Freising.

Weise politisch gesprochen und zwar aggressiv politisch, obgleich nicht der geringste Anlass dazu vorhanden war. [...] Die Haltung des Kardinals Faulhaber ist unverträglich mit den Interessen des deutschen Katholizismus. Er muss entweder eine grundsätzliche Schwenkung einnehmen oder dazu angehalten werden, sich jeder politischen Betätigung auf das strikteste zu enthalten."[627]

Seine Haltung gegenüber Klerikern wird auch in Hausensteins Erinnerungen deutlich, der einerseits von Adenauers „ruhig-sicherer Art des objektiven Christen, nicht der religiösen Sentimentalität", spricht, andererseits davon, dass er es nie vermocht habe, einen bischöflichen Ring zu küssen. Er hätte gedacht, die Abneigung des Kanzlers gegen den Ringkuss komme aus einer Unbeugsamkeit, die, wenn auch als Paradox auch einem Christen am Ende innewohnen könnte. Umso überraschender sei für ihn Adenauers pragmatisch-nüchterne Erklärung gewesen: „Es ist so unhygienisch!"[628]

Von Adenauers großer persönlicher Wertschätzung Papst Pius' XII. war bereits die Rede. Umso überraschender war für die Verfasser dieser Untersuchung, wie negativ Adenauer seinen Nachfolger einschätzt, den durch Papst Johannes Paul II. seliggesprochenen Johannes XXIII. (1881–1963).

Wenige Wochen vor Adenauers erster und einziger persönlicher Begegnung mit Johannes XXIII. am 22. Januar 1960 übermittelt der deutsche Botschafter beim Heiligen Stuhl dem vatikanischen Staatssekretariat „das Befremden" der Bundesregierung. Anlass war die Wiederverleihung des päpstlichen Ehrentitels eines „Geheimkämmerers mit Degen und Mantel" an Franz von Papen, der ihm zuerst von Pius XI. verliehen wurde. Unter Pius XII. war von Papen nicht unter den Kammerherren aufgeführt, der als Gegner Adenauers zu einem der Wegbereiter Hitlers wurde und bis August 1934 dessen Vizekanzler war. Zu Monsignore Angelo Giuseppe Roncalli, damals Apostolischer Delegat in der Türkei und in Griechenland, unterhielt von Papen dagegen enge Beziehungen und unterstützte ihn als deutscher Botschafter in Ankara während des Zweiten Weltkrieges bei kirchli-

---

[627] *Die politische Lage innerhalb des deutschen Katholizismus.* Aufzeichnung vom 9.11.1922. In: *Konrad Adenauer 1917–1933. Dokumente aus den Kölner Jahren,* S. 252ff.
[628] W. Hausenstein (1961). *Pariser Erinnerungen,* S. 79.

chen Hilfsaktionen. „Wenn der Sturm vorübergerauscht ist, der heute alles aufwühlt", zitiert *Der Spiegel* aus einem Brief des Nuntius Roncalli an von Papen am 4. August 1944, „so werden auch ruhige Tage wiederkehren. Ich vertraue darauf, dass wir uns wiedersehen [...] Ich möchte, dass mein bescheidener Name Ihnen als der eines Freundes in Erinnerung bleibt, der nie die Sauberkeit Ihres Gefühls in Zweifel ziehen wird und als der eines Bischofs der Kirche Gottes, dessen Gebet und Segen stets über Ihrer Person schweben wird."[629] Adenauer, der von Papen seit Anfang der 1920er Jahre kennt, charakterisiert ihn dagegen als äußerst ehrgeizigen Menschen, der vor allem eine Rolle habe spielen wollen: „Herr von Papen durfte sich unter keinen Umständen von Hitler und seinen Leuten täuschen lassen", schreibt er kurz nach dem Zweiten Weltkrieg an eine adelige Briefpartnerin, die von Papen zu verteidigen versuchte. „Er stand dem politischen Geschehen nahe. Er musste das Vorleben dieser Leute kennen und hat es gekannt. Wenn er Ehre im Leibe gehabt hätte, hätte er nach dem 30. Juni 1934 ein für alle Male mit Hitler gebrochen. Ich habe ihm immer mildernde Umstände in meinem Urteil über ihn zugebilligt wegen seiner abnormen Beschränktheit. Leider haben sich manche von seinem verbindlichen Wesen und seinem frommen Gerede täuschen lassen."[630] Im selben Brief kritisiert Adenauer, wie sich die Mehrheit des deutschen Adels gegenüber Hitler verhalten hatte: „Ich benutze diese Gelegenheit um Ihnen zu sagen, wie tief empört ich – der ich den Wert der Tradition kenne und schätze – über die Haltung des größten Teils Ihrer Standesgenossen während der nationalsozialistischen Zeit bin; sie sind unter Verleugnung ihrer Tradition aus einer völlig unberechtigten Abneigung gegen wirkliche Demokratie einem verbrecherischen Abenteurer nachgelaufen und haben dadurch vor Gott eine schwere Schuld auf sich geladen." Natürlich wäre es abwegig, Johannes XXIII. Sympathien für von Papens Rolle als Wegbereiter Hitlers nachzusagen. Diese Episode, die erhebliches Medienecho fand,[631] mag jedoch Adenauer erste Hinweise auf die mangelnde politische Sensibilität des neuen Papstes gegeben haben.

---

[629] L. Algisi (1959), *Giovanni XXIII*. Turin. Hrsg. mit kirchlicher Druckerlaubnis des Bischofs von Bergamo, Giuseppe Piazzi, S. 323. Zitiert in: *Ehrentitel. Katholisches Ärgernis*. Der Spiegel, 11.11.1959, S. 54.
[630] Brief an Pia Gräfin Fürstenberg-Herdringen am 22.10.1946. In: *Briefe 1945–1947*, S. 350f.
[631] *Ehrentitel. Katholisches Ärgernis*. Der Spiegel, 11.11.1959, S. 53f.

Bei der Audienz am 22. Januar 1960 stößt Adenauer bereits das neue Protokoll auf sowie das durch Umbauten vergrößerte Arbeitszimmer, das viel prunkvoller gewesen sei als bei Pius XII.: „Der Papst saß auf einem goldenen Prunksessel, der etwa eine Stufe höher stand als mein Sessel. [...] Er war von einer ungeheuren Beredsamkeit; wie mir schien, war es Altersgeschwätzigkeit", vermerkt der sechs Jahre ältere Adenauer, dem auffällt, wie die Unterredung sich zerfasert. „Ich war von diesem Eindruck tief deprimiert."[632] Als er die Rede auf den Kommunismus bringen will, verweist ihn Johannes XXIII. an Kardinal Tardini. Als die anderen Teilnehmer hinzugebeten werden, verliest der Papst eine Ansprache mit allgemeinen Komplimenten für die „edle deutsche Nation" und auch für Konrad Adenauer persönlich: „In Ihnen, Herr Bundeskanzler, und in Ihrer vornehmen, religiösen Familie", erinnert sich Anneliese Poppinga, „glauben Wir einen Fingerzeig der gütigen göttlichen Vorsehung sehen zu dürfen, die die Verdienste eines Lebens krönt, das harte Prüfungen gemäß den Forderungen des Gewissens in hoher Haltung durchgestanden hat. Aber über den Rahmen des Persönlichen hinaus, so ansprechend er ist, grüßen wir in Ihnen das gesamte hochherzige deutsche Volk.' Er machte freundliche Bemerkungen über dessen Leistungen, seine drängenden politischen Probleme jedoch erwähnte er nicht."[633] Adenauer strahlt im Gegensatz zu Johannes XXIII. nur kühle Reserviertheit aus, hält Anneliese Poppinga fest.[634]

Adenauer diktiert Anneliese Poppinga einige Tage später: „Mich ärgerte, dass er in der Ansprache von der Teilung kein Wort sprach. Ich ergriff daher, nachdem er geredet hatte, ohne Rücksicht darauf, ob das vorgesehen war oder nicht, das Wort und sprach einige Sätze. Ich sagte u. a., dass dem deutschen Volk von Gott auferlegt sei, Widerstand zu leisten gegen den Druck von Osten."[635] Vorsichtiger Weise hatte sich Adenauer auf diesen Punkt vorbereitet und die Formulierungen aus Ansprachen Pius' XII. entnommen, u. a. aus der Ansprache dieses Papstes beim Staatsbesuch des Bundespräsiden-

---

[632] Aufzeichnung Adenauers vom 22.1.1960, StBKAH III 17. *Streng geheim.* Teilweise zitiert in: H.-P. Schwarz (1991). *Adenauer. Der Staatsmann: 1953–1967*, S. 605.

[633] A. Poppinga (1994). *„Das Wichtigste ist der Mut"*, S. 164.

[634] Ebd., S. 164.

[635] Aufzeichnungen Adenauers vom 22.1.1960 und 4.7.1960, StBKAH III 17. In: H.-P. Schwarz (1986). *Adenauer. Der Staatsmann: 1953–1967*, S. 605. Die vollständigen Aufzeichnungen sind zurzeit noch als „streng geheim" klassifiziert und werden ab 2015 öffentlich zugänglich sein.

ten Theodor Heuss zwei Jahre zuvor.[636] Gemäß dem Bericht des Botschafters von Strachwitz an das Auswärtige Amt vom 27. Januar 1960 lautet die genaue Formulierung des fraglichen Satzes: „Ich glaube, dass Gott dem deutschen Volk in den letzten stürmischen Zeitläufen eine besondere Aufgabe gegeben hat, Hüter zu sein für den Westen gegen jene mächtigen Einflüsse, die von Osten her auf uns einwirken."[637] Noch während des Empfangs lässt Johannes XXIII. Adenauer fragen, ob er diese Sätze veröffentlicht zu sehen wünsche. Adenauers Antwort: „Selbstverständlich wünsche ich das." Als diese Passage im *Osservatore Romano* nicht erscheint, kommentiert er: „Ich war auch von diesem Vorfall, überhaupt von allem sehr deprimiert, wenn ich an meine früheren Besuche bei Pius XII. dachte. Ich muss aber betonen, dass der Papst ganz sichtlich außerordentlich bemüht war, uns und speziell mir gegenüber, liebenswürdig und freundlich zu sein."[638]

Adenauer lässt sich nach seiner Audienz bei Johannes XXIII. vor dem Verlassen des Vatikans gegen das ausgedruckte Protokoll zum Grabmal Pius' XII. führen und verrichtet dort ein Gebet. Dieser Vorgang, der durchaus als politische Demonstration gegen Johannes XXIII. gesehen wurde, ist fotografisch dokumentiert und in der damaligen Wochenschau so wiedergegeben worden.[639] Dass der Besuch am Grabe Pius' XII. in den Grotten des Vatikan auf Adenauers eigenen Wunsch erfolgt sei, betont auch von Strachwitz: „Diese Geste hat im Vatikan wegen der bekannten, jahrzehntelangen engen Verbindung zwischen dem verstorbenen Papst und dem Herrn Bundeskanzler nicht allein Verständnis, sondern warme Zustimmung gefunden."[640]

Am Abend dieses Tages fragt Adenauer Anneliese Poppinga, ob sie wisse, dass katholische Geistliche größeren Gefahren für ihren Charakter ausgesetzt seien als andere Menschen. „Ihnen widerspricht keiner", antwortet er sich selbst.[641] Wieder zurück in Bonn habe Adenauer gefragt, berichtet sie, welchen Eindruck der Papst auf sie als Protestantin gemacht hätte. Sie habe von

---

[636] *Adenauer und die Kirchen*, S. 77.
[637] *Die Beziehungen der Bundesrepublik Deutschland zum Heiligen Stuhl 1949–1966*, S. 275.
[638] H.-P. Schwarz (1986). *Adenauer. Der Staatsmann: 1953–1967*, S. 605.
[639] *Adenauer und die Kirchen*, S. 78.
[640] *Die Beziehungen der Bundesrepublik Deutschland zum Heiligen Stuhl 1949–1966*, S. 276.
[641] A. Poppinga (1994). *„Das Wichtigste ist der Mut"*, S. 165.

seiner natürlichen, menschlichen Art gesprochen, die sie stark berührt hätte, von der Güte, die er ausstrahle. Adenauer habe kurz aufgelacht und eine wegwerfende Geste gemacht: „Güte strahlt er aus, aber für einen Papst ist das nicht genug."[642] Adenauer diktiert ihr die oben angesprochene Gesprächsnotiz, die den „Papst ein wenig seines Glanzes entkleiden" würde, wie er ankündigt: „Vielleicht sage ich jetzt etwas, was sie schockieren wird [...]. Ich kann Ihnen versichern, ich bin voll großer Sorge!" Sie schildert Adenauers Eindrücke: „Adenauer fand den Papst von geringer politischer Klugheit. Als Begründung für dieses Urteil führte er die Bemerkungen des Papstes an, die er über das Zustandekommen des Zweiten Vatikanischen Konzils fallen ließ. Er, der Papst, habe vorher keineswegs grundsätzliche Überlegungen über mögliche Folgen des Konzils angestellt. Es sei eine Art Inspiration gewesen, die ihn geleitet habe. Das zeige doch in evidenter Weise, dass der Papst überhaupt nicht politisch denke, erläuterte Konrad Adenauer. Er schien hierüber entsetzt gewesen zu sein. Eine derartige Denk- und Handlungsweise war ihm, dem nüchtern kalkulierenden Politiker fremd, und er lehnte sie ab."[643]

Von Überlegungen hinsichtlich eines ökumenischen Konzils erhielt Adenauer schon früh Kenntnis. Der Theologe Otto Karrer, mit dem er zuvor über eine ihn interessierende exegetische Frage korrespondiert hatte, schickt ihm im April 1959 einen „Entwurf betreffend das ökumenische Konzil", den Karrer bereits den Kardinälen Franz König (1905–2004), Wien, und Giovanni Battista Montini, Mailand, dem späteren Papst Paul VI., und Erzbischof Lorenz Jaeger (1892–1975), Paderborn, übersandt hatte. Karrer erbittet Adenauers Unterstützung: „Meine näheren ökumenischen Freunde haben den Wunsch, es möchte das Exposé an den Heiligen Vater gelangen, und wenn Ew. Exzellenz persönlich sich diesen Wunsch zu eigen machen könnten, so bitte ich zu erwägen, ob Botschaftsrat Prälat Höfer in Rom mit der Übermittlung beauftragt werden sollte. In diesem Falle würde ich einen Wink von Ihnen erbitten, um an Prälat Höfer ein deutsches und ein französisches Exemplar zu senden und eventuell selbst zur Besprechung mit ihm nach Rom zu reisen."[644] Dass Adenauer während seiner Amtszeit als Bundeskanzler die Stellungnahme eines theologisch kompetenten Freundes anfordert und Kar-

---

[642] Ebd., S. 168.
[643] Ebd., S. 168f.
[644] Brief von Otto Karrer, Luzern, an Konrad Adenauer am 2.4.1959. StBHAH I 10.40 K.

rer nur wenige Tage später antwortet, unterstreicht, welche Bedeutung er dem Vorgang beimisst. „Ich habe, da ich selbst den Einzelheiten und den gesamten Fragen und insbesondere der Methode ihrer Behandlung fern stehe, einem Freund das Memorandum gegeben, ohne ihm über den oder die Verfasser Angaben zu machen", schreibt Adenauer an Karrer. „Ich erhalte von ihm die beiliegende Stellungnahme, die mir so beachtlich erscheint, dass ich Sie bitten möchte, daraufhin ihr Vorhaben noch einmal einer Sachprüfung zu unterziehen."[645] In der beigelegten Stellungnahme heißt es u. a.: „Es dürfte nicht angemessen sein, dem Papst ein Kolleg über den römischen Primat zu halten. […] Eine Utopie, die zudem keinen realistisch Denkenden lockt. […] Will der Verfasser dem Papst diese Belehrung wirklich vorlegen? Es würde mir unklug erscheinen, dem Papste eine Denkschrift zu überreichen, deren Wirkungslosigkeit im erstrebten Sinne von vorneherein feststeht. Entweder er beachtet sie nicht, oder er gibt sie weiter, was eine Kette von Missverständnissen und Schwierigkeiten aus verschiedenen Richtungen schaffen würde."[646]

Das geplante Konzil ist möglicherweise im Jahr 1960 Gesprächsthema beim Besuch Alfredo Kardinal Ottavianis (1890–1979) in Bonn, den Heinrich Krone (1895–1989)[647], einer der engsten Mitarbeiter Adenauers, von 1955 bis 1961 Vorsitzender der CDU/CSU-Bundestagsfraktion, in seinen Tagebüchern erwähnt.[648] Ottaviani, seit 1959 Sekretär des Heiligen Offiziums, der heutigen Glaubenskongregation, war Präsident der Vorbereitungskommission des II. Vaticanums. Für den Osten sei Ottavianis Besuch ein erneuter Beweis dafür, dass in Deutschland der Klerofaschismus regiere, no-

---

[645] Brief von Adenauer an Otto Karrer am 7.4.1949. Ebd.

[646] Ebd.

[647] 1914 beginnt Krone zunächst ein Studium der katholischen Theologie, wird aber noch im gleichen Jahr zum Kriegsdienst verpflichtet. Nach Kriegsende absolviert er ein Lehramtsstudium, schließt ein Studium der Volkswirtschaftslehre mit einer Promotion ab und engagiert sich ab 1923 in der Zentrumspartei. Nach dem 20. Juli 1944 wird er im KZ Sachsenhausen inhaftiert. Mit dem bedeutenden Chirurgen Ferdinand Sauerbruch (1875–1951) und anderen begründet er nach dem Krieg die Berliner CDU. Im Deutschen Bundestag wirkt Krone als Adenauers Arbeitsstratege im Hintergrund. Sein parlamentarischer Spitzname *Adenauers Alleskleber* unterstreicht die integrative Leistung Krones. Nach seinem Ausscheiden aus dem Bundestag gestaltet er als politischer Berater die Ost-West-Politik mit, eine Leistung, die von Helmut Kohl gewürdigt wurde. Sein Bruder Konrad war als P. Sebald OFM Prokurator der Thüringischen Franziskanerprovinz im Franziskanerkloster in Fulda auf dem Frauenberg.

[648] Eintrag vom 25.6.1960. In: *Heinrich Krone. Tagebücher (1945–1961)*, S. 430.

tiert Krone. Im Vorjahr wurde Kardinal Ottaviani in Deutschland herzlich empfangen: „Ministerpräsident Altmeier [Rheinland-Pfalz] und mehrere Mitglieder seiner Regierung ebenso wie der saarländische Ministerpräsident und eine Reihe saarländischer Regierungsmitglieder ließen es sich nicht nehmen, den Kardinal auf seiner Reise persönlich zu begrüßen und auf einem Teil seiner Reise zu begleiten. Die Reise von Mainz über Oberwesel und die Schönburg nach Maria Laach glich einer Triumphfahrt, wie sie sich auch ein weltlicher Herrscher nicht besser wünschen könnte. Überall wurde der Kardinal freudig bewegt von der Bevölkerung begrüßt."[649] Theologische Themen seien im Jahr darauf bei Ottavianis Besuch im Palais Schaumburg vermieden worden. Der Kardinal habe auf eine Erklärung Pius XII. hingewiesen, in der er die Kooperation von Christen beider Konfessionen gebilligt habe, die der Erreichung eines gemeinsamen guten Zieles diene. Nach einer Begegnung mit Ottaviani in Rom im April 1962 hält Krone fest: „Der große und mächtige Reaktionär sprach in Worten hoher Anerkennung vom Kanzler und seiner Politik, vom deutschen Volke, das er liebe."[650] Bei einem Besuch Kardinal Beas in Bonn im August 1962 erkundigt sich Adenauer nach Streit in der Kurie, von dem er gehört habe, und fragt insbesondere nach dem Disput zwischen den Kardinälen Ottaviani und Bea.[651]

Die grundsätzliche Skepsis, mit der Adenauer das Zweite Vatikanische Konzil betrachtet, wurzelt auch darin, dass er es „bedenklich" findet, „wer von deutscher Seite aus dort das große Wort führt"[652], wie sich Adenauers Biograph ausdrückt, die ihm gut bekannten Kardinäle Frings und Döpfner: „Von Kardinal Frings hält er aus der Kölner Zeit nicht allzu viel [...]. Und war Kardinal Döpfner nicht der Schutzpatron des Akademiedirektors Forster, der die Öffnung zur SPD vorgenommen hat?"[653] Zu Kardinal Frings haben er und seine Familie jedenfalls noch aus der Zeit, als Adenauer Oberbürgermeister

---

[649] Aufzeichnungen der Vortragenden Legationsrats 1. Klasse von Nostitz vom 6.11.1959. Zitiert in: *Die Beziehungen der Bundesrepublik Deutschland zum Heiligen Stuhl 1949–1966*, S. 264.

[650] Eintrag vom 24.4.1962. In: *Heinrich Krone. Tagebücher (1961–1961)*, S. 61. „Der Kardinal trug ein Kreuz, das ihm in Trier geschenkt worden war, als er als päpstlicher Legat an der Feier zu Ehren des Heiligen Rocks teilnahm."

[651] Eintrag vom 27. August 1962. Ebd., S. 86.

[652] H.-P. Schwarz (1986). *Adenauer. Der Staatsmann: 1953–1967*, S. 609.

[653] Ebd., S. 609.

war, ein eher distanziertes Verhältnis. Frings war Pfarrer in Köln-Braunsfeld, in dessen Bezirk die Adenauer-Kinder zur Schule gingen. Dass Adenauer den Kölner Kardinal jedoch salopp mit „Tach, Herr Frings!"[654] zu begrüßen pflegte, wie *Der Spiegel* berichtet, lässt sich aus den Dokumenten nicht ableiten.

In größerem Kreis formuliert er seine Reserve gegenüber Johannes XXIII. zurückhaltender. So äußert Adenauer wenige Tage vor dem Tod dieses Papstes, er sei ein guter Seelsorger, aber ein schlechter Politiker, sprach aber ihm das Verdienst zu, „den Gegensatz zwischen Katholiken und Nichtkatholiken bei uns im Lande doch erheblich gemildert" zu haben. „Das ist für unsere Partei auch günstig."[655] Am Sterbetag Johannes' XXIII. notiert Horst Osterheld (1919–1998), Leiter des außenpolitischen Büros im Bundeskanzleramt von 1960 bis 1969: „Als ihm der französische Botschafter am 27. Mai erzählte, dass de Gaulle ihn, der 1958 Botschafter am Vatikan gewesen war, damals beauftragt hätte, für den seinerzeitigen Kardinal Roncalli zu werben, seufzte Adenauer nur: ‚Wissen Sie, ich kannte Pius XII. und schätzte ihn sehr. Er war ein bedeutender Mann. Johannes aber war doch eine Katastrophe.' Adenauer sagte dieses Wort so leise, dass es möglicherweise weder der Dolmetscher noch der Botschafter genau verstanden; aber sie spürten die Kritik. Den mutmaßlichen Nachfolger, Kardinal Montini, nannte der Botschafter einen klugen Mann. Der Kanzler zögerte; Pius, sagte er, habe Montini doch als Unterstaatssekretär abgelöst und als Erzbischof nach Mailand geschickt; '... und Pius war ein sehr kluger Mann.'"[656]

Adenauer hat Paul VI., den Nachfolger Johannes' XXIII., nicht mehr lange als Papst in seinem Amt als Bundeskanzler erlebt. Zuletzt war er dem Erzbischof und späteren Kardinal Montini während seiner Urlaubsaufenthalte am Comer See begegnet. In der Privataudienz bei seinem Abschiedsbesuch in Rom hebt Adenauer Papst Pius XII. hervor.[657] Der Besuch hinterlässt ei-

---

[654] *„Mein Gott, was soll aus Deutschland werden?"*, Der Spiegel, 1.12.1965, S. 49.
[655] Teegespräch am 30.5.1963. In: *Adenauer und die Kirchen*, S. 40.
[656] Tagebucheintrag vom 3.6.1963. In: H. Osterheld (1986). *„Ich gehe nicht leichten Herzens ..."Adenauers letzte Kanzlerjahre – ein dokumentarischer Bericht*, S. 218. Siehe auch S. 138. Da Adenauer seine Erinnerungen nicht vollenden konnte – der Band über die Jahre 1959–1963 enthält nur Fragmente –, gilt diese Dokumentation eines seiner engsten Mitarbeiter als wertvolle Quelle.
[657] Ebd., S. 256.

nen positiveren Eindruck bei Adenauer trotz seiner Vorbehalte, die Osterheld festhält: „Ich glaube nicht, dass sie durch die persönliche Begegnung
ausgeräumt sind; aber etwas beruhigter ist der Kanzler schon. ‚Der neue
Papst‘, sagte er nach dem Vier-Augen-Gespräch, ‚wird nicht in die Fußstap-
fen seines Vorgängers treten. Er wird die Realitäten und Gefahren richtiger
sehen.‘"[658] Adenauer bleibt jedoch bis zu seinem Tode skeptisch.[659]

Anlässlich seines Abschiedsbesuches schenkt Paul VI. Adenauer als Zeichen seiner persönlichen Wertschätzung ein Kreuz auf einem Sockel aus
Amethyst, das auf der Rückseite eine Reliquie des Hl. Konrad von Parzham (1818–1894) , eines Laienbruders des Kapuzinerordens im Kloster St.
Anna in Altötting, trägt, der 1934 von Pius XI. heiliggesprochen worden
war. Heute steht es im sogenannten Musikzimmer seines Wohnhauses. In
dem von Paul VI. persönlich geschätzten Kunststil zeigt es auf der Vorder-
seite verschiedene Szenen aus dem Leben Jesu. An den inneren Ecken sind
geschliffene Halbedelsteine eingearbeitet. Die Rückseite enthält unten das
päpstliche Siegel und in der Mitte die glasgeschützte Reliquie.

Das Geschenk verweist aber auch auf die interkonfessionelle Problematik
Deutschlands: Der Hl. Konrad von Parzham war nur ein Namensvetter, nicht
aber der Namenspatron Adenauers. Die Reliquien des hl. Konrad von Konstanz (*um 900–975), Bischof von Konstanz von 934 bis 975 und seit 1123
als Heiliger verehrt, waren im Zuge der Reformation in den Bodensee gewor-
fen worden und standen daher nicht zur Verfügung.[660] Konrad von Konstanz
war auch der Namenspatron von Kurt Georg Kiesinger, der aufgrund seiner
katholischen Mutter katholisch getauft wurde. Vom Geburtsregister abwei-
chend, gab ihm der Geistliche den Namen Konrad: „Kurt, so meinte er, sein
nur die Abkürzung dieses ehrwürdigen Namens, welcher mir den heiligen
Bischof Konrad von Konstanz als Namenspatron vermittle", schreibt Kiesinger in seinen Erinnerungen und fährt fort: „Auf diesen gemeinsamen Patron

---

[658] Tagebucheintrag vom 30.9.1963. Ebd., S. 256.

[659] Noch im März 1967 notiert Osterheld: „Adenauer sprach dann über Paul VI. (kritisch),
über Johannes XXIII. (den er sehr wenig schätzte), dann über die europäische Einigung
[…]." H. Osterheld (1997). *Aus Adenauers letzten Monaten*. In: *Horst Osterheld und seine Zeit
(1919–1998)*, S. 128.

[660] http://adenauerhaus.de/downloads/ExpOkt11.pdf.

sprach mich ein halbes Jahrhundert später Konrad Adenauer an, als er mir erzählte, wie er als Student von Freiburg über den Schwarzwald nach Konstanz gepilgert sei, um das Grab des Heiligen zu besuchen."[661] Obwohl die Konstanzer Reliquien in Reformationszeit vernichtet wurden, befindet sich das Hochgrab des heiligen Bischofs mit einem lebensgroßen Ganzkörperrelief noch heute in der Konradikapelle des Konstanzer Münsters.

Bei diesem letzten Besuch im Vatikan wird Adenauer in den päpstlichen Christusorden aufgenommen, der 1905 durch Papst Pius X. neu gegründet wurde. Diese höchste kirchliche Auszeichnung wird nur sehr selten verliehen, vor allem an Staatsoberhäupter und hervorragende Staatsmänner, die sich besondere Verdienste um die katholische Kirche erworben haben. Die Inhaber tragen den Titel „Ritter des Christusordens", der *Militia Domini Nostri Iesu Christi*.

Neben den religiösen Folgen des Zweiten Vatikanischen Konzils, über die er mit Anneliese Poppinga, Oskar Kokoschka, seinem Sohn Paul und Cyrus L. Sulzberger, dem Korrespondenten der New York Times spricht, sieht Adenauer möglicherweise bereits während seiner ersten und einzigen Audienz bei Johannes XXIII. die politischen Konsequenzen des *aggiornamento*. Eine neuere politik- und geschichtswissenschaftliche Studie analysiert, wie diese Politik zur Schwächung der traditionellen Struktur hierarchischer Orientierungen und der Erosion des „katholischen Milieus" geführt habe.[662] Die ausgeprägt kirchliche Religiosität der 1950er Jahre sei einer stärker informellen Bindung gewichen. Während Johannes XXIII. weltweit Sympathien gewonnen habe, sei Adenauers Ablehnung des kirchlichen Modernisierungskurses entschieden gewesen. Die päpstlichen Sozialenzykliken *Mater et Magistra*[663] (1961) und *Pacem in Terris*[664] (1963) Johannes' XXIII., seine *apertura a sinistra*, hätten praktisch zur Aufhebung des einstigen Sozialismusverdikts

---

[661] K. G. Kiesinger (1988). *Dunkle und Helle Jahre. Erinnerungen 1904–1958*, S. 22.

[662] T. Geiger (2008). *Atlantiker gegen Gaullisten. Außenpolitischer Konflikt und innerparteilicher Machtkampf in der CDU/CSU 1958–1969*, S. 122ff.

[663] „Mit *Mater et magistra* wurde eine Enzyklika vorgelegt, die sich von den Enzykliken ihrer Vorgänger deutlich unterscheidet." In: http://de.wikipedia.org/wiki/Mater_et_Magistra.

[664] Auf *Pacem in terris* bezogen sich u. a. die tschechoslowakischen „Friedenspriester". http://de.wikipedia.org/wiki/Friedenspriester.

geführt. Adenauer schreibt die Hauptschuld für den Linksrutsch in Italien Papst Johannes XXIII. zu,[665] eine Auffassung, mit der Adenauer nicht alleine steht. Dem ehemaligen Hohen Kommissar John McCloy (1895–1989) berichtet Adenauer von der Einschätzung des italienischen Staatspräsidenten Antonio Segni (1891–1972)[666], der ihn zuvor besucht hatte: „Segni habe die Auffassung vertreten, dass die Haltung Johannes' XXIII. den Kommunisten den Zuwachs von einer Million Stimmen gebracht habe. Er habe den schweren Fehler gemacht, zu übersehen, dass man zwar dem Einzelmenschen Sympathie entgegenbringen könne, eine Doktrin aber verdammen müsse. In der Enzyklika *Pacem in terris* sei das Wort Kommunismus nicht ein einziges Mal vorgekommen."[667] In diesem Sinne äußert er sich auch gegenüber dem amerikanischen Verteidigungsminister Robert McNamara (1916–2009),[668] dem er von seiner Begegnung mit Johannes XXIII. im Januar 1960 erzählt.

In der Folge des kirchlichen Umbruchs distanzieren sich der jüngere Klerus und aktive Laien von der CDU. Als die nordrhein-westfälische Landtagswahl 1966 für die CDU verloren geht, sieht selbst Ludwig Erhard (1897–1977), Adenauers Nachfolger im Amt des Bundeskanzlers, den Wahlausgang auch als Folge des Zweiten Vatikanischen Konzils.[669] Nach einem Empfang führender SPD-Politiker durch Paul VI. klagt Adenauer im Bundesvorstand der CDU, nachdem die Sozialdemokraten „buchstäblich alles gestohlen haben, was bei uns zu stehlen war", würden sie der Union jetzt noch den Papst wegnehmen.[670] Die Erosion des „katholischen Milieus", der organisatorischen Basis der CDU, hat also unmittelbare politische Konsequenzen. Allerdings habe die Erschließung antikatholischer oder antiklerikaler Wählerschichten die Stimmenverluste der CDU im Vergleich zu den stärker vom Sozialkatholizismus geprägten Schwesterparteien in Frankreich, Italien oder den Benelux-Staaten verlangsamt.[671]

---

[665] H.-P. Schwarz (1986). *Adenauer. Der Staatsmann: 1953–1967*, S. 856.

[666] 1964 erhält Segni den Karlspreis wegen seines Einsatzes „Für Einheit und Freiheit Europas".

[667] Gespräch mit John J. McCloy am 16. Oktober 1963. In: *Konrad Adenauer. Die letzten Lebensjahre 1963–1967*, Band II, S. 26.

[668] Tagebucheintrag vom 5.8.1963. H. Osterheld (1986). *„Ich gehe nicht leichten Herzens ...",* S. 244 und Fußnote auf S. 287.

[669] CDU-Bundesvorstand am 12.9.1966. Ebd., S. 124–125.

[670] CDU-Bundesvorstand am 14.3.1963. T. Geiger (2008). *Atlantiker gegen Gaullisten*, S. 124.

[671] Ebd.

Der sehr nachdenklich gewordene Kardinal Frings beschließt seine 1973 erschienene Autobiographie jedenfalls mit einer bemerkenswert skeptischen Einschätzung des Konzils, das er doch maßgeblich prägte: „Die Hoffnungen, die der Papst daran geknüpft hat, es würde ein neues Pfingsten und ein neuer Frühling in die Kirche kommen, haben sich bisher nicht erfüllt. Aber ich habe die feste Zuversicht, dass die Zeit dieses Konzils noch kommt, dass es wertvolle und kostbare Früchte tragen wird."[672] Zum fünfzigsten Jahrestag der Konzilseröffnung wird Walter Kardinal Kasper (*1933) über die Erfahrungen der Katholiken im kirchlichen Alltag der Gegenwart schreiben: „Doch was sie dort erfahren, ist nicht der große Aufbruch und nicht der kirchliche Frühling, den damals viele erwarteten. Zumindest in Europa deutet vieles auf eine winterlich ausschauende Kirche mit deutlichen Zeichen einer Krise."[673]

Charakteristische Missstände des kirchlichen Lebens vor dem Zweiten Vatikanischen Konzil werden durch einen Brief Adenauers an den Pfarrer von Rhöndorf sichtbar. Er trägt das Datum vom Sonntag, dem 17. Juli 1960, ist also von den frischen Eindrücken der Sonntagspredigt geprägt. Aber nicht nur dies – Adenauer erwähnt ausdrücklich den „schlechten Gesang", die „unbekannten Lieder" sowie das „Fehlen einer der Würde und der Bedeutung der hl. Messe entsprechenden Ausschmückung des Altares und des Chores". Adenauer nimmt die Missstände in seinem unmittelbaren Umfeld jedenfalls nicht achselzuckend hin: „Eben komme ich aus der heutigen 10 Uhr-Messe", schreibt Adenauer seinem Pfarrer. „Ich halte mich als Mitglied der Pfarre für verpflichtet, Ihnen folgendes zu schreiben: Ihre Predigten sind gut, wenn Sie sie vorbereitet haben, schlecht, wenn das nicht der Fall ist. Leider kommt das häufig vor. Die heutige Predigt war unerträglich, sie war mit Ihren Pflichten als Geistlicher auf der Kanzel einfach unvereinbar [...]. Es war ein wirres Durcheinander von Wahrheiten – Halbwahrheiten – unzutreffenden Behauptungen. Sie war daher voll von Widersprüchen [...] Sie dürfen etwas Derartiges den zahlreichen Besuchern des Gottesdienstes nicht bieten. Das gilt gleichfalls, abgesehen von besonderen hohen Festtagen, von der seelenlosen Ausgestaltung des Gottesdienstes, schlechter Gesang, unbekannte Lieder, Fehlen einer der Würde und der Bedeutung der hl. Messe entsprechenden

---

[672] J. Kardinal Frings (1973). *Für die Menschen bestellt*, S. 304.
[673] W. Kardinal Kasper (2012). *Erneuerung aus dem Ursprung*. FAZ, 29.9.2012.

Ausschmückung des Altares und des Chores, die Ihre Pfarrkinder und die Fremden mit Recht verlangen. [...] Sie werden durch meinen Brief verletzt sein", fährt er fort. „Ich bedaure das, aber ich kann nicht anders. Seit Jahren habe ich mir das Schreiben eines solchen Briefes immer wieder vorgenommen, dann aber es doch unterlassen. Ich habe mich nunmehr dazu entschlossen und bitte Sie, immer daran zu denken, dass die Gemeinde nicht des Pfarrers wegen da ist, sondern der Pfarrer der Gemeinde wegen. Sie sind ein guter Priester, ein guter Theologe, aber bis jetzt verstehen Sie nicht die Bedürfnisse Ihrer Pfarrkinder. Ihr Verhältnis zur gesamten Gemeinde ist erschütternd. Wenn nicht eine grundlegende Änderung eintritt, sinkt das religiöse Leben in Ihrer Pfarre, das jetzt schon sehr gering ist, immer weiter ab."[674]

Dieser Brief ist beispielhaft für andere Äußerungen dieser Art.[675] Seine scharfe Kritik wurzelt in der Überzeugung, dass der Klerus der katholischen Kirche die ihm anvertrauten Güter an die Gläubigen weiterzugeben habe. Offenbar versucht der katholische Laie Adenauer im Rahmen seiner Möglichkeiten, die kirchlichen Missstände seiner Zeit an einer ihrer Wurzeln zu bekämpfen, der Nachlässigkeit des durchschnittlichen Klerus und des religiösen Lebens in den Pfarreien. Seine Maßstäbe sind offenbar durch seinen Aufenthalt in der Benediktinerabtei Maria Laach geschärft. Eindrucksvolle Schilderungen der wenig Strahlkraft besitzenden innerkirchlichen Situation am Vorabend des Zweiten Vatikanischen Konzil, des „Verbands- und Prälatenkatholizismus", der die Neuerungen dieses Konzils aufnehmen und umsetzen wird, bietet Heinrich Böll, etwa in seinen *Ansichten eines Clowns*[676], einem Buch, das Böll ausdrücklich nicht als „antikatholisch" interpretiert wissen wollte.

Wie sehr Adenauer, möglicherweise auch aufgrund solcher Erlebnisse, grundsätzlich bereit ist, sich für eine kirchliche Erneuerung auch persönlich einzusetzen, zeigt sein Engagement für den ihm zu dieser Zeit noch unbekannten Theologen Karl Rahner SJ (1904–1984), das ihm von seinem Leibarzt Paul Martini (1889–1964), Mediziner an der Universität Bonn, empfohlen wird.

---

[674] Brief an Pfarrer Lemmen vom 17. Juli 1960. *Briefe 1959–1961*, Nr. 115, S. 130ff.
[675] *Briefe 1953–55*, S. 97f., *Briefe 1955–1957*, S. 41.
[676] H. Böll (1963). *Ansichten eines Clowns*.

Karl Kardinal Lehmann (*1936), langjähriger Vorsitzender der deutschen Bischofskonferenz und Mitarbeiter Rahners während des Zweiten Vatikanischen Konzils, würdigt Adenauers Unterstützung in seinem Geleitwort zu einer Schrift Rahners, die anlässlich des 50. Jahrestages der Konzilseröffnung neu aufgelegt wurde.[677] Lehmann erinnert darin an den Widerstand gegen eine vom Heiligen Offizium, der heutigen Glaubenskongregation, über die Schriften Rahners verhängte Vorzensur, die Rahners Einfluss im Hinblick auf das Konzil einschränken sollte: „Eine beispiellose Solidaritätsaktion", erinnert sich Lehmann, „die teils von Mitgliedern der Paulus-Gesellschaft organisiert und unter anderem sogar von Bundeskanzler Dr. Konrad Adenauer unterstützt wurde, setzte ein." Folgt man Lehmanns Fußnoten, so stößt man auf Karl Rahners Schilderung, wie Adenauers Unterstützung gewonnen wurde: „Als ich einmal Schwierigkeiten mit Rom hatte, ging Prof. Martini zu Adenauer, der sich gleich ans Telefon hängte, und bei Frings anrief. ,Herr Kardinal, ich hab' da so einen juten alten Freund.' Er wusste nicht mehr weiter und fragte leise Martini: , Wie heißt er?' Martini: ,Rahner'. Adenauer zu Frings: ,Bahner'. Der Kardinal am anderen Ende lachte."[678] Dieser Bericht Rahners beleuchtet nicht nur Adenauers Vertrauen zu Professor Martini, sondern auch den diese Begebenheit in dieser Weise berichtenden Karl Rahner.

Die von Lehmann erwähnte Paulus-Gesellschaft wurde 1955 als „Verein zur Begegnung von Christentum, Religionen, Wissenschaft und Gesellschaft" gegründet und u. a. durch Martini unterstützt. Prägende Mitglieder waren neben Karl Rahner, ihrem „theologischen Kopf"[679], der Mediziner und Mitbegründer der Max-Planck-Gesellschaft Hans Schaefer (1906–2000) sowie die Theologen Gotthold Hasenhüttl (*1933)[680], ihr Vorsitzender seit 1989, und Johann Baptist Metz (*1928), Schüler Karl Rahners und einer der einflussreichsten deutschsprachigen Theologen nach dem Zweiten Vatikanischen

---

[677] K. Rahner (1965). *Das Konzil – ein neuer Beginn*. Mit einem Geleitwort von Karl Kardinal Lehmann (2012), S. 11.
[678] E. Kellner (1985). *Karl Rahner und die Paulus-Gesellschaft. In: Karl Rahner – Bilder eines Lebens*, S. 58. Der Autor, der bayerische Priester Dr. Erich Kellner, langjähriger Pfarrer auf Herrenchiemsee, war Gründer der Paulus-Gesellschaft.
[679] Ebd., S. 58.
[680] 2003 als Priester suspendiert, 2006 Entzug der Lehrerlaubnis, 2010 formal aus der römisch-katholischen Kirche ausgetreten.

Konzil. Martini legt Adenauer ein Schreiben der Paulus-Gesellschaft an Papst Johannes XXIII. vom 25.7.1962 vor: „[…] bitten wir Sie, Heiliger Vater, unser dringendes Anliegen, dass eine Einschränkung von den Werken P. Karl Rahners ferngehalten werde, zu würdigen und in Ihren Schutz zu nehmen. P. Karl Rahner weiß, dass wir zu seinen Gunsten schreiben. Den Inhalt dieses Briefes kennt er nicht und er hat uns dringend gebeten, von ihm Abstand zu nehmen. Doch wir konnten seiner Bitte nicht entsprechen."[681] Er bittet Adenauer und andere um Unterstützung: „Eine größere Reihe von Männern, die nicht unmittelbar Mitglieder unserer Gesellschaft sind, die aber zum religiös und geistig interessiertesten Kreis der deutschsprechenden Katholiken gehören, denken über P. Karl Rahner ebenso. Sie unterstützen deshalb durch Ihre Unterschriften diese dringliche Bitte. Gez. Dr. Paul Martini."[682]

Brieflich setzt sich Adenauer bei Augustin Kardinal Bea SJ (1881–1968) dafür ein, die verhängte Vorzensur aufzuheben, was sich aber aus anderen Gründen als nicht mehr nötig erwies.[683] Bea hatte sich im Auftrag Pius' XII. als Vorsitzender der Kommission für die neue lateinische Übersetzung der Psalmen Anerkennung erworben. „Rahner erfreut sich in Deutschland eines außergewöhnlich hohen Ansehens", schreibt Adenauer an ihn, „und hat dem christlichen Gedanken im Geistesleben unseres Landes neue Achtung verschafft. Seine publizistische Tätigkeit trägt entscheidend dazu bei, die Kluft zwischen Glauben und Wissenschaft, zwischen Glauben und modernem Leben zu überbrücken." Er spricht in diesem Brief auch davon, dass Christen insbesondere das politische Leben ihres Landes prägen müssten. „Die Wirksamkeit einer christlichen Partei, deren Zukunft mir natürlich Sorge machen muss, hängt weitgehend davon ab, ob führende Schichten unseres Volkes von der Bedeutung christlichen Denkens für das moderne Leben in Gesellschaft und Staat überzeugt sind. Dies gilt insbesondere für die akademische Jugend, der ein gläubiger und mutiger Theologe wie Rahner bei der Suche und Antwort auf ernste Fragen ein Wegweiser ist."[684]

---

[681] Anmerkungen zu dem Brief an Augustin Kardinal Bea vom 2.8.1962. *Briefe 1961–1963*, S. 427f.
[682] Ebd.
[683] *Adenauer und die Kirchen*, S. 33.
[684] Brief an Augustin Kardinal Bea vom 2.8.1962. In: *Briefe 1961–1963*, S. 135f.

Wie Rahners Schilderung des Gespräches zwischen Adenauer, Martini und Frings zeigt, konnte Adenauer Rahners theologische Ansätze inhaltlich nicht beurteilen. Dass sich der oft als „misstrauischer Fuchs" apostrophierte Adenauer dennoch persönlich für Rahner einsetzt, belegt das Vertrauen Adenauers zu seinem Leibarzt. Bemerkenswerter Weise wendet er sich jedoch nicht an Johannes XXIII., sondern an Kardinal Bea, den Beichtvater des von ihm hochverehrten Pius' XII.

Der Frage, ob Adenauer wesentliche Ziele der Paulus-Gesellschaft, die später zu Tage traten, wie die Förderung des Dialogs zwischen christlichen Theologen und Marxisten[685] oder die Ermutigung zu revolutionärer Gewalt „unter Umständen",[686] gebilligt hätte, ist in diesem Zusammenhang nicht nachzugehen. Kanzleramtsminister Horst Ehmke (*1927) dankte 1972 der Paulus-Gesellschaft für ihre Pionierarbeit im Sinne der Ostpolitik der Regierung Brandt.[687] Bis in die jüngste Zeit verleiht die Paulus-Gesellschaft einen Kulturpreis.[688]

Weiteren Aufschluss zu Adenauers späterer Einstellung zu Rahner böte möglicherweise die Korrespondenz mit seinem Sohn Paul über Fragen der Entwicklung der Theologie, die er gegenüber Cyrus L. Sulzberger, dem Korrespondenten der New York Times, erwähnt. Diesbezügliche Unterlagen sind jedoch bis jetzt nicht editiert oder als Privatkorrespondenz der Familie Adenauer für die Öffentlichkeit unzugänglich.

Dass wohl eher nicht davon auszugehen ist, Adenauer sei mit Karl Rahners Denken einverstanden gewesen, zeigt möglicherweise der anekdotische Bericht über einen Versuch seiner Tochter Libet und Anneliese Poppingas, ihm in seinem Urlaubsort Cadenabbia den Roman *Die vollkommene Freu-*

---

[685] *Paulus-Gesellschaft. Geliebter Feind.* Der Spiegel, 14.11.1966.

[686] *Paulus-Gesellschaft. Mut geweckt.* Der Spiegel, 8.5.1967.

[687] *Christen/Marxisten. Geliebte Feinde.* Der Spiegel, 22.5.1972.

[688] Ausgezeichnet werden wissenschaftliche Arbeiten oder Initiativen, die zur Entideologisierung religiöser Systeme beitragen, den Prozess der Humanisierung der menschlichen Gesellschaft fördern auf der Basis der Wissenschaft einen Dialog der religiösen und gesellschaftlichen Gruppen initiieren. http://www.uni-saarland.de/fak3/hasenhuettl/internationale%20paulusgesellschaft.htm.

de[689] der progressiv-katholischen Schriftstellerin Luise Rinser (1911–2002) nahezubringen. Wie eng die Beziehung zwischen Karl Rahner und Luise Rinser war, machte sie 1994 einer breiteren Öffentlichkeit durch die Publikation ihrer Briefe an Rahner bekannt.[690] Im Jahre 1984 wurde Luise Rinser als Kandidatin der Grünen für das Amt des Bundespräsidenten nominiert, unterlag jedoch Richard von Weizsäcker (*1920). Aufsehen erregte ihre Bewunderung für den nordkoreanischen Machthaber Kim Il Sung (1912–1994);[691] ihre Rolle in der Zeit des Nationalsozialismus wurde zur späten Überraschung.[692]

„Mit einem Gemisch aus Neugier und Skepsis akzeptierte Adenauer unseren Vorschlag […] Die ersten Lesungen verliefen ohne Zwischenfälle", berichtet Anneliese Poppinga von Adenauers zeitgenössischem Literaturerlebnis.[693] Nach Rinsers Schilderung der Ehe, die die Protagonisten des Romans führen, explodiert jedoch Adenauer, der die Schriftstellerin mit konstanter Beharrlichkeit „Fräulein Rinnsal" nennt: „Dieses Fräulein Rinnsal hat ja von der Ehe keine Ahnung', erklärte er auf emphatische Weise, mit erhobener Hand, mit bösen Blicken und leidenschaftlich klingender Stimme. ,Das Zusammen-

---

[689] L. Rinser (1962). *Die vollkommene Freude.* Frankfurt 1962. Die Besprechung des *Spiegels* vom 18.7.1962 lautet: „Ein unreligiöser und unglücklicher deutscher Professor mit ,fein gezeichnetem Mund' kann seiner französischen Ehefrau, die ,Reinheit' ausstrahlt und Cembalo spielt, noch so viel seelische Grausamkeit antun – die sanfte Marie-Catherine lässt von ihrem unleidlichen Clemens nicht einmal nach der Scheidung. Sie bringt den Gatten seiner verstoßenen illegitimen Tochter wieder näher und entsagt, obwohl ihr die ,wilde Süßigkeit ihrer Heimat' innewohnt, einem edlen, gutaussehenden Urwalddoktor. Schließlich opfert sie sich für die Armen auf und stirbt, wie von ihr gewünscht, am Ostersonntagmorgen. Ein Pater Franziskus verkündet, sie habe ,die vollkommene Freude gekannt', und auch der Erzähler, gelähmter Schwager und Verehrer der heilighaften Marie, wird nun wohl wieder fromm. Die 51jährige katholische Romanautorin Rinser ist mit diesem Buch von der Literatur endgültig zum Erbauungsschrifttum übergewechselt.

[690] L. Rinser (1994). *Gratwanderung. Briefe der Freundschaft an Karl Rahner.* Siehe dazu auch die *Spiegel*-Besprechung: *Erotik. Wuschel an Fisch. Luise Rinser gibt nicht auf. Nun hat sie auch noch ihre Liebesbriefe an Karl Rahner hervorgekramt.* Der Spiegel, 25.7.1994. Die etwa 1.800 Briefe Rahners an Rinser aus dieser 22 Jahre währenden Beziehung sind der Öffentlichkeit nicht zugänglich.

[691] *Luise Rinser.* Der Spiegel, 21.5.1984.

[692] M. Kleeberg (2011). *Luise Rinsers Vergesslichkeit. Wie sich die prominente Nachkriegsautorin zur Widerständlerin stilisierte.* Der Spiegel, 10.1.2011. S. 101ff.

[693] A. Poppinga (1994). *„Das Wichtigste ist der Mut",* S. 498ff.

leben ist eine tägliche Anstrengung. Ehe, das ist täglicher Kleinkram, Kochen, Strümpfe stopfen, sich mit Kleinigkeiten abmühen. Kindern die Nase putzen. Windeln waschen. Und Zusammenstehen in schweren Zeiten. Das ist Ehe! Und nicht diese hochgeistigen Geschichten da. [...] Das ist krank!'"[694]

Libet Werhan und Anneliese Poppinga überlegen, vielleicht doch lieber zu einem andern Buch zu greifen, aber Adenauer will ihnen *Die vollkommene Freude* nicht nehmen, wie sich Anneliese Poppinga ausdrückt.

Als sich der Personenkreis des Romans um einen Franziskanermönch erweitert, der über tätige Nächstenliebe doziert, kommt es zur Katastrophe. „Es kommt darauf an, sich frei zu machen", führt der Mönch des Romans aus. „Ein Mönch, der sein Heiligenbild um alles behalten will oder seinen schäbigen Rosenkranz oder seinen Blumenstock am Fenster, ist genauso ein Geizhals wie der, der den Bettler nicht sehen will." Adenauer habe aufrecht in seinem Sessel gesessen, berichtet Anneliese Poppinga: „Man spürte, wie es in ihm kochte. Doch noch hörte er zu." Als der Franziskaner diese Gedanken immer weiter ausführt und schließlich appelliert: „Ihr seht schon, worauf dies alles hinausläuft: sich von sich selbst befreien, das ist es, was wir lernen müssen", sei es mit der Lesung vorbei gewesen. „Die Zurückhaltung Adenauers hatte ihre Grenzen erreicht. Ein derartiges Denken war ihm fremd. Es widersprach völlig seinem Wesen. ‚Man muss doch dem armen Menschen seinen Rosenkranz lassen', protestierte er voller Empörung. ‚Das ist doch verstiegen, was der da sagt. ‚Sich befreien von sich selbst'. Was soll das denn heißen?', fragte er höhnend. ‚Man muss die Menschenwürde wahren, jawohl! Das ist doch verdreht, komplett verdreht! Alles zu wenig klar. Jawohl, verdreht ist dieses Fräulein Rinnsal!' Dann etwas ruhiger: ‚Sie soll einfacher schreiben, klarer. Sie soll diesen Roman verbessern, dann mag es vielleicht gehen.' Das war das Ende zeitgenössischer Literatur in Cadenabbia", berichtet Anneliese Poppinga, „und wir kehrten zu den Kriminalromanen zurück."[695]

Adenauers politische, gesellschaftliche und religiöse Anliegen, die er in seiner Intervention bei Kardinal Bea zugunsten Rahners anspricht, waren

---

[694] Ebd., S. 499.
[695] Ebd., S. 500f.

jedoch damals und sind auch heute noch unvermindert berechtigt: „die Kluft zwischen Glauben und Wissenschaft, zwischen Glauben und modernem Leben zu überbrücken" und vor allem die akademische Jugend von der „Bedeutung christlichen Denkens für das moderne Leben in Gesellschaft und Staat" zu überzeugen.

Möglicherweise dachte Adenauer bei seinem Engagement für Karl Rahner an im akademischen Umfeld wirkende Priesterpersönlichkeiten wie Franz Xaver Münch und den Katholischen Akademikerverband der Kölner Zwischenkriegszeit, die am Aufbau einer christlichen Gesellschaft im Sinne einer „Entsäkularisierung des geistigen, wirtschaftlichen und sozialen Lebens wie des zeitigen Wissenschaftsbetriebes"[696] mitwirken wollten. Als Oberbürgermeister fordert er jedenfalls, „dass unsere jungen Katholiken sich mit den geistigen Problemen unserer Zeit in erheblich steigendem Maße beschäftigen"[697], und noch kurz vor dem Ende der Weimarer Republik appelliert er an das politische Engagement der jungen Generation: „Der Katholik hat als deutscher Staatsbürger die Pflicht, sich nicht nur alles notwendige politische Wissen zu erwerben, sondern auch die Entscheidungen des politischen und staatlichen Lebens vom Standpunkt seiner Weltanschauung aus kritisch zu betrachten. Die Kritik muss dazu führen, sich in jedem Fall für die Durchdringung von Recht und Gesetz mit christlichen Grundsätzen einzusetzen. Weil wir mitverantwortliche Träger unserer nationalen Staatsidee und vollberechtigte Glieder unseres Volkes sind, weil unsere Grundsätze ohne Rücksicht auf die Staatsform die Existenz eines geordneten Staats- und Gesellschaftslebens verbürgen, haben wir einen Anspruch darauf, dass unsere religiösen Gefühle und Anschauungen vom Staat nicht verletzt werden."[698] Aber solche Überlegungen müssen spekulativ bleiben.

---

[696] F. X. Münch (1928). *Der katholische Gedanke. Sinn und Ziel.* In: KathGed 1 (1928), S. 1 ff.
[697] Ansprache auf der Generalversammlung der Görres-Gesellschaft, Köln, 22.9.1930. *Konrad Adenauer 1917–1933. Dokumente aus den Kölner Jahren*, S. 258.
[698] Beitrag zum *Kalender katholischer Jugend 1933, ein Führer- und Taschenbuch als Manifest führender Persönlichkeiten an die katholische Jugend.* Hrsg. von P. Ernst Drouven S. J. Ebd., S. 270.

4 Konrad Adenauers weiterwirkendes Erbe

Unsere Überlegungen zu Konrad Adenauer gingen von drei Ansatzpunkten aus: Auch in der „selbstgemachten Welt" einer „sich exklusiv gebenden positivistischen Vernunft" schöpfen wir nach Papst Benedikt im Stillen doch aus „den Vorräten Gottes", die wir zu unseren Produkten umgestalten. Das „sozialstaatliche Gesellschaftsmodell" und die „nationalstaatliche Vielfalt der Kulturen Europas" im Sinne Habermas', Nida-Rümelins und Bofingers könnte man als kostbare und zugleich gefährdete „Produkte" dieser Art ansehen. Ferner warf Böckenfördes Diktum, der säkularisierte Staat zehre von normativen Voraussetzungen, die er selbst nicht garantieren könne, die Frage auf, worin diese Voraussetzungen konkret bestehen. Schließlich waren es Habermas' Überlegungen zu den „vorpolitischen Grundlagen des freiheitlich-demokratischen Rechtsstaats", die ihn nach der „Integration der ‚Ressource Religion'" fragen ließen.

Im Hinblick auf die Möglichkeit einer „entgleisenden Modernisierung der Gesellschaft im ganzen", von der Habermas spricht, besitzen all diese Aspekte Aktualität und Brisanz. Die „marktkonforme Fassadendemokratie", der informationstechnisch realisierbare „Überwachungsstaat" oder die biotechnologische Manipulierbarkeit des Menschen und der Lebewesen sind konkrete Varianten denkbarer „Entgleisungen". „Legitimierung durch Neugier, d. h. Wertfreiheit der Wissenschaft als höchster Wert", notiert Carl Schmitt in diesem Sinne an den Rand seines Handexemplars von Blumenbergs Legitimität der Neuzeit und fährt fort, „[…] Der Mensch dankt ab vor seinen sich perfektionierenden Werkzeugen, und nennt das Menschwerdung des neuen Menschen. Dieser neue Mensch ist kein bisheriger Mensch mehr. Die Neuheit ist Diskontinuität und Nicht-Identität."[699]

Wir gingen „Vorräten" nach, aus denen Konrad Adenauer schöpfte, um den ungeheuren Wiederaufbau nach völliger materieller und geistiger Zerstörung zu meistern. Uns beschäftigte, welche „vorpolitischen Grundlagen" sein politisches Wirken prägten und ihm innere Kraft gaben, und in welchem Ausmaß Adenauers politisches Handeln von der „Ressource Religion" gespeist

---

[699] *Hans Blumenberg – Carl Schmitt. Briefwechsel 1971–1978*. Nachwort, S. 258.

wurde. Dazu spürten wir den Quellen seines katholischen Glaubens nach, aus dem er lebte. Insbesondere wurde deutlich, wie sehr die „Perspektiven seiner Politik" vom Gedanken des „christlichen Abendlandes" geleitet wurden. Um möglichst anschauliche Vorstellungen zu gewinnen, betrachteten wir seine Persönlichkeit im Spiegel seiner Freundschaften, erinnerten an die symbolträchtigen Staatsbesuche Adenauers in Rom und De Gasperis in Deutschland, die in den Geburtsjahren der europäischen Einigung das „christliche Abendland" einer beginnenden Mediengesellschaft sinnfällig machten; wir suchten nach den vielfältigen Spuren seiner persönlichen Frömmigkeit, wie sie sich auch in seinen Freundschaften zu Künstlern zeigten, skizzierten seine Haltung in den Turbulenzen des kirchlichen Umbruchs und verfolgten nicht zuletzt, wie er als Katholik den kommunalen und bundespolitischen Erfordernissen einer interkonfessionellen, „pluralistischen" Gesellschaft gerecht zu werden versuchte.

4.1 Zur „Vorbildlichkeit" der Politiker

Ist Adenauer also vorbildlich? Können und sollten wir von ihm lernen, von seinen „Vorräten" auch heute zehren, aus den „Quellen" schöpfen, die auch ihn speisten, um die Aufgaben unserer eigenen Zeit zu lösen?

Um solche Fragen im Hinblick auf das Leben eines katholischen Christen kritisch zu untersuchen und klar zu beantworten, positiv wie negativ, kennt die katholische Kirche rechtlich geordnete Verfahren. Ob und inwiefern Konrad Adenauer als katholischer Christ vorbildlich war, kann hier also gar nicht zur Debatte stehen. Für Alcide De Gasperi wurde 1993 ein solcher Prozess im Erzbistum Trient eröffnet. Wie bereits erwähnt, läuft auch für Don Luigi Sturzo, De Gasperis politischen Lehrer und Vorgänger als Vorsitzender der Italienischen Volkspartei, ein Seligsprechungsprozess. Auf Diözesanebene ist für Robert Schuman ein solches Verfahren bereits seit 2004 positiv abgeschlossen; die Akten liegen der zuständigen vatikanischen Kongregation vor.

Es kommt uns auch nicht zu, das Für und Wider eines solchen Prozesses im Falle Adenauers zu erörtern. Aber es mag erlaubt sein, die öffentliche Diskussion über diese Frage zur Kenntnis zu nehmen und zu kommentieren. Es ist ferner gestattet, die hypothetische Vorstellung eines derartigen kirchlichen Verfahrens im Sinne der Physiker als ein „Gedankenexperiment" zu betrachten und über sachliche Argumente nachzudenken, die von vorneherein gegen die Einleitung eines derartigen Verfahrens vorgebracht werden, das ja nicht notwendiger Weise zu einem positiven Ausgang führt.

Im Jahr 2002 berichtet die *Frankfurter Allgemeine Zeitung* offenbar zur Überraschung der Öffentlichkeit: „Konrad Adenauer soll seliggesprochen werden. Das vermeldet die Turiner Tageszeitung La Stampa. Der Vatikan schweigt dazu bislang. Als Grund für diese hohe katholische Ehre gibt das Blatt Adenauers Rolle in der europäischen Versöhnungspolitik nach dem Zweiten Weltkrieg an. Und natürlich sein vorbildliches christliches Leben."[700] Adenauers Heimatdiözese Köln habe keinen Antrag zur Eröffnung eines Seligsprechungsprozesses gestellt, dementiert der Vatikan umgehend. Aber erst im Mai 2012 erinnert der Primas von Polen, Erzbischof Józef Kowalczyk, Metropolit von Gnesen, an die Bedeutung Adenauers und fragt Vertreter der Konrad-Adenauer-Stiftung, warum es in Deutschland keine Initiative zu seiner Seligsprechung gebe.[701] Das Vorbild eines großen christlichen Politikers sei das eine, erhält er zur Antwort, ein kirchlicher Heiliger aber etwas anderes. Dies auseinanderzuhalten, sei in einem konfessionell gespaltenen Land wie Deutschland doch ganz gut. Es werden also gewissermaßen konfessionspolitische Gründe gegen eine solche Initiative angeführt.

Heinz-Joachim Fischer, langjähriger Rom-Korrespondent der *Frankfurter Allgemeinen Zeitung*, in den 1960er Jahren Seminarist im *Collegium Germanicum*, formuliert in seinem Artikel „Politische Heilige – selige Politiker. Schuman, De Gasperi, Adenauer und der Papst" generelle Einwände gegen religiöse Ehrenerweise für Politiker, die sich aus einem Seligsprechungsprozess ergeben können.[702] Sie würden bei De Gasperi, Schuman und Adenauer noch lauter erhoben als bei Karl I. von Österreich (1887–1922), der von 1916–1918 als letzter Kaiser von Österreich wirkte und 2004 seliggesprochen wurde. Erwägt man diese Einwände im Hinblick auf den Politiker Adenauer, liegt es nahe, sich Adenauers Politikverständnis zu vergegenwärtigen: „Politik ist die Kunst, das auf ethischer Grundlage als richtig Erkannte zu ver-

---

[700] *Seligsprechung: Ein vorbildliches christliches Leben.* FAZ, 5.5.2002.
[701] http://www.kas.de/potsdam/de/publications/31481/.
[702] H.-J. Fischer (2004). *Politische Heilige – selige Politiker. Schuman, De Gasperi, Adenauer und der Papst.* FAZ, 19.9.2008.

wirklichen."[703] „Die Kunst der Politik bestand für ihn darin", kommentiert Anneliese Poppinga seine Auffassung, „die jeweiligen Gegebenheiten, die sogenannten ‚Realitäten', und die vom Wert und von der Würde des Menschen und damit für ihn aus dem Naturrecht abgeleiteten Normen in unaufhörlichem Bemühen miteinander in Einklang zu bringen und zu halten."[704]

Heinz-Joachim Fischers Formulierung „Politische Heilige" ist auch der Titel einer in der späten Adenauer-Zeit populären Sammlung biographischer Skizzen über ausgewählte Persönlichkeiten, die zum großen Teil, aber zum Erscheinungsdatum nicht alle selig- oder heiliggesprochen sind. Dem Besucher seines Wohnhauses fällt dieses Buch in Adenauers Bücherregal im Wohnzimmer ins Auge, das dort an zentraler Stelle steht.[705] Der Band enthält u. a. Lebensbilder von Birgitta von Schweden und Caterina von Siena, die Papst Johannes Paul II. zu Patroninnen Europas erheben wird, von Jeanne d'Arc, über die Adenauer mit Walter Braunfels korrespondiert, und von Klaus von Flüe, in dessen Kapelle Adenauer eine Gebetsnacht vor seiner Moskaureise verbringt. „Der Begriff ‚politische Heilige' scheint ein Widerspruch zu sein. Sind Politik und Heiligkeit nicht zwei entgegengesetzte Dinge, die man unmöglich vereinigen kann?", fragt sich der Autor des Buches, das geschichtswissenschaftlichen Maßstäben entsprechen möchte. „Seit Jakob Burckhardt lehrte, Macht sei an sich böse, gilt Politik als schmutziges Geschäft, dem sich niemand widmen kann, ohne seinen Charakter zu verderben. [...] Kann ein Mensch sich

---

[703] *Erinnerungen 1955–1959*, S. 281.
[704] A. Poppinga (1994). *„Das Wichtigste ist der Mut"*, S. 425.
[705] G. Kranz (1958). *Politische Heilige und katholische Reformatoren*. Gisbert Kranz (1921–2009) war ein deutscher Schriftsteller, Pädagoge und katholischer Theologe. Er verfasste über 50 Bücher über das Leben katholischer Heiliger und zu Themen der christlichen Literatur. Der Band in Adenauers Wohnzimmerregal enthält neben den genannten Lebensbilder von Nikolaus von Kues, Girolamo Savonarola, Thomas More, Ignatius von Loyola, Teresa von Avila, Filippo Neri, Carlo Borromeo, Mary Ward, Johann Michael Sailer, John Henry Newman, Frédéric Ozanam. Die norddeutsch-protestantische Anneliese Poppinga erwähnt jedoch weder dieses Werk noch den dreibändigen „Neuen Kölnische Sprachschatz", die dort heute noch stehen: „Der Große Brockhaus fiel mir auf, daneben ein Geschichtsatlas, Die schönsten Gedichte der Weltliteratur, Thackeray, Dickens, Galsworthy, Platen, Goethe und eine vollständige Sammlung der parlamentarischen Reden Bismarcks seit dem Jahre 1847. Während der großen Frankreichreise im Juli 1962 wurden ihm kostbare Ausgaben von Montesquieu und La Fontaine geschenkt. Sie erhielten auch in diesen Bücherregalen ihren Platz." In: A. Poppinga (1970). *Meine Erinnerungen an Konrad Adenauer*, S. 48.

sein Leben lang in dieser Luft bewegen, politisch tätig sein und zugleich ‚sein Herz unbefleckt von dieser Welt bewahren'? Er kann es", antwortet der Autor seinen Lesern. „Er kann dabei sogar ein Heiliger werden."[706] Ein theologisch-historische Begründungsversuch dieser Antwort leitet den Band ein. Adenauer interessiert sich anscheinend lebenslang für das Leben der Heiligen. So erwähnt er in einem Brief an Dora Pferdmenges aus dem Jahr 1941 ein einflussreiches Werk des Theologen Wilhelm Schamoni (1905–1991), der darin die katholische Hagiographie auf eine wissenschaftliche und methodisch reflektierte Grundlage stellt.[707] „Das Buch *Das wahre Gesicht der Heiligen* kenne ich. Es ist ein großer Trost, wenn man beim Abschiede das Wunder der Verklärung sieht. Ich habe es zweimal erlebt. Man vergisst es nie."[708] Die Mutter seiner protestantischen Briefpartnerin war zuvor verstorben.

Unmittelbar unter den Regalböden, die das Buch „Politische Heilige" tragen, befinden sich Nachbildungen des Schwertes und Dolches Kaiser Karls V., die er bei der Schlacht von Mühlberg am 24. April 1547 getragen hatte. Adenauer, der sich Zeit seines Lebens für Karl V. interessierte,[709] erhält sie 1967 als Geschenke des spanischen Staates anlässlich seiner Ateneo-Rede in Madrid. Während dieser Reise beschreibt Anneliese Poppinga Adenauers Begegnung mit Tizians Gemälde im Prado, das Karl V. am Ende des zwar militärisch gewonnenen, aber politisch erfolglosen Schmalkaldischen Krieges darstellt: „Und hier empfing der Bundeskanzler an diesem Morgen den stärksten Eindruck, wie er selbst sagte, und zwar von einem Gemälde von Kaiser Karl V. Der Bundeskanzler war fasziniert. Er setzte sich auf eine Bank davor und blieb lang in dem Anblick versunken. Das Gemälde zeigt Kaiser Karl V. nach der Schlacht von Mühlberg hoch zu Ross, in voller Kriegerausrüstung aus einem Walde herausreitend, das Gesicht blass, krank und müde, mit traurigen Augen, Einsamkeit im Ausdruck und Sehnsucht nach Ruhe und Frieden."[710]

---

[706] G. Kranz (1958). *Politische Heilige und katholische Reformatoren*, Bd. 2, S. 11.

[707] *Das wahre Gesicht der Heiligen*, Leipzig 1938. Schamoni, der 1939 verhaftet wird und die Zeit bis 1945 in verschiedenen Gefängnissen verbringt, zuletzt im Konzentrationslager Dachau, wird 1987 von Johannes Paul II. zum Päpstlichen Ehrenprälaten ernannt.

[708] Brief an Dora Pferdmenges am 11.1.1941. *Konrad Adenauer – Dora Pferdmenges. Freundschaft in schwerer Zeit*, S. 98.

[709] A. Poppinga (1975). *Konrad Adenauer. Geschichtsverständnis etc.*, S. 230.

[710] A. Poppinga (1970). *Meine Erinnerungen an Konrad Adenauer*, S. 412.

Eine anekdotische Episode seines Spanienreise illustriert möglicherweise Adenauers eigene Vorstellungen von christlicher Vorbildlichkeit. Auf seinen Wunsch, im Escorial die berühmte Bibliothek Philipps II. (1527–1598) zu sehen, zeigt ihm ein Mönch auch deren größten Schatz, die Originalmanuskripte der heiligen Teresa von Avila (1515–1582), die Paul VI. 1970 zur Kirchenlehrerin erheben wird. Es entzündet sich folgender Dialog zwischen Adenauer und seiner Tochter Libet: „Der Bundeskanzler schaute sie sich interessiert an und meinte, sie sei eine sehr bedeutende Frau gewesen. Frau Werhahn verbesserte: ‚Sie war eine Heilige!‘ Der Mönch pflichtete ihr lebhaft bei. Darauf der Bundeskanzler: ‚Aber sie war doch eine Frau!‘ ‚Ja, sicher, Vater‘, erwiderte Frau Werhahn. ‚Aber sie war eine große Reformatorin. Sie war eine Heilige und sie hat aufgeräumt.‘ Der Bundeskanzler, nüchtern resümierend: ‚Also muss man aufräumen, wenn man heilig werden will.‘"[711]

Alle denkbaren Einwände zu berücksichtigen, gehört zwingend zu einem Verfahren, das die Vorbildlichkeit eines katholischen Christen feststellt. Da aber wohl kaum ein Politikerleben gerade auch von Kritikern Adenauers so vielseitig untersucht und in allen Details dokumentiert wurde, wäre sicher davon auszugehen, dass jeder auch nur denkbare sachliche Einwand in einem hypothetisch ins Auge gefassten Prozess für Adenauer bekannt und kritisch bewertet werden würde.

Heinz-Joachim Fischer kann daher wohl kaum eine „irrtümliche" Feststellung der Vorbildlichkeit Adenauers befürchten, da ein solches Verfahren unter großer und kritischer Aufmerksamkeit der Öffentlichkeit geführt werden würde. Fischers Argument scheint vielmehr grundsätzlich zu besagen, dass bereits ihr Beruf als Politiker Staatsmänner für die Einleitung eines derartigen Prozesses disqualifiziert. Möglicherweise klingt hier bei dem Theologen Fischer die „Erledigung der Politischen Theologie" in neueren Strömungen der katholischen Theologie an, die eine strikte Trennung von *civitas dei* und *civitas terrena*, des Theologischen und des Politischen, proklamieren.[712] Außerdem hänge Adenauer kaum der Ruf an, ein „Heiliger" gewesen zu sein, schreibt Fischer im weiteren Verlauf seines Artikels. Sehr

---

[711] Ebd., S. 425.
[712] *Hans Blumenberg – Carl Schmitt. Briefwechsel 1971–1978.* Nachwort, S. 264.

christlich sei der erste Kanzler der Bundesrepublik mit seinen politischen Gegnern nicht umgegangen – sonst wäre er es wohl auch nicht 14 Jahre lang geblieben. Dies hätten nicht wenige noch in persönlicher Erinnerung. Die sehr negativen Wertungen Heinrich Bölls klangen bereits an.

Wie sind also Adenauers „dunkle Seiten" einzuschätzen, die nach Fischers Einschätzung nicht nur ermöglichten, dass Adenauer Bundeskanzler wurde, sondern es auch lange genug blieb, um politisch nachhaltig wirken zu können?

4.2 Adenauers „dunkle Seiten"

„Man hat viel von der Unverbindlichkeit des Kanzlers gesprochen", erinnert sich Hausenstein,[713] „seinem Hochmut, seiner Trockenheit, verletzenden Nüchternheit, abweisenden Kälte, zurückstoßenden Herzlosigkeit. Carlo Schmid[714], hat mir gegenüber einmal geglaubt, dem Kanzler das Herz kurzhin, kategorisch, ja leidenschaftlich absprechen zu müssen." Der Fall scheint also einigermaßen klar zu sein.

Wie sehr die Wahrnehmung von Verantwortung im öffentlichen Bereich, „die Politik" also, die Integrität des Charakters und des Gewissens gefährden, war Adenauer offenbar bewusst. Als Golo Mann den Neunzigjährigen in seinem Urlaubsort Cadenabbia am Comer See besucht, bekennt ihm Adenauer in einem langen, sehr persönlichen Gespräch: „Politik ist ein schmutziges Geschäft. Sie verdirbt den Charakter, meinen hat sie auch verdorben."[715] Acht Jahre früher – Adenauer befindet sich 1958 noch mitten im politischen

---

[713] W. Hausenstein (1961). *Pariser Erinnerungen*, S. 76.

[714] Der bedeutende SPD-Politiker Carlo Schmid (1896–1979) gehört als renommierter Staatsrechtler zu den Vätern des Grundgesetzes und des Godesberger Programms der SPD. 1959 kandidiert er für das Amt des Bundespräsidenten und ist von 1966 bis 1969 Bundesratsminister. 1955 begleitet er Adenauer auf seiner Moskau-Reise. Sein Plädoyer vor Bulganin „für die Menschen, die hier zurückgehalten sind", am 12.9.1955, dem entscheidenden Verhandlungtag, gibt Adenauer in seinen Erinnerungen in vollem Umfang wieder, ein Hinweis auf das Gewicht, das er Schmids Rede beimaß. Bleibende kulturelle Leistungen sind seine Übersetzungen der Werke Niccolò Machiavellis, Charles Baudelaires und André Malrauxs sowie seine bedeutende Aufsatzsammlung „Europa und die Macht des Geistes" (1976).

[715] „In Grenzen, Herr Bundeskanzler, in Grenzen." „Sehr liebenswürdig, dass Sie mir wenigstens das konzedieren". In: G. Mann (1969). *Zwölf Versuche über Geschichtsschreibung*, S. 141.

Leben – erinnert sich Anneliese Poppinga an ein Seufzen des Bundeskanzlers, das sich ihr tief eingeprägt habe: „Ach, man wird ja so abgebrüht.' Seine Augen wirkten müde und unendlich traurig."[716] In diesem Sinne erinnert sich auch der Journalist Robert Strobel (1898–1994), langjähriger Korrespondent der ZEIT und Gründungsvorsitzender des Deutschen Presse-Clubs, an ein Gespräch, in dem jemand dem Bundeskanzler entgegengehalten habe, so wie er rede, glaube er also tatsächlich, die Politik sei „ihrer Natur nach ein schmutziges Geschäft". Adenauer habe geantwortet: „Ich möchte nicht sagen ihrer Natur nach, aber in der Tat."[717]

Dass Adenauer die Last seiner politischen Verantwortung hart wurde, zeigen Tagebucheinträge Heinrich Krones: „Wieder beim Kanzler. Mehrere Stunden. Viel Persönliches und Tiefes in Gespräch. Er müsse mir das alles einmal sagen. Besorgt um die Zukunft, und wie wenige das begriffen. Und dann wieder die Frage, warum Gott die Menschen nur erschaffen habe, die ich mit der Frage beantwortete, und warum Gott dann auch noch Mensch geworden sei."[718] An anderer Stelle notiert Krone: „Unsere Gespräche gingen auf die Fragen nach dem Sinn dieser Welt über. Warum die Welt so wäre, wie sie ist, und dass sie eben schlecht sei. Und das, wo es einen Gott gebe. Das seien Fragen, die ihn geradezu quälten, sagte mir der alte Mann, dem ich nur antworten konnte, dass es eben einen ‚Fürsten dieser Welt' gebe, was ich aber bei dem Quälenden der Frage als eine den Menschen nicht erreichende theologische Antwort erkennen musste. [...] Einmal fragte ich ihn, ob der Politiker ein Pessimist oder ein Optimist sei. Ich wusste, was er mir sagte: ‚Der ist kein Politiker, der nicht die Menschheit in ihrer Abgründigkeit sieht, und dass alles Handeln nur der Versuch sei, mit dieser Welt fertig zu werden. Was daraus würde – nun, wer weiß das?'"[719]

Im weiteren Verlauf dieser Einträge ist die folgende Äußerung Adenauers besonders bemerkenswert: „Habe ich Ihnen schon gesagt, dass ich meinen Beichtvater, den Bonner Theologen Tillmann[720] – Sie wissen wer das war –

---

[716] A. Poppinga (1994). *„Das Wichtigste ist der Mut"*, S. 38.
[717] H.-P. Schwarz (2004). *Anmerkungen zu Adenauer*, S. 171.
[718] Eintrag vom 12.5.1959. *Heinrich Krone. Tagebücher (1945–1961)*, S. 354.
[719] Einträge vom 24.–27.4.1961. Ebd., S. 487.
[720] Fritz Tillmann (1874–1953), Priesterweihe 1898, dann Studentenseelsorger in Bonn,

einmal gefragt habe, ob ich mir das Leben nehmen dürfte." Die Antwort sei Nein gewesen; dann aber sei das Gespräch vertieft worden, und Tillmann habe ihm gesagt, er wisse schon das Richtige und tue es auch. „Ich glaube, der alte Mann ist im letzten einsam", schreibt Krone über Adenauer. „Er steht auf sich selber und so vor Gott. Es ist nicht die Macht oder anderes, was ihn in der Arbeit hält. Er steht da, weil er doch bleiben muss, solange er kann. Er handelt so mit Recht." Dem Leser dieser Gedanken Adenauers kommen die beiden Selbstmordversuche seiner Frau Gussie im Gestapo-Gefängnis Köln-Brauweiler in den Sinn, an deren Spätfolgen sie 1948 stirbt, aber auch Adenauers eigene Versuchungen zum Suizid während seiner tiefen seelischen Depression nach 1933. Der Leser dieser Notizen Krones assoziiert möglicherweise aber auch Tizians Darstellung Karls V. nach der Schlacht von Mühlberg, die Adenauer offenbar sehr bewegte.

Bei all diesen „dunklen Seiten" ist sich Hausenstein jedoch sicher, dass „der sehr kluge, sonst jeder Feinheit der Unterscheidung fähige Carlo Schmid" sich getäuscht habe. Er wage zu sagen, dass er das Herz des Kanzlers erfahren, dass er es gesehen habe – und zwar nicht ausnahmsweise, sondern immer wieder im Verlauf intimer Unterhaltungen zu Zweien, in denen er übrigens auch die unmittelbarste Verbindlichkeit, die natürlichste Liebenswürdigkeit, die unbefangenste Nähe und Wärme des Gesprächstons wie des gesamten Gehabens entwickelte. „Wie sollte ein Mann denn auch Verächter der Menschen, Zyniker, wesentlich böse, ohne Güte, herzlos sein, wenn er wirklich an Gott glaubt?", fragt sich Hausenstein.

Offenbar ist die Frage nach der Vorbildlichkeit Adenauers als katholischer Christ, der Gegenstand eines hypothetisch und gewissermaßen als „Gedankenexperiment" diskutierten Seligsprechungsprozesses, keineswegs einfach zu beantworten. Was aber kennzeichnet „Vorbildlichkeit" in einem letzten, religiös verstandenen Sinn?

Die Frage „Sind wir alle zur christlichen Heiligkeit berufen?" bejaht der *Katechismus der Katholischen Kirche*, ohne Politiker davon auszuschließen,

---

lehrte von 1913 bis 1939 katholische Moraltheologie an der Universität Bonn. Von 1919 bis 1921 war er dort Rektor. Er war Herausgeber des mehrbändigen „Handbuchs der katholischen Sittenlehre" (ab 1934), das in zahlreichen Auflagen und Übersetzungen erschien.

und erläutert schlicht: „Der Weg der Heiligung des Christen führt über das Kreuz und findet seine Vollendung in der Auferstehung der Gerechten, in der Gott alles in allem sein wird."[721] Ein katholischer Christ lebt im Sinne des Katechismus also vorbildlich, wenn er seiner Berufung zur christlichen Heiligkeit entspricht. Auf die sich daraus unmittelbar ergebende Frage „Welche Berufung haben die gläubigen Laien?"[722] antwortet der Katechismus: „Die besondere Berufung der gläubigen Laien besteht darin, das Reich Gottes zu suchen, indem sie die zeitlichen Dinge Gott gemäß erleuchten und ordnen. So verwirklichen sie die Berufung zur Heiligkeit und zum Apostolat, die an alle Getauften ergeht." Von Sünden- oder gar Fehlerlosigkeit und außergewöhnlicher Spiritualität als Kennzeichen einer erfüllten Berufung zur Heiligkeit spricht der Katechismus nicht. Offenbar ist es zulässig, die Maßstäbe des Katechismus auch an den Katholiken Konrad Adenauer anzulegen.

Er sei davon überzeugt, schreibt Hausenstein, dass Adenauer seine Position im Sinne eines providentiellen Auftrags begreife. Offenbar forderte seine Position an herausragend wirksamer Stelle von Adenauer das „Ordnen und Erleuchten der zeitlichen Dinge" im Sinne des Katechismus. Und umso gewisser sei er davon überzeugt, fährt Hausenstein fort, da Adenauer sich in seinem Christentum ohne jede Auffälligkeit bewege, vielmehr mit aller Zurückhaltung einer unmittelbaren Realität, die gar nicht auf den Gedanken komme, sich zu beweisen. Hausensteins Sicht von Adenauers „providentiellem Auftrag" sei im Wortlaut zitiert: „Nicht als ob er diesen Aspekt je reklamiert hätte. Aber er widersprach nicht, als ich diesen Auftrag einmal andeutete. Er würde ihn *verbis expressis* nie bejahen – wohl wissend auch, dass der Mensch das Providentielle einer Situation, in der er sich befindet, zwar nicht verleugnen, aber ebenso wenig schlechthin behaupten kann. Der Mensch steht im Dilemma: dem Providentiellen geöffnet, es aber nicht berufend und sich des Providentiellen vollends nicht rühmend. Er ist, wie im Glauben überhaupt, so im Verhältnis zur Vorsehung von ambivalentem Bewusstsein beunruhigt und spricht wie der Vater des besessenen Knaben bei Markus: ‚Ich glaube, Herr! Hilf meinem Unglauben!' Allerdings: er glaubt. So glaubt Adenauer im Grunde an seine providentielle Situation, wiewohl mit Sorge,

---

[721] Ecclesia Catholica (2005). *Der Katechismus der Katholischen Kirche. Kompendium.* Frage 428.
[722] Ebd., Frage 188.

mit Not und mitunter in halb verzweifelter Schwäche. Allein er glaubt und man darf sicher sein, dass das unbegreifliche Übermaß des Aufwands an Anstrengung, das ihm zugemutet ist, ihm von der Vorsehung selbst auferlegt wurde – zusammen mit den Kräften, die ihm zugemessen sind: metaphysisch durchströmten Kräften, denen der diskrete Mann selber hinwiederum das Gesicht, den Ausdruck höchsten, aber einfach menschlichen Aufwandes gibt und, gerade um Gottes und der Gnade willen, auch geben soll."[723]

Adenauer war sich offenbar in diesem Sinne des „Providentiellen" wie auch des „Ambivalenten" seiner Aufgabe bewusst: „Aber, meine Damen und Herren", meint er unprätentiös im Bundesvorstand der CDU kurz nach seinem achtzigsten Geburtstag, „man denkt, man überlegt sich, und eine andere Kraft greift einen dann und führt einen. Ich glaube, der Mensch kann da nichts Besseres tun, als sich dieser Führung zu überlassen, um auf alle Fälle die Aufgaben, mögen sie groß oder klein sein, zu erfüllen, die ihm nun aufgetragen sind. Das ist das Wesentliche für den Menschen, und das ist auch das Wesentliche für den Christen. Es ist aber auch das Wesentliche für die Politiker, obgleich die Politiker nach meinen Erfahrungen schlechte Christen sind. Ich schließe mich ein und schließe keinen von uns aus."[724]

Eugen Gerstenmaier war überrascht, als er Kokoschkas Adenauer-Portrait für den Deutschen Bundestag in Cadenabbia kurz nach dessen Fertigstellung entgegennahm und den weichen, gütigen Konrad Adenauer Kokoschkas sah, der von sich sagte: „Aber ich male nicht schön! Ich muss malen, wie ich es sehe!" Dies sei nicht der Konrad Adenauer der harten Parteiauseinandersetzungen, der Redeschlachten im Bundestag, der Konrad Adenauer, der in hochpolitischen Verhandlungen agiere und der den Kampf liebe, überliefert Anneliese Poppinga Gerstenmaiers spontane Reaktion.[725]

Wenn Gerstenmaier nicht lange danach in seiner Gedenkrede auf Adenauer im Bundestag von „der Qual der Skepsis" spricht, klingt ein Verständnis seiner Persönlichkeit an, das wohl auch von der Betrachtung des von Ko-

---

[723] W. Hausenstein (1961). *Pariser Erinnerungen*, S. 77.
[724] Bundesvorstand der CDU, 13.1.1956. In: *Adenauer und die Kirchen*, S. 28ff.
[725] A. Poppinga (1970). *Meine Erinnerungen an Konrad Adenauer*, S. 364ff.

koschka geschaffenen Adenauer-Bildes geformt wurde. „Der Beobachter, der es nur von außen sieht, ist leicht geneigt, anzunehmen, dass es Konrad Adenauer beschieden war, mehr oder weniger selbstverständlich mit dem Traditionsgut des christlichen Glaubens zu leben", sagt der evangelische Theologe beim Staatsakt zu Adenauers Tod vor 29 Staats- und Regierungschefs sowie 90 Sonderdelegationen aus aller Welt.[726] „Ich habe ziemlich lange gebraucht, um zu erkennen, dass diese Annahme falsch ist. Zwar hat sich der kritische Kopf dieses Mannes nie erlaubt, kurzerhand über die ererbte Form und Ordnung der christlichen Existenz in dieser Welt hinwegzugehen. Aber die Qual der Skepsis hat ihn lange begleitet. Er hätte das Zeug dazu gehabt, ein Zyniker zu werden, wenn ihn nicht jene Furcht vor dem Chaos, mehr aber noch die Ehrerbietung für den Kern der christlich-abendländischen Tradition davor zurückgehalten hätten. Es bedurfte aber wohl eines schmerzlichen Erleidens der Welt, um ihn zu der persönlichen Erkenntnis der Wirklichkeit Gottes zu führen. Diese Erfahrung wurde die orientierende Mitte seines persönlichen Lebens. Sie reichte in Tiefen, die ihn über den Moralismus hinaustrugen, und die ihn auch Herr werden ließen seines eigenen Skeptizismus, ja über gelegentliche Anwandlungen von Verzweiflung."

Kokoschkas Adenauer-Bild veranlasst auch seine Mitarbeiterin zu Betrachtungen über die beiden Extreme in seinem Wesen, das Harte, Entschlossene und das Weiche, Verwundbare. Aus diesem Dualismus erkläre sie sich die Dynamik, die von Adenauer ausging, die Explosivität, deren sie manches Mal Zeuge wurde, die Spannkraft, die überhaupt die Bewältigung der ungeheuren Arbeitsfülle ermöglichte, die Produktivität seiner Gedanken und Vorstellungen. „Da hatte er den ‚Romantiker' in sich", resümiert Anneliese Poppinga, „diesen weichen Konrad Adenauer, der als junger Mann rot wurde, wenn man ihn ansprach, der in höchstem Grade sensibel war, verwundbar, und dieser Konrad Adenauer reizte den anderen, den harten, der genau wusste, was er wollte, und bereit war, zur Erreichung seiner Ziele Hindernisse mit Elan zu nehmen. Der Staatsmann Konrad Adenauer konnte es sich nicht leisten, es nicht mit seinem Gewissen und nicht mit seiner Pflichterfüllung vereinbaren, den weichen Konrad Adenauer die Oberhand gewinnen zu las-

---

[726] E. Gerstenmaier (1967). *Gedenkrede für Konrad Adenauer vor dem Deutschen Bundestag am 25. April 1967.* In: *Konrad Adenauer – Würdigung und Abschied. † 19. April 1967*, S. 28.

sen. In der Politik, so hat er oft gesagt, er hat es auch in seinen *Erinnerungen* geschrieben, gebe es oftmals nur die Wahl zwischen dem größeren und dem kleineren Übel. Es gebe für einen Politiker manches Mal nur ‚den Weg des kleineren Übels‘, das gelte aber auch für die großen außenpolitischen Entscheidungen, das gelte aber auch im täglichen politischen Kampf und Handeln. Einen Weg ganz ohne Schuld gebe es in der Politik kaum.“

Dennoch wäre es abwegig, in Adenauer trotz der geschilderten Spannungen und seelischen Nöte, die er in seinem Leben teilweise bis an den Rand der Verzweiflung auszuhalten hatte, eine in sich zerrissene Persönlichkeit zu sehen. Adenauers Biograph vergleicht ihn mit dem oft monatelang psychosomatisch schwer angeschlagenen Bismarck, der sich nach seiner Bekehrung zu einem Pietisten lutherischer Observanz lebenslang ebenfalls als Christ verstand. Bei Adenauer sei dagegen keinerlei Neigung zu narzisstischer Introspektion festzustellen.[727]

Sein hohes Maß an körperlicher, seelischer und geistiger Gesundheit betonen immer wieder die ihm nahestehenden Freunde, die um die tieferen, aber vielleicht doch nicht um die tiefsten Quellen seiner Gesundheit wussten: „Ich habe nie einen Achtzigjährigen gesehen, der so an Leib und Seele gesund ist“, schreibt etwa Robert Pferdmenges. „Er hat nicht über ein unzuverlässiges Herz, nicht über Schlaflosigkeit zu klagen; von Manager-Defekten keine Spur. Abends, zu Hause in Rhöndorf, empfängt ihn eine heitere, behagliche Atmosphäre. In seinem Familienkreise herrscht er patriarchalisch, er, der seine Kinder auf altmodische Weise erzogen hat: in Ehrfurcht vor den Eltern, aber mit unendlicher Fürsorge und Herzlichkeit. Vielleicht liegt das Geheimnis seiner Unerschöpflichkeit darin, dass er sein Leben lang die große Kunst der Entspannung verstanden hat. Er hört Musik und trinkt ein Glas Wein dazu; er setzt sich vor eines seiner schönen Bilder, sieht es andächtig an, wohl über eine Stunde lang. Wer vermag das noch, in der heutigen Zeit, in der die Menschen sich so abhetzen lassen? Neulich sagte ich zu ihm: ‚Wir werden allmählich alt. Noch zwei Jahre Bundestag, das wollen wir noch aushalten. Aber dann, bei der nächsten Wahl, dann

---

[727] H.-P. Schwarz (1999). *Konrad Adenauer – Abendländer oder Europäer?* In: *Adenauer und die Kirchen*, S. 96.

mach ich nicht mehr mit; dann will ich meine Ruhe.' Doch Adenauer, halb nachdenklich, halb listig: ,Das wollen wir noch mal überlegen ...'"[728]

Den Deutschen habe Adenauer in seiner großen Zeit gutgetan, fasst Golo Mann seine Besprechung des ersten Bandes von Adenauers „Erinnerungen" zusammen: „Die Erscheinung dieses von jeder Hysterie freien, jeder falschen Pose abholden, seinen außenpolitischen Kurs fest und unbeirrbar steuernden Patriarchen übte nach all dem grässlichen Hin und Her, all den Gräueln und Verrücktheiten eine wohltätige Wirkung aus."[729] Davon sei auch in seinem Erinnerungsbuch etwas zu spüren. Es sei ein überaus gesundes Buch; verfeinert durch Alter, Erfahrung und Ernst; nichts weniger als verfeinert durch Krankheit oder etwas der Krankheit Analoges. „Deutschland hat ewigen Bestand, / Es ist ein kerngesundes Land ...' In diesem, Heineschen Sinn wäre es denn auch ein sehr deutsches Buch." Und in diesem Sinne wird man wohl auch den Autor dieses Buches „kerngesund" nennen können.

4.3 Vom christlichen Laienstand

„Die besondere Berufung der gläubigen Laien besteht darin, das Reich Gottes zu suchen, indem sie die zeitlichen Dinge Gott gemäß erleuchten und ordnen"[730], formuliert der Katechismus. Für Adenauer kommt den christlichen Laien in den geistigen Auseinandersetzungen und Entscheidungen seiner Zeit jedenfalls eine zentrale Rolle zu: „Der Klerus allein kann diese Auseinandersetzung nicht führen", sagt er 1956 auf der Schlusskundgebung des Kölner Katholikentages.[731] „Dafür ist das Kampffeld zu groß. Es erstreckt sich über alle Gebiete der menschlichen Gesellschaft. Jeder Laie muss, gleichgültig, wo er steht, ein Mitarbeiter sein. Die Entscheidung ist abhängig von der Lebensführung eines jeden einzelnen, sie fällt in der Familie, bei der Erziehung der Kinder, bei der täglichen Arbeit. Der Hl. Vater [d. h. Pius XII.] hat einmal vom Berufsapostolat gesprochen und u. a. gesagt, es betätige sich in erster Linie durch die Persönlichkeit. Das ist ein großes und wahres Wort.

---

[728] R. Pferdmenges (1956). *Mein Freund Adenauer*. DIE ZEIT, 5.1.1956, S. 1.
[729] G. Mann (1965). *Selbstportrait eines Patriarchen*. DIE ZEIT, 5.11.1965, S. 51.
[730] Ebd, Frage 188.
[731] Rede auf der Schlusskundgebung des 77. Deutschen Katholikentags in Köln am 2.9.1956. In: *Reden 1917–1967*, S. 326f.

Wir wollen Persönlichkeiten werden, christliche, katholische Persönlichkeiten; dann werden wir auch unser Laienapostolat in dieser schicksalsschweren Zeit erfüllen können." Ist Adenauer in diesem Sinne ein vorbildlicher Laie?

Konrad Adenauer sei kein Heiliger gewesen, schreibt Horst Osterheld: „Ich will keinen Heiligen aus ihm machen. Das war er nicht und trachtete nicht, es zu sein. Er musste in dieser Welt zurechtkommen, das heißt auch mit Gewalt und Niedertracht fertig werden. Er hatte die Kraft und die Klugheit dazu. Er war mit allen Wassern gewaschen, sah die Menschen illusionslos, im Einzelfall die Mängel eher überdeutlich. Aber er sorgte für alle und führte sie auf gutes Land. Es drängte ihn, auf Menschen Einfluss zu nehmen und sie in die Richtung zu schieben, die er für die beste hielt. Aber er war frei vom Willen der Unterdrückung. Er suchte durch Wort und Beispiel zu überzeugen, und er war ganz aufrichtig in seinen Zielen. Damit steht dieses Portrait vor Adenauers wichtigster Doppelnatur, der des Idealisten und Realisten, des Machtpolitikers und des christlichen Staatsmanns. Diese Doppelnatur bildete das breite, gesunde Fundament für das gewaltige Werk."[732]

Und sicherlich dachte auch Adenauers protestantischer Freund Pferdmenges nicht an Eigenschaften, die man in der öffentlichen Wahrnehmung katholischen Heiligen zuschreibt. „Ohne Zweifel ist Adenauer ein großer Mann. Aber menschliche Größe hat viele Komponenten"; schreibt er zu Adenauers 80. Geburtstag in der ZEIT, „analysiert man sie, so passiert es leicht, dass man lauter Kleinigkeiten in den Händen hält. Von den Fähigkeiten des Mutes, der Intelligenz und der Zähigkeit ist ihm viel, sehr viel zuteil geworden. Er hat den Mut eines Löwen, und es war noch stets eine erbärmliche Unwahrheit, wenn man ihn – gerade ihn – verdächtigte, er sei jemals irgendeinem Mächtigen gegenüber, gleichgültig aus welchem Anlass und wo in aller Welt, zaghaft und nachgiebig geworden, oder seine Courage habe versagt – am Ende gar, weil er auf sein persönliches Wohl bedacht gewesen sei. Aber vielleicht liegt eine gehörige Portion seiner Größe – und seines Erfolges – auch darin, dass er neben dem Mut des Löwen auch die Schlauheit eines Fuchses bewies. Nun, mittlerweile ist er der Kapitän geworden, der weiß, dass eines wichtig ist, das Wichtigste von allem: Kurs

---

[732] H. Osterheld (1973). *Konrad Adenauer – Ein Charakterbild*, S. 109.

zu halten. Und das Leben wäre ihm – und·uns allen – leichter, wenn man wüsste, wer nach ihm das Steuer halten kann."[733]

Es wäre folgenreich, wenn Männer wie Horst Osterheld oder Heinz-Joachim Fischer Recht hätten, und ihr Begriff von „Heiligkeit" zutreffend beschriebe, was die katholische Kirche darunter versteht, wenn es also grundsätzlich und strukturell nicht möglich sein sollte, an herausgehobener, verantwortungsvoller Stelle „die zeitlichen Dinge Gott gemäß zu erleuchten und zu ordnen", also im Sinne des Katechismus der Katholischen Kirche als gläubiger Laie berufungsgemäß zu leben und zu wirken. In diesem Falle wäre es tatsächlich unmöglich, objektiv und offiziell zu untersuchen, ob und in welchem Sinne es zur geforderten Pflicht eines christlichen Laien gehören kann, „in dieser Welt zurechtzukommen", „mit allen Wassern gewaschen" zu sein, die Menschen „illusionslos" zu sehen, mit „Gewalt und Niedertracht" fertig zu werden, „hart" zu sein, wenn es nötig ist, auch „hart" und schlagfertig in harten Auseinandersetzungen, entschlossen das Aufsteigen unguter Menschen zu unterbinden, sich den Realitäten zu stellen, wie sie sind, und unter den zur Auswahl stehenden Übeln, das kleinere zu wählen, wohl wissend, dass auch kleinere Übel Übel bleiben.

„Ein verantwortlicher Politiker, ein Staatsmann, kann eines ganz gewiss nicht", formuliert Adenauer selbst, „er kann nicht einfach in das Nichthandeln ausweichen, nur weil es keine Möglichkeit des Handelns ohne Schattenseiten gibt; dann nämlich handeln andere über diesen Politiker und sein Land hinweg, und dann kommt dieses Land bestimmt ins Hintertreffen."[734] Golo Mann spricht in dieser Hinsicht als Historiker von der „Logik der Sache", die vielleicht erst nachträglich als solche erscheine: „Um diese wurde zäh und lange gekämpft, und niemand kann sagen, ob ein anderer als der graue, fromme Fuchs, der mit so knapper Not der deutsche Regierungschef geworden war, sie überhaupt hätte erkämpfen können."[735]

---

[733] R. Pferdmenges (1956). *Mein Freund Adenauer.* DIE ZEIT, 5.1.1956, S. 1.
[734] Interview mit Ernst Friedländer im NWDR am 5.3.1952. In: *„Seid wach für die kommenden Jahre"*, S. 52.
[735] G. Mann (1965). *Zwölf Versuche zur Geschichtsschreibung*, S. 125.

Was macht also die besondere Berufung der christlichen Laien und ihr vorbildliches Handeln in verantwortungsvollen Positionen aus? Gibt es nicht auch die männliche, die starke, die führende, auch Schattenseiten, aber nicht die Sünde, in Kauf nehmende Vorbildlichkeit der Christen, die vielleicht auch in unserer Zeit möglich ist? Gibt es das berufungsgemäße Handeln der Löwen, der Füchse und der Kapitäne? Gibt es das Charisma des Mutes in verantwortungsvollen Positionen, von dem Anneliese Poppinga schreibt: „Kurz vor seinem Tod sagte er zu mir bei einem Rückblick auf sein Leben, er müsse dem Herrgott für ein großes Geschenk dankbar sein: für das geringe Maß an Furcht, das ihm gegeben worden sei. Diese Äußerung gewinnt eine besondere Bedeutung", fährt Anneliese Poppinga fort, „wenn man sich vor Augen hält, dass es für Konrad Adenauer eine Politik ohne Wagnis und ohne das Risiko des Scheiterns nicht gab. Für ihn war nichts stärker in Bewegung, nichts unüberschaubarer als Politik. In jeder politischen Entscheidung gab es Unbekannte, die den Verlauf des Geschehens letztlich unkalkulierbar machten, so dass es wahrlich Mut erforderte, dem Zwang des politisch Handelnden zu Entscheidungen nicht auszuweichen."[736] Kann man in diesem Sinne sogar vom Charisma kampfbereiter Entschlossenheit sprechen? „Liebt der den Frieden", fragt Adenauer in einer Weihnachtsansprache, „der passiv alles hinnimmt, der sich rein passiv verhält gegenüber jeder Unterminierung, des Sich-lähmens durch Furcht, durch Verlust der Freiheit, Vernichtung der Familie, Vernichtung religiösen Lebens? Liebt ein Volk den Frieden, das sich durch ein anderes unterwerfen lässt? Ist Frieden nichts anderes als der Gegensatz von Krieg? Wäre dem so, dann würde Sklaverei und Kirchhofsruhe auch Frieden sein. Aber dagegen bäumt sich das Beste in unserem Inneren auf. Unser inneres Gefühl sagt uns: Friede ohne Freiheit ist kein Friede! Einen solchen Kirchhofsfrieden, einen solchen Frieden der Sklaverei können die himmlischen Heerscharen nicht gemeint haben, als sie in der Heiligen Nacht den Hirten auf dem Felde die Geburt des Heilands verkündigten."[737]

Ist es für christliche Laien in verantwortlichen Positionen, ist es sogar im privaten Bereich überhaupt möglich, „die zeitlichen Dinge Gott gemäß zu erleuchten und zu ordnen", ohne im rechten Sinne ein „Löwe", ein „Fuchs",

---

[736] A. Poppinga (1994). *„Das Wichtigste ist der Mut"*, S. 130.
[737] Weihnachtsansprache vom 25.12.1952. In: *Adenauer und die Kirchen*, S. 107.

ein „Kapitän" zu sein? Offenbar erfordern viele verantwortungsvolle Positionen von den Staatsbürgern eine Haltung, die auch Adenauers Handeln bestimmt hat: Positionen im Staatsdienst, in der Wirtschaft, in der Lehre und Erziehung oder in Forschungsinstituten. Natürlich kann der Grad der Verantwortung erheblich variieren, ohne jedoch die Natur des geforderten Handelns, des „Erleuchtens und Ordnens", wesentlich zu verändern.

Warum sollte es dann von vornherein ausgeschlossen sein, dass Deutschland nach den ungeheuren materiellen Zerstörungen des Krieges und den nicht weniger ungeheuren geistigen Verwüstungen des Nationalsozialismus von einem solchen „Löwen", „Fuchs" und „Kapitän" regiert wurde? Warum sollte seine für viele augenscheinliche Vorbildlichkeit für ein christliches Politikerleben *prinzipiell nicht* in einem regulären kirchlichen Verfahren genau, sorgfältig, kritisch und ergebnissoffen untersucht werden können? Andernfalls wäre es fraglich, ob christliche Staatbürger unter den konkreten Erfordernissen des Handelns in verantwortlichen Positionen überhaupt vollgültig und auf vorbildliche Weise christlich leben könnten. „Vollkommenheit im Stande" wäre dann letztlich doch ein Privileg des „Standes der Vollkommenheit", also der Priester und Ordensleute.

Christliche Laien könnten dann berufliche Wege, die zur Übernahme von Verantwortung „in dieser Welt" führen, auf welcher Stufe und in welchem Grade auch immer, kaum mehr einschlagen, jedenfalls dann nicht, wenn sie vor dieser Wahl stehen und ihnen die Konsequenzen bewusst werden. Wem wären derartige Positionen dann vorbehalten? Etwa den „gesellschaftlichen Eliten, die schon lange mit dem verinnerlichten Tod Gottes" leben,[738] den „Herrenmenschen" – „jenseits von Gut und Böse" –, deren Haltung Friedrich Nietzsche bis zum Wahnsinn durchdacht hat und für deren Wirken das 20. Jahrhundert und die Gegenwart anschauliche Beispiele bietet?

Ernst Jünger (1895–1998), der zwei Jahre vor seinem Tod zum katholischen Glauben konvertiert, schreibt jedenfalls um 1943: „Die Gefahr ist so

---

[738] Sie leben und wollen leben, als gäbe es weder das Jenseits noch etwas wirklich Neues unter der Sonne. „Aber sie ertragen ein solches Leben kaum." Allerdings. In: H.-P. Horn (2003). *Brauchen wir Tabus?* Antwort auf die Preisfrage der Deutschen Akademie für Sprache und Dichtung des Jahres 2000, S. 51f.

groß geworden, dass man vom Einzelnen Entscheidung, das heißt Bekenntnis verlangen muss. Wir haben den Punkt erreicht, an dem vom Menschen [...] Frömmigkeit, Bestreben, im höchsten Sinn gerecht zu sein, gefordert werden kann. Die Toleranz muss ihre Grenzen haben, und zwar insofern, als dem Nihilisten, den reinen Technikern und den Verächtern jeder verbindenden Moral die Menschenführung nicht zugebilligt werden kann. Wer nur auf Menschen und Menschenweisheit schwört, kann nicht als Richter sprechen, wie er als Lehrer nicht wissen, als Arzt nicht heilen und als Beamter dem Staat nicht dienen kann. Es führen diese Existenzen auf Wege, die damit enden, dass Henker die großen Herren sind. Es handelt daher der Staat zu seinem eigenen Wohle, wenn er [...] nur jenen seiner Bürger, die sich zum Glauben an eine höhere als an die menschliche Vernunft bekennen, Vertrauen schenkt."[739]

Josef Piepers Versuch, den Grundgedanken des Abendlandes zu formulieren, führt zum Begriff der „auf christliche Theologie gegründeten Weltlichkeit". Theologisch sich begründende Bejahung der natürlichen Wirklichkeit bedeutet nach Pieper, dass Eros, Technik, politische Macht, Wissenschaft, der ganze Bereich des Weltlichen ausdrücklich als zugehörig deklariert seien. Unabendländisch wäre sowohl eine von keiner Weltverpflichtung beunruhigte Religiosität als auch eine von keinem überweltlichen Anruf beunruhigte Weltlichkeit. Eine in diesem Sinne als „abendländisch" zu bezeichnende politische Lebensleistung benennt Charles de Gaulle, Adenauers Freund, in seinem Kondolenztelegramm: „Ich neige mich in Ehrfurcht vor dem Manne, der einer der großen Staatsmänner unserer Zeit war. Nach einem furchtbaren Krieg hat Bundeskanzler Adenauer eine Erneuerung seines Landes herbeigeführt. Er hat unermüdlich am Aufbau Europas gearbeitet."[740] Seine Geste bei Haydns C-Dur Quartett während des Staatsaktes zu Adenauers Begräbnis bezeugt die Ehrfurcht, die er meint: „Als in der ersten Reihe de Gaulle die Melodie des Deutschlandliedes vernimmt, steht er – Protokoll hin oder her – ganz selbstverständlich auf. Erst zögernd, dann entschlossen, folgt ihm der ganze Saal."[741]

Einen Ausgangspunkt für weitere Untersuchungen im Sinne unseres „Gedankenexperiments" böte möglicherweise die durchaus nüchterne Wer-

---

[739] Zitiert in: G. Kranz (1958). *Politische Heilige und katholische Reformatoren*, Bd. 2, S. 12f.
[740] *Konrad Adenauer – Würdigung und Abschied*, S. 91.
[741] H. Kusterer (1995). *Der Kanzler und der General*, S. 436.

tung von Kardinal Frings in seiner Predigt bei Adenauers Requiem. Der für Adenauer zuständige Ortsbischof, dessen Verhältnis zu ihm ja durchaus nicht spannungsfrei war, hält fest: „Beim Propheten Habakuk steht ein Gotteswort geschrieben, das lautet: ‚Der Gerechte lebt aus dem Glauben', und der heilige Paulus hielt dieses Wort für so wichtig, dass er es an verschiedenen Stellen zitiert hat. Ich glaube, wir können von Konrad Adenauer sagen, dass er ein Mann des Glaubens war, dass er sein Leben aus seinem Glauben heraus gestaltet hat. […] Aus diesem seinem Glauben heraus ergab es sich, dass er zeitweise täglich den Leib des Herrn mit großer Andacht empfing. Aus diesem Glauben heraus ist letztlich auch seine politische Tätigkeit geflossen. Er sah darin einen Dienst am Gemeinwohl seines Volkes und am Wohl der ganzen Menschheit."[742]

[742] J. Kardinal Frings (1967). *Predigt beim Pontifikalrequiem im Hohen Dom zu Köln anlässlich der Beisetzung von Dr. Konrad Adenauer.* In: *Konrad Adenauer – Würdigung und Abschied*, S. 35ff., http://www.konrad-adenauer.de/index.php?msg=10971.

„... so werde ich doch nie aufhören, ihn zu bewundern.“[743]

Wenn Nachgeborene 50 Jahre nach seinem Rücktritt als Bundeskanzler über die sie am meisten beeindruckenden und erstaunlichsten Wirkungen Adenauers nachdenken, also gewissermaßen seiner *fama signorum* nachgehen,[744] und sein Nachleben im Gedächtnis der Menschen verfolgen, seine *fama sanctitatis* im Sinne unseres rein hypothetischen Gedankenexperiments, was käme ihnen wohl spontan in den Sinn?

Das Staunen über die ungeheure und kaum voraussehbare Wiederaufbauleistung der Adenauer-Zeit nach völliger Zerstörung lässt schon früh die Metapher des „Wirtschaftswunders“ entstehen. 1949 mit einer Stimme Mehrheit, seiner eigenen, zum Bundeskanzler gewählt, sagt Adenauer selbst: „Wenn nicht ein Wunder geschieht, geht das deutsche Volk zugrunde, langsam, aber sicher.“[745] Natürlich kommt die Kategorie des Wunders hier nur in einem höchst uneigentlichen Sinne ins Spiel. In europäischen Krisenzeiten wie der unseren geht jedoch gerade von dieser Wirkung Adenauers eine große Faszination aus.

Die von Adenauer maßgeblich bewirkte und vor einem halben Jahrhundert während eines Hochamts in der Kathedrale von Reims eingeleitete

---

[743] G. Mann (1969). *Zwei alte Herren. „Erinnerungen“ Band IV*. In: *Zwölf Versuche über Geschichtsschreibung*, S. 167.

[744] Kirchliche Selig- und Heiligsprechungsprozesse stützen sich auf die Ausführungsbestimmungen der von Johannes Paul II. erlassenen Apostolischen Konstitution *Divinus perfectionis Magister* aus dem Jahr 1983 (*Novae Leges pro Causis Sanctorum*, www.vatican.va) und der im Auftrag Benedikts XVI. erlassenen Instructio *Sanctorum Mater* (2007). Das Verfahren ist in seinen einzelnen Schritten in den Diözesen und der Heiligsprechungskongregation genau festgelegt. Zunächst soll der zuständige Ortsbischof über den „heroischen Tugendgrad“ des Kandidaten moralische Gewissheit erlangen sowie über das Bestehen eines authentischen Rufes der Heiligkeit (*fama sanctitatis*). Die Vorschriften verlangen ergänzend ein nachgewiesenes Wunder (*fama signorum*). Auf dieser Grundlage wird über Fortsetzung oder Einstellung des Verfahrens entschieden. Siehe: K. Breitsching (2003). *Wie wird man ein/e Heilige/r? Ein kurzer Überblick über das Selig- und Heiligsprechungsverfahren der katholischen Kirche*. http://www.uibk.ac.at/theol/leseraum/texte/385.html.

[745] K. Honnef (2012). *Die fotografierte Zeit. Jupp Darchinger: Die 50er Jahre und die beginnenden 60er Jahre*. In: J. H. Darchinger (2012). *Wirtschaftswunder. Deutschland nach dem Krieg*, S. 7.

deutsch-französische Versöhnung könnte vielleicht in einem höheren Sinne als „wunderbar" gelten. Nachgeborene können sich die deutsch-französische „Erbfeindschaft" jedenfalls kaum vorstellen, die sich der Katholik Heinrich Böll als Besatzungsoffizier in Paris durch die Tagebücher des katholischen Schriftstellers Léon Bloy (1846–1917) vergegenwärtigt: „,Wir haben die Gans aus der Bretagne erhalten...' und einige Zeilen weiter: ,Meine Genugtuung wäre größer, wenn ich die vollkommene Sicherheit hätte, dass in dem Augenblick, wo wir unser Weihnachtsmahl halten, ganz Deutschland vor Hunger krepieren würde.' Geschrieben 1916, am Weihnachtsfest, zu einer Zeit, wo meine Mutter mit fünf Kindern tatsächlich vom Hungertod nicht weit entfernt war, gelesen 1942, während in Köln meine Frau, meine Eltern, meine Geschwister täglich einige Male in Todesangst versetzt wurden; vielleicht sollte Bloys schrecklicher Fluch sich erfüllen, die Deutschen würden krepieren, nicht an Hunger, sondern in der Brisanz der Sprengbomben."[746]

Als Adenauer am 18. April 1951 den Pariser Vertrag zur Gründung der Montanunion unterzeichnet, erhält er von einer französischen Studentin ein *Croix de Guerre*, einen französischen Kriegsorden. „Mein Vater ist an den Folgen des Krieges 1914–1918, den er von Anfang bis Ende mitmachte, gestorben", schreibt sie ihm. „Ich bitte Sie, sehr geehrter Herr Kanzler, dieses Kriegskreuz eines französischen Soldaten, das meinem Vater gehörte und das ich diesem Brief beilege, annehmen zu wollen. Behalten Sie es als bescheidene Erinnerung an Ihren bedeutsamen Besuch in Paris im April 1951. Es ist eine bescheidene Geste der Hoffnung auf eine reine und wahre Versöhnung der beiden Völker, die so viel, eines durch das andere, gelitten haben." Adenauer ist tief bewegt: „Für mich bedeutete diese Gabe, die mir bei meinem ersten offiziellen Besuch als Vertreter des deutschen Volkes in Paris übergeben wurde, ein Zeichen dafür, dass vor allem die Jugend unserer beiden Völker zusammenfinden möge. Dieses ,Croix de Guerre' war während meiner ganzen Kanzlerjahre für mich Symbol des echten Willens des französischen Volkes, mit dem deutschen Volk Freundschaft zu schließen. Es ist mir sehr kostbar."[747] Heute ist das französische Kriegskreuz im Museum des Adenauer-Hauses zu sehen.[748]

---

[746] H. Böll (1958). *Brief an einen jungen Katholiken*, S. 26f.
[747] *Erinnerungen 1945–1953*, S. 441.
[748] http://www.adenauerhaus.de/downloads/ExpNov12.pdf.

Adenauer selbst vergleicht die durch den Elysee-Vertrag begründete deutsch-französische Freundschaft mit einer Rose, eine skeptische Formulierung de Gaulles aufgreifend: „Man sagt, Rosen und junge Mädchen hätten ihre Zeit. Ja natürlich haben sie ihre Zeit, aber die Rose – und davon verstehe ich nun wirklich etwas, das lasse ich mir von niemandem bestreiten – das ist die ausdauerndste Pflanze, die wir überhaupt haben. Sie hat hier und da Dornen, sicher, meine Damen und Herren, dann muss man sie mit Vorsicht anfassen. Aber sie hält jeden Winter durch. So haben z. B. die Rosen in meinem Garten drüben in Rhöndorf den harten Winter, den wir hinter uns haben, glänzend überstanden. Deswegen möchte ich das aufgreifen und sagen, jawohl, diese Freundschaft zwischen Frankreich und Deutschland ist wie eine Rose, die immer wieder Blüten bringt, die immer wieder Knospen treibt und wiederum Blüten bringt und die alle Winterhärte glänzend übersteht."[749] Vielleicht staunt man zu wenig über den auch nach gelegentlichen Winterzeiten blütentreibenden Rosenstock der deutsch-französischen Freundschaft, der Adenauers Wirken zu verdanken ist.

Als eher noch „wunderbarer" mag die Versöhnung zwischen dem deutschen und dem jüdischen Volk gelten. Der israelische Ministerpräsident David Ben Gurion nennt Adenauers gelebten katholischen Glauben ausdrücklich als Voraussetzung für die nach so kurzer Zeit kaum vorhersehbare Versöhnung. „As one of the few Germans", schreibt er in einem Leitartikel der *Jerusalem Post*, „whose Catholic faith was more than habit and routine, he did not support the vile Nazi regime like most of his compatriots."[750] Moralische und religiöse Motive hätten seine Haltung zu Israel bestimmt, heißt es weiter: „When I met Adenauer in New York three years ago, I obtained personal assurance of the correctness of his appreciation, and through the correspondence I conducted with him I realized his moral and political greatness."

---

[749] Tischrede beim Abendessen in Bonn zu Ehren von Staatspräsident de Gaulle am 4.7.1963. In: *Reden 1917–1967*, S. 451.

[750] „Als einer der wenigen Deutschen, deren katholischer Glaube mehr war als Gewohnheit und Routine, unterstützte er das abscheuliche Nazi-Regime nicht, wie die meisten seiner Volksgenossen. [...] Als ich Adenauer vor drei Jahren in New York traf, gewann ich persönliche Gewissheit von der Korrektheit seiner Einschätzungen, und durch die Korrespondenz, die ich mit ihm führte, erfasste ich seine moralische und politische Größe." D. Ben Gurion (1963). *The Greatness of Adenauer. Moral and Religious Motives Governed Attitude to Israel.* The Jerusalem Post, 14.10.1963, S. 6.

Bei dieser Begegnung im Hotel „Waldorf Astoria" habe der letzte Rabbiner von Berlin, Joachim Prinz (1902–1988), ein Gebet gesprochen, erinnert sich Max Schulze-Vorberg, das mit den Worten geschlossen habe: „Ich bete für Konrad Adenauer und sein Volk." Vom Bundeskanzler habe er wiederholt gehört, wie sehr ihn dieses Gebet berührt hat.[751] Anneliese Poppinga berichtet über Ben Gurion: „Nach dem Tod Konrad Adenauers kam Ben Gurion nach Deutschland, um ihm die letzte Ehre zu erweisen. Der Tag der Beisetzung war ein jüdischer Feiertag, und seine Religion verbot Ben Gurion, ein Auto zu benutzen. Er ging zu Fuß den weiten Weg von Bad Godesberg nach Bonn, um an der Trauerfeier des Deutschen Bundestages teilzunehmen."[752]

Nahum Goldmann greift sogar auf die religiöse Kategorie der „Auser-wählung" zurück – eine für gläubige Juden höchst bemerkenswerte Wort-wahl, um weniger als zwanzig Jahre nach der Shoah einen führenden Reprä-sentanten Deutschlands öffentlich zu ehren. Adenauers Auserwählung zeige sich „durch jenes undefinierbare Fluidum, durch die magische Ausstrahlung einer inneren Macht, die das Geheimnis jeder wahren Persönlichkeit dar-stellen", und Adenauer gehöre zu den „wenigen Auserwählten". Das Ge-heimnis seiner Persönlichkeit beruhe auf einer doppelten Synthese. „Er ist ein Autokrat, der an die Demokratie glaubt, was nur ein scheinbarer Wider-spruch ist. Demokratie ohne Autorität wird leicht Chaos, Demagogie und selbstzerstörerisch. Jede Demokratie steht und fällt mit der Existenz wahrer Führernaturen." Die zweite, Adenauer charakterisierende Synthese sei eine Verbindung von großer politischer Gewandtheit und Begabung mit einer im tiefsten auf sittlichen und religiösen Prinzipien basierten Weltanschau-ung. „In den vielen Gesprächen und Verhandlungen, die ich mit Adenauer in Sachen der Entschädigung und Wiedergutmachung für die Opfer des Nazismus führte, [...] habe ich die Wirkung dieser beiden für ihn charakte-ristischen Synthesen immer wieder konstatiert. Ohne sie, darf ich rückbli-ckend sagen, wären diese Verhandlungen nicht erfolgreich und positiv been-det worden."[753] Adenauer habe ihm bei ihrer ersten Begegnung geantwortet: „Dr. Goldman, wer mich kennt, weiß, dass ich kein Mann vieler Worte bin

---

[751] *Adenauer, Israel und das Judentum*, S. 46.
[752] A. Poppinga (1994). „*Das Wichtigste ist der Mut*", S. 178.
[753] N. Goldmann (1963). *Abschied vom Kanzler. Er gehört zu den Auserwählten*. Der Spiegel, 9.10.1963.

und hochgestochene Reden verabscheue. Aber ich muss Ihnen sagen, dass ich die Flügel der Weltgeschichte in diesem Raum schlagen gehört habe. Mein Wunsch nach Wiedergutmachung ist sehr ernsthaft."[754]

Ein entscheidendes Vier-Augen-Gespräch mit Nahum Goldmann im Verlauf der oft vom Scheitern bedrohten Verhandlungen fand am 22. April 1952 in Adenauers Rhöndorfer Wohnhaus statt.[755] Goldmann berichtet, dass sich Adenauer nach der Unterzeichnung des Wiedergutmachungsabkommen am 10. September 1952 im Rathaus von Luxemburg in eine benachbarte Kapelle zurückzog und mit Tränen in den Augen zurückkehrte.[756] In der „Kajüte" des Adenauer-Hauses erinnert noch heute eine kostbare Thora mit silbernem Buchdeckel und eigenhändiger Widmung Goldmanns an dieses Abkommen. Die Ratifizierung des Vertrags im Deutschen Bundestag gelingt Adenauer am 18. März 1953 allerdings nur knapp und mit Hilfe der SPD-Fraktion, die ihn geschlossen unterstützt. Zahlreiche Abgeordnete der CDU/CSU enthielten sich, es gab vier Neinstimmen.[757] Vor dem sich erst später abzeichnenden „Wirtschaftswunder" waren die eingegangenen Verpflichtungen tatsächlich mit sehr substanziellen finanziellen Opfern und hohen Risiken für die junge deutsche Nachkriegswirtschaft verbunden. „Selbstverständlich war mir klar, dass es sich bei diesem Abkommen nur um ein Symbol der Wiedergutmachung handelte, dass es nur einen Versuch darstellte, Deutschland in dieser Frage zu rehabilitieren", kommentiert Adenauer selbst das Luxemburger Abkommen.[758] Ben Gurion spricht gegenüber Goldmann von den zwei Wundern, die sie in ihrem Leben das Glück gehabt hätten, sich ereignen zu sehen, die Gründung des Staates Israel und das Abkommen mit Deutschland: „I always had the faith in the first miracle, but I didn't believe in the second one until the very last minute."[759]

Einen Tag bevor Adenauer sein Amt des Bundeskanzlers der Bundesrepublik Deutschland niederlegt, sucht ihn der Leiter der israelischen Mission

---

[754] Zitiert in: N. Goldmann (1969). *Memories. The Autobiography of Nahum Goldmann*, S. 260.

[755] N. Goldmann (1969). *Memories*, S. 264.

[756] *Adenauer, Israel und das Judentum*. S. 17.

[757] Plenarprotokoll 01/254. http://dipbt.bundestag.de/doc/btp/01/01254.pdf.

[758] *Erinnerungen 1953–1955*, S. 157.

[759] „Ich hatte immer den Glauben an das erste Wunder, aber an das zweite habe ich bis zur allerletzten Minute nicht geglaubt." In: N. Goldman (1969). *Memories*, S. 174f.

in Deutschland auf, Botschafter Felix Shinnar, der seit 1952 die Interessen Israels vertritt, und würdigt Adenauers Leistung: „Sie haben sich – im Sinne unserer Überlieferung – in den vordersten Rang der *chassidej umot haolam*, das heißt derer gestellt, denen das jüdische Volk in seiner Geschichte eine bleibende Erinnerung bewahrt. Das außerordentliche Phänomen des Überlebens als Nation ist nur erklärlich aus dem unbeirrbaren Festhalten an der Überlieferung und – in nicht minderem Maße – dem Gedenken an das Gute und an das Leidvolle, das wir in unserer wechselvollen Geschichte erfuhren. Wenn die Geschichte eines Volkes sein Kollektivgedächtnis ist, so werden Sie, Herr Bundeskanzler, in der Geschichte unseres Volkes in die Reihe dieser *chassidej umot haolam*, dieser Männer der rechten Gesinnung, für immer eingereiht bleiben.“[760] Die Vorstellung der *chassidej umot haolam*, übersetzt etwa: „die Gerechten und Frommen der Völker der Welt“, geht auf den bedeutenden jüdischen Philosophen Moses Maimonides (*um 1135– 1204) zurück, der auch für das moderne jüdische Geistesleben große Bedeutung besitzt. Die entsprechende Passage in seinem religionsgesetzlichen Werk *Mischne Tora* lautet: „Erkennt nun jemand die sieben Noaghidischen Gebote an und beobachtet sie auch strenge, so ist er zu den *chassidej umot haolam* zu rechnen und hat Anteil am künftigen Leben; jedoch muss er diese sieben Gebote so anerkennen und beobachten, als weil der Heilige, gelobt sey Er, dies in der Thora geboten.“[761] Shinnar schenkt Adenauer zum 80. Geburtstag eine wertvolle Silberschale, auf der das biblische Wort von den Schwertern wiedergegeben ist, die zu Pflugscharen geschmiedet werden.[762] „Dieser Haltung des Verständnisses und der Würdigung meiner Absichten, die mich bei der Behandlung der Judenfrage während meiner Regierungszeit geleitet hatten, bin ich auch bei meiner Reise nach Israel im Mai 1966 begegnet“, erinnert sich Adenauer im Alter. „Selten habe ich so tiefgehende seelische Erschütterungen erlebt wie bei meinem Besuch im Staate Israel.“[763]

Ob sich auch *signa* im strikten Sinne des Kirchenrechts ereignet haben, etwa in Situationen, die „Wagnis und das Risiko des Scheiterns“ bergen, oder in „unüberschaubaren“ Nöten mit „Unbekannten, die den Verlauf des

---

[760] *Erinnerungen 1953–1955*, S. 159f.
[761] R. Faber et al. (Hrsg.). *Humanismus in Geschichte und Gegenwart*. Tübingen 2002, S. 150.
[762] http://www.adenauerhaus.de/downloads/ExpSep12.pdf.
[763] *Erinnerungen 1953–1955*, S. 160.

Geschehens unkalkulierbar machen", wäre selbstverständlich eine Frage, die nur im Rahmen des hypothetisch in Betracht gezogenen kirchlichen Verfahrens beantwortet werden könnte.

„Unser Bester', meint eine Mehrheit der Deutschen, wenn sie sich Adenauers erinnert", hält sein Biograph fest.[764] Seit 1950 stelle Allensbach Jahr für Jahr die Frage: „Welcher große Deutsche hat Ihrer Meinung nach am meisten für Deutschland geleistet?" Seit 1958 figuriere Adenauer ununterbrochen als die Nummer 1, einstmals in der alten Bundesrepublik ebenso wie heute im wiedervereinigten Deutschland. Rudolf Augstein protokolliert die Umfrageergebnisse im April 1975, im Jahr vor Adenauers hundertstem Geburtstag: „43 Prozent für Adenauer, 14 Prozent für Bismarck, elf Prozent für Willy Brandt, drei Prozent für Hitler und ebenso ganze drei Prozent für alle ‚Dichter, Künstler, Philosophen' zusammen. Nun, Dichter, Künstler und Philosophen leisten nicht viel für Deutschland, soviel ist bekannt."[765] Inwiefern die über viele Jahrzehnte andauernde Hochschätzung Adenauers im deutschen Volk vielleicht Hinweise auf eine auch kirchenrechtlich relevante *fama sanctitatis* gibt, kann nicht Gegenstand dieser Darstellung sein. Festzustellen ist aber die Tatsache der ununterbrochenen, jahrzehntelangen Ehrung seines Andenkens.

In welch großem Ausmaß das deutsche Volk von Adenauers Tod ergriffen ist, das „um ihn wie um einen Vater" trauert, überraschte selbst Kardinal Frings. In seiner Predigt beim Requiem für Adenauer bekennt er: „Wir waren darauf gefasst, dass die Nachricht vom Tode Konrad Adenauers ein weites Echo im Inland und im Ausland finden werde. Aber dass das Volk in solchen Scharen an seiner Leiche vorbeidefilieren würde, dass eine halbe Welt in Bewegung geriet und ihre führenden Männer nach hier, nach Bonn und Köln sandte, um dem Toten die letzte Ehre zu erweisen und teilzunehmen an unserer Trauer – denn wir trauern um ihn wie um einen Vater –, darauf waren wir nicht gefasst."[766] Horst Osterheld gibt eine eindrucksvolle Beschreibung der

---

[764] H.-P. Schwarz (2004). *Anmerkungen zu Adenauer*, S. 7.

[765] R. Augstein (1975). *Jener Mongole mit den schlauen Augen. Hundert Jahre Adenauer.* Der Spiegel, 29.12.1975, S. 25.

[766] J. Kardinal Frings (1967). *Predigt beim Pontifikalrequiem im Hohen Dom zu Köln anlässlich der Beisetzung von Dr. Konrad Adenauer.* In: *Konrad Adenauer – Würdigung und Abschied*, S. 35, http://www.konrad-adenauer.de/index.php?msg=10971.

von ihm organisierten Trauerfeierlichkeiten;[767] deren Videodokumente dem Betrachter auch heute nahegehen.[768] 400 Millionen Menschen haben weltweit die Fernsehübertragung der Bestattungsfeierlichkeiten verfolgt – eine nicht nur für die damalige Zeit ungeheure Zahl. „Nie seit den Begräbnissen Kaiser Wilhelms I. und Hindenburgs hat es in Deutschland solch einen Trauerzug gegeben", erinnert sich Rudolf Augstein, „diesmal auf dem Rhein von Köln aus dem nachgebackenen Dom (Adenauer: „Ehrwürdiges Wahrzeichen des deutschen Westens") nach Rhöndorf auf dem Schnellboot ‚Kondor‘ der Bundesmarine, tatsächlich im deutschen Fernsehen mit *Siegfrieds Rheinfahrt* aus Wagners *Götterdämmerung* untermalt und von dem früheren Rundfunkstar Peter von Zahn in getragenem Stakkato abgefeiert."[769]

Bereits lange vor Adenauers Tod machen sich Menschen Gedanken darüber, wie er wohl von einer höheren Warte aus einmal beurteilt werden wird. „Wir werden alle einmal Rechenschaft ablegen müssen über unser Wirken hier auf Erden", äußert sich der evangelische Bundestagspräsident Hermann Ehlers nachdenklich in einem Gespräch kurz vor seinem überraschenden eigenen Tod im Jahre 1954. Wegen seiner Mitgliedschaft in der Bekennenden Kirche in Preußen wurde Ehlers während der nationalsozialistischen Herrschaft aus dem Staatsdienst als Richter entfernt und erlitt Gestapo-Haft. „Wenn an jenem Tage die Frage nach dem Sinn seines Lebens an Konrad Adenauer ergeht, wird er den Kopf mit dem alten Gärtnerhut heben, den Staub von seinen Knien klopfen und wahrscheinlich antworten: ‚Ich habe von morgens bis abends Unkraut gejätet und Reben gepflanzt, Herr, und ich habe geglaubt, dass ich in Deinem Weinberg für

---

[767] „Ein Hauptanliegen war uns, möglichst vielen Deutschen Gelegenheit zu geben, von dem großen Toten Abschied zu nehmen und zwar im Bundeskanzleramt, im Kölner Dom und entlang des Rheins. Dieser Plan, heute wie selbstverständlich wirkend, war es damals durchaus nicht. Manche wünschten die Totenmesse in Rhöndorf oder in Bonn, einige waren gegen die Aufbahrung im Kanzleramt, und wieder andere hielten die Einbeziehung des Kölner Doms sowie den langen Weg auf dem Rhein für zu aufwendig." H. Osterheld (1997). *Aus Adenauers letzten Monaten*. In: *Horst Osterheld und seine Zeit (1919–1998)*, S. 132.
[768] *Trauerstaatsakt und Staatsbegräbnis für Konrad Adenauer* (Phönix): http://www.youtube.com/watch?v=f7ObpOoyCgc.
[769] R. Augstein (1975). *Jener Mongole mit den schlauen Augen. Hundert Jahre Adenauer*. Der Spiegel, 29.12.1975, S. 25.

Dich arbeite.'"[770] Auch der Garten seines Hauses auf dem „Faulen Berg" in Rhöndorf war einmal ein Weinberg.

Spuren einer möglicherweise so zu bezeichnenden „Verehrung" Adenauers finden sich jedoch auch im Kreise derer, die seine religiösen Auffassungen gerade *nicht* teilen, auch bei seinen politischen Gegnern.

„Mit seinen Beschränktheiten und den Tücken seines rauhen Handwerks und den Fehlern, die er gemacht hat, nicht ganz unvertraut, werde ich doch nie aufhören, ihn zu bewundern", bekennt Golo Mann. „Er war ein Herr; besinnlich bei aller Tätigkeit; überlegen bei allem Schein von Schlichtheit; heiter auf der Oberfläche, den kleinen Freuden des Lebens nicht abhold, aber in tiefster Seele gütig, fromm und traurig. Seine Art wird und kann nicht wiederkommen. Wenn ich dergleichen vor deutschen Studenten von 1969 sagte, so weiß ich, würden Lachsalven die Antwort sein. Das ist mir nun auch egal."[771] Selbst der für die Studenten dieser Revolutionszeit so wichtige Heinrich Böll gesteht gleichsam mit zusammengebissenen Zähnen und beinahe ein wenig erschrocken, fast wie einer, der sich bei einem Freudschen Vatermord ertappt: „Es mag sogar sein, dass wir uns noch nach Adenauer sehnen werden."[772] Auch Willy Brandt, von 1969 bis 1974 dritter Nachfolger Adenauers im Amt des Bundeskanzlers, schreibt wie schon eingangs bedacht: „Wenn manche Zeitgenossen spottend meinten, der Alte habe wie ein Relikt lang vergangener Zeiten bis ins Europa der Nachkriegsepoche überdauert, dann gaben sie damit zugleich unfreiwillig Aufschluss über seine Wirkung: Der Uralte hatte Werte bewahrt, die sich als unverbraucht erwiesen."[773] Vielleicht ahnte Brandt etwas von Adenauers religiösem Kern.

Auf die Frage, was für ihn die wichtigste Begegnung in seinem Leben gewesen sei, bekennt Rudolf Augstein, der mit Adenauer manch harten

[770] P. Weymar (1955). *Konrad Adenauer*, S. 126.
[771] G. Mann (1969). *Zwei alte Herren. „Erinnerungen" Band IV*. In: *Zwölf Versuche über Geschichtsschreibung*, S. 167.
[772] H. Böll (1965). *Keine so schlechte Quelle*, Der Spiegel, 01.12.1965, S. 155.
[773] W. Brandt (1976). *Konrad Adenauer. Ein schwieriges Erbe für die deutsche Politik*. In: *Konrad Adenauer und seine Zeit. Politik und Persönlichkeit des ersten Bundeskanzlers*, S. 107.

Strauß ausgefochten hat:[774] „Aber vielleicht ist letzten Endes doch Adenauer die bedeutendste Figur, der ich begegnet bin. Es hat mich schon sehr gefreut, dass ich ihn zwei Wochen vor seinem Tod noch besuchen durfte. Zum Schluss habe ich den Alten wirklich geliebt.“[775]

---

[774] *Der Spiegel* ist der Wegbereiter der Kräfte des Negativen. Sein Herausgeber ist Katholik“, notiert Heinrich Krone am 3.4.1955. In: *Heinrich Krone. Tagebücher (1945–1961)*, S. 206.
[775] *Morgen früh kann ich tot sein.* DIE ZEIT, 15.10.1993. Das Interview, von dem Augstein spricht, erschien zwei Tage vor Adenauers Tod: *„Sagen Sie, wie sich die Welt dreht!“ Gespräch Konrad Adenauers mit Rudolf Augstein.* Der Spiegel, 17.4. 1967.

Anhang

A.1 Konrad Adenauer auf dem Katholikentag 1922

Eine besonders herausgehobene Stellung innerhalb der katholischen Kirche nimmt Adenauer als Präsident des Münchener Katholikentags von 1922 war. Seine Eröffnungsrede fasst viele Aspekte seines religiösen Denkens zusammen.[776]

Gelobt sei Jesus Christus!
In alle Ewigkeit – Amen.

So recht von Herzen kam uns dieser Gruß, unserer Versammlung Ziel und Richtung weisend. Er erklang wie aus einem Munde, in uns das warme, köstliche Gefühl der *Glaubensgemeinschaft* erweckend. Er ist wie eine geistige Empfangspforte, hinter der wir für einige Tage alles zurücklassen wollen, was uns sonst beschäftigt und beansprucht, um uns ganz dem hinzugeben, was uns zusammengeführt hat; der *Gottesliebe* und der *Nächstenliebe*.

Wir sind zusammengekommen, um öffentlich Zeugnis abzulegen für unseren Glauben, um unsere *Treue* und *Anhänglichkeit* an die Kirche zu bekunden, um Stärke und Trost zu suchen im gemeinsamen Bekenntnis, *um unsere ganze aus religiösen Tiefen geschöpfte Kraft zur Verfügung zu stellen für unser armes, gequältes deutsches Volk!* Jung und alt, hoch und niedrig, aus Nord und Süd, aus Ost und West, viele unter großen persönlichen Opfern, sind wir nach München geeilt, gerne sind wir nach München gekommen. Wir wussten, dass wir willkommen waren, hier, wo gute Katholiken und gute Bayern, hier, wo *gute, treue Deutsche* wohnen, die eins mit uns, mit allen deutschen Stämmen sind und bleiben wollen, eins mit dem ganzen deutschen Vaterlande. Dem deutschen Vaterlande, das in bitterster Not und Gefahr ist, gilt unser herzlichster Gruß. Haben wir schon früher treu zu ihm gestanden, jetzt, wo es in Not und Elend ist, stehen wir in doppelter, hingebender Liebe und Treue zu ihm, alle deutschen Gaue, alle deutschen Stämme.

---

[776] Eröffnungsrede als Präsident des 62. Deutschen Katholikentages am 28.8.1922. In: *Konrad Adenauer, Reden 1919–1967*, S. 46ff.

[…] Gewiss – mit Bewunderung und Ehrfurcht sage ich das – wird auch jetzt von Geistlichen und Laien, von den Orden, von Vereinen und Verbänden das Menschenmögliche getan. Aber der Strom, gegen den wir ankämpfen, ist zur Flut geworden, zu einer fast übermächtigen Flut: *Das ungeheure materielle Elend des deutschen Volkes hat ein ungeheures moralisches Elend geboren!* […] Kann es da wunder nehmen, wenn das Volk in diesem sich täglich wiederholenden aussichtslosen Kampfe zermürbt und unterliegt? Wenn es zuletzt nur noch an das Materielle denkt, wenn es schließlich Vergessen und Betäubung sucht? In diesem physisch und psychisch gemarterten Volke, auf so vorbereitetem Boden muss Materialismus und Mammonismus wachsen, muss der Sinn für das Überirdische und Religiöse schwinden, muss Sittenlosigkeit und Autoritätslosigkeit gedeihen. *Materialismus, Unsittlichkeit, Autoritätslosigkeit,* das sind die Krankheiten, die unser Volk in größtem Ausmaße befallen haben.

Und wir deutschen Katholiken?
Ich verkenne nicht auf unserer Seite die religiöse Treue, das ernste moralische Streben breiter Volksschichten, das hier und dort neue erwachende religiöse Streben. Aber wenn ich das Ganze überschaue, dann kann ich nur schmerzerfüllt sagen: Auch unter uns wüten die gleichen Krankheiten, weite katholische Kreise sind davon erfasst, die vor dem Kriege treu zu uns standen, haben sich von uns gewandt. Eine traurige, aber beweisende Sprache für die kirchliche Statistik. Sie zeigt uns, dass in vielen Teilen unseres Vaterlandes, ja sogar besonders auf dem Lande, die Zahl der Kommunionen stark abgenommen hat. Wenn ich mich zu der Lage der deutschen Katholiken im staatlichen Leben wende, kann ich dann so sprechen, wie meine Vorgänger auf diesem Platze? Die Hemmnisse, die unserer religiösen Betätigung früher schmachvoller Weise entgegengesetzt wurden, sind hier gefallen; auch sind Katholiken in hohe und höchste Staatsämter eingerückt. Aber überschätzen wir nicht den Einfluss katholischer, christlicher Überzeugung auf die öffentlichen Dinge!

Einflussreiche Kreise stehen uns, unserer Weltanschauung innerlich feindlich gegenüber, sie ertragen uns zurzeit nur aus dem Gefühle politischer Notwendigkeit heraus; man kann aber *nicht das Vertrauen* zu ihnen haben, dass sie, allein zur Herrschaft gelangt, in der Praxis tolerant sein würden.

Die innere Lage in Deutschland ist so voll Spannung und Gefahren, dass jeder Augenblick für uns vernichtende Situationen schaffen kann. Aber auch selbst wenn diese nicht eintreten, alles muss doch neu aufgebaut werden, und bei dieser grundlegenden, wichtigen Aufbauarbeit könnte die *Vertretung der katholischen Ideale gar nicht breit und einheitlich genug sein.* Wie ist es darum bestellt? Wo ist ihre erste Voraussetzung, die Einigkeit der deutschen Katholiken? Immer und immer wieder ist bei früheren Katholikenversammlungen auf diese Einigkeit als die wichtigste und kostbarste Errungenschaft des katholischen Deutschlands hingewiesen worden. Kann auch ich heute mit Stolz auf diese Einigkeit hinweisen? Ich kann es nicht, sie besteht nicht mehr, besteht nicht mehr in einer solchen Zeit! Gott sei's geklagt! Von diesem Platze aus rufe ich im Namen der deutschen Katholiken und mit der ganzen Autorität, die mir dieser Platz verleiht, den Führern und all den Katholiken, die jetzt abseits stehen, zu: *Stellt die alte Einigkeit, stellt die alte Einheit wieder her. Sammelt alle wieder um die alte Fahne, die siegreich war in vielen Jahrhunderten, die unsere großen dahingegangenen Führer vorangetragen haben!* So ist die jetzige Lage der deutschen Katholiken. Sie anders sehen, heißt sich selbst täuschen.

Was sollen wir deutsche Katholiken in dieser traurigen Lage tun? Vor allem eins: Den Kopf hoch halten, nicht den Mut sinken lassen! *Wir haben nicht nötig, kleinmütig zu verzagen;* Gott ist mit uns, ist mit uns mit seiner ganzen Kraft, seiner Allmacht, seiner Liebe. Wenn wir weiterarbeiten im rechten Sinne, zäh, geduldig, ausdauernd, so ist ganz sicher der Erfolg unser.

Es wird behauptet, das, was wir erlebt haben und noch erleben, beweise die Wertlosigkeit der christlichen Grundsätze, sei ein Zusammenbruch des Christentums. *Das ist eine grobe Geschichtsfälschung. Gerade das Gegenteil ist richtig; was wir erleben, ist der Zusammenbruch des Materialismus, die Götterdämmerung der materialistischen Weltauffassung.*

Will ein Mensch behaupten, dass in Deutschland, in Europa in den Jahrzehnten vor dem Kriege oder gar im Kriege christliche, katholische Grundsätze *maßgebend* gewesen wären? Wie war denn das Verhältnis von Staat und Kirche bei uns in den letzten Jahrzehnten? Lest die Geschichte der Katholikenversammlungen, sie gibt die beste Antwort. Herrschte nicht bis in die letzten Jahre hinein der mehr oder weniger *kirchenfeindliche Liberalismus?*

Denkt an die Lage unserer Orden! Sie wurden überhaupt nicht zugelassen, oder wenn sie zugelassen wurden, wie notorische Verbrecher der Polizeiaufsicht unterstellt und in der kleinlichsten, gehässigsten Weise schikaniert. Galt nicht der überzeugte Katholik als *staatsgefährlich*, wurde er nicht aus *hohen Staatsstellen geflissentlich ferngehalten*? Wie sah's auf den Universitäten aus? Wie war das Verhältnis zwischen Kirche und Staat in Italien, oder gar erst in Frankreich? Nein, in den letzten 50 Jahren waren im staatlichen und öffentlichen Leben Europas *nichtchristliche Grundsätze maßgebend*, die letzten Jahrzehnte waren die Zeit der ausgesprochenen Herrschaft des Materialismus. Die Fortschritte, welche die Menschen in der Technik gemacht hatten, die Reichtümer, die nur dadurch zuflossen, hatten ja den Sinn, das Verständnis für die Tradition, für das Geistige, das Übernatürliche genommen; sie glaubten, in der Materie und in der Herrschaft über die Materie den Endzweck alles menschlichen Seins, die Krone alles menschlichen Strebens zu erblicken. Die Saat, die der Materialismus gestreut hat, ist furchtbar aufgegangen. Ihre letzte und scheußlichste Frucht ist der Krieg: die untrennbar mit der materialistischen Weltauffassung verbundene Herrschsucht der Völker hat ihn herbeigeführt. Für den, der aufmerksam die Geschichte der letzten Jahrzehnte verfolgt hat, war es kein Geheimnis, daß die ganze Entwicklung zu einer furchtbaren Katastrophe führen müsse. Der Zusammenbruch Europas ist ein nicht zu widerlegender Beweis für die unerschütterliche Richtigkeit der *christlichen Grundsätze*; denn das Abweichen von ihnen hat die Menschheit zwangsläufig in dieses Elend, dieses Chaos geführt

Also nicht den Mut sinken lassen, sondern mit doppelter Kraft den christlichen Grundsätzen wieder zur Anerkennung zu verhelfen suchen, das ist was die Lage von uns fordert. Bei uns selbst wollen wir damit zuerst anfangen, jeder bei sich und seiner Familie. Das ist unsere erste Pflicht. Nur, wenn wir selbst christlich leben und in unseren Familien christliches Leben herrscht, haben wir das Recht dafür einzutreten, dass diese Grundsätze auch im *öffentlichen* Leben Geltung haben.

Bei sich also fange jeder selber an! Das persönliche Beispiel, das jeder, der die Ehre und die Gnade hat, Katholik zu sein, gibt, bedeutet unendlich viel.

Die christlichen Grundsätze müssen aber auch in den öffentlichen Dingen wieder maßgebend werden.

250

Das sind sie jetzt keineswegs mehr wie früher, auch wenn unsere Orden jetzt wieder freie Bahn haben und Katholiken hohe Staatsämter bekleiden. Ich habe schon ausgeführt, dass man das zugelassen hat „der Not gehorchend, nicht dem eigenen Triebe", und dass es jeden Augenblick wieder anders kommen kann. Auch jetzt noch ist in Deutschland der antichristliche Geist in den öffentlichen Dingen – das ist ein weiterer Begriff als in „politischen Dingen" – durchaus maßgebend. Ja, er ist seit dem Zusammenbruch noch erheblich stärker geworden. Man geht jetzt noch viel geflissentlicher und zielbewusster darauf aus, die große Masse der Bevölkerung zu entchristlichen. Man sucht ihr eine neue Religion beizubringen, eine *sozialistische Religion*. Ich weiß, dass das nicht alle Sozialisten wollen. Aber es ist eine eigene Sache um den heutigen Sozialismus in Deutschland. Früher war er, und bei einem Teil seiner Anhänger ist er auch jetzt noch, eine ehrlich gemeinte, aus idealen Gründen hochgehaltene politisch-wirtschaftliche Überzeugung, der man Achtung entgegenbringen muss. Für einen großen Teil seiner Anhänger ist er identisch mit Lohnbewegung. Eine dritte Abart von Sozialisten mengt den politischen und wirtschaftlichen sozialistischen Ansichten allerlei sonstige Fragen der Lebensauffassung, kulturelle Fragen, Fragen der Kunst, ethische Fragen bei und sucht so eine Art *nichtchristliche Religion* zu schaffen. Täuschen wir uns nicht über die Gefahr, die darin steckt!

Mit einer solchen *Diesseits-Religion* kann man unser Volk in gefährlicher Weise entchristlichen. Es liegt nur zu nahe, dass Menschen, deren religiöse Überzeugung verschwommen ist, die nur noch aus einem gewissen Beharrungsvermögen heraus und mehr dem Namen nach christlich sind, einer solch geschickt vorgetragenen, den natürlichen Instinkten entgegenkommenden, mit Redensart über Kultur und Schönheit und Kunst verbrämten Diesseitsreligion sich zuwenden und ihr zum Opfer fallen.

Wie setzen wir demgegenüber die Geltung der christlichen Grundsätze in den öffentlichen Dingen durch, wie verhüten wir eine Entchristlichung des Volkes?

Zunächst durch intensive, energische Arbeit im katholischen Lager, insbesondere auch durch eine starke, einheitliche und einige *Vertretung der Katholiken*. Gerade das möchte ich nochmals mit allem Ernst und mit allem Nachdruck unterstreichen. Das genügt aber nicht. In Deutschland gibt es ein Drittel Katholiken und zwei Drittel Nichtkatholiken. Wir müssen beim Kampfe für die Geltung der christlichen Grundsätze in den öffentlichen Dingen bei den Nichtkatholiken *Bundesgenossen* suchen und die Gegnerschaft jener, die wir nicht als Bundesgenossen gewinnen können, möglichst entkräften. Vielleicht oder sogar sicher haben wir uns früher zu sehr für uns von den Nichtkatholiken ferngehalten. Dadurch haben wir die *gemeinsamen christlichen Ideale*, die auch im evangelischen Lager viele pflegen und hochhalten, nicht gefördert.

Soweit wir das irgendwie können, müssen wir mit Bestrebungen Gleichgesinnter im evangelischen Lager *Hand in Hand gehen* und suchen, uns *gegenseitig zu unterstützen und zu fördern*.

Wir brauchen dabei keine Befürchtungen zu haben, unsere besonderen katholischen Grundsätze litten Schaden. Sie sollen und werden davon *vollständig unberührt* bleiben. Aber, von einem getrennten „Schlagen", sicher erst von einem gegenseitigen Befehden der katholischen und evangelischen Christgläubigen hat nur der gemeinsame Feind, der nichtchristliche Geist, Nutzen.

Unter unseren Gegnern gibt es viele, sehr viele, die nur deshalb unsere Gegner sind, weil sie *uns und unsere Arbeit nicht kennen*. Man glaubt gar nicht, wie groß auch jetzt noch, selbst bei klugen Leuten, die Unkenntnis in katholischen Dingen ist, wie jene, die kaum jemals einen Katholiken näher kennengelernt haben, die albernsten und verstiegensten Vorstellungen von einem „waschechten" Katholiken haben. *Sie müssen uns und die Werke und Verdienste unserer Religion kennenlernen.* Wir müssen unsere bisherige Zurückhaltung auch ihnen gegenüber fahren lassen und suchen, in Berührung und, soweit möglich, in gemeinsame Arbeit mit ihnen zu kommen. Vielfach werden wir durchaus gemeinschaftlich mit ihnen raten und taten können, auf anderen Gebieten wenigstens bis zu einem gewissen Grade. Das ist das beste Mittel, ihnen ihre Vorurteile zu nehmen.

Wir müssen weiter die Welt in viel stärkerem Maße als bisher *aufklären* über unsere Tätigkeit. Die weitesten Kreise kennen nicht die Verdienste, die sich unsere Kirche um die Menschheit seit mehr denn 1900 Jahren erworben hat. Sie kennen nicht die *unzähligen Werke der Barmherzigkeit*, die Tag für Tag, Jahr für Jahr, in unseren Klöstern und klösterlichen Anstalten in entsagungsvollster Weise an den Kindern, den Kranken, Schwachen und Armen, den Unmündigen und Gebrechlichen aller Art getan werden und lange getan worden sind, ehe man sozialistische Lehren kannte.

Ich glaube, viele würden das Christentum mit anderen Augen ansehen als bisher, sie würden es festhalten, schätzen und lieben lernen, sicher uns aber in unserer Arbeit gewähren lassen. Ich wünsche, es würde einmal von unserer Seite ziffernmäßig und statistisch dargestellt, was *unsere Kirche und die Katholiken* für die Volkserziehung, die Volksbildung, die Volksunterhaltung, für die Pflege der Kunst, für caritative Zwecke tun. Man sollte einmal feststellen, welche Summen dafür ausgegeben werden, wie viel Personen ganz oder teilweise in der Kranken- und Armenpflege, in der Erziehung, in der Fürsorge, auf allen sozialen und caritativen Gebieten unserseits tätig sind. Wenn man unsere gesamte Arbeit einmal statistisch aufnähme, wir würden ein Material zusammenbekommen, vor dem auch der schärfste Gegner bekennen müsste, dass die Kirche noch immer jene ist, die sich am allermeisten auf allen Gebieten derer annimmt, die Not leiden.

Die meiste, umfassendste und schlimmste Entchristlichung wird herbeigeführt durch jene moralischen Krankheiten des Volkes, von denen ich schon gesprochen habe. Sie gedeihen am besten und üppigsten in Zeiten allgemeiner wirtschaftlicher und sozialer Not. Wir dürfen daher nicht ermüden in der Arbeit auf sozialem Gebiete, im Gegenteil, wir müssen sie noch verstärken, ausbauen und vor allem religiös vertiefen, nicht nur aus Gründen allgemeiner Nächstenliebe, sondern auch aus rein religiösen Motiven.

Ein soziales Programm müssen wir, muss das deutsche Volk ganz anders in Angriff nehmen als bisher, das ist das *Problem der Großstadt.* […]

Noch ein Drittes bleibt uns Katholiken zu tun übrig: Wir müssen die *internationalen Beziehungen der Katholiken* stärker pflegen und ausbauen, damit auch in den Verhältnissen der Völker zueinander die Grundsätze des Christentums maßgebend werden. Der Krieg und die Jahre nach dem Kriege haben uns in grausamster Weise vor Augen geführt, dass das nicht der Fall ist. Tun wir, was in unseren Kräften steht, damit es anders wird!

Gerade wir Katholiken sind dazu besonders berufen, die Katholiken der verschiedenen Länder müssen sich miteinander verbinden und vereinen, um das zu erreichen. Niemand, dem das Wohl der Menschheit am Herzen liegt, wird uns deshalb des Mangels an Vaterlandsliebe zeihen können. *Auf das tatkräftigste und entschiedenste müssen wir alle Bestrebungen des Heiligen Stuhles unterstützen, die dahin gehen, dass die Beziehungen der Völker zueinander nach den christlichen Grundsätzen, nach Recht und Gerechtigkeit geordnet werden.* (Lebhafter Beifall.)

Welche Kräfte der Katholizismus heute nicht nur seinen Anhängern, sondern dem ganzen deutschen Volke, unserem armen Vaterlande schenken kann, das sollen die Vorträge in den öffentlichen Versammlungen im Einzelnen darlegen:

Kräfte in *religiöser* Beziehung, der heutige Tag wird diesen Gedanken gewidmet sein.

Kräfte in *sozialer* Beziehung, dieser Gedanke wird uns morgen beschäftigen.

Kräfte in *universaler* Beziehung, die Betrachtung darüber wird den dritten Tag ausfüllen.

Es ist ein großes, fast übergroßes Arbeitsfeld, das vor uns liegt. Aber nochmals sei es als Gelöbnis wiederholt: *Wir verlieren nicht den Mut; denn mit uns ist Gottes Kraft, Gottes Allmacht, Gottes Liebe.*

Und nun lassen Sie uns, ehe wir in unsere Verhandlungen eintreten, als treue Kinder unsere Augen und Herzen dem *Heiligen Vater* zuwenden.

Ist es nicht wunderbar, dass in dieser Zeit der Waffen und der Gewalt eine souveräne Macht besteht, wie das *Papsttum*, die von weittragendem Einfluss ist auf die Beziehungen der Völker zueinander, und deren Einfluss sich nicht stützt auf Armeen und Flotten und Flugzeuge?

Ist es nicht ein tröstender Gedanke nicht nur für uns Katholiken, nein, für alle Menschen, dass es in dieser Zeit, da die Völker und Staaten kein

Recht, keine Gerechtigkeit, keine Liebe mehr kennen, eine Macht gibt, die die Liebe und Gerechtigkeit auch für die Beziehungen der Völker untereinander predigt? Gibt es in dieser Zeit des Zornes und Hasses, in dieser Zeit des Umsturzes und der Autoritätslosigkeit, etwas *Notwendigeres und Zeitgemäßeres* als das Papsttum?

Wahrhaftig, je mehr die Weit zur Besinnung kommt, je mehr sie sich aus dem furchtbaren Taumel, der sie erfasst hat, wieder auf sich selbst besinnt, *desto ehrerbietiger und achtungsvoller wird sie, auch die nichtkatholische, dem Papsttum gegenübertreten müssen.*

Wir Katholiken erweisen *der Sache der Liebe und Gerechtigkeit* unter allen Völkern einen Dienst, wenn wir das Papsttum hochhalten, es durch unsere Treue, Liebe und Anhänglichkeit stützen, durch die öffentliche Bekundung unserer Ergebenheit ehren und feiern. Das wollen wir auch diesmal wieder tun. Von ganzem Herzen und aus vollster Überzeugung wollen wir zum Papsttum halten, zum Papste stehen *in fester, nicht wandelbarer Treue*! […]

Auf Benedikt XV. ist Pius XI. gefolgt. Seit vielen Jahrhunderten haben wir keinen Papst mehr gehabt, der die deutsche *Sprache*, die deutsche Wissenschaft, deutsche Art und deutsches Wesen so gekannt hat, wie unser jetziger Heiliger Vater.

Seiner *Zuneigung und Liebe* für Deutschland hat er unmittelbar nach seiner Wahl den deutschen Kardinälen gegenüber durch Wort und Tat Ausdruck verliehen. Er hat nach seinen eigenen Worten die Mission Benedikts XV., die Mission des Friedens und der Liebe, aufgenommen und uns, die Gedrückten und Gedemütigten, die Armen und Notleidenden, besonders in sein Herz geschlossen. *Wir begrüßen ihn heute mit Dankbarkeit und Ehrfurcht*, wir scharen uns um ihn in christlicher Liebe, wir geloben ihm *unerschütterliche Treue. Mit diesem Gelöbnis lassen Sie mich schließen.*

A.2 Gussie Adenauer über Weihnachten 1933

Kurz vor Weihnachten 1933 schreibt Gussie Adenauer an ihren Mann:
Die Nerven werden wirklich auf die Folter gespannt. Zum Glück sind

die Kinder so reizend in ihrer Weihnachtsvorfreude, das gibt immer etwas Entspannung. Gestern Nachmittag hörten wir von Pater Hilarius liturgische Lieder durchs Radio. Wir alle, besonders aber Paul, lauschten in tiefer Andacht. Paul erkannte die einzelnen Stimmen genau. Wir freuen uns so sehr auf die Christnacht."[777]

Über ihre Erinnerungen an das Weihnachtsfest 1933, das Konrad Adenauer mit seiner Familie in Maria Laach feierte, existiert die nachfolgende Aufzeichnung.[778]

Am Nachmittag des 24. Dezember standen wir auf dem Kölner Hauptbahnhof und warteten auf den Zug nach Andernach. Wir waren acht: Konrad, Max, Ria und ich mit den vier Kleinen: Paul, Lotte, Libet und Schorsch. Um uns her türmte sich das Gepäck: Koffer, große Pakete und Päckchen. Wir hatten alles mitgenommen: Krippenfiguren, Christbaumschmuck, Kerzen und Geschenke für die Bescherung. Der holzgeschnitzte Kopf des Christkindes schaute aus dem braunen Packpapier heraus.

Ich hatte Schorsch auf dem Arm und war freudig und müde zugleich, müde von all den Besorgungen und Laufereien in den letzten Tagen und Stunden und voll froher Erregung beim Gedanken an das Wiedersehen mit Konrad und an die gemeinsame Weihnachtsfeier.

Der Bahnsteig war schwarz von Menschen. Ich sah viele Bekannte, aber die meisten blickten weg, ohne zu grüßen. Wir sind Verfemte, dachte ich, und voller Angst blickte ich auf die Kinder. Sie sollten nichts davon spüren, wie wir gemieden wurden, ihre kindliche Vorfreude auf das Fest sollte nicht zerstört werden. Da fragte Lotte mich auch schon: „Du, Mutter, warum darf Erna nicht zu mir kommen?" Ich hatte die Szene bemerkt: Erna, eine Klassenkameradin Lottes, wollte auf uns zugehen und uns begrüßen, aber ihre Mutter hielt sie zurück.

Der Zug fuhr ein und ersparte mir die peinliche Antwort. Obwohl Konrad, Max und Paul das Gepäck trugen und Ria mir Libet abnahm, war es un-

---

[777] Gussie an Konrad Adenauer, 22.12.1933. In: *Adenauer im Dritten Reich*, S. 193.
[778] P. Weymar (1955). *Konrad Adenauer*, S. 164ff.

möglich, in dem wilden Gedränge einen Platz zu erkämpfen. Ein Schaffner bemerkte meine Verlegenheit und schloss ein leeres Dienstabteil auf. Dort konnten wir alle acht unterkommen, und was noch schöner war, wir blieben die ganze Fahrt über allein.

Die Aufregung der Kinder war kaum zu bändigen, nur Schorsch schlief still auf meinem Schoß. Ria ließ, um die Kleinen zu beschäftigen, Lotte und Libet noch einmal die Weihnachtsgedichte aufsagen. Dann sangen wir gemeinsam alle Weihnachtslieder, die die Kinder kannten. Wir sangen noch, als der Zug in Andernach einfuhr.

Schnell mussten wir die Kinder anziehen, Mäntel, Mützen und Handschuhe, die drei Großen luden das Gepäck aus, und dann standen wir, während der Zug schon wieder abfuhr, auf dem dunklen, windigen Bahnsteig. Es hatte angefangen zu schneien, und es war bitterkalt. Schorsch fror und weinte.

Ein Mann nahm sich unser an. Er geleitete uns über die schneeglatte Straße zu der Haltestelle, wo der Autobus nach Maria Laach abfahren sollte. Es warteten schon viele, die in die Abteikirche zur Mitternachtsmesse wollten. Aber hier schnitt uns niemand mehr, wir fühlten uns aufgenommen in die Gemeinschaft.

Als der Autobus kam, sagte der Mann, der uns zur Haltestelle gebracht hatte: „Wir wollen erst mal die Mutter mit den vielen Kindern einsteigen lassen." Alle machten Platz und viele griffen zu und halfen uns, das Gepäck zu verstauen. Die Fahrt in dem überfüllten Wagen durch die Dunkelheit war ermüdend lang. Endlich hielt der Autobus vor dem hellerleuchteten Hotel am Laacher See. Konrad war nicht an der Haltestelle, er erwartete uns in einem der beiden Zimmer, die er für uns im Hotel gemietet hatte. Abt Ildefons hatte ihn gebeten, sich in der Öffentlichkeit nicht mit uns zu zeigen.

Die Kinder hatten den Vater seit Monaten nicht gesehen, sie stürzten auf ihn zu, hingen lachend und weinend an seinem Halse und die Kleinen fingen gleich an, ihre Gedichte aufzusagen. Ich glaube, am liebsten hätten sie sofort mit der Feier begonnen. Doch der Vater hielt auch bei aller Festfreude auf Ordnung. Wir nahmen gemeinsam das einfache Abendbrot, dann wurden die Kleinen schlafen gelegt, mein Mann ging noch mit Konrad, Max und Paul in seine Zelle hinüber, um dort den Christbaum zu schmücken. Danach legten wir uns alle zur Ruhe.

Um elf Uhr begann die Mitternachtsmesse. Wir trafen uns schon vorher in der Abteikirche. Die Kirche lag noch im Dunkel, aber sie war schon dicht gefüllt von einer andächtigen Menge. Viele waren stundenweit durch Schnee und Dunkelheit gestapft, um die feierliche Stunde der Menschwerdung Gottes mit den Mönchen gemeinsam zu begehen.

Die Glocken begannen zu läuten, in der Kirche wurden die Kerzen angezündet, Hunderte von Kerzen, die das hohe Gewölbe mit einem warmen, honigfarbenen Licht erfüllten. Dann begann die Feierstunde. Der Abt und seine Mönche in der schwarzen Kukulle des heiligen Benedikt zogen in den Chor ein. Ihnen folgten die Priester, die den Altardienst hatten, in prächtigen Gewändern aus weißer Seide. Die Orgel brauste auf, und unter dem Gesang der heiligen Texte nach der uralten Weise des gregorianischen Chorals vollzog sich am Altar das Geheimnis der Menschwerdung Gottes.

Noch nie war mir der Sinn der Heiligen Weihnacht so nahegebracht worden wie in diesen Stunden. Alle Bitterkeit über die erfahrenen Kränkungen, das traurige Gefühl, ausgestoßen und verfemt zu sein, waren von mir abgefallen, ich fühlte mich eins mit allen, die hier versammelt waren, und zugleich schicksalhaft mit Gott verbunden. Auch Konrad muss ähnlich empfunden haben. Denn als er uns nach der Feierstunde durch die sternenklare Nacht zum Hotel hinüberbegleitete, fasste er meine Hand und sagte ein Wort, das mir immer im Gedächtnis bleiben wird: „Mit Gott ist der Verfolgte stärker als ohne Gott selbst der mächtigste Verfolger."

Am nächsten Morgen nach einem gemeinsamen Frühstück machten Konrad und ich einen langen Spaziergang durch die verschneiten Wälder, während die Kinder ihre kleinen Geschenke vorbereiteten. Nach der Mittagsruhe schmückten wir dann mit den größeren Söhnen gemeinsam einen Christbaum in unserem Hotelzimmer. Die Krippe wurde unter dem Baum aufgebaut, und die Geschenke wurden wohlverpackt auf einen großen Tisch in die Ecke gelegt. Unterdessen führte Ria die Kleinen in die Kirche und an den See, dann kleidete sie alle festlich für die Feier an. Die Kleinen waren kaum mehr im Zaum zu halten, immer wieder versuchten Lotte und Libet, das Christkind durch das Schlüsselloch zu sehen.

Endlich ertönte hell das Glöckchen, die Tür des Weihnachtszimmers öffnete sich. Wie Orgelpfeifen standen die Kinder: Paul, Lotte, Libet und Schorsch, hinter ihnen die drei Großen und wir Eltern. Schorsch machte als erster vorsichtig einen ersten Schritt auf den glänzenden Lichterbaum zu, Libet an der Hand haltend. Plötzlich stieß er einen lauten Jubelruf aus und lief mit tappigen Schritten auf den Vater zu, der neben dem Baum stand. Konrad nahm ihn auf den Arm und freute sich mit an seiner Freude.

Nun wagten sich langsam auch die anderen Kinder Hand in Hand vor. Schweigend und mit leuchtenden Augen sahen sie auf den Baum, auf die von Lichtern beschienene Krippe. Verstohlene Blicke gingen wohl auch zu dem Tisch in der Ecke, wo unter weißen Tüchern geheimnisvoll die Geschenke verborgen lagen.

Doch zuerst las der Vater das Weihnachtsevangelium vor. Mit gefalteten Händen lauschten Erwachsene und Kinder. Dann knieten Lotte und Libet an der Krippe und boten dem Christkind einen Willkommensgruß. Alle sangen „Ihr Kinderlein" kommet, Paul blies auf der Blockflöte eine alte Hirtenweise. Eine gute Weile wechselten Lieder und Gedichtvorträge mit Geigenspiel. Danach knieten wir alle zum gemeinsamen Gebet vor der Krippe nieder.

Erst dann begann die Bescherung. Es waren nur wenige, meist praktische Sachen, die wir in diesem Jahr den Kindern schenken konnten, aber die Freude war um nichts geringer. Sie spürten, dass alles mit Liebe gegeben war. Als wir nachher am festlich gedeckten Tisch zusammensaßen, hörte ich, wie Paul seinen Schwestern Lotte und Libet erklärte, die nicht müde wurden, ihre Geschenke aufzuzählen: „Das schönste Geschenk ist doch, dass wir mit Vater zusammen Weihnacht gefeiert haben."

Eine Episode, die Adenauers ältester Sohn Konrad (1906–1993) erzählt, ergänzt diesen Blick:[779]

---

[779] P. Weymar (1955). *Konrad Adenauer*, S. 57.

An jedem Sonntag, wenn es das Wetter irgend erlaubte, machten Vater und ich einen Ausflug ins Siebengebirge. Wir wanderten dann den ganzen Tag durch die Wälder, und in der freien Natur wurde Vater ein ganz anderer Mensch. Gewiss, er blieb der sparsame Hausvater, unser Vorrat wurde in Rucksäcken mitgenommen, und wenn wir einkehrten, konnte von unserem Verzehr kein Wirt fett werden. Aber der strenge Ernst, den er zu Hause fast immer zur Schau trug, war von ihm abgefallen. Er lachte viel und plauderte mit mir wie mit einem erwachsenen Freund. Manchmal bereitete er mir auch Überraschungen, die zeigten, dass ihm poetische Regungen nicht fremd waren.

So wanderten wir einmal in der Weihnachtszeit in den Wäldern am Petersberg. Plötzlich blieb mein Vater stehen. „Dreh dich um und halt die Augen zu!", sagte er. „Ich habe mit dem Christkind zu reden." Als ich mich auf sein Kommando wieder umwandte, war eine kleine Tanne mit Süßigkeiten und glitzernden Silberfäden geschmückt. – Solche Erlebnisse schufen ein Band stiller Zuneigung zwischen uns.

A.3 Paul Adenauer zum 25. Todestag seines Vaters

Predigt von Monsignore Dr. Paul Adenauer während des Festgottesdienstes am Ostersonntag, 19. April 1992, in der Rhöndorfer Pfarrkirche aus Anlass des 25. Todestages von Konrad Adenauer.[780]

Heute vor 25 Jahren, gegen 13.00 Uhr, spürten wir Kinder, dass es mit unserem Vater zu Ende ging und wir uns zu verabschieden hatten. Über seinem Bett hing seit Jahren ein altes Altarbild. Im Vordergrund der sterbende Gekreuzigte, der Mann der Schmerzen, der im Sterben betet: „Mein Gott, mein Gott, warum hast Du mich verlassen?" Aber im Hintergrund wird dieser verlorene Mensch im Schoß des Vaters mit weit ausgebreiteten Armen gehalten und das leuchtende, warme Rot göttlichen Erbarmens umfängt mit zärtlicher und mächtiger Gebärde den armen, todgeweihten Leib.

---

780 H. P. Mensing et al. (Hrsg.). *Konrad Adenauers Religiosität*, S. 74ff.

Wir weinten; aber unser Vater wies mit letzter Kraft, mit seinem Blick und mit seiner Hand nach oben auf dieses Bild und sagte: „Kein Grund zum Kriesche (in unserem Heimatdialekt: – zum Weinen).“

Ja – er sah – und glaubte – und so starb er.

Es war der irdische Endpunkt eines sehr langen Glaubensweges. Oft führte er durch Dunkelheit und Zweifel bis hin zur Verzweiflung, und da es heute hier, wo er 32 Jahre Sonntag für Sonntag an seinem Platz hinten betete, in der NS-Zeit oft jeden Tag zur Messe ging, um seinen eigenen Osterglauben geht, lade ich Sie ein, einige der wenigen, von seinem zurückhaltenden, scheuen Glauben erzählende Spuren anzusehen.

Als Konrad Adenauer 87 Jahre alt war, besuchte ihn Billy Graham – ein bekannter amerikanischer Prediger. Konrad Adenauer gefiel seine frische Art, aber als er diese Weise der Glaubensgewissheit spürte, meinte er, eine entscheidende Frage sei die nach der Auferstehung. Als Graham auch dazu ohne jeden Zweifel war, sagte er im Abschied: „Ich freue mich über alle, die Menschen zu Gott führen; aber nehmen Sie mir bitte eine Bemerkung nicht übel: wenn ich sehe, wie sicher Sie im Glauben sind, bin ich froh, dass ich katholisch bin.“ Billy Graham fehlten die Worte – und Konrad Adenauer fuhr fort: „Wissen Sie, als Katholik muss man nicht so sicher sein; da genügt es, wenn man den aufrichtigen Wunsch hat, glauben zu können. Glauben ist eine Gnade, die man nicht erzwingen kann.“

Horst Osterheld, der sein Charakterbild meines Erachtens am tiefsten und treffendsten dargestellt hat, berichtet uns aus derselben Zeit kurz vor seinem Rücktritt: „Jemand fragte ihn nach dem Tod. Er könne sich nicht vorstellen, war die Antwort, dass nach dem Tod nichts mehr sei. Das, was wir Geist, Leben, Seele nennen, werde existent bleiben. Im Grunde sei das Entstehen des Lebens ein ebenso großes Geheimnis, wie der Tod … Auch die fortgeschrittenste, die christliche Lehre vermöge das Eigentliche, das, was hinter allem ist, Gott, nur unvollkommen darstellen.“

Das Eigentliche, was hinter allem ist – Gott –, das war für Konrad Adenauer immer eine auch im Zweifel ganz ernstzunehmende, ja die entschei-

261

dende Realität. Die heutige „Gottvergessenheit", die sogenannte „Glaubensverdunstung" hätte er wohl als „Materialismus" empfunden. Gerade in Glaubenskrisen zeigten sich für ihn zwei Pole neuer Orientierung, eigentlich der österliche Spannungsbogen des gegenwärtig wirksamen Auferstandenen – heute mit den Polen „Mystik" und „Politik" bezeichnet –, als christliche Praxis mitten in unserer Welt, der Gott so fern und schweigend erscheint.

In der großen Krise nach dem Referendarexamen findet er Rat in den Büchern des protestantischen Theologen Carl Hilty und sagt: „Wir kommen alle einmal in das Stadium, wo wir die vom Elternhaus überkommenen Anschauungen selbst gewinnen müssen. Hilty aber empfiehlt: Handle recht, d.h. nach Deinem Gewissen, so wirst Du bald glauben können, im Unterschied zu: Glaube zuerst an eine korrekte Lehre, so wirst Du dann hoffentlich nach derselben handeln!" Also versuchte Konrad Adenauer gerade in der Gottes-Krise das Evangelium als Anweisung zum Leben ernst zu nehmen – vor allem in der Nächstenliebe inklusive Verantwortung für den Mitmenschen in der Politik. Mit heutigen Worten also: Österliches Handeln unter den Augen des lebendigen Jesus von Nazareth.

In der zweiten Krise – er war im September 1917 Oberbürgermeister von Köln geworden – schreibt er: „1917 war für mich schwer, sehr schwer, voll körperlicher und geistiger Qual und Elend. ... das ganze Jahr erfüllt von Schmerz und Leid und Sehnsucht nach meiner teuren Frau ... mutterlose Kinder, das ist etwas entsetzlich Trauriges. In jungen Jahren zu einer großen Stellung berufen, bin ich ein vielbeneideter Mann, und dabei arm, bitterarm." Da wird die Arbeit in Kriegs- und Nachkriegsnöten seine Rettung.

Eine nächste Krise kommt nach seiner Absetzung 1933: „Wenn nicht meine Familie und meine religiösen Grundsätze wären, hätte ich lange meinem Leben ein Ende gemacht; es ist so wirklich nicht lebenswert!", schreibt er am 14. Oktober 1933 an einen jüdischen Freund aus der Stille von Maria Laach..., und in einem anderen Brief: „Hilty spricht von Stufen des Lebens – ich will versuchen, eine weitere zu ersteigen." Jetzt ist ihm der Pol „Politik" versagt, er verwurzelt sich in seinem Glauben, in seiner „Mystik" tiefer. So schreibt er nach Köln: „Dann bleibt uns also gar nichts anderes übrig, als uns innerlich möglichst stark zu machen – man überwindet diese Zeiten nur, wenn man sich gewöhnt, in größeren Zusammenhängen zu denken; wenn man das irdische Dasein nur als Teil des menschlichen Lebens zu betrachten sich bestrebt, und wenn man fest glaubt, dass es einen Gott gibt, der zwar auch in den sichtbaren Dingen sich zeigt, der aber über diesen steht und unabhängig von ihnen ist."

Und weiter: „Ich habe schon im ersten Mannesalter in Gedanken gesorgt und gesorgt bis in die späte Zukunft hinein, und nun bringt mir der Herrgott die mir an sich schwere und drückende Wahrheit bei, sich nicht so sehr auf sich selbst zu verlassen, sondern Ihm zu vertrauen…"

Auch in der Zeit nach der Ausweisung aus Rhöndorf 1935 schreibt Konrad Adenauer wieder aus Maria Laach an seine Frau: „Halte den Kopf hoch und glaube mir: den Glauben an Gott muss ich mir auch jeden Tag neu erkämpfen… Ich bin durch diese sinnlose Verfolgung auf das Tiefste verbittert. Ich bin auch religiös ganz verstört und aus dem Gleichgewicht gebracht. Ich will versuchen, in Maria Laach mein inneres Gleichgewicht wiederzufinden. … Erst dann hat es auch Zweck, dass ich körperlich für mich etwas tue. … Wir wollen beide das Leid so ertragen, dass es ein Segen wird!"

Wie eine Summe solcher Erfahrungens schrieb er mir 1941 in den Arbeitsdienst, und diese Worte möchte ich ihnen als Osterwunsch weitergeben: „Ich bin so froh, dass Du Dein Inneres festhältst. … Unsere Gedanken und unser Gebet reichen zu Dir hinüber. … Und dann trägst Du ja in Deinem Inneren einen Quell der Kraft, der immerfort strömt, auch wenn man es zuweilen nicht fühlt und sich ganz verlassen vorkommt – wenn man sich ihm nur mit Vertrauen und Ergebung nähert." Als Theologe nenne ich dies, was er meint, die österliche Erfahrung des „Jesus in uns", des Hl. Geistes. Und nach dieser „Mystik" folgt im Brief sogleich die sozusagen „politische" Konsequenz: „Am allermeisten wirbst Du für Deine Lebensauffassung, wenn Du wirklich dementsprechend lebst … d.h. Betätigung der Nächstenliebe auch bei kleinen Anlässen und in jeder Form."

Spüren wir hier nicht die wahre Quelle seiner späteren Kraft?

Die Herausforderungen änderten sich nach diesen Grunderfahrungen für Konrad Adenauer: Erneute Verhaftung 1944 – und Errettung. Österlicher Mut zum immer wieder neuen Anfang nach 1945, nach der Absetzung als

Oberbürgermeister „wegen Unfähigkeit" durch die Besatzungsmacht; mit 70 Jahren Einsatz für die neue CDU, für die Bundesrepublik Deutschland; immer wieder Ermutigung zu Neuanfängen in Europa – in alledem eine sich vertiefende Liebe zum deutschen Volk bis hin zu den öffentlichen Worten am 28.2.1967: „Ich möchte aus ganzer Seele, dass das deutsche Volk wieder gesundet, und wir alle müssen unsere Pflichten lernen gegenüber dem Volk, dass es wieder in die Höhe kommt – in die geistige Höhe."

Wir haben begonnen mit dem Bild über dem Sterbebett – „Kein Grund zum Kriesche!" Es ist das Bild des Gottes Jesu, der von seinen religiösen und politischen Autoritäten getötet wurde, weil er verkündete: „Der Sabbat ist für den Menschen da, nicht der Mensch für den Sabbat, der den Verlorenen nachging und das Wort lebte: Barmherzigkeit will ich, nicht Opfer."

Wenn wir ans Grab auf dem Waldfriedhof gehen, stehen wir vor dem Bild des Auferstandenen. Diesen Stein hat Konrad Adenauer nach dem frühen Tod seiner ersten Frau, nach dem schrecklichen Jahr 1917 gesetzt.

Heute sprechen die Historiker von einer Zeit des Wertewandels nach 1967. Was wird werden?

Heute, am Ostermorgen, 25 Jahre später, ist gewiss die Welt eine andere; unser Volk ist endlich eins und frei! Dafür wollen wir heute von Herzen danken. Als Christen sind wir aufgefordert, unser Inneres weit zu öffnen für die neue Annäherung des lebendig Auferstandenen, der sich auf unserem eigenen Lebensweg und Glaubensweg heute mit der gleichen Liebeskraft Gottes zu unserer Menschenwelt, zu unserem Volk, zu den Völkern auf unserer zusammenwachsenden, bedrohten Erde wendet, wie er es im Leben Konrad Adenauers getan hat. Und der die gleichen Hoffnungskräfte, das gleiche Engagement für das menschliche Leben unserer Zeit uns ermöglichen will.

Martin Luther hat der alten Erfahrung: „Mitten im Leben sind wir vom Tode umfangen" sein Osterbekenntnis entgegengesetzt: „Mitten im Tod sind wir vom Leben umfangen". Er tat das, und wir können es ebenfalls realisieren, wenn wir denjenigen als gegenwärtige Realität aufrichtig und mit Konsequenz neu annehmen, jetzt in der Feier der Eucharistie, der uns sein Osterwort sagt: „Ich komme, damit Ihr das Leben habt, Leben in Fülle" –

also: nicht erst nach dem Tod, sondern schon jetzt – damit auch Ihr so tut, wie ich Euch getan habe.

A.4 Paul VI. zur Verleihung des Christusordens

Bei seinem letzten Staatsbesuch im Vatikan wird Adenauer am 17. September 1963 in den päpstlichen Christusorden aufgenommen, der 1905 durch Papst Pius X. reorganisiert wurde. Diese höchste kirchliche Auszeichnung wird nur sehr selten verliehen, vor allem an Staatsoberhäupter und hervorragende Staatsmänner, die sich besondere Verdienste um die katholische Kirche erworben haben. Die Inhaber tragen den Titel „Ritter des Christusordens", der „Militia Domini Nostri Iesu Christi". Die offizielle Übersetzung des päpstlichen Breve lautet:[781]

Geliebter Sohn, Gruß und Apostolischen Segen!

Es ist bekannt, dass Sie das schwere Amt der Regierung des deutschen Staates mit großer Klugheit und Geschicklichkeit versehen und Ihrem Vaterlande ausgezeichnete Dienste geleistet haben. Noch mehr Wertschätzung haben Sie sich dadurch erworben, dass Sie nach dem ungeheuren Zusammenbruch des Krieges sich mit hervorragendem Selbsteinsatz um die Herstellung eines dauerhaften Friedens bemüht und die christliche Religion, den sicheren Schutzwall der Völker, persönlich mit Eifer geübt und geschützt haben. Und Wir wissen sehr wohl, dass unter Ihrer Führung die guten Beziehungen, die zwischen dem Apostolischen Stuhle und Deutschland bestehen, zum gemeinsamen Wohle gesichert und befestigt wurden.

Es macht uns daher Freude, Ihre langjährige und fruchtbare Tätigkeit anzuerkennen und Ihnen Unser väterliches und geneigtes Wohlwollen zu bezeugen, indem Wir Ihnen eine besonders ehrenvolle Auszeichnung verleihen, wodurch Sie der heiligen Mutter Kirche noch inniger verbunden sein sollen. Mit Unserem vorliegenden Schreiben erwählen, ernennen und erklären Wir Sie daher zum Ritter des Christusordens und nehmen Sie in den Hohen Orden ebendieser Ritter auf. Wir geben Ihnen somit auch das Recht, die diesem Ritterorden eigene Tracht anzulegen und ebenso seine Insignien mit voller Befugnis zu tragen, das heißt einen silbernen Stern, der

---

[781] *Die Orden und Ehrenzeichen Konrad Adenauers.* http://www.konrad-adenauer.de/orden_ehrenzeichen.html.

an der linken Brusthälfte zu befestigen ist, und ein längliches Kreuz, das an den Enden verbreitert ist, mit rotem Email überzogen und in der Mitte ein kleineres, einfaches Kreuz von weißer Farbe umschließt, darüber mit Krone und Trophäe geschmückt ist und an einer goldenen Halskette hängt.

Damit indes keine Abweichung, sei es in der Tracht, sei es in den zu tragenden Insignien von Kreuz und Stern, unterlaufe, lassen Wir Ihnen beifolgendes Muster aushändigen.

Gegeben zu Rom, bei St. Peter, mit dem Siegel des Fischerrings, am 12. September 1963, im ersten Jahre Unseres Pontifikates.

(gez.) Papst Paul VI.
Unserem geliebten Sohne
Dr. Konrad Adenauer,
Chef der deutschen Bundesregierung.

Über den Staatsbesuch des Bundeskanzlers bei Papst Paul VI. berichtet Botschafter van Scherpenberg dem Auswärtigen Amt am 3. Oktober 1963:

Der Besuch fand in einer ausgesprochen freundlichen und positiven Atmosphäre statt. Schon die ganz ungewöhnliche Verleihung des Christusordens an den Herrn Bundeskanzler muss als Beweis dafür angesehen werden, welcher außergewöhnlichen Hochachtung und Wertschätzung das Lebenswerk Konrad Adenauers sich bei Papst Paul dem VI. erfreut. Auch die Atmosphäre bei der Privataudienz war zweifellos über das gewöhnliche Maß hinaus herzlich, und das Gespräch zwischen dem Heiligen Vater und dem Herrn Bundeskanzler hat bei ersterem unverkennbar einen tiefen Eindruck hinterlassen. Bezeichnend dafür ist, dass nach der Vorstellung der Delegationsmitglieder der Papst mich noch kurz zurückhielt und mir, indem er mir beide Hände reichte, mit bewegter Stimme sagte, ich möchte doch dem Herrn Bundeskanzler noch einmal sagen, wie sehr er sich über den Besuch und das besonders gute Gespräch gefreut habe.[782]

---

[782] *Die Beziehungen der Bundesrepublik Deutschland zum Heiligen Stuhl 1949–1966*, S. 403.

A.5 Wesentliche Lebensdaten Konrad Adenauers[783]

1876	5. Januar: Konrad Adenauer in Köln geboren. Eltern: Konrad Adenauer (1833–1906), Sekretär, später Kanzleirat am Appellationsgericht Köln, Helene (1849–1919), geb. Scharfenberg; er hatte zwei ältere Brüder, August und Hans, und eine jüngere Schwester Lilli.
1894	Abitur am Apostelgymnasium in Köln, anschließend Studium in Freiburg, München und Bonn.
1897	Erstes juristisches Staatsexamen.
1901	Zweites juristisches Staatsexamen; anschließend Assessor bei der Staatsanwaltschaft Köln.
1903–1905	Tätigkeit in der Kanzlei des Rechtsanwalts und Zentrumspolitikers Hermann Kausen.
1904	26. Januar: Heirat mit Emma Weyer (1880–1916). Kinder: Konrad (1906–1994), Max (1910–2004), Ria (1912–1998).
1905	Ernennung zum Hilfsrichter am Landgericht Köln.
1906	Wahl zum Beigeordneten der Stadt Köln.
1909	Wahl zum Ersten Beigeordneten und Vertreter des Oberbürgermeisters.
1916	6. Oktober: Tod von Emma Adenauer.
1917	18. September: Einstimmige Wahl zum Oberbürgermeister von Köln.
1918	25. September: Heirat mit Auguste (gen. Gussie) Zinsser (1895–1948). Kinder: Ferdinand (*1921, nach wenigen Tagen gestorben), Paul (1923–2007), Lotte (*1925), Libet (*1928) und Georg (*1931).
1921	7. Mai: Wahl zum Präsidenten des Preußischen Staatsrates (in diesem Amt jährlich bestätigt bis 1933).

---

[783] Nach: A. Poppinga (1987). *Konrad Adenauer. Eine Chronik in Daten, Zitaten und Bildern.*

1922	27.–30. August: Präsident des 62. Deutschen Katholikentags.
1933	13. März: Amtsenthebung durch die Nationalsozialisten.
1933–1934	Asyl im Benediktinerkloster Maria Laach in der Eifel.
1934	1. Mai: Umzug der Familie Adenauer nach Berlin-Neubabelsberg.
	30. Juni: Verhaftung im Zusammenhang mit dem „Röhm-Putsch".
1935	1. Mai: Umzug der Familie nach Rhöndorf am Rhein.
	20. August: Ausweisung aus dem Regierungsbezirk Köln und ca. einjähriger Aufenthalt im benachbarten Unkel.
1936–1937	Zwangsenteignung seines Kölner Hauses in der Max-Bruch-Straße. Adenauer setzte eine Entschädigung durch, die Grundlage für den Bau seines Rhöndorfer Hauses.
1944	23. August: Verhaftung im Zusammenhang mit den Ereignissen vom 20. Juli; Flucht und erneute Verhaftung; Einzelhaft im Gestapogefängnis Brauweiler bei Köln; auch Frau Gussie ist dort vorübergehend inhaftiert.
1945	4. Mai: Wiedereinsetzung als Oberbürgermeister von Köln durch die amerikanische Besatzung.
	6. Oktober: Entlassung durch den britischen Militärgouverneur.
1946	1. März: Wahl zum Vorsitzenden der CDU in der britischen Zone auf einer Tagung in Neheim-Hüsten.
	2. Oktober: Wahl zum Fraktionsvorsitzenden der CDU im Landtag des neugeschaffenen Landes Nordrhein-Westfalen.
1948	3. März: Tod von Frau Gussie.
	1. September: Wahl zum Vorsitzenden des Parlamentarischen Rates.
1949	23. Mai: Konrad Adenauer unterzeichnet das Grundgesetz.
	15. September: Wahl zum ersten Bundeskanzler.

22. November: Unterzeichnung des „Petersberger Abkommens" als erster Schritt zur Wiedererlangung der Souveränität.

1950 9. Mai: Der französische Außenminister Robert Schuman unterbreitet den später so genannten Schuman-Plan einer Europäischen Gemeinschaft für Kohle und Stahl (Montanunion); Adenauer stimmt noch am selben Tag zu.

20.–22. Oktober: Die CDU konstituiert sich auf ihrem ersten Bundesparteitag in Goslar auf Bundesebene und wählt Konrad Adenauer zum Vorsitzenden.

1951 15. März: Errichtung des Auswärtigen Amtes; Adenauer übernimmt zusätzlich das Amt des Außenministers (bis 1955).

18. April: Unterzeichnung des Vertrages zur Gründung der Montanunion (Benelux-Staaten, Deutschland, Frankreich, Italien).

14.–18. Juni: Erster Staatsbesuch der Nachkriegszeit (Italien).

1952 10. September: Unterzeichnung des Wiedergutmachungsabkommens mit dem Staat Israel und der *Conference on Jewish Material Claims against Germany* in Luxemburg.

21.–24. September: Die Bundesrepublik empfängt ihren ersten Staatsbesuch, den italienischen Ministerpräsidenten Alcide De Gasperi.

1955 8.–14. September: Moskaureise Adenauers; Rückkehr von über 10.000 Kriegsgefangenen und einer weitaus größeren Zahl von Zivilpersonen.

1957 25. März: Gründung der Europäischen Wirtschaftsgemeinschaft (EWG) und der Europäischen Atomgemeinschaft (Euratom) in Rom.

1958 14./15. September: Erste Begegnung Adenauers mit Charles de Gaulle.

1962 2.–8. Juli: Staatsbesuch in Frankreich; feierliches Pontifikalamt in der Kathedrale von Reims.

4.–9. September: Gegenbesuch von Staatspräsident Charles de Gaulle in der Bundesrepublik.

1963   22. Januar: Unterzeichnung des deutsch-französischen Freundschaftsvertrages in Paris.

17. September 1963: Aufnahme in den päpstlichen Christus-orden.

15. Oktober: Rücktritt vom Amt des Bundeskanzlers.

1964   16. März: Achte Wiederwahl zum CDU-Vorsitzenden.

9. November: Feierliche Aufnahme in die *Académie Française*.

1965   19. September: 5. Wiederwahl zum Mitglied des Deutschen Bundestages.

1966   23. März: Verzicht auf die Wiederwahl zum Bundespartei-vorsitzenden.

2.–10. Mai: Besuch des Staates Israel; Reise zu den heiligen Stätten des Christentums.

1967:   14.–19. Februar: Letzte Auslandsreise nach Spanien, Ateneo-Rede; auf dem Rückflug letzte Begegnung mit Charles de Gaulle.

29. März: Adenauer erleidet einen Herzinfarkt.

19. April: Tod Konrad Adenauers.

25. April: Staatsakt im Deutschen Bundestag; Pontifikalamt im Kölner Dom; Beisetzung auf dem Rhöndorfer Waldfriedhof.

A.6 Literaturverzeichnis

Alle in diesem Buch angegebenen Links wurden zuletzt am 6. Juni 2013 abgerufen.

Quellenwerke

Erinnerungen 1945–1953. Deutsche Verlags-Anstalt, Stuttgart 1965, 4. Auflage 1980.

Erinnerungen 1953–1955. Deutsche Verlags-Anstalt, Stuttgart 1966, 3. Auflage 1980.

Erinnerungen 1955–1959. Deutsche Verlags-Anstalt, Stuttgart 1967, 2. Auflage 1978.

Rhöndorfer Ausgabe. Hrsg. von R Morsey, H.-P. Schwarz, bearb. von H.-P. Mensing

Adenauer im Dritten Reich, Siedler, Berlin 1991.

Briefe 1945–1947. Siedler, Berlin 1983.

Briefe 1947–1949. Siedler, Berlin 1984.

Briefe 1949–1951. Siedler, Berlin 1985.

Briefe 1951–1953. Siedler, Berlin 1987.

Briefe 1953–1955. Siedler, Berlin 1995.

Briefe 1955–1957. Siedler, Berlin 1998.

Briefe 1957–1959. Schöningh, Paderborn 2000.

Briefe 1959–1961. Schöningh, Paderborn 2004.

Briefe 1961–1963. Schöningh, Paderborn 2006.

Die letzten Lebensjahre 1963–1967, Bd. I: Oktober 1963–September 1965; Schöningh, Paderborn 2009.

Die letzten Lebensjahre 1963–1967, Bd. II: September 1965–April 1967; Schöningh, Paderborn 2008.

Konrad Adenauer 1917–1933. Dokumente aus den Kölner Jahren. Rheinprovinz. Dokumente und Darstellungen zur Geschichte der rheinischen Provinzialverwaltung und des Landschaftsverbandes Rheinland. Band 15. Hrsg. von Günther Schulz. SH Verlag, Köln 2007.

Konrad Adenauer – Dora Pferdmenges. Freundschaft in schwerer Zeit. Die Briefe Konrad Adenauers an Dora Pferdmenges 1933–1949. Hrsg. von H.-P. Mensing. Bouvier Verlag, Bonn 2007.

271

Konrad Adenauer im Briefwechsel mit Flüchtlingen und Vertriebenen. Hrsg. von H.-P. Mensing. Kulturstiftung der deutschen Vertriebenen, Rheinbreitbach 1999.

Konrad Adenauer. Reden 1919–1967. Eine Auswahl. Hrsg. von H.-P. Schwarz. Deutsche Verlags-Anstalt, Stuttgart 1975.

Konrad Adenauer. „Seid wach für die kommenden Jahre". Grundsätze, Erfahrungen, Einsichten. Hrsg. von A. Poppinga. Gustav Lübbe Verlag, Bergisch Gladbach 1997.

„Europa muss geschaffen werden" – Konrad Adenauer zur Einigung Europas. Eine Auswahl von Reden und anderen Dokumenten. Rhöndorfer Hefte Nr. 12, Publikationen zur Zeitgeschichte.

Ein Teil dieser Quellen ist greifbar unter: http://www.konrad-adenauer.de/.

Biographische und zeithistorische Literatur

Adenauers Moskaubesuch 1955. Hrsg. von H. Altrichter. Rhöndorfer Gespräche, Bd. 22, Bouvier, Bonn 2007.

Adenauer, Israel und das Judentum. Hrsg. von H. J. Küsters. Rhöndorfer Gespräche, Bd. 20, Bouvier, Bonn 2004.

Adenauer und die Kirchen. Hrsg. von U. von Hehl. Rhöndorfer Gespräche, Bd. 17, Bouvier, Bonn 1999.

Adenauers Lieblingsgedichte. Hrsg. von A. Poppinga. Engelhorn Verlag, Stuttgart 1987.

Konrad Adenauer. Fotografiert von K. R. Müller mit einem Essay von Golo Mann. Gustav Lübbe 1986.

Konrad Adenauer. Oberbürgermeister von Köln. Festgabe der Stadt Köln zum 100. Geburtstag ihres Ehrenbürgers am 5. Januar 1976. Hrsg. von H. Stehkämper. Rheinland-Verlag, Köln 1976.

Konrad Adenauers Religiosität. Eine Dokumentation für Dr. Paul Adenauer zum 18. Januar 1998. Hrsg. von H. P. Mensing, U. Pinkus, U. Raths. Stiftung Bundeskanzler-Adenauer-Haus, StBKAH 5114/99.

Konrad Adenauer – Würdigung und Abschied. † *19. April 1967.* Stuttgart 1967.

Konrad Adenauer – seine Zeit – sein Werk. Hrsg. von E. Kleinertz. Ausstellung des Historischen Archivs der Stadt Köln, 5. Januar – 30. April 1976. Veröffentlichungen der staatlichen Archive des Landes NRW, Reihe D, Bd. 9.

Konrad Adenauer und seine Zeit. Politik und Persönlichkeit des ersten Bundeskanzlers, Bd. 1: Beiträge von Weg- und Zeitgenossen, Hrsg. von G. Blumenwitz, K. Gotto, H. Maier, K. Repgen, H.-P. Schwarz. Stuttgart 1976.

Benediktinerinnenkloster Herstelle. Aufbruch und Beständigkeit 1899–1999. Hrsg. von der Benediktinerinnenabtei vom Hl. Kreuz Herstelle. Huxaria, Beverungen 1998. http://www.abtei-herstelle.de/download/.

Bericht des ersten Parteitags der Christlich-Demokratischen Union Deutschlands, Goslar, 20.–22. Oktober 1950, http://www.kas.de/upload/themen/ programmatik_der_cdu/protokolle/1950_Goslar_1_Parteitag.pdf.

Die Beziehungen der Bundesrepublik Deutschland zum Heiligen Stuhl 1949– 1966. Aus den Vatikanakten des Auswärtigen Amtes. Eine Dokumentation. Hrsg. von Michael M. Feldkamp. Böhlau Verlag, Köln Weimar Wien 2000.

„Zeitlos unzeitgemäß“. Der Komponist Walter Braunfels 1882–1954. Eine Ausstellung der Kölner Philharmonie, 4.3.–20.4.1992. Hrsg. von F. X. Ohnesorg. Wienand, Köln 1994.

Christus. Zur Wiederentdeckung des Sakralen in der Moderne. Hrsg. von A.-M. Bonnet, G. Cepl-Kaufmann, K. Drenker-Nagels, J. Grande. Düsseldorf University Press, Düsseldorf 2012.

J. H. Darchinger (2012). *Wirtschaftswunder. Deutschland nach dem Krieg.* Taschen 2012.

K. H. Debus (1995). *Robert Schuman. Lothringer – Europäer – Christ.* Speyer 1995.

Zum 50. Todestag von Alcide De Gasperi. Adenauer und De Gasperi – Gründungsväter Europas. Hrsg. von M. R. De Gasperi, P. L. Ballini. Internationale

Ausstellung 16.–31. August 2004, Berlin. Fondazione Alcide De Gasperi, Berlin 2004.

Alois Dempf (1891–1982). Philosoph, Kulturtheoretiker, Prophet gegen den Nationalsozialismus. Hrsg. von Vincent Berning, Hans Maier. Anton H. Konrad Verlag, Weißenhorn 1992.

S. Derix (2009). *Bebilderte Politik. Staatsbesuche in der Bundesrepublik Deutschland 1949–1990.* Kritische Studien zur Geschichtswissenschaft, Bd. 184. Vandenhoeck & Ruprecht, Göttingen 2009.

M. F. Feldkamp (2000). *Pius XII. und Deutschland.* Vandenhoeck & Ruprecht, Göttingen 2000.

M. F. Feldkamp (2008). *Der Parlamentarische Rat 1948–1949.* Vandenhoeck & Ruprecht, Göttingen 2008.

U. Frank-Planitz (1990). *Konrad Adenauer. Eine Biographie in Bild und Wort.* Deutsche Verlags-Anstalt, Stuttgart 1990.

J. Kardinal Frings (1973). *Für die Menschen bestellt. Erinnerungen des Alterzbischofs von Köln Josef Kardinal Frings*, Bachem, Köln 1973.

T. Geiger (2008). *Atlantiker gegen Gaullisten. Außenpolitischer Konflikt und innerparteilicher Machtkampf in der CDU/CSU 1958–1969.* Studien zur internationalen Geschichte Bd. 20. R. Oldenbourg, München 2008.

N. Goldmann (1969). *Memories. The Autobiography of Nahum Goldmann.* Weidenfeld and Nicolson, London 1970.

W. Hansmann, P.B. Wink (2009). *Konrad Adenauer in Bildnissen von Ernst Günter Hansing.* Mit Texten von Anneliese Poppinga und Elisabeth Noelle. Wernersche Verlagsgesellschaft, Worms 2009.

W. Hausenstein (1961). *Pariser Erinnerungen.* Aus fünf Jahren diplomatischen Dienstes 1950–1955. Günter Olzog, München 1961.

W. Henkels (1983). *Adenauers gesammelte Bosheiten. Eine anekdotische Nachlese.* Econ, Düsseldorf. 9. Auflage 1984.

H. von Herwarth (1990). *Von Adenauer zu Brandt.* Erinnerungen. Propyläen, Berlin, Frankfurt/M. 1990

P. Heyworth (1973). *Gespräche mit Klemperer.* S. Fischer, Frankfurt a. M. 1974.

P. Heyworth (1983, 1996). *Otto Klemperer. His Life and Times (1885–1933, 1933–1973).* 2 Bde. Cambridge University Press, 1983/1996.

Die Karlspreisträger und ihre Europäischen Reden. Hrsg. von Harald Kästner, Europa Union Verlag, Bonn 1982. http://www.karlspreis.de/preistraeger/1952/rede_von_alcide_de_gasperi.html.

R.-D. Keil (1997). *Mit Adenauer in Moskau. Erinnerungen eines Dolmetschers.* Bouvier, Bonn 1997.

W. Kilian (2005). *Adenauers Reise nach Moskau.* Herder, Freiburg im Br. 2005.

K. G. Kiesinger (1988). *Dunkle und Helle Jahre. Erinnerungen 1904–1958.* Hrsg. von Reinhard Schmoeckel. Deutsche Verlags-Anstalt, Stuttgart 1989.

A. Koenen (1994). *Der Fall Carl Schmitt. Sein Aufstieg zum „Kronjuristen des Dritten Reiches".* Wissenschaftliche Buchgesellschaft, Darmstadt 1995.

A. Kohler (1979). *Alcide De Gasperi (1881–1954). Christ. Staatsmann. Europäer.* Europa-Union-Verlag, Bonn 1979.

O. Kokoschka (1971). *Mein Leben.* Bruckmann, München 1971.

*Heinrich Krone. Tagebü*cher. Bd. 1: 1945–1961, Bd. 2.: 1961–1966. Bearb. von H.-O. Kleinmann, Droste, Düsseldorf 1995.

H. Kusterer (1995). *Der Kanzler und der General.* Neske, Stuttgart 1995.

G. Mann (1969). *Zwölf Versuche über Geschichtsschreibung.* S. Fischer 1969.

G. May (1981). *Ludwig Kaas. Der Politiker, der Priester und der Gelehrte aus der Schule von Ulrich Stutz.* Bd. 1, Kanonistische Studien und Texte Bd. 33., Grüner, Amsterdam 1981.

Medienmacht und Öffentlichkeit in der Ära Adenauer. Hrsg. von Tilman Mayer. Rhöndorfer Gespräche, Bd. 23, Bouvier, Bonn 2009.

H.-P. Mensing (2007). *Aus Adenauers Nachlass. Beiträge zu Biographie und Politik des ersten Bundeskanzlers.* Veröffentlichung der Stiftung Bundeskanzler-Adenauer-Haus, SH Verlag 2007.

MISEREOR – Zeichen der Hoffnung. Beiträge zu kirchlichen Entwicklungsarbeit. Gottfried Dossing zum 70. Geburtstag. Hrsg. von der Bischöflichen Kommission für MISEREOR. Kösel-Verlag, München 1976.

Der Parlamentarische Rat 1948–1949: Der Verfassungskonvent auf Herrenchiemsee. Hrsg. von Peter Bucher. Harald Boldt Verlag, Boppard am Rhein 1981.

H. Osterheld (1973). *Konrad Adenauer – Ein Charakterbild.* Bonn, Eichholz, 4. Auflage 1974.

H. Osterheld (1986). *„Ich gehe nicht leichten Herzens ...“ Adenauers letzte Kanzlerjahre – ein dokumentarischer Bericht.* Matthias-Grünewald-Verlag, Mainz 1986.

Osterheld und seine Zeit (1919–1998). Hrsg. von Ulrich Schlie, Böhlau Verlag, Wien, Köln, Weimar 2006.

P. Pombeni (2012). *Der junge De Gasperi. Werdegang eines Politikers.* Duncker & Humblot, Berlin 2012.

A. Poppinga (1970). *Meine Erinnerungen an Konrad Adenauer.* Bastei-Lübbe, Bergisch Gladbach, 2. Aufl. 1997.

A. Poppinga (1975). *Konrad Adenauer. Geschichtsverständnis, Weltanschauung und politische Praxis.* Deutsche Verlagsanstalt, Stuttgart 1975.

A. Poppinga (1987). *Konrad Adenauer. Eine Chronik in Daten, Zitaten und Bildern.* Gustav Lübbe Verlag, Bergisch Gladbach 1987.

A. Poppinga (1994). *„Das Wichtigste ist der Mut“. Konrad Adenauer – die letzten fünf Kanzlerjahre.* Gustav Lübbe Verlag, Bergisch Gladbach 1994.

A. Poppinga (2009). *Adenauers letzte Tage. Die Erinnerungen seiner engsten Mitarbeiterin.* Hohenheim, Stuttgart, Leipzig 2009.

H.-P. Schwarz (1986). *Adenauer. Der Aufstieg: 1876–1952.* Deutsche Verlagsanstalt, Stuttgart 1986.

H.-P. Schwarz (1987). *Adenauer. Der Staatsmann: 1952–1967.* Deutsche Verlagsanstalt, Stuttgart 1986.

H.-P. Schwarz (2004). *Anmerkungen zu Adenauer.* Pantheon 2007.

M. Scheer (2006). *Rosenkranz und Kriegsvisionen. Marienerscheinungskulte im 20. Jahrhundert.* Untersuchungen des Ludwig-Uhland-Instituts der Universität Tübingen, Bd. 101, Tübinger Vereinigung für Volkskunde, Tübingen 2006.

A. Schildt (1999). *Zwischen Abendland und Amerika. Studien zur westdeutschen Ideenlandschaft der 50er Jahre.* Oldenbourg Wissenschaftsverlag 1999.

P. Weymar (1955). *Konrad Adenauer. Die autorisierte Biographie.* Kindler, München 1955.

C. Valders-Knechtges (1995). *… wie war unsere Arbeit damals schön… Oberbürgermeister Konrad Adenauer und das Kölner Musikleben (1917–1933/45).* Bastei-Lübbe, Bergisch Gladbach 1995.

U. Vogt (1980). *Walter Braunfels (1882–1954).* Studien zur Musikgeschichte des 19. Jahrhunderts, Bd. 58. GustavBosse Verlag, Regensburg 1980.

W. Weidenfeld (1976). *Konrad Adenauer und Europa. Die geistigen Grundlagen der westeuropäischen Integrationspolitik des ersten Bonner Bundeskanzlers.* Europäische Studien des Instituts für Europäische Politik, Bd. 7. Europa Union Verlag, Bonn 1976.

L. Werhahn (2007). *Erinnerungen an meinen Vater Konrad Adenauer.* Aanderud-Biografien, Neuss 2007.

„Wider den tierischen Ernst". Reden aus dem Aachener Käfig. Gesammelt von Helmut A. Crous. Langen-Müller, München, Wien 1980.

Zeitungsartikel und Aufsätze

G. Andreotti (2009). *Alcide De Gasperi. Die Menschlichkeit des Christen.* 30 Tage in Kirche und Welt. Editorial, August 2009. http://www.30giorni.it/articoli_id_21625_l5.htm.

R. Augstein (1948). *Es gibt nur einen Adenauer. Warum dann nicht ich?* Der Spiegel, 16.10.1948, Nr. 42/1948, S. 5ff. http://www.spiegel.de/spiegel/print/d-44419431.html.

R. Augstein (1975). *Jener Mongole mit den schlauen Augen. Hundert Jahre Adenauer.* Der Spiegel, 29.12.1975, Nr. 53/1975, S. 24ff. http://www.spiegel.de/spiegel/print/d-41376535.html.

R. Augstein (1993). *Machiavelli im Sauerland. Rudolf Augstein über die Carl-Schmitt-Biographie von Paul Noack.* Der Spiegel, 8.11.1993, Nr. 45/1993, S. 75ff. http://www.spiegel.de/spiegel/print/d-9290566.html.

W. Becker (2013). *Die Abendlandidee.* In: *Von Freiheit, Solidarität und Subsidiarität. Festschrift für Karsten Ruppert zum 65. Geburtstag.* Hrsg. von Markus Raasch und Tobias Hirschmüller. Beiträge zur Politischen Wissenschaft Bd. 175. Duncker & Humblot, Berlin 2013, S. 499ff.

Benedikt XVI. (2005). *Generalaudienz am 27. April 2005.* http://www.vatican.va/holy_father/benedict_xvi/audiences/2005/documents/hf_ben-xvi_aud_20050427_ge.html.

Benedikt XVI. (2011). *Ansprache beim Besuch des Deutschen Bundestags am 22. September 2011.* Rechtstheorie, 42. Band, 2011, Heft 3. http://www.vatican.va/holy_father/benedict_xvi/speeches/2011/september/documents/hf_ben-xvi_spe_20110922_reichstag-berlin_ge.html.

D. Ben Gurion (1963). *The Greatness of Adenauer. Moral and Religious Motives Governed Attitude to Israel.* The Jerusalem Post, 14.10.1963, S. 6.

P. Bofinger, J. Habermas, J. Nida-Rümelin (2012). *Einspruch gegen die Fassadendemokratie.* Frankfurter Allgemeine Zeitung, 4.8.2012, Nr. 180, S. 33. http://www.faz.net/aktuell/feuilleton/debatten/europas-zukunft/kurswechsel-fuer-europa-einspruch-gegen-die-fassadendemokratie-11842820.html.

H. Böll (1965). *Keine so schlechte Quelle.* Heinrich Böll über Konrad Adenauer: „Erinnerungen 1945–1953". Der Spiegel, 1.12.1965, Nr. 49/1965, S. 148ff. http://www.spiegel.de/spiegel/print/d-46275216.html.

G. Bucerius (1962). *Robert Pferdmenges. Die Bundesrepublik verliert einen großen alten Mann.* DIE ZEIT, Nr. 40, 5.10.1962, S. 2. http://www.zeit. de/1962/40/robert-pferdmenges.

H.-J. Fischer (2004). *Politische Heilige – selige Politiker. Schuman, De Gasperi, Adenauer und der Papst.* Frankfurter Allgemeine Zeitung, 19.9.2008, Nr. 220, Seite 12.

J. Gauck (2013). *Europa: Vertrauen erneuern – Verbindlichkeit stärken.* Rede von Bundespräsident Joachim Gauck zu Perspektiven der europäischen Idee am 22. Februar 2013 in Schloss Bellevue. http://www.bundespraesident.de/ SharedDocs/Downloads/DE/Reden/2013/02/130222-Europa.pdf.

H. Gindert (2000). *Alcide De Gasperi.* Der Fels, 31. Jahr, Nr. 4, April 2000, S. 106ff. http://www.der-fels.de/2000/04-2000.pdf.

M. Gerwing (2008). *Der Ghostwriter des Papstes.* Frankfurter Allgemeine Zeitung, 19.9.2008, Nr. 220, Seite 37. http://www.faz.net/aktuell/feuilleton/ buecher/rezensionen/sachbuch/der-ghostwriter-des-papstes-1700660.html.

N. Goldmann (1963). *Abschied vom Kanzler. Er gehört zu den Auserwählten.* Der Spiegel, 9.10.1963, Nr. 41/1963, S. 112ff. http://www.spiegel.de/spiegel/print/d-46172300.html.

K. Graf (2002). *Maria als Stadtpatronin in deutschen Städten des Mittelalters und der frühen Neuzeit.* In: *Frömmigkeit im Mittelalter. Politisch-soziale Kontexte, visuelle Praxis, körperliche Ausdrucksformen.* Hrsg. von Klaus Schreiner. Fink, München 2002, S. 75ff.

N. Grunenberg (1966). *Der alte Mann und sein Bild. „Eine sehr geschickte Idee": Kokoschka malte Adenauer.* DIE ZEIT, Nr. 20, 13.5.1966, S. 14. http://www.zeit.de/1966/20/der-alte-mann-und-sein-bild.

J. Habermas (1991). *Die andere Zerstörung der Vernunft. Über die Defizite der deutschen Vereinigung und über die Rolle der intellektuellen Kritik.* DIE ZEIT, Nr. 20, 10.5.1991, S. 63f. http://www.zeit.de/1991/20/die-andere-zerstoerung-der-vernunft.

J. Habermas (2001). *Glaube und Wissen.* Dankesrede anlässlich der Verleihung des Friedenspreises des Deutschen Buchhandels 2001, Börsenverein des Deutschen Buchhandels. http://www.friedenspreis-des-deutschen-buchhandels.de/sixcms/media.php/1290/2001_habermas.pdf.

J. Habermas (2007). *Ein Bewusstsein von dem, was fehlt. Über Glauben und Wissen und den Defaitismus der modernen Vernunft.* Neue Züricher Zeitung, 10.2.2007. http://www.nzz.ch/aktuell/startseite/articleevb7x-1.110807.

W. Hansmann (2006). *Einführung in die Ausstellung „Ernst Günter Hansing: Porträts der deutsch-französischen Freundschaft".* Rhöndorf, 2006. http://www.wilfried-hansmann.de/texte/hansing-ausstellung.html.

M. Hauke (2010). D*ie Marienweihe in der deutschsprachigen Theologie des 20. Jahrhunderts.* In: *Sedes Sapientiae.* Mariologisches Jahrbuch Jg. 14 (2010), Band 2. http://www.imak-kevelaer.de/imak_pdf/Heft2010-2.pdf.

J. Helmrath (1976). *Ende der Paideia?* In: Festschrift des Kaiser-Karls-Gymnasiums zu Aachen. Zum 375-jährigen Jubiläum 1976. Hrsg. von Johannes Helmrath, Aachen 1976.

W. Hertz-Eichenrode (1987). *Bruder Klaus – Fünf Annäherungen an einen ökumenischen Heiligen.* Die Welt, 21.3.1987.

Dietrich von Hildebrand. Memoiren und Aufsätze gegen den Nationalsozialismus (1933–1938). Hrsg. von E. Wenisch unter Mitarbeit von A. von Hildebrand und R. Ebneth. Veröffentlichungen der Kommission für Zeitgeschichte. Reihe A: Quellen, Bd. 43., Matthias Grünewald Verlag, Mainz 1994.

W. Kardinal Kasper (2012). *Erneuerung aus dem Ursprung.* Frankfurter Allgemeine Zeitung, 29.9.2012, Nr. 228, Seite 5. http://www.sankt-ludwig-darmstadt.de/fileadmin/user_upload/pdfs/Erneuerung_aus_dem_Ursprung.pdf.

W. Kilian (2006). *Adenauer und der Bruder Klaus. Zur Religiosität Konrad Adenauers.* In: Historisch-Politische Mitteilungen 13, 2006, S. 281–292. http://www.kas.de/upload/ACDP/HPM/HPM_13_06/HPM_13_06_19.pdf.

M. Kleeberg (2011). *Luise Rinsers Vergesslichkeit. Wie sich die prominente Nachkriegsautorin zur Widerständlerin stilisierte.* Der Spiegel, 10.1.2011, Nr. 2/2011, S. 101ff. http://www.spiegel.de/spiegel/print/d-76229390.html.

G. R. Koch (2008). *Wunder geschehen anders, als wir glauben.* Frankfurter Allgemeine Zeitung, 29.4.2008. http://m.faz.net/aktuell/feuilleton/oper-wunder-geschehen-anders-als-wir-glauben-1542742.html.

H. Köhler (2009). *Rede auf der Festveranstaltung „60 Jahre Deutscher Gewerkschaftsbund",* 5.10.2009, Berlin, http://www.bundesregierung.de/Content/DE/Bulletin/2009/10/100-2-bpr-dgb.html.

H. Lilje (1963): *Abschied vom Kanzler. Ich glaube ihm sein Christentum.* Der Spiegel, 9.10. 1963, Nr. 41/1963, S. 25ff. http://www.spiegel.de/spiegel/print/d-28955044.html.

G. Mann (1965). *Selbstportrait eines Patriarchen.* Keine „Bekenntnisse", aber ein Buch der Einsichten. DIE ZEIT, Nr. 45, 5.11.1965, S. 49. http://www.zeit.de/1965/45/selbstportraet-eines-patriarchen.

A. Merkel (2012). *Stellungnahme zur der Bekanntgabe der Verleihung des Friedensnobelpreises an die EU am 12.10.2012.* http://www.bundesregierung.de/Content/DE/Mitschrift/Pressekonferenzen/2012/10/2012-10-12-merkel-nobelpreis.html?nn=430518.

P. Molt (2012). *Für Freiheit, Menschenrechte und Demokratie. Konrad Adenauer und die deutsche Entwicklungspolitik.* Die Politische Meinung, Sankt Augustin, Juni 2012, S. 51ff. http://www.kas.de/wf/de/33.31184/.

G. Müller-Chorus (2011). *Robert Schuman, der Christ.* Zeitschrift des Verbandes der wissenschaftlichen katholischen Studentenvereine, Unitas 1/2011, S. 23. http://www.unitas.org/fileadmin/zeitung/Unitas-2011-1.pdf.

Matthias Pape (2003). *Karl der Große – Franke? Deutscher? oder Europäer? – Karlsbild und Karlskult in der Gründungsphase der Bundesrepublik Deutschland.* In: Jahrbuch für Europäische Geschichte 4 (2003), Oldenbourg Wissenschaftsverlag München.

R. Pferdmenges (1956). *Mein Freund Adenauer.* DIE ZEIT, Nr. 1, 5.1.1956, S. 1. http://www.zeit.de/1956/01/mein-freund-adenauer.

J. Schmitz van Vorst (1951). *„Wir waren wie die Studenten". Adenauer und De Gasperi.* Frankfurter Allgemeine Zeitung, 27. Juni 1951, Nr. 146, S. 3.

H. Schreiber (1964). *Die Situation ist da.* SPIEGEL-Reporter Hermann Schreiber über Konrad Adenauer. Der Spiegel, 16.12.1964, Nr. 51/1964, S. 31. http://www.spiegel.de/spiegel/print/d-46176668.html.

G. Valente (2006). *Tradition und Freiheit: die Vorlesungen des jungen Joseph Ratzinger.* 30 Tage in Kirche und Welt. März 2006. http://www.30giorni.it/articoli_id_10367_l5.htm.

R. Zöllitsch (2011). *Heiligsprechung des sel. Bernhard von Baden.* 14. Amtsblatt der Erzdiözese Freiburg, 17.6 2011, S. 1. http://www.ordinariat-freiburg.de/fileadmin/gemeinsam/amtsblatt/abl11_14.pdf.

Christen/Marxisten. Geliebte Feinde. Der Spiegel, 22.5.1972, Nr. 22/1972, S. 44, http://www.spiegel.de/spiegel/print/d-42944710.html.

Der Freund des Kanzlers. Robert Pferdmenges, der große alte Mann der deutschen Wirtschaft, wird 80 Jahre alt. DIE ZEIT, Nr. 13, 25.3.1960, S. 2. http://www.zeit.de/1960/13/der-freund-des-kanzlers/seite-1.

Der Kanzler beim Papst. Die längste Audienz in der Amtszeit Pius' XII. Frankfurter Allgemeine Zeitung, 20. 06.1951, Nr. 140, Seite 1.

Konrad Adenauer. Der Spiegel, 2.12.1964, Nr. 49/1964, S. 154. http://www.spiegel.de/spiegel/print/d-46176276.html.

Ehrentitel. Katholisches Ärgernis. Der Spiegel, 11.11.1959, Nr. 46/1959, S. 53f. http://www.spiegel.de/spiegel/print/d-42623222.html.

Ein Porträt von Adenauer. NGZ Online, 24.10.2001. http://www.ngz-online.de/rhein-kreis/ein-portraet-von-adenauer-1.299572.

Kunstmarkt / Adenauer-Sammlung. Quelle des Trostes. Der Spiegel, 11.5.1970, Nr. 22/1972, S. 228f. http://www.spiegel.de/spiegel/print/d-44943772.html.

Luise Rinser: Die vollkommene Freude. Der Spiegel, 18.7.1962, Nr. 29/1962, S. 60f. http://www.spiegel.de/spiegel/print/d-45140962.html.

Erotik. Wuschel an Fisch. Luise Rinser gibt nicht auf. Nun hat sie auch noch ihre Liebesbriefe an Karl Rahner hervorgekramt. Der Spiegel, 25.7.1994, Nr. 30/1994, S. 163f. http://www.spiegel.de/spiegel/print/d-9286128.html.

Luise Rinser. Der Spiegel, 21.5.1984, Nr. 21/1984, S. 122. http://www.spiegel.de/spiegel/print/d-13509367.html.

Frascati bei Vollmond, Der Spiegel, 27.06.1951, Nr. 26/1951, S. 17ff. http://www.spiegel.de/spiegel/print/d-29194217.html.

Im Namen Picassos. DIE ZEIT, 24.7.1952, Nr. 30, S. 4. http://www.zeit.de/1952/30/im-namen-picassos.

„Mein Gott, was soll aus Deutschland werden?" Adenauer und der Klerus – Adenauer und die Sozialisten. Der Spiegel, 1.12.1965, Nr. 45/1961, S. 48ff. http://www.spiegel.de/spiegel/print/d-43367138.html.

Morgen früh kann ich tot sein. DIE ZEIT, 15.10.1993, http://www.zeit.de/1993/42/morgen-frueh-kann-ich-tot-sein.

Paulus-Gesellschaft. Geliebter Feind. Der Spiegel, 14.11.1966, Nr. 47/1966, S. 157ff., http://www.spiegel.de/spiegel/print/d-46415137.html.

Paulus-Gesellschaft. Mut geweckt. Der Spiegel, 8.5.1967, Nr. 2-0/1967, S. 162ff., http://www.spiegel.de/spiegel/print/d-46265104.html.

Pferdmenges. Geld aus dem Fenster. Der Spiegel, 17.1. 1954, Nr. 5/1954, S. 9ff. http://www.spiegel.de/spiegel/print/d-28955044.html.

„Sagen Sie, wie sich die Welt dreht!" Gespräch Konrad Adenauers mit Rudolf Augstein. Der Spiegel, 17.4. 1967, Nr. 17/1967, S. 26ff. http://www.spiegel.de/spiegel/print/d-45302775.html.

Seligsprechung: Ein vorbildliches christliches Leben. Frankfurter Allgemeine Zeitung, 5.5.2002. http://www.faz.net/aktuell/gesellschaft/seligsprechung-ein-vorbildliches-christliches-leben-161142.html.

Wallfahrt nach Lourdes. Der Spiegel, 06.08.1958, Nr. 32/1958, S. 14. http://www.spiegel.de/spiegel/print/d-41762017.html.

Sonstige Literatur

H. Blumenberg (1966). *Die Legitimität der Neuzeit.* Suhrkamp 1966.

H. Blumenberg (1974). *Säkularisierung und Selbstbehauptung.* suhrkamp taschenbuch wissenschaft 79.

Hans Blumenberg – Carl Schmitt. Briefwechsel 1971–1978 und weitere Materialien. Hrsg. von Alexander Schmitz und Marcel Lepper. Suhrkamp 2007.

H. Böll (1958). *Brief an einen jungen Katholiken.* Kiepenheuer & Witsch, Köln 1986.

H. Böll (1963). *Ansichten eines Clowns.* Kiepenheuer & Witsch, Köln, Berlin 1963.

Donoso Cortés. Briefe, parlamentarische Reden und diplomatische Berichte aus den letzten Jahren seines Lebens (1849–1853). Hrsg. von A. Maier. J. P. Bachem, Köln 1950.

Ecclesia Catholica (2005). *Der Katechismus der Katholischen Kirche.* Kompendium. Pattloch Verlag, München 2005.

J. Habermas, J. Ratzinger (2004). *Dialektik der Säkularisierung. Über Vernunft und Religion.* Herder, Freiburg im Breisgau 2005.

Th. Haecker (1931). *Vergil – Vater des Abendlandes.* Hegner-Bücherei bei Josef Kösel, München, 5. Auflage 1947.

P. Häger und J. Kaffanke (2008). *Zwischen Aufbruch und Beständigkeit. Leben und Wirken des zweiten Beuroner Erzabtes Placidus Wolter OSB (1828–1908).* Beuroner Schriften und Studien 1, Lit-Verlag 2008.

Ch. Henning (2005). *Latium. Das Land um Rom mit Spaziergängen in der Ewigen Stadt.* Dumont Kunstreiseführer, 3. Auflage 2006.

Theodor Heuss. Reden an die Jugend. Hrsg. von H. Bott, R. Wunderlich, Tübingen 1956.

A. Hildebrand (2000). *The Soul of a Lion.* Dietrich von Hildebrand. A Biography by Alice of Hildebrand. Ignatius Press, San Francisco 2000.

M. Horkheimer, Th. W. Adorno (1947). *Dialektik der Aufklärung,* S. Fischer, Frankfurt 1969.

H.-P. Horn (2000). *Brauchen wir Tabus?* Antwort auf die Preisfrage der Deutschen Akademie für Sprache und Dichtung vom Jahr 2000. Wallstein, Göttingen 2003.

I. u. W. Jens (2003). *Frau Thomas Mann. Das Leben der Katharina Pringsheim*, Rowohlt, Reinbek 2004.

Karl der Große. Werk und Wirkung. Hrsg. von Wolfgang Braunfels. Ausstellung unter den Auspizien des Europarates im Rathaus zu Aachen und im Kreuzgang des Domes vom 26. Juni bis zum 19. September 1965. Ausstellungskatalog, Schwann, Düsseldorf 1965.

P. Koch (2012). *Geschichte der Versicherungswirtschaft in Deutschland.* Verlag Versicherungswirtschaft, Karlsruhe 2012.

G. Kranz (1958). *Politische Heilige und katholische Reformatoren.* Bd. 1, Fünfzehn Lebensbilder. Verlag Winfried-Werk, Augsburg 1958.

M. Kundera (1990). *Die Unsterblichkeit.* Hanser, München, Wien 1990.

J. Laas (2012). *Das geistliche Chorwerk Max Baumanns. Kirchenmusik im Spannungsfeld des Zweiten Vatikanischen Konzils.* Beiträge zur Geschichte der Kirchenmusik Bd. 17. Ferdinand Schöningh, Paderborn 2013.

Die Legenda aurea des Jacobus de Voragine. Aus dem Lateinischen übersetzt von Richard Benz. Verlag Lambert Schneider, Heidelberg, 8. Aufl. 1975.

D. M. Noack (1957). *Griechenland.* Eingeleitet von Rudolf Hagelstange mit Vorworten von Konrad Adenauer und Herman Hesse. Rembrandt-Verlag, Berlin 1957.

Hanns-Josef Ortheil (2009). *Die Erfindung des Lebens.* btb Verlag, München, 9. Auflage 2011.

Josef Pieper. Werke in acht Bänden. Hrsg. von B. Wald. Felix Meiner Verlag, Hamburg 2008.

G. Piovene (1957). *Achtzehn mal Italien.* Aus d. Italien. von Herbert Schlüter. Piper, München 1968.

K. Rahner (1965). *Das Konzil – ein neuer Beginn.* Vortrag beim Festakt zum Abschluss des II. Vatikanischen Konzils im Herkulessaal der Residenz in München am 12. Dez. 1965. Neu herausgegeben von A. R. Batlogg, A. Raffelt mit einem Geleitwort von Karl Kardinal Lehmann. Herder 2012.

Karl Rahner – Bilder eines Lebens. Hrsg. von P. Imhof, H. Biallowons, Benzinger, Herder 1985.

J. Ratzinger (1988). *Aus meinem Leben. Erinnerungen.* DVA, München 1998.

L. Rinser (1994). *Gratwanderung. Briefe der Freundschaft an Karl Rahner.* Hrsg. von Bogdan Snela. Kösel Verlag, München 1994.

C. Schmitt (1922). *Politische Theologie. Vier Kapitel zur Lehre von der Souveränität.* Duncker & Humblot, Berlin, 9. Auflage 2009.

C. Schmitt (1923). *Römischer Katholizismus und politische Form.* Klett-Cotta Verlag, Stuttgart, 5. Auflage 2008.

C. Schmitt (1950). *Donoso Cortés in gesamteuropäischer Interpretation.* Vier Aufsätze. Duncker & Humblot, Berlin, 2. Auflage 2009.

C. F. von Weizsäcker (1964). *Die Tragweite der Wissenschaft.* Hirzel, Stuttgart, 7. Auflage 2006.

F. Werfel (1941). *Das Lied von Bernadette.* Fischer Taschenbuch 1977.

H. Wolf (2013). *Die Nonnen von Sant'Ambrogio – eine wahre Geschichte.* C. H. Beck, München 2013.

A.7 Personenverzeichnis

Einem langjährigen und leidenschaftlichen Interesse an der Persönlichkeit Konrad Adenauers folgend, präsentiert das Ehepaar Dr. Wolfgang und Dorothea Koch eine umfassende Recherche zu der Person und vor allem zu den bislang kaum beachteten religiösen Aspekten Konrad Adenauers und seiner Politik.

Wolfgang Koch (*1962) ist promovierter Physiker, leitet eine Forschungsabteilung der Fraunhofer-Gesellschaft und lehrt Informatik als Privatdozent an der Universität Bonn. In seinem wissenschaftlichen Fachgebiet „Datenfusion" und über Themen im Grenzgebiet zwischen Naturund Geisteswissenschaften hat er publiziert.

Dorothea Koch (*1960) hat gemeinsam mit Wolfgang Koch fünf Kinder. Zunächst arbeitete sie in einem Forschungslabor der chemischen Großindustrie. Seit einigen Jahren führt Dorothea Koch als freie Mitarbeiterin der Stiftung Bundeskanzler-Adenauer-Haus Besucher durch die historische Ausstellung und die privaten Wohnräume Konrad Adenauers in Rhöndorf.